# 基督徒的婚姻

Augusto Sarmiento（著）

宋伟光（译）

## 鸣谢

这本书中文版的问世，要特别感谢锚鱼工作室（Asociación Ankyu）的种种努力和许多个人及团体对该项目的鼎力支持。

这其中，我们首先要感谢洗者若翰·佛洛里斯基金会（Fundación Juan Bautista Flores）——多年以来不断地支持各种项目，以此来帮助中国教会；与此同时，促进基金会（Fomento de Fundaciones）和玛利亚·德肋撒·罗多基金会（María Teresa Rodó）也做出了巨大的贡献。此外，还有一些来自不同背景的人也助了我们一臂之力，他们分别是：若瑟·玛努尔·费尔南多（José Manuel Fernández de Trokoniz），道明·马丁·萨尔瓦多（Domingo Martín Salvador），路易斯·因凡特·布拉沃（Luis Infante Bravo），阮公鼎（Nguyen Cong Dinh），裴如涵（Bui Nhu Hanh），陈明德（Tran Minh Tan），陈氏麦（Tran Thi Mai），范玉琼（Pham Ngoc Quynh）和阮金安（Nguyen Kim Oanh）等人。

对所有这些个人和团体的慷慨相助，我们在此致以诚挚的感谢。因为你们的不懈努力和付出，让这个项目最终成为了现实。

## <u>AGRADECIMIENTOS</u>

La edición de esta obra en chino mandarín ha sido posible gracias a las gestiones realizadas por la Asociación Ankyu y a las aportaciones económicas de numerosas personas físicas y jurídicas.

Entre ellas, cabe destacar a la fundación Juan Bautista Flores, quien lleva años apoyando este y otros proyectos para ayudar a la Iglesia en China.

También han contribuido de forma notoria José Manuel Fernández de Trokoniz y las fundaciones Fomento de Fundaciones y María Teresa Rodó.

Y varios particulares de distintas procedencias tales como Domingo Martín Salvador, Luis Infante Bravo, Nguyen Cong Dinh, Bui Nhu Hanh, Tran Minh Tan, Tran Thi Mai, Pham Ngoc Quynh, o Nguyen Kim Oanh, entre otros.

A todos ellos, muchas gracias por su generosidad; han contribuido a hacer de este proyecto una realidad.

# 目 录

前　言 .................................................................... 1

导　论 .................................................................... 5

1. 婚姻：永恒而普遍的事实 ........................................ 5
2. 婚姻的神学性考量 .................................................. 6
3. 有关婚姻的"论述"在圣事神学中的地位 ................... 10

# 第一部分

# 婚姻制度的人类学根源

## 第一章　人类性的真理与意义 ................................ 13

1. 性：人的构成幅度 ................................................ 13
   1.1 "灵肉结合"的人：人格的实质统一 ............... 14
   1.2 性：人之"方式化" ........................................ 17
2. 性的意义 .............................................................. 19
   2.1 爱与性 .......................................................... 20
   2.2 性与生育 ...................................................... 22
3. 性在人身上的整合 ................................................ 23
   3.1 对性的真理和益处的认识 .............................. 25
   3.2 在性的整合中对洁德的持守 .......................... 26

## 第二章　服务于人的婚姻制度 ................................ 30

1. 婚姻：实现人爱的圣召之制度 ............................... 30
   1.1 婚姻作为制度 ............................................... 30
   1.2 夫妻之爱回应天主对人类爱的计划 ............... 35
2. 婚姻：生命与爱的团体 ......................................... 40
   2.1 盟约与夫妻团体 ........................................... 41
   2.2 生命与爱的团体 ........................................... 43
   参考书目： ........................................................ 46

# 第二部分

# "起初"的婚姻

## 第三章　圣经上婚姻的"起初" ........................................... 49
### 1. 创世的记述：婚姻真理在天主原始计划中的表达 ............. 49
#### 1.1 创 1:26-28 中的男人与女人 ............................ 50
#### 1.2 创 2:18-24 中男人与女人的受造 ........................ 52
### 2. 新约对"起初"的追溯 ...................................... 55
#### 2.1 玛 19:3-9 的内容 ..................................... 56
#### 2.2 弗 5:21-22, 28-33 的内容 ............................. 57
### 3. 婚姻的建立者是同一个天主 ................................ 58

## 第四章　"起初"的益处 ................................................ 61
### 1. 原罪对男-女关系的影响（创 2:25；3:7, 16） .................. 61
### 2. 赎世秩序婚姻中之"起初"的益处 ............................ 64
#### 2.1 圣经的教导 .......................................... 64
#### 2.2 教父思想和神学论证 .................................. 65

# 第三部分

# 婚姻：新约圣事

## 第五章　婚姻"奥迹"的启示 ........................................... 73
### 1. 婚姻盟约在旧约中的象征意义 ............................... 73
#### 1.1 先知书 .............................................. 74
#### 1.2 雅歌 ................................................ 76
### 2. 在新约光照下，婚姻犹如与天主共融的奥迹或标记 ............. 77
#### 2.1 福音 ................................................ 78
#### 2.2 保禄书信 ............................................ 79
### 3. 教会生活中对婚姻作为圣事奥迹的"理解" ................... 83
#### 3.1 婚姻礼仪 ............................................ 84
#### 3.2 教会的纪律 .......................................... 86

  3.3 神学研究 ............................................................. 88

## 第六章 婚姻圣事性的意义与效果 ............................... 92

 1. 婚姻：真正的圣事 ................................................... *92*
 2. 关于基督建立婚姻圣事的问题 ................................. *97*
 3. 婚姻作为持续的圣事 ............................................... *98*
 4. 领洗者的婚姻中，圣事与婚姻的不可分性 ............ *100*
  4.1 天主对婚姻之计划的统一性 ......................... 102
  4.2 婚姻的圣事性与领洗的身份 ......................... 103

## 第七章 基督徒圣召中的婚姻与独身 ......................... **105**

 1. 婚姻：基督徒的圣召 ............................................. *105*
  1.1 婚姻：圣洗圣召的"圣事性具体表现" .......... 106
  1.2 婚姻圣召的独特性 ......................................... 110
 2. "为天国的缘故"而守独身的恩宠 ........................... *111*
  2.1 圣经启示 ......................................................... 112
  2.2 教会生活中的独身 ......................................... 115
 3. 婚姻与独身：两种互补的圣召 ............................... *117*
  3.1 独身的崇高性 ................................................. 117
  3.2 婚姻与独身：相得益彰 ................................. 119

## 第八章 婚姻：教会性与社会性事实 ......................... **122**

 1. 教会对婚姻事务权力的性质与范畴 ....................... *122*
  1.1 教会制定婚姻限制的权力 ............................. 124
  1.2 教会审理婚姻案件的权力 ............................. 125
 2. 国家对婚姻事务所享有的权力 ............................... *126*

# 第四部分

# 婚姻的结构与举行

## 第九章 婚姻契约或合意：婚姻圣事的构成要素 ...... **130**

 1. **婚姻结构中婚姻合意** ............................................. *130*

    1.1   婚姻合意：婚姻的"原因"和"宣告" ............................. 131
    1.2   婚姻合意的充分性 ........................................................ 133
2. **婚姻合意作为圣事标记** *136*
    2.1   合意与圣事标记的不可分性 ........................................ 136
    2.2   合意与圣事标记之关系的不充分解释 ........................ 138
3. **婚姻圣事标记结构中的质料–形式与施行人** *139*
    3.1   婚姻的"质料"与"形式" ............................................ 139
    3.2   关于"施行人"的问题 ................................................ 141

## 第十章　法定仪式与礼仪庆典 .................................................. **145**

1. **"法定仪式"的必要性** *145*
    1.1   历史演变 ........................................................................ 146
    1.2   现行规定：一般和特殊"法定仪式" ........................ 147
2. **婚姻庆典的礼仪** *151*
3. **婚姻庆典中的特殊情况** *154*
    3.1   混合婚姻的举行 ............................................................ 154
    3.2   已领洗但无信仰者的婚姻庆典 .................................... 156
    3.3   婚姻的补救 .................................................................... 162

## 第十一章　婚姻圣事的准备 .................................................. **165**

1. **婚前准备的意义与目的** *165*
2. **结构与主导人** *167*
    2.1   家庭 ................................................................................ 167
    2.2   教会团体与堂区 ............................................................ 168
3. **婚前准备的不同阶段** *170*
    3.1   远程准备 ........................................................................ 170
    3.2   中程准备 ........................................................................ 171
    3.3   近程准备 ........................................................................ 175

## 第十二章　夫妻：婚姻盟约的主角 ...................................... **179**

1. **结婚的自由：不存在无效限制** *179*
    1.1   属于自然律的限制 ........................................................ 180
    1.2   属于教会法的限制及其豁免 ........................................ 181
2. **对婚姻的认识以及举行婚姻的意愿** *187*

| | | |
|---|---|---|
| 2.1 | 婚姻合意的特点 | 187 |
| 2.2 | 婚姻合意的异常 | 189 |

# 第五部分

# 婚姻圣事的效果

## 第十三章　婚姻关系 ............................................ 197
1. 婚姻关系：基督与教会之结合的真实再现 ............... 197
2. 由天主之爱所扶持的夫妻之爱 ............................ 200

## 第十四章　婚姻圣事的本有恩宠 ........................... 204
1. 婚姻圣事恩宠的事实与特点 ................................ 204
2. 婚姻：夫妇彼此得以圣化的圣事 ......................... 206
   - 2.1 圣事恩宠与夫妻的圣化 .................................. 207
   - 2.2 "对私欲偏情的克制"作为婚姻圣事本有恩宠的一个幅度 209
   - 2.3 圣体和告解圣事与夫妻的圣化 ......................... 211

# 第六部分

# 婚姻的特质

## 第十五章　婚姻的单一性 ..................................... 217
1. **单一性作为婚姻特质的意义与含义** .................... 217
2. **圣经中有关婚姻单一性的教导** ........................... 218
   - 2.1 一男一女 .................................................... 218
   - 2.2 旧约中对一夫多妻的"准许" ............................ 220
3. **教会圣传中的婚姻单一性** .................................. 223
   - 3.1 教父时代 .................................................... 223
   - 3.2 教会训导 .................................................... 224
   - 3.3 单一性：人学上的"要求" ............................... 226
4. **"忠贞"与相反婚姻单一性的"决裂"或恶行** ........... 227
   - 4.1 "忠贞"有如婚姻单一性的深化 ........................ 227
   - 4.2 相反婚姻单一性的"决裂"或罪行 ..................... 231

v

### 第十六章　不可拆散的共融 ...................................... 235

1. **婚姻之不可拆散性的意义与含义** ........................... *235*
2. **圣经启示** ............................................................ *238*
   - 2.1 有关不可拆散性的教导 ................................... *238*
   - 2.2 "离婚"的条款(玛 5:32；19:9) ...................... *241*
3. **教会传统中的婚姻不可拆散性** ............................. *244*
   - 3.1 前五个世纪中的一致性 ................................... *245*
   - 3.2 第六世纪后，东、西方教会的教义与实践 ........ *246*
4. **特利腾大公会议针对婚姻之不可拆散性的教导** ..... *249*
5. **婚姻的不可拆散性：人类学上的要求** ................... *251*
6. **不可拆散性：恩赐与见证** ................................... *253*

### 第十七章　婚姻的"外在"不可拆散性 ...................... 257

1. **已领洗者之婚姻的不可拆散性** ............................. *257*
   - 1.1 既成已遂婚姻的"绝对"不可拆散性 ................ *258*
   - 1.2 既成已遂婚姻的不可拆散性：已有定论的问题？ .... *260*
   - 1.3 既成未遂婚姻的不可拆散性 ............................ *264*
2. **因"信仰特恩"而"解除"婚姻** .......................... *265*
   - 2.1 "保禄特权"的运用 ....................................... *265*
   - 2.2 由罗马教宗明确解除婚姻关系 ......................... *267*

# 第七部分

# 对某些特殊情形之伦理与牧灵考量

### 第十八章　夫妻分居 ................................................ 270

1. **夫妻分居的伦理性** ............................................. *270*
   - 1.1 永久分居 ........................................................ *271*
   - 1.2 暂时分居 ........................................................ *272*
2. **夫妻分居与诉诸于国家法院** ................................ *273*

### 第十九章　对特殊情形的伦理判断 ........................... 275

1. **已经依民法离婚的天主教徒** ................................ *275*

- 1.1 依民法离婚后并未再婚的天主教徒 .................................. 275
  - 1.2 依民法离婚后而再婚的天主教徒 ...................................... 276
2. **只依民法结婚的天主教徒** *279*
  - 2.1 民法婚姻对天主教徒的约束性 .......................................... 280
  - 2.2 对纯民法婚姻庆典的参与 .................................................. 281
3. **所谓的"试婚"** *282*
4. **自由结合** *282*

# 第八部分

# 婚姻的目的或其存在的理由

## 第二十章　婚姻的双重目的 .................................. 286

1. **对婚姻目的的不同解释** *287*
  - 1.1 婚姻的"福祉" .................................................................... 287
  - 1.2 婚姻的"目的" .................................................................... 288
  - 1.3 现象学和存在性愿景 ........................................................ 290
  - 1.4 梵二教导中，婚姻的"福祉"与"目的" ............................ 291
2. **"福祉"与"目的"在婚姻生活中的连系与整合** *293*

## 第二十一章　婚姻指向夫妻的福祉 ........................ 297

1. **夫妻的福祉，作为婚姻的目的，所具有的性质及范围** *297*
  - 1.1 性质 .................................................................................... 297
  - 1.2 范围 .................................................................................... 301
2. **夫妻福祉实现过程中的夫妻行为** *304*
  - 2.1 夫妻行为的伦理性 ............................................................ 305
  - 2.2 夫妻关系中享乐的善性 .................................................... 308
  - 2.3 夫妻行为的"义务–权利" .................................................. 309
3. **所谓的"不完整的行为"和"补充性的行为"之伦理性** *310*
4. **违反夫妻福祉的"罪行"** *311*
  - 4.1 在完成夫妻行为过程中 .................................................... 312
  - 4.2 在夫妻行为之外 ................................................................ 314

## 第二十二章　传承生命 ............ *316*

1. **向生育开放** ............ *316*
   1.1　天主的启示 ............ *317*
   1.2　性与夫妻之爱的本质 ............ *318*
2. **夫妻行为对生育的开放** ............ *321*
   2.1　结合意义与生育意义的不可分性 ............ *321*
   2.2　结合意义与生育意义不可分性原则的"合理性" ............ *324*
   2.3　结合与生育意义的不可分性原则的"权威" ............ *326*
3. **夫妻传承生命的责任** ............ *327*
   3.1　父母：造物主天主之爱的合作者 ............ *327*
   3.2　决定传承生命的责任 ............ *328*
   3.3　调节生育和短暂禁欲的合法性 ............ *330*
   3.4　避孕与定期禁欲在伦理和人学意义上的不同 ............ *333*
4. **相反夫妻行为向生命开放的罪行** ............ *335*
5. **在夫妻关系中与配偶另一方协助犯罪所具有的伦理性** ............ *338*
6. **子女犹如恩赐：对不同形式人工受孕的伦理评断** ............ *341*
   6.1　子女的恩赐 ............ *342*
   6.2　人工授精 ............ *344*
   6.3　配子移植 ............ *346*
   6.4　试管受孕与胚胎移植 ............ *347*
   6.5　生殖过程中的技术辅助：出生前的诊断 ............ *350*
7. **附录：实用指南** ............ *352*

## 第二十三章　教养子女作为婚姻的目的 `359`

1. **父母教养子女之权利–义务** ............ *359*
   1.1　爱作为限定教育权利–义务的准则 ............ *361*
   1.2　父母之教育权利–义务的特点 ............ *363*
2. **最基本的方面与内容** ............ *363*
   2.1　对子女身体上的照顾与关爱 ............ *364*
   2.2　在人性–基督信仰之基本价值观上教育子女 ............ *364*
3. **家庭在教养子女中的意义** ............ *368*
4. **父母教育子女的义务–权利与其它教育主体的关系** ............ *370*

# 第九部分
# 家庭团体

## 第二十四章　家庭、教会与社会……373

1. **家庭**……………………………………………………………………………… *373*
    1.1　家庭作为人的团体…………………………………………………… 373
    1.2　孝敬的德行：在家庭中的运用……………………………………… 376
2. **家庭与社会**……………………………………………………………………… *378*
    2.1　家庭：社会的原细胞和生命细胞……………………………………… 379
    2.2　家庭：社会生活的学校………………………………………………… 379
    2.3　家庭的权利……………………………………………………………… 381
3. **家庭与教会**……………………………………………………………………… *383*
    3.1　家庭作为"小型教会"…………………………………………………… 383
    3.2　家庭对教会使命的参与………………………………………………… 385

# 前 言

教宗若望保禄二世曾强调："家庭是社会的基础细胞。它是生命及爱的摇篮，是个人「出生」及「成长」的地方"。[1] 一般来说，人都是在家庭的怀抱中开始，并完成其走向社会的整个过程。家庭——犹如社会美德的学校——造就了国民的各种素质，而国民则是社会生活与发展的灵魂。

家庭与社会的关系是如此的重要，以至于可以说社会的生命及质量与家庭之所是和存在是密不可分的。总之，家庭如何，人将如何。因此，迫切需要家庭意识到本身所肩负的这项使命，并努力且坚决完成它。进而，针对社会的人性化而言，家庭的工作——以及其它事务——的确具有决定性作用，且应被社会认可。同样，也应该重视家庭中不同几代人——祖父母、父母、子女、孙子女等——的共同生活及影响所带来的财富。

然而，并非所有的家庭形式都有助于人及为社会带来福祉。为了实现这项职能，家庭必需真实地活出其本有特质。首先，这便要求它是家庭，也就是说，在其成员之间需有将其定义为生命与爱之团体的各种关系。因此，"家庭团体成员之间的关系，是受「自由给予」规律之推动和指引。由于尊重和促进每一个人的人格尊严是唯一的价值基础，此自由给予的形式是真心的接受、相遇和交谈，无私的爱、慷慨的服务和深刻的休戚相关"。[2]

作为"家庭教会"，基督徒家庭蒙召履行一项在教会使命中无法替代的职能。因此，在其各个层面都应再现教会使命中的所有职能：成为信仰、爱德、祈祷的团体和使徒性团体。且应将其当做自己的使命来完成，而不应视为补充性任务，或者作为，比如，为了完成这些职能，不去考虑其他机构或个人的结果。"尤其今天，基督徒家庭有为基督逾越盟约作见证的特殊圣召，

---

[1] 若望保禄二世，《基督信友平信徒》劝谕，40，1988年12月30日。简称"平信徒"，下同。
[2] 若望保禄二世，《家庭团体》劝谕，43，1981年11月22日。简称："家庭团体"，下同。

不断地散发出爱的喜乐和希望的肯定。"[3]

主耶稣诞生在一个家庭，并在这个家庭中度过其人生的大部分时光，并非是无足轻重的。相反，其中蕴含着一个需要我们去发掘且意义深厚的教导，藉以进入有关家庭的神学：纳匝肋之家正是有关基督徒家庭，以及所有家庭之问题的真实答案。这不仅仅是因为它是每个家庭应该考虑和遵循的典范或理想，而且也是因为其他所有家庭，以某种方式，都隶属于这个家庭。纳匝肋之家的生活是每个基督徒家庭都应参与，且蒙召传播的生活。

每个人的历史，以及人类的救恩史，都是通过家庭而形成的。因此，在基督托付给教会拯救人的"众多道路之中，家庭是首要之路"。[4] 家庭成为教会训导和牧灵工作的焦点，以及宣讲"家庭福音"成为"新福传"中不可或缺的因素，一点也不令人感到意外。尽管从不同的愿景来看，对家庭的关注也是比较相似的，诸如，从各国的政治角度来说，也深深地意识到家庭肩负着社会稳定与发展的职能。

家庭和婚姻是两种不同的体制。但是，二者之间存在着密切的连系，若二者分开，则皆荡然无存。"没有婚姻的家庭——也就是那并非以婚姻为其根源的'家庭'——会衍生出不同形式的同居：不同形式的一夫多妻（或一妻多夫）现象、事实婚姻、试验性婚姻，等等，这些与真正的家庭制度没有任何关系。同样，并非以家庭为导向的婚姻，其结果将是否认婚姻本质特点之一，即不可拆散性，并废除其首要且最为基本的目的：生育并教养子女。"[5]

不管怎样，正如若望保禄二世所教导的，不管是在个人历史中，还是在救恩史当中，决定家庭命运的是婚姻。[6] 事实上，家庭由婚姻接受了它的形式与活力。这也是有关家庭的研究必

---

[3] 同上，52。
[4] 若望保禄二世，《致家庭书》牧函，2；1994年2月2日。
[5] Augusto Sarmiento，《家庭——人类的未来》（*La familia, futuro de la humanidad*），马德里，1995年。
[6] 参：若望保禄二世，弥撒讲道，1980年10月12日。

需与婚姻——家庭的肇始与泉源[7]——相连的原因。然而，若进入婚姻之最终真相，则需要从圣事的角度来考量这一事实。藉此无非就是要开始着手做主耶稣及宗徒们所做的，即：宣讲由造物主自"起初"便赋予婚姻，后由救世主以令人称奇的方式所重建之婚姻使命的伟大性。

本著作将要在这种愿景——即救恩奥迹——中对其所含主题展开论述。我们将沿着这种脉络对婚姻神学中不可或缺之内容展开阐述，其中包括：婚姻作为受造事实与作为圣事——这是领洗者之婚姻固有的——之间的区别；同时，还要避免在创造秩序与救赎秩序之间以二分法方式进行阐述的危险。

本著作包括九大部分，其中前八部分将直接论述婚姻；而最后一部分将直接涉及家庭。每一部分的开始都有一个"导言"，藉此以概括的方式说明各部分的意图和藉以阐述不同主题和将要研究之问题所采用的资料与愿景。

婚姻构成了天主自起初对人类之计划的一部分。因此，在分析了婚姻的人类学根源——事实上，婚姻根植于男、女的人性——之后（第一部分），将要研究根据"自起初"所揭示之婚姻奥迹的确定性因素（第二部分）。

随着基督的到来，有关婚姻奥迹及其含义的启示便达到了圆满。如何理解这一奥迹的彰显，及其各项要素和主要的含义，便是接下来将要阐述的内容（第三部分）。然后，就是针对婚姻的建立和举行展开论述：首先将就婚姻本身进行考量，也就是，有关圣事性标记的结构和法定仪式的必要性；随后将从婚姻契约主角的角度，对上述问题进行分析（第四部分）。

在就婚姻本身及其建立或形成等问题研究完之后，在接下来的各部分，将继续同样的分析，只是从不同的角度展开论述：婚姻的效果（第五部分）、婚姻的特质（第六部分）及婚姻的目的或存在的理由（第八部分）。这一部分将藉着对与婚姻关系有关的一些特殊情形所进行的反思而得到补充（第七部分）。上述所

---

[7] 参：梵二，《牧职宪章》，48。简称"牧职宪章"，下同。

有问题都将以由信理–伦理幅度所做的反省作为结束。

最后一部分意在展现出家庭在社会与教会的发展中所具有的不可替代作用(第九部分)。

\* \* \* \* \* \* \*

在这部著作的编辑过程中，有很多人以这种或那种方式帮助过我：在此我向诸位表示衷心的感谢 要特别感谢 Marisol Ripa 对本书进行的排版；也感谢 J. L.Illanes 和 T.Trigo 两位教授，他们对本著作的初稿进行了校对和提出了宝贵的意见。

潘普洛纳，1997 年 8 月 15 日

\* \* \* \* \* \* \*

前两次出版(1997 年和 2003 年)的接受程度也说明这第三次出版中的更改需要更加详细。尤其是有关教学方面的变动和新近书录的添加。我的学生们所提出的建议使我受益匪浅，在此特别感谢他们！

潘普洛纳，2007 年 2 月 14 日

\* \* \* \* \* \* \*

本次新版是上次版本(2007 年 2 月)的再版。除了每页下面的注脚和最后的参考书目，以及新近的出版之外，作为新颖，我们在第二十二章当中又加上了两小节内容，主要涉及的是，在人工受孕方面，欲采用的不同手段所具有的相应伦理性。

潘普洛纳，2012 年 8 月 15 日

# 导 论

对作为普遍事实的婚姻做了简短介绍之后,接下来我们将阐述传统上所熟知的婚姻神学的对象、方法和神学研究所依据的"资料"。在最后的部分,将讨论本学科在神学中所占的地位。

## 1. 婚姻：永恒而普遍的事实

"婚姻"[1] 一词描述了一个为一切民族和所有文化所共知的事实,虽然在不同的时期有不同的形式和表达,但始终伴随着一些共同而不变的特点。各民族和文化的历史充分地展现出,在各种不同的表现形式中,共通点就是都坚信婚姻中的男–女关系所具有的特点,使这种关系变得独特,并区别于其它任何关系。

作为历史–文化事实,婚姻依赖于结婚当事人的自由:具体婚姻存在的开始与发展取决于当事人的自由决定,也就是说,在具体的男人与女人之间的婚姻成立与否,以及它以这种或那种方式得以存在,都取决于当事人的决定。与此同时,也经常相信婚姻是一种社会制度或体制:它是由一些超越结婚当事人意愿的事先因素所决定的(也就是说是制度);由于人的人性化与婚姻连系在一起,在这种结合中便也牵涉到社会本身(也就是

---

[1] P. Adnès,《婚姻》(El matrimonio),巴塞罗那 1969 年,138:"在拉丁语中经常采用不同的词来指婚姻:*Matrimonium (matris munium)*,来自于 *mater*(母亲)。针对这一词源有不同的解释。可以指婚姻的效果或主要目的,意即:生育子女使一位母亲成为有生育力的人(......)。此外也可以强调母亲相对子女来说所扮演的主要角色。根据这些传统的理由,《罗马教理书》声明说:

*Coniugium*(*cum*,*iungere*:配偶):因为婚姻将男人与女人结合在一起,可以这样说,并将他们置于同一'轭'(*iugum*)下;因此二人肩负同样的义务,并享有同样基本的权利。

*Consortium*(*cum*,*sors*:团体,结合):因为婚姻是一个命运紧密结合在一起的团体,它将男人与女人紧密的结合在一起,成为一个身体、一个灵魂,'同命运,共呼吸'。

*Nuptiae*:婚庆、婚礼,这个词来自于 *nubere*(披头纱、盖红盖头),由此也衍生出 *connubium*(结盟、联合;结婚),因为在庆典中,被接纳为妻子的女人头上盖着一块纱巾"。

说，它是社会性的）。因此，应该说，这是属于婚姻之共通和永恒的真理，根据不同民族与文化所表达的，婚姻一方面是确定的（意即：制度）；另一方面又是不确定的（它取决于人的自由：历史–文化性制度）。如此以来，那构成婚姻历史性真理的，在保持共有和永恒特点——即那些定义婚姻关系和使之区别于其它关系的特点——的同时，也"在"每个时期，并"根据"每种文化所具有的独特性来完成的。故此，论及古代、中世纪、美洲、欧洲……的婚姻也是合理的。

> 虽然婚姻的伟大性并不总是以同样的明确性彰显出来，但在捍卫婚姻的尊严上，各民族的信念却是相通且永恒的（参牧职宪章，47；法典1603）。毫无疑问，这一点归功于婚姻的神圣性特点，因为它与人的起源有着密切的关系。

此外，对基督徒来说，婚姻也是由基督所建立的七件圣事之一。在不丧失任何一项作为人类事实所具有的特点同时，在基督徒之间所缔结的婚姻也是圣宠的泉源与原因。同样也是基督徒家庭的起源与基础，教会的建设有赖于此（参家庭团体，49）。"个人、社会、教会的幸福和健全的婚姻与家庭生活，紧相连接"（牧职宪章，47）。

## 2. 婚姻的神学性考量

可以从不同的角度来考量藉由"婚姻"一词所表达的事实，因此，它也可以成为许多其它学科研究的对象，比如，历史、法律、社会学、神学……。当从神学角度来研究这一课题的话，那么有关反思便会置身于救恩史当中：所感兴趣的便是根据启示史所揭示的真理，婚姻之"所是"（*logos*）以及婚姻之"所应是"（*ethos*）。可以说，婚姻神学，作为一门学科，是藉着由信德光照的理性，研究天主针对婚姻所持救恩计划的科学，藉以发掘已婚者所应遵行的生活模式。

因此，在针对婚姻所展开的神学反省当中，信德（或信仰）与理性是不可分的。1) 信德（或信仰）：因为神学在论述婚姻时，是从其与救恩奥迹的关系角度来说的，并将天主视为其最终超性的目的。神学是从天主的启示出发来审视婚姻的，惟有从信德出发才可明了启示。2) 理性：首先作为理性在信德光照下所进行的反思，神学研究的任务便是要发掘藉由启示所了解之婚姻奥迹的思辨性（或合理性）。此外，如果可以这样说的话，理性在这里扮演着一个比在神学其它领域更为重要的角色：事实上，婚姻是一个根植于男、女人性内的事实；因此，探究婚姻奥迹的真相便属于理性的任务，因为婚姻作为受造的事实，被铭刻在人性内，也是一个自然事实。

故此，对婚姻神学研究来说，所必需的资源有圣经、圣传和教会训导，这三者形成了唯一而不可分的信仰宝库（参启示宪章[2]，10）。除此之外，作为辅助性的资料，还应补充上通常所说的科学知识。

— 圣经：包含着有关婚姻的天主的启示。根据圣经所特有的方式，都会或多或少地以直接而渐进的方式将这项救恩奥迹在救恩史当中揭示出来。针对这一点，应该注意到在圣经当中确立了具体而普遍有效的婚姻道德规范；尤其是传播了有关婚姻的永恒真理，以及这项真理所带来的各种要求，以便使人正确地生活出婚姻之"所应是"。

> 与婚姻之"所是"与"所应是"相关的圣经中有几部特别有意义的书和章节：创 1:26-28；2:21-25（有关创造男人和女人的记述）；玛 19:3-9；谷 10:2-12；路 16:18（婚姻的不可拆散性）；格前 7:1-40（有关婚姻不同问题的解决方法）；弗 5:22-33（有关婚姻是"伟大的奥迹"）。针对这些内容，我们会在后面详述。

— 圣传：鉴于天主启示的统一性，在理解圣经上有关婚姻的论述时，应"顾及整个教会活的传授（即圣传），并与信德相比照"（启示宪章，12）。"这来自宗徒们的传授，于圣神的默导之下，在教会内继续着"（启示宪章，8），教父们的言论证实这传授活生生的存在。

> 在所有教父中，有关婚姻的教导较为突出的就是圣奥思定（+430 年）：有关这一主题，他撰写的著作比其他教父都多；此外，在婚姻神学领域也产生了很大的影响。在这方面较为重要的著作有：《论婚姻的益处》（De bono coniugale）；《婚姻与

---

[2] 梵二，《天主的启示教义宪章》，简称"启示宪章"，下同。

私欲偏情》(*De nuptiis et concupiscentia*);《论重婚——非法的结合》(*De coniugiis adulterinis*)。因此,奥思定又被赋予"基督徒婚姻圣师"的称号。

- 教会训导:若圣经与圣传——作为"彼此紧紧相连并相通"(启示宪章,9)并"组成天主圣言的同一宝库"(启示宪章,10)——是婚姻神学必不可少的思想泉源,那么也应该肯定教会训导在神学研究工作上也享有同样的必要性。以权威解释所写成或所传授的天主圣言之职权,只委托给了教会的训导当局(参启示宪章,10)。在这项研究工作当中,神学本身——作为出自信德的科学反思——也需要教会训导的引导和光照。

教会经常且以不同的方式讲论婚姻:宣扬婚姻的尊严、展示婚姻在天主之救恩计划中的地位、强调它在社会及教会层面的超然性,等等,都是教会训导在世纪更迭中论述婚姻时涉及到的内容。同时,也应该记得,在整个教会训导内,并不是所有教导都具有与启示真理同样的等级,也并非都处于教义价值的层面。非常规训导(或特殊训导)与一般训导不同,在一般训导当中也存在着极大的多样性。

十九世纪末以及二十世纪,较为重要的训导有:教宗良十三世的《天主智慧的奥秘》(*Arcanum Divinae Sapientiae*)通谕(1880年);庇约十一世的《圣洁婚姻》(*Casti connubii*)通谕(1930年);庇约十二世对夫妇们,尤其是对意大利公教进行会大会参与者们的讲话(1951年);梵蒂冈第二届大公会议的《牧职宪章》(1965年)中"维护婚姻与家庭尊严"这一章(47-52);保禄六世的《人类的生命》通谕(1968年);若望保禄二世的《家庭团体》劝谕(1981年)和《致家庭书》牧函(1994年)。

在对婚姻的神学研究当中,也应该关注信者,具体来说就是平信徒的信仰意识(参家庭团体,5)。基督信徒,藉由瞻想及研读或对所经历的精神事物之深切了解(参启示宪章,8),已准备好进入婚姻的真理及福祉,进而便能"使福音的能力,在日常生活上,在家庭及社会生活上,昭示出来"(教会宪章[3],35)。真正基督

---

[3] 梵二,《教会宪章》,简称"教会宪章",下同。

徒的婚姻和家庭的见证尤为重要，"教友由于他们的特殊圣召，有根据基督之光解释世界历史的特别任务"(家庭团体，5)。

论到这一点，值得提醒的是：1) 只有在福音中——在对婚姻福音的忠信中——才能找到辨识由基督徒婚姻和家庭针对天主之计划所做的"解释"的真实性之准则；2) 因基督亲自委托，针对这种真实性的最终判断或分辨始终属于教会牧者或教会圣统阶级的职责(参启示宪章，10；家庭团体，73)。

– 有关人的科学知识：作为人性事实，也可以以自然的方式认识婚姻的真理，这一点可由各民族的传统与文化(自然知识)得到充分地证实。但是，对婚姻属性、特点等的这种自然认识和了解来说，从其本有领域，针对有关人的知识(科学知识)所做出的贡献极为重要。

有关人的科学，对了解婚姻来说，也形成了一个不可或缺的知识来源，关于婚姻的神学反省也应该求助于这些科学知识。这是天主有关婚姻启示的一项结果，它并不毁灭或削弱天主的计划，相反，它完全维持和保全天主的原始计划，即针对婚姻作为受造事实的计划。诸如人类学、心理学等科学在这一领域所能提供的帮助具有特别的意义。教会明白"圣神的召唤和要求，响彻在历史的每一件事情上，因此教会也受到引导，藉着环境、今日青年人、已婚夫妇和父母们的问题，忧虑和期望，而能更深刻地了解婚姻和家庭的无止境的奥秘"(家庭团体，4)。

与婚姻神学材料来源相关的问题还有：1) 关于婚姻真理的自然知识与藉由超性途径获得的知识之间的关联；2) 天主有关婚姻之计划的自然知识所具有的性质。

关于第一个问题，显然在两种知识之间存在着，且应该存在着一种互为目的和相互补充的关系(参启示宪章，1)。因为所涉及的是同一且唯一的天主对婚姻的计划，这计划在启示当中彰显出来，并建基于男人与女人的人性之上。如果什么时候出现矛盾，这也只是表面现象；造成这种现象的原因出自对所获得之信息的片面或不正确的解释。

至于第二个问题，应该说对天主有关婚姻之计划所获得的自然知识虽是真实的，但却是不完整的。尽管人——即使是在原罪之后——由能力藉着理性认识有关婚姻的受造性真理，但仍需要天主启示的助佑才能"容易地、确切地、和无讹地"（启示宪章，4)完成认识真理的使命。⁴ 如若愿意从天主整个计划的角度，认识婚姻的真理，天主的启示显然是绝对必要的。

## 3. 有关婚姻的"论述"在圣事神学中的地位

婚姻神学属于系统神学中研究圣事，并以"圣事神学"命名的那部分。在这一部分当中，它的地位是"特殊圣事神学"，因为它撇开了与其它圣事共有的那些部分，而专论婚姻独有的内容。

然而，在这个研究当中会涉及到信理和伦理方面的内容。若考虑到这两部分，那么我们所面对的就是可以称之为信理–伦理的专论。信理与伦理是同一神学中的两部分，因此二者遵从同样的神学准则：拥有同样的知识来源，并回应同样的科学研究。这就要求在研究针对婚姻所提出的具体问题时，应求助于教义和信理方面的知识；而在对这些内容进行研究时，更应考虑到具体的道德实践。因同样的理由，遵循着梵蒂冈第二届大公会议有关所有基督徒普遍成圣之使命的教导(参教会宪章，第五章)，以及根据这次大公会议，婚姻也构成了伦理神学的首要对象，针对婚姻的信理–伦理性阐述就应"重新获得它的活力，也就是人应答覆天主的召唤，在救恩的团体内在爱中进展"⁵ 这是跨越伦理神学与灵修神学之区分和强调二者互补性的结果，

更确切地说，这也是针对婚姻奥迹所进行的研究所应遵从的方针。

\* \* \* \* \* \* \*

---

4    参：庇约十二世，《人类的》(*Humani generis*)通谕，1950 年 8 月 12 日，邓辛格 3875；圣多玛斯，《神学大全》，第一集第一题第一节。

5    宗座教育部，《未来司铎的神学教育》，100，1976 年 2 月 22 日。

# 参考书目

宗座信理部,《真理的礼物》(Donum Veritatis)训令,1990 年 5 月 24 日。

宗座教育部,《未来司铎的神学教育》,1976 年 2 月 22 日。

C. CAFFARRA, *Vida en Cristo*, Pamplona 1988, 77-84.

C. COLOMBO, *L'insegnamento della teologia dogmatica alla luce del Concilio Vaticano II*, en 《La Scuola Cattolica》 95 (1967), 3-33.

A. DEL PORTILLO, *Magistero della Chiesa*, en VV.AA., *Persona, Verità e Morale*, Roma 1986, 19-23.

J.L. ILLANES, *Sobre el saber teológico*, Madrid 1978.

J. RATZINGER, *Transmisión de la fe y fuentes de la fe*, en 《ScrTh》 15 (1963), 9-30.

# 第一部分
# 婚姻制度的人类学根源

　　婚姻的真理、含义以及最深厚的福祉最终都将在由神圣的启示逐渐彰显出来的天主的计划当中揭示出来。为了正确地领悟婚姻神学，求助于这一知识来源，便是不可或缺的。然而，在这一部分我们首先要讨论一些婚姻神学的先决条件或最基本的人类学依据。故此，除了明确天主对婚姻的原始计划——在其自然启示当中——之外，还应阐明婚姻是如何回应人最内在之要求的。尽管只有人类学才能完成这项使命，并阐释人的优先性与尊严，但也能填补性在人的整体性当中的所具有的不同含义。

# 第一章
# 人类性的真理与意义

在婚姻、人与性之间存在着内在而密切的关联：婚姻的概念紧密而必不可少地与人类的性所拥有的价值与意义连系在一起，而这些价值与意义则取决于先决的人类学概念。本章的目的就是分析人与性之间的关系，通过以下三节的内容来阐述：1) 性：人的构成幅度；2) 性的意义：人之爱的圣召；3) 性在人身上的整合。总之，是为了回应有关人类性的真理与意义的问题。

## 1. 性：人的构成幅度

"性"一词是指不同的事实，更确切地说，是指同一事实的不同幅度或层面。有时候是指"生殖"（又被称为生殖性）。从这种意义上来说，也影射与生殖器及其行为相关的一切事物。而有的时候藉这个词来指人的男性或女性身份，也就是说，每种性别各自特征的综合。

这是需要留意的一种区别，因为根据不同的背景，所指人的幅度也有所不同，尽管它们内在地有密切的关联。一个是"被赋予性的人"，而另一个则不同，是指与"性器官"及其"运用"相关的事物。显然，这些幅度使我们有两种以不同含义和表现与人建立关系的方式：一是"有性别的关系"；一是"性关系"。因此，比如说，当说将性"人性化"或"个人化"的时候，是指性的活动或行为应在人作为趋向善与爱的主体背景下展开。

作为人的一项幅度，性本身是一个复杂且触及人格最内在核心的事实(参家庭团体，11)。性"不仅使男人与女人在身体上具有特征，也使其在心理上和精神上具有特征，并在其所有表现上具有印记"。[1] 若想对性有一个恰当的评价，应该考虑到这些

---

[1] 宗座教育部，《有关人性之爱的教育指南》，5，1983年11月1日；宗座信理部，《人格》，1，1975年12月29日。另参：M.Vidal, *Ética de la sexualidad,*

复杂性，进而也应该避免片面化的严重危险，也就是说，避免只从某个方面或层面来强调性本身所具有的真理和意义。

在审量这些层面的不同性时，只有记住这种复杂性是这同一且唯一事实——人——的一部分，还原论（reduccionismo）——经常窥探有关性的问题——的危险才能消失。性是"关系到人格的最内心的存在"[2]的一项幅度，进而将牵涉到人的一切活力及表现。

现今文化特点之一就是将人的身体视为一种工具性的善，而非"典型的人格事实"。当将"身体贬为纯物质"的时候，"性生活也变得与人格无关而且被利用：(......)愈来愈成为逞能的场合和工具，以及自私的个人欲望和本能的满足了"。[3] "因此，性的意义将取决于每个人针对如何确立自己的性所做的自主选择。"[4] 正如所谓的"性意识形态"（ideología del género）所要求的，性的意义基本上应取决于社会信念在每个时代所决定的意义。这也是对人格之超性价值抛弃后的自然结果和除了个人的意愿之外没有任何限制之自由的观念所造成的后果。

走近人类性的真理与意义（"是什么"和"为了什么"）始终要求对人应该有一个整体的观念。只有从这个角度来研究，才能避免还原论，抑或另一个极端，即：过于夸大其价值，这也是在涉及到性的问题时，经常容易犯的一种错误。不是随便一种人类学便能有助于认识性的真理与意义。值得再次提醒一下，对了解性之善有助益的是对人的正确观念或概念。阐述或涉及到性，便是涉及到人本身。

## 1.1 "灵肉结合"的人：人格的实质统一

人藉经验而获得知识，并发现其自身便是一个统一而复杂的事实。尽管每个人也意识到其活动的多样性和不同性，但也能领悟到其中的"我"就是他自己，且是唯一的。对每一项所完

---

Madrid 1991, 19-22; M.Cuyás, *Antropología sexual,* Madrid 1991, 15-115; J.R.Flecha, *Moral de la persona,* Madrid, 2002, 48-52。

2　若望保禄二世，《家庭团体》劝谕，11。
3　若望保禄二世，《生命的福音》通谕，23，1995 年 3 月 25 日。
4　西班牙主教团，《西班牙教会家庭牧灵指南》，11，马德里，2003 年。另参：本笃十六世，《天主是爱》通谕，5，2005 年 12 月 25 日。

成的活动来说，并不存在不同的原则。这也是圣经中的人类学和健康的哲学所一贯主张的论点。

根据哲学和人类学的教导，这种统一性与不同性来自于人是灵魂和肉身的结合体这一事实，在灵魂与肉身之间存在着实质的统一。从否定意义上来讲，这便意味着在人身上排除任何形式的二元性，即：对应肉身的是一种形式，而对应灵魂的则是另一种形式。当采用形质双本原论性的表达，并强调在人身上，灵魂是肉身的实质形式时，意在表达人是唯一的整体。之所以是整体是因为其形式，即灵魂，它将肉身实质化和精神化。

"灵魂和身体的结合是如此密切，以致该视灵魂为身体的「形」；这表示基于灵魂，由物质组成的身体成为一个活生生的人的身体。在人身上，精神和物质并非两个本性连接在一起，而是两者结合而成独一的本性"（天主教教理，365）。

人之位格基于其精神，但并不因此便可以说，位格便是一个有肉身的精神体。我们藉位格来指"结合为一的整体性"，这就是人。人之肉身和精神并非两个在其结合之前就已存在的事实。精神（或灵魂）的受造便是为了结合于肉身；而肉身内在地便是趋向与精神的结合（只有当肉身与精神结合，并以精神为其形式时，才能称之为人）。

在人的复杂性当中存在着不同的要素，有物理性的，有精神性的，正是有这些要素，我们才能区分物质与精神、肉身与灵魂的结合；但是这种结合并不能解释为肉身与灵魂就好像两个事实：一个融入另一个内，或一个在另一个旁边。肉身与灵魂是形成同一且唯一位格的两项原则。人基于灵魂才有位格：位格存在的理由即在于灵魂。由于灵魂是独一的，因此它不仅是人为人，也使他为动物、生物，使他存在。理智之魂给予人肉身所有感官之魂能够给予动物的一切，并且更多。这"更多"便是更高级、精神性级别所具有的完美，是人所独有的，[5]也正基于此，人才享有一种内在性，这种内在性使人能够与他人，特别是与天主进行交流、沟通。灵魂超越这一类别中的个体存在，

---

[5] 参：C. Cardona, *Presentación* a C.Caffarra, *Ética general de la sexualidad*, cit., 3。

而其本身便具有圆满的意义。肉身——作为结果——从其可见性角度而言,是人。指人的肉身(或身体)便是指人本身。[6] 只与人的肉身建立关系,而不与人建立关系是根本不可能想象的。[7]

虽然从科学的角度——比如,在实验室的显微镜下——来说,人的肉身可以向动物那样被用来做研究,但在二者之间却存在着基本而彻底的不同。这并不是说人的肉身比动物的要多些什么;完全是另外一回事:人的肉身从质上来说属于高级别的。人的肉身远非生物细胞有机综合体所能比拟的。解剖学和生物学语言不能阐述和表达人肉身的全部真理。

在这个统一体当中,精神与肉身这两项原则并不丧失其各自的属性,依然是两个本质上不同的事实,在不同的活动——精神性活动、物理性活动等——之间有着本质性的差异。这统一体存在于"实有"层面。那个完成精神性、物质性等不同活动的"我"是独一而整体的。[8] 然而,"可惜的是,由于现代主义抬头,使西方思想渐渐远离这教导。提出「我思故我在」(*Cogito, ergo sum*)说法的哲学家,也提出了人的二元性的现代观念。典型的理性主义把人及其灵魂截然分开,但人及其灵魂是合而为一的"。[9]

肉身与灵魂之间的关系这个问题始终是人类学所面对的关键问题之一,它的理解也始终影响着对肉体性与成全之价值(灵性成全与伦理美善之间的关系)的理解方式。对柏拉图而言,肉身与灵魂是在现世生存中偶然完整地结合在一起的两个实体,但并未构成唯一一个实体。因此,去除肉体性是达至完美必需的途径。这种思想方式后续又被其他学者所采纳,诸如普罗提诺(Plotino)、斐洛(Filón de Alejandría)、笛卡尔、马勒伯朗士(Malebranche)、斯宾诺莎、莱布尼茨等。

有些时候会被否认掉其中的一项要素:唯物主义否认精神;

---

[6] 参:拉辛格,*Presentación a la Instrucción《Donum vitae》*, en VV.AA., *El don de la vida*, Madrid 1992, 19;另参, C.Caffarra, *Ética general de la sexualidad*, cit., 34。

[7] 说到这一点,我们应该留意若望保禄二世的《致家庭书》(1994年2月2日)第19号:"「圣言成了血肉」是肉身的知识最丰富的泉源。基督替人类展示了人之为物。梵二大公会议的这句话,可以说是教会给予现代理性主义的答复,也是人们期待已久的"。

[8] 参:C. Caffarra, *Ética general de la sexualidad*, cit., 32。

[9] 若望保禄二世,《致家庭书》牧函,19,1994年2月2日。

唯灵主义否认肉身。事实上，历史告诉我们针对性的不同态度之间经常是相互矛盾的。从较为悲观——这种悲观是对与肉身有关之一切的蔑视态度的结果——的观念（摩尼派、诺斯底派、禁欲主义、杨森主义等理论）到极度赞扬享乐。这两种立场回应的是对人的同一种二元性观念：如果说在第一种情况当中，蔑视肉身和性，而主张唯灵主义的话，那么在第二种情况当中，则完全无视人的精神幅度，而只肯定生物学幅度（人就像剃了毛且赤裸的猴子）。从这种角度来说，人类的性就是纯物质的，纯生物性的功能，是一种消费性的商业：与动物的性并没有任何不同。无论上述的哪一种立场都出自于同一人类学观念：在人身上灵魂与肉身、理性幅度与生物学幅度之间绝对的分离。在一些情况下，总是出现对其中一项要素的否定。但是，通过这些主张很明显地是，性并不被视为位格的一项构成性幅度。如此以来，便不可能认识性的真理及意义。[10]

因此，便能明白从一种正确的人类学观念出发的重要性，这种人类学的根源就是要正确理解人的统一性，一方面能够解释主体——行事的"我"——的身份与统一性，另一方面在保全不同活动——精神性活动、心理性活动、物理性活动等——之间的本质区别的同时，也能解释所完成之行为的多样性及不同性。

## 1.2　性：人之"方式化"

沿着梵二大公会议的思想，《家庭团体》劝谕——正如教会训导经常教导的——强调，如果接受人的实质统一性，以及性是人存在的方式，那么便能认识性的真理和最根本的意义。[11] 因

---

[10] 这便是从个人主义、实用主义和享乐主义，实践唯物主义的这三种形式的出现而开始的思想。每种思想的特征就是针对人肉身的某种态度，而这种态度并未从其位格幅度肯定肉身所具有的意义。这样便将肉身的物质性转而视为享乐的对象（享乐主义）或采用与实用的意义上（实用主义）。在这种背景下，明显的是，性不再视为是表达爱意的语言，其"本体性真理"也不再被认识。个人主义则相反人的关系性，这种关系性则表现在尊重、感恩和付出。

[11] 参：《家庭团体》，11，在这一点上继续了《牧职宪章》第 14 号的教导。而这一点也经常出现在教会的训导当中，尤其是最近这些年，并强调对不同伦理问题的考量应该置于正确的人类学范畴来看。除了上述所引用的文献外，值得提及的还有：保禄六世，《人类生命》通谕，7，1968 年 8 月 25 日；

此，这两部文件直接的结论便形成了性伦理的人类学（以及神学）的基础。[12] 由于有位格的人是灵-肉结合的整体，这就是被称之为"人"的事实(参家庭团体，11)，另一方面，又由于这个整体，除了男人或女人的形式外，没有其它存在的可能性，性便是人的构成部分。

有位格的人是独一而不可分的，与任何形式的二元论都无关联；性是人的一个幅度，隶属于人的实有，否则的话，应将其视为人的一个外在事实，而不是人的构成部分了。肉身与精神构成了人这个灵-肉结合的整体。然而，这一整体只能以男人或女人的形式存在，而没有其他任何存在形式的可能。精神结合于一个必须是男性或女性的身体，因着肉身与精神之间这种实质性的结合，人便以整体男性或女性的形式存在。性与人是不可分开的。有位格的人便是有具体性(性别)的人。

> 从抽象层面来说，应该对人从精神角度来审视，而从这个角度来说，人便不分男、女；但是，由于人的精神(或灵魂)趋向于与肉身的结合，也因此而得以受造，而肉身(或身体)则始终且必需是男性或女性的。性并不单单是一个属性；而是具体的人(或有位格的人)存在的方式。

我们说性是有位格的人之"方式化"(modalización)意在肯定性充斥着(浸透了)整个的男人和女人。性——男性或女性——确立和决定了灵-肉实质结合的所有及每项因素，从而我们称之为"男人"或"女人"。因此，人的所有精神幅度都被这一幅度所浸透；与此同时，性的幅度也被精神性所浸润。性关系着人的内在核心。所感受到的便是人本身，而人本身又藉着性得到表达。性与人的关系是如此之深，以至于，比如说，当在婚姻中，或夫妻性结合中，针对性做出决定时，所做的决定关乎到整个的人(包括人格)。解剖学上同样的特征，作为男性或女性的客观表达，客观上也被赋予了一种超性的含义：这些特征以可见的方式表达了有位格的人。

人类的性本质上有别于动物的性，因为由于人的灵魂是肉

---

宗座信理部，《生命的礼物》，1987年2月22日；宗座家庭委员会，《人类性的真理与意义》，10-14，1995年12月8日；等。

[12] 参：C. Caffarra, *Ética general de la sexualidad*, cit., 34。

身的实质形式,人类的性除了是感知之性外,它因着分享,也是理智之性。在人身上所有幅度和组织性的职能都囊括在其整体统一性当中。其内人一切都是人性的。从人的层面上来说,人身上没有任何东西是非人的或低于人类的;尤其是性,可以这样说,除了性之外,内在地没有任何一项幅度是如此既具有身体性,又有精神性的了。认为人类的性相似动物的性,或是可以与精神性分开的一项幅度,是极不相宜的。决不可将人类的性活动只视为生理性和生物性兴奋或刺激的结果。

圣经上在论及男人和女人的受造时,所采用的语言便表达了这同一真理。男人与女人分别在其男性与女性上都是天主的肖像。无论男人还是女人都是天主的肖像;鉴于只有男人或女人在人性上从性层面得到明确化,那么可以得出结论:性别的不同便是原始性的一份恩赐——其根源在于天主的创造行为——并分享位格的精神性。故此,性别歧视没有任何意义。

## 2. 性的意义

人的性幅度——男性与女性——是有位格的人的一项构成幅度;关系到人的不同层面和活动,并决定了男人与女人之间的差异:染色体的确定、解剖学与身体上的形态、心理特征、情感差异等。为了能够深入了解性的真理,则需跟随有关性差异的意义及其含义的问题来逐步认识。对性伦理的确立来说,这是一个决定性的问题。

> 诸如夫妻之爱与生育之间的关系、人工受孕的伦理性、负责任的父职等此类问题的解决,取决于针对性的意义所给予的答案。在当今文化中这是一个极为重要的问题,当今文化的特点则是实证主义,而其最为突出的特征——至少从某种意义上来说——则是不可知论与实践实用主义:以经验作为获取知识的唯一途径(不可知论),将有用的与坦诚的混为一谈(实用主义)。

可以从对男人与女人之人性的考量(理性知识)入手,并藉着出自于天主启示的信仰之光(信仰知识)的照耀,来获得对性之意义的认识。这两种知识相互补充,然而,正是藉着天主的启示,我们才能认识有关依照天主的肖像和模样受造,并在基督内获得治愈和得救的人的全部真理。性的"原始"含义不可思议地对应着男人与女人的身份,并在救恩秩序中得到升华。

## 2.1 爱与性

从一个维护统一的人类学角度来说,并不难理解性的统一性幅度。这种幅度趋向表达和实现人的爱的圣召。性旨在服务于人际交流和沟通,并以这种方式,达至个人及他人的成全。这也是人实质性统一这种论点的结论之一。

人并不是一个孤独的、单一的实有,也不是众多事物当中的一个,更不是一个关闭于其自身内,有关其自身的内在性存在。因此,他能够体验到自己的肉身性(或身体性),并清楚地意识到其自身在世界上的存在由与其身体的关系而确定,并藉着其身体,才能与世界以及与他人进行交流和沟通。人会发觉其个人存在的方式与他与世界和他人建立关系的方式密切相关。个人的存在需藉助与世界接触和与他人建立关系来实现。

作为身体性的方式化,人类的性旨在服务于人际沟通,趋向表达和实现人与生俱来的基本圣召:爱(参家庭团体,11),并以这种方式,达至个人及他人的成全。这也是人实质性统一的结论之一。生物学本身也发现,人类的性,不同于动物的性,它并不是自动的,也并不只在生育期才发作。从任何角度来看,无论是生物学、心理学、还是社会学等角度,性都有一个关系性的幅度,换句话说,就是趋向表达爱。[13]

这也是圣经上在论到人是"天主的肖像"时所要表达的意思。人,作为天主的肖像,是"全人"——整个人类:男人与女人——和"整个的人":整体性的人。作为有位格和"性化"了的人就是天主的肖像。"雅威天主说:「人单独不好」(创2:18)时,祂肯定了「单独」的人并没有完全实现这本质(即人位格的本质)。

---

[13] 若望保禄二世,1980年1月16日公开接见讲话:"人的身体及其性征(其男性和女性特质)于创世奥迹中,不仅促成生育繁殖,一如整个自然界的情况,而且「自起初」已具「为人配偶」的属性,也就是表达爱的力量:正藉着爱人成为礼物,并藉着这样的礼物,满全他存有和存在的真正意义"。本笃十六世也强调了性指向爱这一特质,并言简意赅地分析了"性爱"(*Eros*)与"纯爱"(*Agape*)之间的区别与统一(参《天主是爱》通谕,3-8)。

如要实现这本质，他唯有藉着「偕同别人」而存在，而且更深入完整地说，就是藉着「为别人」而存在。"[14]

作为天主的肖像，人的受造就是为了爱。"「天主是爱」，而在祂内过着一种位际相爱共融的奥迹。依祂自己的肖像造了人类并继续使之生存时，天主在男人和女人的人性里铭刻了爱和共融的圣召，也赋予他们能力和责任。因此，爱是每一个人的基本的和天赋的圣召。"[15] 人作为取了肉身的精神，也就是说，在位格的统一性当中，被召去爱。人类的性是具体表达爱的能力的不可或缺的部分，"正藉着爱人成为礼物，并藉着这样的礼物，满全他存有和存在的真正意义"。[16] 性的不同——"造了一男一女"（创 1:27）——指出了男、女之间的相互完整性："我要给他造个与他相称的助手"（创 2:18），这种不同指向人际（或位际）之间的沟通、相融和表达及活出人性之爱。

> 性的不同指出了男、女之间的相互完整性。在人——ádam（亚当）——与动物之间存在着一种根本的差异，在与动物的交往中，人感受到了孤独："他没有找着一个与自己相称的助手"（创 2:20）。为了克服这种孤独，则需要有另一个"我"（即女人）的临在："这才真是我的亲骨肉"（创 2:23）。这样，在肯定另一个"我"——在女性中有位格之人的"我"——这个的位格时，也应注意到，且肯定了在男性中的人的"我"。除此之外，在创造人，且具有两性差异的圣经叙述中，也指出了性在价值论上的意义：男人是为了女人；女人是为了男人。[17] 两极性——性别的不同——也指出了男人与女人之间的相互补充性，且指向人际沟通，意即：感受、表达和生活人性之爱。[18] 因此，性的本有关系应是人与人之间的关系，并在真爱——藉着对自我的真诚交付——的背景下，尊重结合的幅度，这也是性结合的内在要求。

在基督徒的婚姻中，夫妻之爱融合于基督对教会的爱的奥

---

[14] 若望保禄二世，1980 年 1 月 9 日公开接见讲话。
[15] 若望保禄二世，《家庭团体》劝谕，11。
[16] 若望保禄二世，1980 年 1 月 16 日公开接见讲话。
[17] 同上，1979 年 11 月 4 日公开接见讲话。
[18] 参：宗座教育部，《有关人性之爱的教育指南》，1983 年 11 月 1 日，第 4 号，天主自起初所建立的婚姻便根植于这种人际沟通和融合：有关这一点，另参：若望保禄二世，《致家庭书》，8, 1994 年 3 月 12 日。《妇女的尊严》牧函，6，1988 年 8 月 15 日。

迹当中，这种含义也铭刻在人性之爱——作为人性事实——本身的结构当中，这种爱蒙召——从其最深层的真理出发——使基督之爱的奥迹变得可见。从而在夫妻之间开启一种共融，并参与基督对教会的爱的奥迹，以及使夫妻二人成为这一奥迹的标记，因为夫妻二人在婚姻内蒙召实现基督对教会的爱。融合于基督对教会的爱需藉由夫妻的"配偶性"来实现，也就是说，藉由性别不同且相互补充的夫妻"二人成为一体"来实现，从而使二人之间的相互交付与彼此接纳意味着基督与教会之间的爱的盟约。

## 2.2　性与生育

表达爱是性的一个内在目的。因此，它也注定且不可分地指向生育或繁衍后代。爱因其属性便是有生殖力的。

男人与女人之间的区别和互补性本身便是指向彼此互助的，无论从形态学上来说，还是从生理学上来说，都是如此；如果这一点以性语言来表达的话，便是生育繁殖。从生物学角度来看的话，两性媾合与生育之间的关系是显而易见的。

男女之间的相互吸引和倾慕——倾向位际融合和在身体上圆满结合中的性满足——因其属性，是以繁衍新的生命为目的的。通过性的结合而达至位际交融的相互吸引并不紧闭于"你"，而是向第三者开放，即：子女，位际之爱的礼物或果实。男人与女人之间解剖学和生理学上的不同，以及这些差异在心灵上所产生的特质都指向这一目的。

> 这一目的也可以解释人类的性相对动物的性所具有的高级性，以及二者之间本质性的区别。在人类身上，性官能的活动指向孕育一个人。而在动物身上，这只是为了繁殖的一种途径而已，其唯一的目的就是要保持种类的延续。"人类属于性的本质及人类的生殖力，远远超出其它低级生命所有者"（牧职宪章，51）。

圣经也明确地教导说这也是性别不同所具有的含义之一。只需引用一个圣经章节，便可由有关创世的叙述中推论出："天主于是照自己的肖像造了人，就是照天主的肖像造了人：造了一男一女。天主降福他们说：「你们要生育繁殖，充满大地，治理大地……"（创 1:27-28）。"生育繁殖"的这种祝福对应着男人与女人之间的结合——"二人成为一体"（创 2:24），男女之间的互补性便导向这种结合。向生育开放是"揭示"天主的肖像在人身上所蕴含之真理的要素之一。这一肖像藉由位际交融得以表达，而男女之间的位际交融基本上是通过"二人成为一体"来实现的。

> 人身上所携带的"天主的肖像"是一个使男人和女人在其所有层面上都达至其人性的肖像或"形式"。然而，作为受造物则是整个天主圣三的工程，这一肖像是唯一而三位的天主的肖像，故此，人在天主圣三的生命中便能发现人性之爱和繁衍后代的标准模式。天主及天主的爱——这也是我们要强调的一点——具有双重繁育力：内在地矢发了天主圣神；而外在地是创造工程。同样，人性之爱也分享了这种活力，本质上也包括生育力。人性之爱分享了天主圣三的爱，[19] 而生育力则是性——作为人性之爱的表达——所拥有之真理的内在部分。作为天主圣三的反映与类比，人类的性指向服务于爱的传播和生育力。

在圣经的基础上，教会圣传始终将性行为视为对天主创造性的爱的参与，或更好说，是协作。此外，若将其视为是协助天主孕育子女的途径的话，那将更具尊贵地位。就天主而言，也是对人的信赖，并使人参与和负责祂的创造和救赎工程。

> "圣父自永恒便生育了圣子，这一生育行为蕴含着天主最大的光荣。虽然每个人藉着圣宠都被召成为天主的义子，但是更尊贵的是天主使人享有生育的能力，因为藉着肖似和参与天主的生育力，人也协助天主在地上繁衍天主的女子，以拓展天国。更令人称赞的是藉着这种生育力，在人类整个历史中，人类不断繁衍的同时，天主子也降生成人，来到世界上。"[20]

## 3. 性在人身上的整合

肯定有位格的人的实质同一性，对正确理解性来说意义非凡。这无论是对将其作为出发点，也就是说，为了认识性的真理和意义来说，还是将其作为欲实现性之整合的愿景来说，

---

[19] 参：A. Scola, *El principio teológico de la procreación humana*, en J. Ratzinger, *El don de la vida, Instrucción y comentarios*, Madrid 1992, 107。

[20] M. Brugarola, *Sociología y Teología de la natalidad*, cit., 371-372。

均是如此。

当人根据其具有理性和人性,且依照天主的肖像和模样而受造的身份发展其现世生命的时候,便是回应天主的计划(参牧职宪章,12-13)。根据天主的启示,人的圣召还不止于此:天主对人的计划,甚至是使人在其圣子内分享子女的身份(参弗 1:5;2:11)。只有在圣子内,以天主子女的身份生活时,人的圣召才会达至圆满(参牧职宪章,22)。但是——这一点也是我们现在要强调的——超性的圣召并不摧毁或削弱最初和根本的,也就是受造时的圣召,相反,而是为了建树这圣召,并使其达至圆满和完美实现必需的途径。[21] 在我们所论述的这个问题上,旨在说明只从创造性的人类学角度来理解人是远远不够的,这并不是人之身份的一切,但它是必需的。

性连同其益处和意义,以及性能力都是属于有位格的人的:一切都是人性和个人的;其本身在人身上并不需要整合。性所拥有的身体-生理性的、心理性的、精神性的等不同活力都是人性的。整合并不在于消除或低估其中的任何一项活力;而是要在人格的统一中使它们保持协调。因此,在谈到性在人身上的整合时,必需要明确所要表达的意义。只能将其理解为伦理上的整合。(因为人性行为是一回事,性的结构是另一回事。毫无疑问,性的结构并不等于伦理行为。)

> 生物学上的生育力并不是持续的,而是在确定的时期内才产生作用,这一事实导致一些学者认为,生育力应属于人性范畴,并应由人性规范。事实上,生育幅度并非人性的,而是低于人性的(动物也有生育力)。这是将人性从生物学角度来理解,或将人的位格理解为超然性自由的结果。但是,在人的个人属性内本体性的整合是一回事,而对性的不同幅度、理性而自由的意志行为进行伦理性的整合则是另一回事。从本体层面上来说,与性——作为人的构成幅度——内在相连的生育力则是人性的,且属于位格的:它是身体和位格独有的一项特质;是

---

[21] 当肯定在基督内,"我们所有人性,亦被提升至崇高地位。因为天主圣子降生成人,在某种程度内,同人人结合在一起"(牧职宪章,22)时,便是在强调这一点。

整个灵-肉结合之人的一项本质性特质。[22]

由于精神，个人性特征是人类的性所特有的，也就是说，基于人的灵-肉实质性的结合，性分享了个人性的身份。因此，性的伦理整合的准则始终在于对人之精神性和精神本有自由的参与。受到理性与自由的影响越大，性的实践便越能参与个人之身份，伦理上整合的就越好。其中的一项结果就是，身体-生物性的、心理性等活力对精神性活力的屈服便是性结构本身的一项要求。

很明显，只有意志以真正理性而自由的形式才能完成这项整合。而其不可或缺的前提条件则是对性的真理和益处有充分的认识，以及将性的不同活力都引向这一真理和益处的必需能力。因为不认识，便不能合理地渴望它；如果不是自由的，便不能做任何决定。此外，在性的整合中所涉及的是在其所有活力和幅度中的整个人。

## 3.1 对性的真理和益处的认识

虽然性的真理与益处（或善）并不等同于性的身体性和生物学的架构，但合理的实施，也就是说，合理实践的道德基础却在于这些架构。人不实践其自由，在其本性边缘或分开的话，便不是自由的。

> 与可见之受造界中的其他事物不同，有位格的人并不隶属于以自动和必需的方式行事的事物之法则下，也就是说，人有能力对其他事物以这种或那种方式行事。然而，这种自由是受造的。这便意味着尊重——而不是拒绝——造物主为受造界所制定的秩序属于这种自由的本质。由于铭刻在其他事物结构和本质内的这种秩序与铭刻在灵性受造物本性内的秩序不同，当然，对自由的享有和运用也不同。在灵性受造物身上，并没有

---

[22] 关于这一点，请参：los artículos de: G. Grisez, *Dualism and the New Morality*, en M. Zalba, *L'Agire Morale. Atti del Congresso Internazionale: Tommaso d'Aquino nel suo settimo centenario*, vol. 5, Napoli 1974, 323-330; M. Rhonheimer, *Contraception, sexual behavior, and natural law. Hpilosophical Foundation of the Norm of Humanae vitae*, en VV.AA. 《*Humanae vitae*》: 20 anni dopo，*Congresso Inrernazionale di Teologia Morale* (Roma, 9-12 novembre 1988), Milano 1989, 89。

本性与自由的对立，自由是人本性的泉源和行事的原则。人是自由的，这并不只在于人对善的自然倾向，而更在于他是这些倾向的原因。

为了自由地行事，需要先认识欲为之事的性质。在我们现在所讨论的问题上，首先要在性本身和性固有的倾向内认识其属性的真理和益处，因为"这并非是随便一种倾向，而是人性的倾向。也就是说，所涉及的是有位格的人，从性角度来说，是倾向于善的人，这善不可能是非人性的"。[23] 在认识性的益处（或善）的同时，也应认识获得此益处的途径。性倾向并不直接构成性伦理的准则。但是这些倾向可以成为我们认识性真理和益处的途径，正确的性行为应遵守这些真理与益处（或善）。当我们说自然律——在这里就是有关性的自然律——就是人之实践理性的成果时，便是在肯定这一点。

除了藉以认识性的真理及益处的自然律之外，天主也藉着启示——基督自己便是启示的圆满——来帮助人达到此目的。因此，人也有能力从超性层面认识有关性的益处及意义，也就是说，有关已融入救主基督奥迹内的人的善。人不只是在寻求善和真理。

## 3.2　在性的整合中对洁德的持守

在性的整合中第二步就是对性的掌控或合理的控制。主要在于尊重性的真理、意义和益处，并使其在人的善中得到整合。如果奉行性的道德价值，便能做到这一点。

> 对本性的控制可以是由技术性理性或道德性理性来为之。二者所对应的理性本质上是不同的。对技术性理性来说，首要的是效力：措施或途径是为了达到目的。而对道德性理性来说，主要的准则是行事要与天主铭刻在事物身上的计划相符，这一计划可藉由实践性理性来认识。因此，对措施与目的之间的关系的评价不能撇弃事物本身性质而不顾。人不是真理与善的创造者。人的职责在于发掘事物的真理与善，在认识后，应该遵照这些真理与善而行。

---

[23]　参：C. Caffarra, *Ética general de la sexualidad*, cit., 91。

这种掌控和合理的整合在这种情况下是不会一蹴而就的。因着原罪的后果，人已体验到性本身的和谐在灵-肉结合的统一中，以及在男人与女人之间的位际关系中已被打破。然而，人经常觉察到，所应行的善和所领悟到的真理，在实行时会遭遇斗争和耗费精力。这正是洁德所面对的事实，而洁德则是一项美德，它会将性行为导向其本有善，并将其整合在人的善内。这项美德使理性贯穿于性的实施中。只有这样性的表达才不会堕落，并回应其本应表达的真理。

洁德会使人领悟性的含义，并遵照其全部真理而生活。对"历史性"——即有私欲偏情——的人来说，若没有救恩和圣宠的助佑，是不可能做到的。不管怎样，作为"历史性"的人，同时也是获得"救赎"（罗 8:23）的人，因此，在已穿上基督的人身上，罪恶已被战胜，这种整合已经开始；但是只有藉着肉身的复活，才能获得最终的胜利。在已开始的救赎过程中，为了人的益处而对性的整合便是为了这个目的。

> 应该指出，肉身的救赎——因此也包括性的整合——"并不意味着对人身心幅度的摧毁。而意味着人的精神——更好说是精神性的主体——完全摄入肉身（强度与广度的圆满），因此，精神性精力将完全管理身心活动，而相应的结果就是身心活动完全屈服于精神性精力（……）。人格的完美实现便体现在这个精神化的过程中，也就是，有位格的人整合的过程中。事实上，完美的人并不是一个没有肉身的精神性主体；并不是一个其所有构成幅度在动态层面都相互对立的人；也不是一个其整体性需藉由否定来实现的人。而是一个在其身上所有心理物理层面和精神层面都完美参与的人"。[24]

针对这一点，圣施礼华曾指出，并呼吁说，生活的纯洁"应远离性，如同远离麻木不仁，远离任何感情主义和心硬"。[25]

洁德是一项积极，且指向爱的美德。它在人的内心为人坚定地回应爱的圣召提供了必要的准备。只有这样人的肉身才能在其本有的职能上正确地趋向人的目的，指向为达到目的所需要的措施。因同样的理由，对任何人来说，无论是什么身份，无

---

[24] 参：C. Caffarra, *Ética general de la sexualidad*, cit., 46。
[25] 施礼华，《天主之友》，183。

论处于生命的什么阶段,这都是一项不可或缺的美德。

"洁德——属于任何身份的人:未婚者、已婚者、鳏夫、司铎——是对爱的一种凯旋式的肯定。"[26]

"洁德——并非纯粹的节制,而是充满爱之意志的坚决肯定——是一项在任何身份的人身上维持爱之青春朝气的美德。在那些觉得在自己身上羞耻感愈发强烈的人拥有一种洁德,那些准备结婚的人的另一种洁德,蒙天主召叫度独身生活的人是一种洁德,天主召叫度婚姻生活的人是另一种洁德。"[27]

作为已婚者所拥有的美德,配偶性的洁德与夫妻之爱密不可分地结合在一起。它能够使性得到整合,以至夫妻之间可以彼此忠贞不渝地将自己交付给对方。这也是彼此之间相互尊重,相互欣赏所要求的,同时也是夫妻——作为有位格的人——所应该做到的;除此之前,这项美德也促进婚姻的其它福祉。它是一项趋向爱、交托和生命的美德。

作为超性美德,它也是天主的一份恩赐,是圣神赋予那些藉着洗礼而重生的人的一份恩典(参天主教教理,2345)。在已婚者身上,这份恩赐也是婚姻圣事本有恩宠的一部分。

\* \* \* \* \* \* \*

---

[26] 同上,《犁痕》,831。
[27] 同上,《基督刚经过》,25。

**参考书目：**

宗座教育部,《有关人性之爱的教育指南》训令,4-6,21-23,1983 年 11 月 1 日；Augusto Sarmiento,《家庭——人类的未来》(*La familia, futuro de la humanidad*),马德里,1995 年,376-377；381-385。

宗座家庭委员会,《人类性的真理与意义》,8-36；1995 年 12 月 8 日。

C. CAFFARRA, *Ética general de la sexualidad*, cit., 46.

A. CHAPELLE, *Sexualité et Saintété*, Bruxelles 1977.

J. HERVADA, *Diálogos sobre el amor humano y el matrimonio*, Pamplona 1974, 15-154.

SANTO TOMAS DE AQUINO. S.Th, 1 q · 75 a.4.

SICARI, *Matrimonio e virginità nella Rivelazione*, Milano 1978.

K.WOJTYLA, *Amor y responsabilidad,* Madrid [11] 1978, 75-232.

R. YEPES STORK, *Fundamentos de antropología*, Pamplona[2] 1997, 269-295.

#　第二章
# 服务于人的婚姻制度

在性的实践当中也包括一些由其属性而来，且超越个人意愿的益处。同时，毫无疑问，作为人的一项幅度，以人的方式所践行的性始终映射着夫妻二人的自由决定。此外，作为社会-文化事实，婚姻明显地屈服于历史及文化多元性的演变。性与婚姻制度之间是一种怎样的关系，具体而言，婚姻制度以何种方式有助于实现夫妻的福祉和彼此的成全，是需要探讨的第一点：婚姻，作为实现个人爱的圣召的制度。沿着这一思路，然后将要分析婚姻制度中爱的"位置"。

## 1. 婚姻：实现人爱的圣召之制度

在婚姻中，制度性的因素是正确实践性之道德-人类学上的一项要求。连同其它理由，这些因素也是由位际主义基本原则所要求的，根据这项原则，人应该始终被当做目的，而非达到目的的措施或途径。

### 1.1　婚姻作为制度

1) 从人际关系角度来说，"制度"这个词指的是根据正义秩序所制定的一种事物。[1] 而在"婚姻制度"这种表述当中，用来指一些永恒因素的综合，这些因素——因天主的神圣计划——确立了男女之间被称之为"婚姻"的这种关系形式的起源及随后的发展。同时也是指阐释与落实这些永恒及最初因素之法规的综合，社会（和教会）可以并且应该对婚姻关系做出这些明确规定。（虽然这些法规只是，并且形成了制度，但其中或多或少都与天主针对婚姻的神圣计划相符。）

婚姻，就其本身属性而言，是与人本身的身份密切相连的一种架构，并且具有爱及生命的价值与意义。它是建立在男人

---

[1] 参：K. Wojtyla, *Amor y responsabilidad*, Madrid[11] 1979, 234。

和女人之人性的永恒架构基础之上的，它超越个人的意愿和文化的不同。"因此，其本身便有一定的神圣性与宗教性，非外加的，而是先天的；不是由人而来的，而是根植于人性的。"[2] 人的良知也是这样领悟的；这也是不同民族在不同时期所见证的；同时也是天主启示和教会训导所教导的。

天主的启示在论及婚姻时强调说，作为一种稳固而持久的架构，婚姻是天主"自起初"所愿意的，并使其成为实现在受造时所赋予的性不同所指向的男人与女人之间结合的途径。天主作为婚姻的作者本身——在圣传与教会训导中不断地强调——将这种结合定性为人不可改变的"法律"。

人的良知与各民族的见证以不同的方式经常强调婚姻团体的出现与存在蕴含着多种益处，这些益处本身的属性也昭示着婚姻制度的存在。[3] 凡是结婚的人——以及社会本身——都将受到"自然神律"的约束，它先于任何由社会所制定的法律或形式，并以永久的效力及权威决定了男人与女人之间的结合。"道德与法律因素"——从婚姻的社会性角度来说，是必需的——和配偶双方的"自由"——也是必需的，因为婚姻本身就是位际关系的一种——应该铭刻在天主对婚姻的原始计划当中，因此，也应该始终尊重这神圣的计划。当一些作者强调婚姻是创造性的制度或自然制度，以及婚姻受"神律"——一种超越个人、超越历史和超越法律的自然律——约束时，便是从这种意义上说的。

作为教会训导的表达，梵二大公会议就这一点指出："这神圣的锁链是为夫妻、子女及社会的好处，而不系乎人的意志"（牧职宪章，48）。在个人决定之上，还有一项制度，此外，根据位际主义的基本原则，从来不能将人当做措施或途径来对待。这就要求① 夫妻的益处、② 子女的益处，以及③ 社会的益处。

－ **夫妻的益处**：性的不同属于人的构成因素（或是男人，或

---

[2] 良十三世，《天主智慧的奥秘》（*Arcanum divinae sapientiae*），11，1880年2月10。

[3] 参：多玛斯·阿奎那，《补编》, q.41,a.1。关于婚姻制度作为夫妻之爱与其针对共同福祉之"必要性"的影响。另参：宗座教育部，《人性之爱的真理》，82-86。

是女人)。性也分享人的价值和尊严,并要求尊重其本身。因此,正如那些结婚的人——作为性别不同且相互补充,彼此交托且相互接纳的人——所做的决定也会影响其性一样,显然,所做的这种决定必需在一种道德与法律范畴内活出来,而这种道德与法律将会"保护"其个人的性身份。这就是制度。虽然性关系是夫妻之间较为亲密而排他的关系,但它也有制度上的公共性,不管是他们自己的态度,还是他人的态度,都需要得到公共的认可。事实上,道德要求和法律规定只不过是爱的内在活力的彰显而已。并将其作为互相授受自身之真理的表达与保障引进到这种爱内。

与此同时,这种制度也是人类的性之属性与夫妻个人之自由的要求,因这种自由是真正的,故此可以做出关乎其整个未来的决定。当道德规范与法律规定回应人性时,便不会约束人的自由。[4] 如果出现相反人的身份和与人的性有冲突的规定,才会约束人的自由。

可以这样说,人本性上与生俱来就要求这种制度。"属于人性并非是简单地本性,而是有历史,更具体说,有'权利'成为'自然的'。这才是人类的性遵守一定的法律秩序和社会决定这种秩序的人学直接的基础。如果人性并不受制度的指导和管理,那么便不能肯定人性是道德和人道的。因此,性的伦理取决于它是否置身于人类社会的公共架构当中。"[5] 所以,"制度"并不是性的真理和人类自由之外的一种事物。[6] 梵二大公会议以令人惊叹的方式将属人层面与制度层面结合在一起:"故此,因当事人互相授受自身的自由行为而实现的婚姻。不唯在天主面前成为一个不可动摇的坚强制度,在社会面前亦然"(牧职宪章,48)。

然而,很明显,随便一种人类学并无助于恰当地认识性、人和婚姻制度之间的关系。由于有关人的问题——人是谁,可以做什么等——取决于有关天主的问题,因此只有向超然开放的

---

[4] 关于产生公共性的爱的内在动向,请参:V. Mattioli, *Sessualità, matrimonio e famiglia*, Bologna 1995, 40-49。

[5] 拉辛格,*Zur Theologie der Ehe*, en H.Greven, *Teologie der Ehe*, Regensburg 1972, 106。

[6] 但是,各个国家的法律体系并非始终保持着对制度的这种理解,因此毫无疑问地便可以成为批判的对象。

人类学才能成为解决这一问题的正确途径。在"不恰当"或不充分的人类学当中，会遇到很多相反婚姻制度的解释。

— **子女的益处**：婚姻制度的重要性与必要性也来自于婚姻的自然结果。性的运用只限于夫妻之间。这不仅仅是因为人的一切活动始终都具有社会性幅度，而且尤其是因为性的内在目的之一便是趋向生育，在婚姻当中具体表现在为了传承生命及教育子女而创造空间。因此，结婚的决定和在婚姻当中对性的运用都应根据一些道德原则和法律规定——这就是制度——而为之，这些原则和法律使人在其子女存在之初便将其作为人来接纳和肯定。子女的益处也要求婚姻制度的存在，藉以对性加以运用。

— **社会的益处**：当新人结婚时，在其所做的决定当中也牵涉到其子女及其自己的人性。因此，也决定着社会的"人性"。他们以及他们那在家庭中诞生和成长的子女共同形成了社会的一部分。这种决定会产生一些后果，也会对社会产生一定的影响，社会则要求人根据一定的道德规范和法律规定在外在与公共领域行事，而道德规范和法律维持和确保所做承诺之真理的正义性。

2) 然而，在世纪更迭中，充斥和散播着一些错误的婚姻观念。认为婚姻就好像完全是个人性的事务，或者，最多也只是遵从国家当局的规定。说到底，这都归咎于切断了与天主的关系，完全世俗化了的社会的观念。这也正是"婚姻与家庭生活的尊严并非到处闪耀着同样的光明，反而为多夫多妻制、离婚的流行病、所谓的自由恋爱以及其他弊端，使之黯然失色"（牧职宪章，47)的原因。

在当今社会，具有争议的事情不再是相反婚姻制度的必要性，而是指向婚姻的表达形式。这些思想并未充分地注意到婚姻的位际幅度（人的私密与自由），或者是对压迫阶级的意识形态（诸如对资产阶级价值观的卫护）的回应，总之，是已被克服了的文化的结果。[7] 这是一些比较有典型意义的批判态度：

---

7 这种观念一方面表现在意图以"伴侣"这样的词来取代"婚姻"；另一方面，则

— 马克思-列宁主义意识形态：虽然也承认婚姻与家庭制度是必需的，但拒绝"传统的婚姻和家庭"，认为这是卫护资产阶级价值观的一种形式。只有那些建立在"爱情"，并在"爱情"当中持续的结合才配称为婚姻和家庭。因此，应该承认同性结合、婚前关系、事实婚姻等也是有效的。

— 还有些人认为，一夫一妻制的婚姻只是文化与历史的产物，是社会压迫性组织的一种回应。因此，现在需要克服这种架构，应接纳更符合当今社会环境的其它形式的结合。除此之外，这种观念的拥护者就是那些支持以"本性的满足"为建立婚姻原则的人。

— 另一种态度就是，以发展的角度来理解婚姻，强调应从婚姻的"传统"形式当中解放出来。主张在现阶段——一旦克服的先前的观念：神圣性（最初观念）和世俗化（后来的观念）——便是以婚姻关系的私人化（婚姻纯粹是当事人的私人事务）为特征。

随着这种观念的出现，也涌现出了多种不同的思想，从完全拒绝婚姻制度的社会性、公众性和法律性等方面，到接纳将其它事实婚姻、毫无任何公开性或法律上的认可等结合形式"逐渐制度化"，以及这些结合与婚姻制度的共存。

— 还有一些人，虽然意识到了婚姻契约的性质——一种持续终生的爱的团体，但也认为结婚的决定只是个人走向成熟的一个结果而已。尽管原则上婚姻是不可拆散的，然而不可拆散性也只是一种理想而已。婚姻的持续取决于配偶双方的意愿，彼此的爱一旦涸竭，将被证实他们不具备继续维持婚姻的能力。

作为对这些争议的回应，可以说，应该承认有时候在对婚姻制度的文化阐释当中存在着"一定的死板性"；因此便需要重新审视在"表达"婚姻制度中个人层面与制度层面之间的关系。但是，在这种假设中，对现世情况的分辨与"判断"不能全凭个人的意愿，而是始终是教会当局的职责，因为婚姻制度之有效性的必要参照便是天主对婚姻的神圣计划；守护并捍卫这一计划的权力只托付给了教会。

---

要求将其他类型的结合，诸如自由结合、事实婚姻等，纳入到婚姻的概念中。

另一方面，从客观角度而言，在天主所愿意的婚姻制度与婚姻中所包含的人的益处与价值之间从来不会有真正的矛盾。更甚，婚姻也是夫妻实现个人的途径。

> "婚姻制度不是社会或权威不当的一种干涉，或是外在所加上的形式，它是夫妻之爱的盟约内在的要求，此盟约公开地肯定它是唯一的、排他的，为能完全忠于造物主天主的计划而活。人的自由绝不因此忠贞而受到限制，却可抵御任何形式的主观主义或相对主义，而分享天主创造性的智慧"（家庭团体，11）。

## 1.2 夫妻之爱回应天主对人类爱的计划

我们刚刚看到了婚姻，作为由"造物主明智地所建立"（人类生命，8）的制度，是为了夫妻以及整个人类的福祉。与所有受造物一样，归根结底，婚姻的目的就是天主的光荣以及我们的幸福（参教会传教工作法令，2）。我们现在所要探讨的就是婚姻制度是以怎样的方式服务于这个目的，以及夫妻个人的成全和价值的实现。因此，我们现在着眼于婚姻在创造－自然愿景中的存在。（这一节我们所探讨的内容将会补充之后从婚姻圣召、圣事恩宠等意义上所要阐述的内容。）

"天主是爱"（若一4:8），"爱是每一个人的基本的和天赋的圣召"（家庭团体，11）。藉着与他人的关系（参牧职宪章，25）——根据这种关系是否是爱的表达，以及爱的程度——人将达至成全，并实现作为人的价值。但是，在精神状态之外，并不是任何形式的与他人的关系本身就是爱的表达，因此也不能将其定义为是对爱的圣召的回应，因同样的理由，也可以说婚姻中男女之间的关系。因其本身性质，婚姻是天主所愿意的一种制度，藉以实现祂对人类之爱的计划；然而，只有那表达"互相授受自身"的关系才能完成这项使命，这种关系是夫妻之间本有的，被称为"夫妻之爱"。

沿着梵二大公会议的精神（参牧职宪章，48），《人类生命》通谕指出了婚姻制度——作为天主为完成祂对人类的爱的计划所建立的一种形式——的基本构成部分：互相授受自身、位际共融、相互成全、在生育并教养新人上协助天主。彼此交托产生位际共融，并有助于相互成为；但是只有向天主的创造（新生命）工作开放的彼此交托的行为才有助于达至这种成为与个人价值的实现。

> "夫妇双方彼此藉整个自己本人的和独占的交付，他们结合成一体来成全自己，为能与天主合作传生并教养新的生命"（人类生命，8）。

从这种背景下，我们将阐述夫妻之爱的性质和所具有的特点。

**1) 夫妻之爱的性质来源于天主的爱**："若检讨夫妻之爱出自它最高源泉之天主的，才显示它真正的本性和高贵了；天主是「爱」（参若一 4:8），「上天下地的一切家族都是由父而得名」（弗3:15）"（人类生命，8）。只有从这一根源出发，才能正确地认识夫妻之爱的本质。夫妻之爱是天主之爱的"衍生"，因为它真正而真实地——不只是象征——分享了天主之爱。同时，还应该注意到另一点：在所有真实而有效的婚姻中所发生的爱都是对天主之爱的分享，但却与圣事性婚姻有所不同（其差别并不仅仅在于所有婚姻都蒙召成为圣事）。

> 所有的婚姻都是以天主为起源，是祂因爱而创造了婚姻，夫妻之爱——与其他一切受造物一样——是天主爱的计划的成果，但若只是从这种意义上来说，并不能充分地说明夫妻之爱的性质。这种解释虽是真实的，但远远不够，且十分肤浅：仍未接触到真相。

当在论述婚姻的圣事性时（见第十二及十三章），就会看到，夫妻之爱是天主与人类（基督与教会）之间盟约——在旧约中已有预像，并在新约中得以实现——的肖像或象征，因为它是这种爱的实现。天主对人的爱（基督对教会的爱）在夫妻身上，并藉由夫妻实现祂对整个人类的爱的计划。除此之外，因其分享了天主的爱，夫妻之爱既是恩赐又是使命，既是恩宠又是圣召，既是召叫又是回应。通过其爱的交托，夫妻之间能够且应该以某种方式产生天主的内在生命（父–子与爱）。

婚姻在男人与女人之间建立一种极特殊的关系，就其属性而言，这种关系恰是真理的表达（其语言及外在的标记对应着要表达的真理），并拥有一些独有的特点。当男人与女人结婚的时候，他们是如此密切地结合在一起，以至——藉创世纪中的话说——"成为一体"（参创 2:24），并使在真理和爱内生活的能力从潜能转变为事实：这在男人与女人——作为"天主的肖像"——本有的一种能力，其最私密的身份便根植于此，婚姻的基础也在于此（参牧职宪章，58）。进而，人的尊严和性的意义，作为夫妻互相授受自身的必要组成部分，也应成为确定夫妻之爱的性质及特点的要素：互相授受自身只会发生在婚姻中的男女之间。否则，这种关系便不能定性为爱的表达。

2) 对人格尊严和性之意义的尊重也是夫妻之爱的特点所依据的人学基础。它的临在使夫妻之爱可以被定性为对天主针对人类所持之爱的计划的积极回应。根据梵二大公会议和保禄六世《人类生命》通谕的教导，夫妻之爱全然是人性的、完全的、忠贞且排他的，以及富有生育力的（参人类生命，8；牧职宪章，49）。[8]

- **完全人性的爱**：如果符合人格尊严，也就是说，是"由一个人指向另一人、出自意志及情感的行为"（牧职宪章，49），那么男女之间的关系便是爱的表达。爱首先根植于意志。爱是人本有且独有的：只有人才能够爱，也只有人藉着理智与意志的干预所完成的行为才是爱的行为，因为只有这样才能认识和接纳人之身份所具有的价值。正是基于这种理由，我们才说爱的行为是一种选择，意即：付出爱的人不可能以无动于衷的方式与他爱的对象建立关系，就好像所有事物都是同样的可爱，或者所有事物都拥有同等的善一样。为了达到真正以人性的方式来爱，则需要施予爱的人与被爱者建立关系时，应保持其本身之所以为其本身的善。

"爱一个人并不纯粹是一种心潮澎湃的感受，而是一个决

---

[8] 至于根据《牧职宪章》的教导，夫妻之爱的性质和特点，可以参：F. Gil Helín, *El matrimonio y la vida conyugal*, Valencia 1995, 129-164; A. Miralles, *Amor y matrimonio en la «Gaudium et spes»*, en «Lat» 48 (1982), 295-354; L.Bernal, *Génesis de la doctrina sobre el amor conyugal en la Constitución «Gaudium et spes»*, en «ETL» 51 (1975), 48-81。宗座教育部，《人性之爱的真理》，24-38。

定，一种判断，一个承诺。如果爱只是一种感受而已，那么相爱终生的承诺便没有基础。一种感受出现，也可以消失。如果一个行为不是出自判断和决定，我们怎么能断定它要永远持续呢？"[9]

夫妻之爱应该是一个自由而有意识的选择。然而，这并不是说要否认它的即时性特点，或鄙视人的感受。而旨在强调夫妻之爱并不是盲目而不可控制的一时兴起；此外，本能和感性因素——也是必需的，因为夫妻之间应完全彼此相爱，爱对方灵-肉的完整体——应融合在理性-意志之爱的决定当中。夫妻之爱的核心要素是由自由意志完全承担和吸纳所有融合于对配偶之自然倾向中的感性动力和精神动力。[10] 夫妻之爱虽开始并基于性爱，但却超越性爱，它拥有性爱的所有独特性，却远在其之上。[11]

"传统上，已经对仁爱和私爱进行了区分。私爱并不是我们通常所说的私欲偏情，因为私欲偏情是对感性美好事物的一种毫无节制的贪恋；而私爱是希求某种善，但不是因这善本身而希求，而是这善为自己或他人有好处。这种爱是把主体放在首位，而不是把所爱的事物或人放在首位；因为这个主体能使自己满足或快乐。然而，仁爱，爱的是这个人本身，他既是爱的对象也是爱的主体。这种爱才是真正的爱，因为它将人本身就视为一种善，而不只是把他当做达到目的的一种途径。

"这两种爱虽然不同，但彼此并不矛盾。它尤其反映在男女之爱上，虽然有时候也含有私欲之爱，因为男女相互满足，相互补偿；但是这种爱不应该超越仁慈之爱；否则，人就会被视为一种藉其获得满足的工具，人的尊严也会遭到践踏；因此，人应该是爱的主体，「在这个世界上，人是唯一一种因其本身而为天主所喜爱的受造物」（参牧职宪章，24）。

"仁爱，不能不是意志上的爱。这样我们就进入了人的自由行为的范围；对所爱之人自身价值的认可也就变得可能了。"[12]

---

[9] E. Fromm, *El arte de amar*, Buenos Aires 1966, 67.
[10] 参：J. Hervada, *Cuestiones varias sobre el matrimonio*, en «JC» 13 (1973), 51。
[11] 参：本笃十六世,《天主是爱》通谕，2005 年 12 月 25 日，其中 3-8 号(尤其是第 7 号)。
[12] 弥安道(A. Miralles)著，宋伟光 译，《婚姻——神学与生活》，意大利玛柴拉塔利玛窦研究中心，2013 年，27 页。

- **完整的爱**：从全人到全人，并且以决绝的方式，所产生的爱。涵盖夫妻双方整个的人（整个位格）——也就是说，包括并基于双方的性不同和相互完整性——及其各个层面：情感与意志，肉身与精神，等等。这也是夫妻之爱应是无私且决定性的理由之一，正如前面已经强调过的，性的幅度是有位格之人本身所固有的，因此也要求永远不能将人当做工具性的善来对待（这是无私之爱的结果）；此外，性也是与灵-肉结合之整体性的存在不可分割的，只要这整体性或统一性持续，性的幅度便一直存在（这也是决绝之爱所要求的）。若拒绝性或将其视为达至个人私欲的工具的话，这种爱将不是夫妻之爱。

> "使一种爱成为夫妻之爱的独特之物就是爱男人之所以为男人的人性（男性）和女人之所以为女人的人性（女性）。使夫妻之爱成为独特及唯一的特殊之善便是要爱对方——作为性别不同却相互完整的人。男性与女性（作为不同且相互完整，并趋向彼此结合和生育的善）构成了使两个人之间的爱成为夫妻之爱的特殊对象。"[13]

夫妻之爱是一种特殊形式的友谊，是建立在善（或福祉）的共通上，[14] 指向对方整个的人，并爱他（她）作为配偶整个的善。将对方的善作为善来爱，并将其视为自己的善。其本身作为善，并因其本身而爱，故绝不能只爱其一部分或将其工具化。所以夫妻之间应"慷慨地分享一切，毫无保留或自私的打算。凡真心爱他自己伴侣的人，不但是为了从他所接受的一切而爱他，而是爱他的本身，自愿地把自己献给他"（人类生命，9）。故此，夫妻之爱并不是一个行为，而是藉着行为自身得到表达，它是人的一种稳定状态（一种习性），所以也是一种艰辛的任务或责任。

- **忠贞而排他的爱**：如果说夫妻之爱是完整而具有决定性，因为它是由人到人，涵盖对方完整的善，那么它也应该具有忠贞性这种必不可少的特点。完整性本身就要求忠贞性——忠贞即始终，而忠贞性便要求排他性。夫妻之爱在排他中得以完整，在完整中得以排他。天主的启示中也宣告了这一点（参第十四章），

---

[13] P.J. Viladrich, *La familia de fundación matrimonial*, en A. Sarmiento (dir.), *Cuestiones fundamentales de matrimonio y familia*, Pamplona 1980, 366。

[14] 参：多玛斯·阿奎那，《神学大全》，II-II，q.23 a.1。

同样从人格尊严及性的尊严角度也能明确地得到这种结论。

夫妻之爱"使二人心灵肉体，在顺境和逆境中，忠贞不贰，全无奸淫和离异的危机"（牧职宪章，49）。梵二大公会议指出了忠贞所具有的双重意义：从积极的意思上来说，它促成夫妻双方毫无保留地彼此授受自身；从消极意义上则排除第三者——从任何层面：思想、言语和行为——涉入夫妻关系。

– **有生殖力的爱**：夫妻之爱，因其本性，便是指向延续生命的，而并不止于夫妻之间。如果夫妻之爱不涵盖男人和女人作为灵–肉结合体之整体的话，便不是真正的爱。因此，正如人类的性并不纯粹是生物性的，而是"关系到人格的最内心的存在"（家庭团体，11）；此外，由于指向生育也是性之结构本身的一项幅度，那么向生育开放便是判断夫妻之爱真实性的标准。（事实上有无新生命诞生则是另一回事。）作为对天主具有创造能力的爱的参与和夫妻藉着性所做的彼此授受自身，夫妻之爱内在地也指向生育。

如果没有指向生育，那么夫妻关系便不能被视为爱的表达。夫妻之爱从根本上来说是一份"礼物"（或恩赐，参家庭团体，14），并拒绝任何形式的保留；因其本身的动向，它也要求完全的开放和交付。这必然会要求时刻准备着生育和成为父亲或母亲的可能。

这些就是夫妻之爱所具备的必不可少的特点。这些特点之间是密切相连，且不可分开的：如若其中一项不存在，其它特点也将不复存在。它们是夫妻之爱这一事实所呈现的不同方面或幅度。

## 2. 婚姻：生命与爱的团体

婚姻制度，作为男女彼此而坦诚地授受自身的途径，旨在服务于夫妻双方的福祉和个人价值的实现。当彼此之间的相互关系表达这种特殊形式的爱——即上述刚刚描述的夫妻之爱——时，它便是上述所阐释的夫妻之爱。继续我们的探讨，接下来我们来看一下这种爱在婚姻当中的地位。这样在补充有关夫妻之爱的阐述的同时，也可以探讨有关夫妻之爱是否属于婚姻制度的本质这个问题。(我们仍是从人类学和创世层面来探讨的。)

最近这些年,针对夫妻之爱是否属于婚姻的本质这个问题曾有不少的争论。梵二大公会议也对这种争论做了回应,并克服了双方的争执:一方强调爱是婚姻的主要因素;而另一方认为这种理论会导致将婚姻仅浓缩为其主观构成部分的危险。[15] 此外,还公开指出,虽然爱在婚姻中并不是一切,但却是它的决定性要素:是婚姻和婚姻生活的中心(参牧职宪章,49)。梵二大公会议后的教会训导也突出了这一点,并强调爱始终是夫妻共融和家庭团体的原则与力量(参家庭团体,18)。

爱使男女在婚姻中结为一体。结婚后爱也是二人作为配偶建立关系的恰当方式。婚姻便是为夫妻之爱而设立的制度。没有爱婚姻便不存在。但是夫妻之爱并不等同于婚姻。如果说夫妻之爱属于婚姻的本质,那么应该理解为并非就其本身而言,而是从其原则上来说的,[16] 就像是一种要求和一种义务。

## 2.1 盟约与夫妻团体

在拉丁语系中,"婚姻"(matrimonio)一词,既指藉以开启婚姻生活的"结婚"或"举行婚礼"这个行为,也指由结婚开启的结婚者所持续的生活状态。这两种事实虽密切相连,但也有明确的不同:婚姻的举行(即婚礼)是一个短暂的行为,发生在特定的时刻,并使婚姻继续存在,即:是婚姻的原因;而作为状态来讲,它是永久的,一旦举行完毕,将持续存在,并持续终生:它是婚礼或结婚之行为产生的效果。

在漫长的历史中曾采用过多种不同的词语来表达婚姻在上述两个层面上的意义。在第一种意义上,也就是举行婚礼这种意义上,经常采用的词汇有"两厢情愿"(consentimiento)、"婚姻"

---

[15] 参:梵二,《牧职宪章》,*Textus recognitus et relations*. Pars II, en *ActSyn* IV/VI, 485。根据《牧职宪章》,关于夫妻之爱在婚姻中的地位,可参阅:F. Gil Hellín, *El lugar propio del amor conyugal en la estructura del matrimonio según la «Gaudium et spes»*, en «An Val» 6 (1980), 1-35; S. Lener, *L'amore coniugale*, en «CivCatt» 122 (1971/2), 451ss; Idem, *Matrimonio e amore coniugale nella «Gaudium et spes» e nella «Humanae vitae»*, en «CivCatt» 120 (1969/2),25ss。

[16] 参:R. García de Haro, *El matrimonio, comunidad de amor al servicio de la vida*, en «Div» 26 (1982), 348。

（matrimonio）、"婚姻契约"（contrato matrimonial）、"婚礼"（bodas）、"婚约"（casamiento）、"进行时婚姻"（matrimonio *in fieri*）等；而在第二种意义上，也就是，已结婚者所处之状态，通常所用的词有"夫妇之约"（vínculo conyugal：连理）、"夫妻团体"（sociedad conyugal）、"完成时婚姻"（matrimonio *in facto esse*）等。

梵二大公会议和近来的教会训导虽未放弃这些表达——偶尔也使用，但更倾向采用"盟约"（alianza）或"契约"（pacto）来指第一种意义上的婚姻；而用"夫妻团体"（comunidad conyugal，或夫妻结合）来指第二种意义。无论是在圣经上，还是在教父著作当中，都能找到这些词的影踪：从某种意义上来说，也告诉我们婚姻远远超越契约层面，尽管它是以契约为前提的。婚姻是一种契约性的盟约：为了使婚姻开始存在，契约——从法律意义上来说——是绝对必不可少的；与此同时，还需要强调的是，法律制度是不能与其基础和所要达到的目的分离的：婚姻的基础就是爱的奥迹。

藉着婚姻盟约，在男人与女人之间便建立了一种婚姻团体或夫妻结合，通过这种结合"他们不是两个，而是一体了"（玛19:6；创2:24）。从此以后，男人与女人，作为单个的人，各自虽保持不变，但作为在婚姻中性别不同且相互补充的人来说，已经成为"一体"了。作为丈夫，男人从此将"隶属于"妻子，而作为妻子，女人也将"隶属于"丈夫。"妻子对自己的身体没有主权，而是丈夫有；同样，丈夫对自己的身体也没有主权，而是妻子有"（格前7:4）。他们将"在婚姻的结合中形成一个团体（以社会的形式结合在一起），各自属于对方（在正义上的共有者）"。[17]

肇始"二人的结合"或夫妻团体的不是一种可见的纽带或关系，而是伦理性、社会性和法律性的关系；但这种关系是如此的富饶而强烈，以至夫妻"自愿分享他们整个生活的计划，即他们之所有及他们之所是"（家庭团体，19）。"二人的结合"映射男性与女性在不同层面向相互补充的完整性：身体、性格、心灵、理智、意志、灵魂等（参家庭团体，19）。因此，还应该强调的是，这

---

[17] P.J. Viladrich, *Agonía del matrimonio legal*, cit., 157。

里所涉及的完全是配偶性，且不能仅将其浓缩为简单的同居关系。

婚姻藉由夫妻双方自由的决定而建立，它之所以成为可能，也是因为在人身上存在着一种彼此结合与相互补充的倾向，这是天主在创造人的时候铭刻在男、女之人性内的。夫妻二人藉着其合意而使原本以潜能的方式存在于男、女之间的自然互补性成为事实。夫妻的共融也是人性深处之诉求的结果和标记(参家庭团体，19)。

爱使男、女形成了这种被称之为婚姻的密切共融。但不应将婚姻等同于盟约、两厢情愿或夫妻之爱。两厢情愿(或合意)应该是爱的结果，而这合意的对象或内容便是两个人的相互授受自身(参牧职宪章，48)。类似的交托与接纳若是为了爱而做的，便也是符合人格尊严的。在结婚时，结婚之人的个人身份和彼此交托与相互接纳的"对象"——即：有性别差异且相互补充有位格的人——"要求"婚姻合意是由爱推动，是爱的行为。然而，并不能把爱等同于合意，因为真实而有效的合意能够产生真正的婚姻，但这种交托并无需是爱的结果。[18]（尽管这种行事方式显然有违于人格尊严最内在的要求。）此外，如果这种爱"没有根源"，便也不能将其定性为夫妻之爱，也就是说，只有因婚姻合意而举行了婚礼之后，这种爱才能成为夫妻之爱。使婚姻得以成立的这种爱，就其性质与特点来说，有别于夫妻之爱。

## 2.2 生命与爱的团体

如果说婚姻是两个人在配偶性上的结合，那么从实际角度来说它应该以生命与爱的团体形式而存在。这是一种"表现家庭本身动力和存在性发展"(家庭团体，17)的存在形式。爱应该成为家庭团体和夫妻融合的原则与动力，因为夫妻二人以配偶的方式结合在一起，建立了一个生命与爱的团体。

"盟约"（婚姻合意）——即：结婚——是一回事；"夫妻团体"

---

[18] 众所周知的原则是"合意产生婚姻，而不是爱产生婚姻"，参：保禄六世，1976年2月9日对圣轮法院的讲话，《宗座公报》68 (1976), 206-207。另参：L.del Amo, *El amor conyugal y la nulidad de matrimonio en la jurisprudencia*, en «JC» 34 (1977), 75-104。

（或夫妻融合），意即已经结婚的状态，则是另一回事；而"生命与爱的团体"，也就是说，已经结婚这个事实以及应该以配偶的方式相爱，则又是另一回事。结婚并成为妻子与丈夫取决于当事人双方；但是二者一旦结婚，便在他们之间形成了夫妻团体；从此之后，唯一能支配的权力——其自由的正确实施便在于此——就是以丈夫和妻子的身份彼此相爱。如果我们不以这种方式生活，其婚姻虽仍然存在：仍然是已结婚的状态；但并不是根据其已婚者的身份而生活，其婚姻也不会成为生命与爱的团体。

藉"生命与爱的团体"这种表达意指婚姻"应该成为"的样子：也就是说，他们应该以夫妻的身份活出他们的婚姻生活，并使其符合藉由婚姻契约成立的夫妻团体本身的性质。夫妻之爱的特点之一就是涵盖婚姻生活的一切，包括未来。夫妻二人应该彼此相爱，因为藉着婚姻，他们彼此成了为了对方而存在的人，真正地成了"你中有我，我中有你"。"那爱自己妻子的，就是爱自己"（弗 5:28）。这种结合一直持续到死亡将他们分开为止。

由婚姻契约在夫妻之间所形成的团体也为夫妻二人开启一种永恒的爱与生命的共融（参致家庭书，7）。在婚姻中，当男-女关系是爱的表达之时，每个人之所是便得到了肯定，进而也会将对方作为配偶来接纳。因此，婚姻也应该是一个"生命的团体"：也就是说，夫妻双方彼此分享各自之所是，并且能够且应该成为适合传承生命的地方，因为一方面，生育的幅度是夫妻性关系内在本有的，另一方面，子女作为有位格的人，要求在其存在之始便应得到肯定。夫妻之爱也应向生命保持开放。从这种意义上来说，"生命与爱的团体"这种表达中"生命"这个词便突出了婚姻中夫妻之爱本有的一项幅度：向生育开放。

"当男女在婚姻中互相许给和接受对方，而结为「一体」后，「忠诚地献出自己」的原则便成为他们生命中的一部分。没有这种互相奉献的精神，婚姻是空的；而双方以这种逻辑建立的共融，则会发展为父母的共融"（致家庭书，11）。在生育子女时，这种爱与生命的共融便以独特的方式变得圆满：夫妻的共融产生了家庭的共融（参致家庭书，7）。婚姻结合中的彼此授受自身的

"逻辑"必然也会肯定婚姻因其活力"应该成为"一个生命与爱的团体。这种逻辑也将指出在实现婚姻作为生命与爱的团体中一项真实而不可或缺的准则，这项准则便是向传承生命开放。

若望保禄二世强调："把自己全部交给对方，这个逻辑意味着愿意生儿育女。……当然，夫妻二人互相奉献并非只以生儿育女为唯一目的，这个过程本身就是爱与生命的共融。这个基本的真理必须时加维护"（致家庭书，12）。

圣施礼华神父在论到婚姻生活中正确的态度时，也以类似的语气说过："真正的互相爱慕超越丈夫与妻子的融合，并涵盖其自然的结果：子女。相反，自私主义将会使这种爱贬低至满足本性欲望，并摧毁父母与子女之间的关系。"[19]

夫妻之爱并不等同于夫妻团体或夫妻关系之间，夫妻团体或夫妻关系是藉由双方之不可撤销的相互合意所建立的婚姻之结果，在夫妻之间所形成的二人的结合（参牧职宪章，48）。正如前面已经说过的，已经结婚是一回事，以已婚者或以夫妻之爱，两个人应该彼此相爱则是另一回事。因为在婚姻中藉由婚姻契约两个人结合为一，从而在两个人之间建立一个爱的（应该成为爱的）团体，并且这爱日益坚定。二人所建立之婚姻的存在应成为他们藉着爱所开启之独特结合的表达，同样也应该是天主对人类之爱的表达；若二人为基督徒，那么因其所举行的圣事，他们的关系也应该成为基督与教会之关系的有效标记。然而，只有当夫妻二人的关系与夫妻之爱的真理完全相符时才能圆满地达至此目的：这爱的真理对应着婚姻关系的属性与特点（参牧职宪章，49-51）。

\* \* \* \* \* \* \*

---

[19] J. Escrivá de Balaguer, *Conversaciones con Monseñor Escrivá de Balaguer*, Madrid 1984, n.94.

**参考书目：**

R. GARCÍA DE HARO, El matrimonio, comunidad de amor al servicio de la vida, en 《Div》 26 (1982), 332-349.

F. GIL HELLÍN, *El matrimonio y la vida conyugal*, Valencia 1995:129-162.

K. MADJANSKI, Communautè de vie et d'amour. Squise de Théologie du Mariage et de la Famille, Paris 1980.

V. MATTIOLI, Sessualità, matrimonio e famiglia, Bologna 1995.

T. MELENDO, *Metafísica del amor conyugal*, en 《Anth》 7 (1991), 9-24.

P. VILADRICH, La familia de fundación matrimonial en A. SARMIENTO (dir.), Cuestiones fundamentales de matrimonio y familia, Pamplona 1980,339-420.

# 第二部分

# "起初"的婚姻

由于婚姻的事实自"起初"便是天主启示的一部分，对这一事实的神学研究应以对有关"起初"婚姻的启示探究开始（也就是说，应根据天主对婚姻之计划的启示进行研究，而有关婚姻的启示在《创世纪》一开始的几章中，在论到人类之起源时，有所论述）。当主耶稣与法利塞人就有关婚姻不可拆散性的问题之对话中，耶稣便以"起初"的婚姻来回答所提出的问题（参玛 19:4-8）。《厄弗所书》在论到婚姻"奥迹"的时候也追溯到同一"起初"（参弗 5:31-32）。教会训导在论及婚姻的时候也是以同样的方式进行的。[1]

此外，针对天主之"起初"计划的反省也是必要的，因为只有这样才能对人有一个全面的认识，没有这种"对人的全面观"（人类生命，7）"便不能对有关婚姻和生育的问题提供一个正确的答案"；[2] 只有这样才能恰当地认识"基督内之婚姻"的真理。由于天主的计划是"在基督内"的一切婚姻，那么便可得出结论："起

---

[1] 参：C. Caffarra, *Création et Rédemptione,* en Comisión Teológica Internacional, *Problèmes doctrinaux,* cit., 218-310; 另参：J. Tomko, *La familia cristiana: questiones ante el Sínodo de los Obispos de* 1980, en A. Sarmiento (dir)., *Cuestiones fundamentales sobre matrimonio y familia,* cit., 67。

[2] 若望保禄二世，1980 年 4 月 2 日的讲话。这种关系，对人的全面观来说，是十分重要的，特别是涉及到人类肉身的基本意义：1) 在个人结构上的意义；2) 在人际关系中的意义，尤其是在婚姻中男-女之间关系上的意义。因此，对认识人之所"是"，以及对那些应该是其"应该所是"来说，是极为重要的。

初"的婚姻意义非凡，这不仅是因为它与人类第一对夫妇有关，而且从所有世代之男女的角度来说，也是很有意义的。这桩婚姻是所有真实婚姻的宣告和预像。"起初"之婚姻的真理所拥有的永恒价值——这一切也的确是人性的——应始终以"在基督内"之婚姻的新颖为其基础。

但是，婚姻神学的历史则证实，对"起初"之婚姻的真理，以及与"在基督内"之婚姻的关系，并未始终做出正确的阐释。有时候这是因为对"起初"之婚姻的反省并未充分地意识到"万有都是在基督内、藉着基督并为了基督而造成的"（参若 1:3；弗 1:10）所蕴含的意义；进而便陷入错误当中，将原本只是为了维护超性事物之绝对无偿性所做的研究假设变成了"真实的"。[3] 而有的时候是因为并未完全理解将"起初"之婚姻提升到"救赎"圣事尊位上的意义。只是将其理解为对起初之事实的一种法律上或伦理上的肯定。在婚姻圣事的神学研究上经常伴随着一种"不理解"。

对"起初"之婚姻的研究需从对圣经内容的分析开始，然后将就婚姻所拥有的善进行探讨，这无论是从伦理上来说，还是从婚姻灵修角度来说，都具有很重要的意义。

---

[3] 这种遗忘以某种方式映射了亚略异端，即否认基督在创世工程中的中保作用，从而形成了一种并不充分的创世神学，因为这会导致将盟约神学与创世神学相提并论，并会使创世神学独立存在。参：C. Caffarra, *Création et Rédemptione*, cit., 273。

# 第三章
# 圣经上婚姻的"起初"

若想对圣经上有关"起初"之婚姻的教导有所认识,则需要查阅论及到婚姻的所有圣经章节。从《创世纪》到《默示录》,凡在论及婚姻的地方,无论是直接或间接,明确或隐晦地,都应铭记天主的原始计划。若只是为了粗略地了解这些教导,那么对这些特点的研究就显得没有多大必要,只需对那些较有意义的章节进行分析便足够了。本章的目的即在于此,首先探讨一下有关创世的记述,然后再阐释一下玛19和弗5的内容。沿着这个反省思路,最后将以对婚姻的神圣起源之肯定——这在所有涉及到婚姻的问题中,都是需要强调的一个关键点——来结束所做的分析。

## 1. 创世的记述:婚姻真理在天主原始计划中的表达

虽然从专业角度来说,圣经并未为我们提供一套系统的婚姻神学,但关于婚姻制度的性质、目的等方面却为我们提供了一些重要的因素和论述。《创世纪》前几章有关男人和女人受造的记述尤为重要,这对圣经、圣传和教会训导阐述婚姻来说,则是基本的内容。

    关于人类的起源以及在大地上的身份,《创世纪》上提供了两种不同,且特点各异,但在基本内容上却是一致的记述。第一篇叙述(创1:26-28),根据圣经中的文学秩序,这篇叙述被归为"司祭传统";是在公元前六世纪撰写而成。第二篇叙述(创2:18-25)则属于"雅威传统",成书较早:约在公元前九世纪编撰的。无论上述哪种叙述,藉着象征性的叙述和一些与其他文化共有的文学要素,并在对将自己启示给其民族的唯一天主的信仰光照下所做的阐释,都指出了天主作为万物的创造者,使一切受造物得以存在,并遵从各自的法则存活于世。

接下来我们就对上述两种叙述进行阐述。

## 1.1 创 1:26-28 中的男人与女人

"天主说:「让我们照我们的肖像,按我们的模样造人,叫他管理海中的鱼、天空的飞鸟、牲畜、各种野兽、在地上爬行的各种爬虫。」天主于是照自己的肖像造了人,就是照天主的肖像造了人:造了一男一女。天主降福他们说:「你们要生育繁殖,充满大地,治理大地,管理海中的鱼、天空的飞鸟、各种在地上爬行的生物!」"(创 1:26-28)。[1]

这一章节是"司祭传统"记述创造工程(创 1:1-2:4)中的一部分,在这一节当中,人的受造形成了天主创造工程的巅峰,"其中隐藏着一股浓厚的形上色彩";尤其是充斥着神学特征的内容。若将其与"雅威传统"的叙述(创 2:18-25)进行对比的话,就会发现"司祭传统"的叙述"不论在描写天主的形像,还是在阐述有关人的基本真理方面都成熟得多"。[2] 所采用的语言更为抽象和理论化。

在论及创 1:27 时,若望保禄二世曾写到:"这简洁的一节,包含基本人类学的真理:在可见的世界中,人是整个创造秩序的顶点,人类,其原始来自一男一女的存在,是整个造物工程的冠冕;男人和女人地位平等,同是照天主的肖像受造的人"(妇女的尊严与圣召,6)。

对人类学和婚姻神学来说,肯定人的统一性和性别差异是特别重要的一点。婚姻以生育为直接目的的理由即在于此,这也是天主在创造人时所愿意的。

**– 天主的肖像和模样**:"人"(*ádam*)这个词在这里有一个集体性的含义。是指一切人(男人与女人),是按照天主的"肖像"和"模样"受造的整个人类。此外,也是指整个的人(人的整体性:灵魂和肉身)。也正基于此,人从本质上有别于其它动物,并与天主保持着特殊的关系,从天主领受了"治理"大地的使命。[3]

---

[1] 也可参创 5:2:"(天主)造了一男一女,且在造他们的那一天,降福了他们,称他们为「人」"。

[2] 若望保禄二世,《身体神学:男和女——天主的杰作》,p.128;公教真理学会。(1979 年 9 月 12 日,公开接见讲道,2。)

[3] 使人成为"天主的肖像和模样"的正是理性。作为有理性的受造物,人便是自由的,且有能力认识和爱慕天主,有能力与他人建立并保持关系。基于这些

人(*ádam*)分为男人(*zakar*)与女人(*mekebat*)，这种区分来自于天主的创造行为。因此：1) 男人与女人享有同样的尊严与属性(参牧职宪章，49)；2) 性，作为肉体性的表达形式，拥有人格价值与尊严；[4] 3) 根本上而言，男性与女性都是造物主的恩赐。在呈现性别之不同是天主创造行为之结果的同时，圣经的记述也指出人之"所是"并不独立于性(男性–女性)及其个人的实现：奉行与尊重其独特性(男性或女性)也是个人圣召的一部分。[5]

> "人有人格，男人和女人均如此，因为两者均照天主的肖像和模样而受造。使人肖似天主的事实是——不同于整个其他生物界，包括那些有感觉(*animalia*)的生物——人是理性的动物(*animal rationale*)。由于这个专有性，男人和女人能够「统治」可见的世界上的其他受造物(参创 1:28)"(妇女的尊严与圣召，6)。

– **对生育的祝福**：圣经的叙述还指出，藉着天主的祝福，生育便与性之差异(男性与女性)连系在一起。由于只有天主是创造者，生育显然呈现得有如是对天主创造之大能的参与，藉以世代传生天主的肖像与模样(参妇女的尊严与圣召，6)。所以，除了明确指出生育繁殖的尊严外——这是天主的祝福！也突出了传承生命在男人和女人身上也是一项"职务"：他们是天主的特使与合作者。

但是，根据由其他类似的情况(参创 28:3；25:1；48:4)所得到的结论，生育(生育繁殖)几乎与使命毫无关系。这只是一项许诺，根据在解释上的共识，它在映射婚姻的一项目的。圣经内容貌似意指生育是征服大地的一种方式。

> 针对这一章节，若望保禄二世指出："在创造男人和女人的关联文句中，圣经记述说到天主制定婚姻圣事，是生命传递到

---

因素，神学上出现了"位格"这个概念。参：多玛斯·阿奎那，《神学大全》，I. q.29 a.1。

[4] 参：若望保禄二世，1979 年 11 月 14 日，公开接见讲话，4；虽然灵魂是人性尊严的根由，但这种尊严是全人的尊严。是灵魂与肉身在人身上实质性结合的结果。另参：多玛斯·阿奎那，《神学大全》，I. q.75 a.4；q.76 a.1；C. Caffarra, *Ética general de la sexualidad,* cit., 29-37。

[5] 教宗若望保禄二世藉着他的《妇女的尊严与圣召》牧函(1988 年 8 月 15 日，其中 17-22 号)特别强调了妇女的圣召，性是构成了女性圣召在社会和在教会内之独特性的要素之一，同样，也奠定了女性在婚姻中的地位。

新一代的不可缺少的条件,婚姻和夫妻爱情依其本质负有传递生命的责任:「你们要生育繁殖,充满大地,治理大地」(创 1:28)"(妇女的尊严与圣召,6)。

## 1.2 创 2:18-24 中男人与女人的受造

"上主天主说:「人单独不好,我要给他造个与他相称的助手」。上主天主用尘土造了各种野兽和天空中的各种飞鸟,都引到人面前,看他怎样起名;凡人给生物起的名字,就成了那生物的名字。人遂给各种畜牲、天空中的各种飞鸟和各种野兽起了名字;但他没有找着一个与自己相称的助手。上主天主遂使人熟睡,当他睡着了,就取出了他的一根肋骨,再用肉补满原处。然后上主天主用那由人取来的肋骨,形成了一个女人,引她到人前,人遂说:「这才真是我的亲骨肉,她应称为'女人',因为是由男人取出的」。为此人应离开自己的父母,依附自己的妻子,二人成为一体"(创 2:18-24)。

这段内容属于"雅威传统"关于创世的叙述(创 2:4-4:26),相对司祭传统的叙述来说,这里的表述"虽然语意欠缺明确,人们可以说其语意比较是描述性和比喻性的,更接近当时为人了解的神秘语态"(妇女的尊严与圣召,6)。特别从其主观角度来描述人的受造,与司祭传统从客观角度描述人的受造形成了相互呼应。[6]

"创世纪第二章表达了人的自我了解,可以说是这方面最古老的描述和记录;而且,……首次述明了人的良心。……我们在这核心(*in nucleo*)几乎找到全部有关分析人的要素,那是现代(尤其是当代)哲学中的人学特别留意的要素。"[7]

这节内容对教会圣传和神学来说,是研究婚姻的基本内容。以某种方式揭示了天主原始计划中有关婚姻的真理。

**- 区分男、女**:从人性角度来说,男人与女人在本质上是一样的。圣经内容明显地呈现出了这一点:1) 所使用的语言,从词源学角度来说,在指男人(*is*)与女人(*'issah*)时,两词拥有同样的词根;2) 描述女人受造时所采用的隐喻("由人取来的肋骨,形成了一个女人");3) 男人立即承认女人"这才真是我的亲

---

[6] 参:若望保禄二世,1979 年 9 月 19 日,公开接见讲话,5。
[7] 同上,1。

骨肉"。

与此同时,也明确地呈现出,男人(男性)与女人(女性)之分则指向二者之间的相互补充性。在人与气体生物之间存在着一种本质性区别和属性上的不同,面对其它生物,尽管人与它们有直接的接触("天主……都引到人面前,看他怎样起名"),但人却感受到孤独("他没有找着一个与自己相称的助手")。为了克服这种孤独感,则需要有另一个人的出现("这才真是我的亲骨肉")。人的受造并非是为了活在这种孤独中(参牧职宪章,12),只有**与**某人,更确切地说,**为了**某人而存在时,才会活得圆满。[8]

> "天主用男人的「肋骨」造了女人,……成为另一个「我」,成为男人的伴侣,因为人孤单地置身于周遭的生物界,发现没有生物适合成为他的「助手」。……在共同的人性中,女人是另一个「我」。从受造开始,他们显示出「二合为一」,这说明原本的孤单被克服了,就是人寻找不到一个「适合于他的助手」(创 2:20)的孤单"(妇女的尊严与圣召,6)。

圣经的这些章节也突显出了肉身的价值和意义:人藉着肉身表达出自我,可以说"是"他自己的身体;男人与女人在属性和尊严上是平等的(是同样的)。但是也特别突显出了男性(男人)和女性(女人)各自的独特性,以及人类两性在价值论上的意义:女人是为了男人,男人是为了女人。[9] 如若置身于男性或女性身份之外,与他人毫无任何关系,无论是男人,还是女人其人格都不能发展至圆满。男人并不比女人强,而女人也并不比男人高级:只是不同而已。这便是由正确理解天主"自起初"的创造行为所得出的结论。

- **男人与女人的结合**:"在被造为男人和女人的人身上的天主的肖像和模样……,也表达共同人性上的「二合为一」。这「二合为一」是人际共融的记号,指出人的造工也刻划出天主性共融的某种模样。这模样是男人和女人之人格的品质,也是一种征召和一种任务"(妇女的尊严与圣召,7)。当他们摆脱血缘的束缚

---

[8] 参:同上,2。
[9] 参:若望保禄二世,1979 年 11 月 14 日,公开接见讲话,2;《妇女的尊严与圣召》牧函,7。

("离开自己的父母"),藉着"二人成为一体"[10] 而形成"二合为一"时,便以独特的方式回应了这种召叫。从某种意义上来说,"婚姻是这召唤首要的也是基本的幅度"(妇女的尊严与圣召,7)。

这里所说的"二合为一"并不单指肉体的结合。显然也是指男人应离开自己父母的责任,并与他的妻子结合而形成婚姻。这种结合——其中男、女具有性的不同,并形成相互补充——是婚姻的构成要素,且具有独特的特点,这些特点只能够出现在由一男一女所形成的婚姻中出现,二者的结合是如此的强烈,任何人间的权力都不能将其拆散。

> 这也是梵二大公会议所强调的一点:"故此,男女二人因婚姻的契约「已非两个,而是一体」(玛19:6),通过人格的契合及通力合作、互相辅助、彼此服务,表现着并日益充份地达成其为一体的意义"(牧职宪章,48)。

从圣经内容来看,只是从相互帮助("相称的助手")的角度,谈到了男人与女人的结合,而并没有直接明确地谈到生育。但是,也并未排除这一点,根据释经学上共同的意见,不言而喻的事实是:在二人"成为一体"时,便形成了传承生命的原则(参天主教教理,372)。

这段圣经还指出,男人与女人结合("依附自己的妻子")而成为"一体"是出于**自由的抉择**:男人"离开"自己的父母而与自己的妻子结合。[11] 在婚姻的结合中,男人与女人是被赠与的(被交托的)(性的不同指向铭刻在人性内的相互补充性,也回应着天主的创造行为:"人性意味着蒙召走向人际共融"),同时也是自我赠与的(或交付自我)(依附或结合的决定是自由选择的结果)。

> "创世纪提到人离开自己的父母,依附自己的妻子(参创2:24)时,突显了婚姻的自觉和自由选择,使一个家庭中的儿子

---

[10] "成为一体"固然有物理性的意义,意即夫妻行为,但在这里还有一层伦理意义。"体"(身体)这个词具有不同的含义:有"亲属"的意义,还有"身体","人"等意义,而这里所表达的是整个"人"的意思。参:L. Alonso, *voz Carne*, en Enciclopedia de la Biblia, II, Barcelona 1963, 155-162。

[11] 这种自由选择的特点也藉由动词"依附"(*dabaq*,结合)体现出来:暗含着人是自愿的。

成为丈夫，家庭中的女儿成为妻子"（致家庭书，8）。

最后，还应该明白的是，第一个男人与第一个女人的结合有着明确的道德幅度：婚姻本应如此，也就是说，根据对耶稣就婚姻之不可拆散性而与法利塞人的对话所做的解释，原祖父母的这种模式为之后所有世代的婚姻来说就是准则。同时，也有圣事与神学幅度：根据后面我们将要论述的婚姻之圣事性或"奥迹"，我们会看到，婚姻的结合和与天主之爱的启示密切相连。

## 2. 新约对"起初"的追溯

新约——以及整部圣经——始终关注着"历史性"的人，意即：有"私欲偏情"的人。也正是这样的人获得了天主的救赎和应该获得救赎（参牧职宪章，2）。"起初"的状况已经完全成为过去。但是，救恩的愿景是以"起初"为前提的。天主对人只有唯一的一个计划，天主对婚姻也只有一个计划。

> 若望保禄二世论到人时，这样说："（人的）伟大和尊严是在与天主的盟约中完成，和天主契合，并追寻属于创造奥秘的内在「逻辑」的根本结合。这结合符合有关一切有智力的受造物的深远真理，尤其是人，在可见世界的一切受造物中，人由于在耶稣内为天主自永恒所拣选而被提升：「祂于创世之前在基督内拣选了我们……按照自己旨意的决定，预定了我们藉着耶稣基督获得义子的名份」（弗 1:4-6）"（妇女的尊严与圣召）。

若想获得正确的认识，不只是对婚姻问题的探讨应该从救赎工程的角度着手，而且对救赎工程的理解要求对"起初"的状况应有所认识。"历史性"的人所拥有的罪人身份已然反映了"起初"的状况，这也是出自天主之手的人存在的情况。与此同时，这罪人的身份也映射了救赎工程的愿景，意即：若没有救恩，人仍"屈伏在败坏的状态之下"（罗 8:20）。救赎的愿景确保了罪恶的遗留身份与"起初"身份之间的延续性与统一性。作为"历史"事实的婚姻之"道"（或气节：*ethos*）深深地与"起初"之婚姻的"道"连系在一起：救赎工程中的婚姻之"道"无可避免地也包括"起初"之婚姻的"道"。

当涉及到"起初"之婚姻的情形的时候，应该参照玛 19:4-5 和弗 5:31 来对其进行阐释。

## 2.1　玛 19:3-9 的内容

"有些法利塞人来到他跟前，试探他说：「许不许人为了任何缘故，休自己的妻子？」他回答说：「你们没有念过：那创造者自起初就造了他们一男一女；且说：『为此，人要离开父亲和母亲，依附自己的妻子，两人成为一体』的话吗？这样，他们不是两个，而是一体了。为此，凡天主所结合的，人不可拆散。」他们对他说：「那么，为什么梅瑟还吩咐人下休书休妻呢？」耶稣对他们说：「梅瑟为了你们的心硬，才准许你们休妻，但起初并不是这样。如今我对你们说：无论谁休妻，除非因为姘居，而另娶一个，他就是犯奸淫；凡娶被休的，也是犯奸淫」"（玛 19:3-9）。

耶稣的这些话对创 1:27 和 2:21-24 来说，便构成了一种深层的阐释，从"历史性"的人和"起初"之婚姻的角度来说，也包含着对婚姻神学的重要教导。针对法利塞人就申 24:1-4 所论到的离婚做法（即：休妻）而提出的问题，[12] 耶稣所作的答复超越了问题本身，而突出了"起初"婚姻中男–女结合的本质和基本特征。婚姻之"道"与天主的原始计划密切相连，是天主所做的规定。

关于婚姻，圣经教导说婚姻基本的特质是单一性和不可拆散性。这是天主自"起初"便制定的。这是根据天主的原始计划，从创世的行为开始便已铭刻在人性内的特质，是不可改变的：人并没有权力和能力改变它。并不是说婚姻不可拆散，而是婚姻本应是不可拆散的；之所以是本应不可拆散，是因为除此之外，没有其它的可能。

尽管原罪使人变得"心硬"，并使天主针对婚姻的计划晦暗不明，但并没有改变婚姻的性质，仍保持着其有效性。"受造界的秩序虽遭严重扰乱，但仍然存在"（天主教教理，1608）。耶稣再次

---

[12]　在耶稣时代，有关离婚（休妻）问题的争论，主要集中在 Sahmmay 学派的严格主义与 Hillel 学派的宽容主义之间。参：A. Díez Macho, *Indisolubilidad del matrimonio y divorcio en la Biblia*, Madrid 1978, 173-181。

肯定了"起初"对婚姻的计划。因此，这段圣经有一种法律性的意义，且明确地指明，天主积极地确立了理解和践行婚姻的唯一有效方式就是应根据天主自"起初"已显示出的圣意而生活。[13]

## 2.2 弗 5:21-22, 28-33 的内容

"（你们）要怀著敬畏基督的心，互相顺从。你们作妻子的，应当服从自己的丈夫，如同服从主一样，……作丈夫的也应当如此爱自己的妻子，如同爱自己的身体一样；那爱自己妻子的，就是爱自己，因为从来没有人恨过自己的肉身，反而培养抚育它，一如基督之对教会；因为我们都是他身上的肢体。『为此，人应离开自己的父母，依附自己的妻子，二人成为一体。』这奥秘真是伟大！但我是指基督和教会说的。总之，你们每人应当各爱自己的妻子，就如爱自己一样；至于妻子，应该敬重自己的丈夫"（弗 5:21-22, 28-33）。

上述所引用的这些章节是保禄针对家庭伦理，尤其是婚姻伦理教导中的一部分。从整体来看，就这些章节的结构来说，可以分为三部分：1)（22-24 节）论述妻子对于丈夫的关系；2)（25-28 节）论述丈夫对于妻子的关系，3)（29-33 节）论述这些关系和彼此的义务所依据的理由或原因。总而言之，这些原因囊括在由婚姻而形成的这种结合所包含的意义当中。

接下来我们就着重来看一下其中的最后一点，因为它指出了婚姻自"起初"所具有的性质，也就是说，根据天主的启示婚姻自"起初"所具有的性质。

这段圣经直接所针对的是基督徒的婚姻。其中强调这种婚姻使夫妻成为基督对教会之爱的"标记"。因此他们的相互关系（22-28-33 节）应该具备基督对教会的爱所具有的特征。（否则的话，便不能成为"标记"，也不能使这种爱变得可见。）这些特征全然是婚姻的——既是圣保禄同时代婚姻的特征，也是未来婚姻的特征，同时也是"起初"之婚姻所拥有的特征。根据天主的原始计划，这婚姻已是基督对教会之爱的预像。圣保禄在《创世纪》当中发现了很长时期不为人所知的**基督对教会之爱的奥迹**

---

[13] 参：若望保禄二世，1979 年 10 月 10 日，公开接见讲话，3-4。

**先知性的预像**，这预像现在如同"外邦人的救恩奥迹"一样已显示出来。保禄在基督—教会的结合中也发现了婚姻结合之不可拆散性的基础所在，这在"起初"已启示出来。

正如在上述论及玛 19:3-9 时所说的，尽管原罪扰乱了男—女的本有关系，但圣经毫无疑问地告诉我们，天主对婚姻的原始计划仍然有效。

## 3. 婚姻的建立者是同一个天主

在历史中曾涌现出不同的学说，这些理论意在从婚姻的出现、演变、权力、物质需求等出发，来"解释"婚姻的存在与特征。[14] 面对这些学说，教会不断地强调，婚姻的神圣起源（即婚姻源自于天主）是教会的当信道理。这样的教导经常出现在圣经、圣传和教会训导当中，只不过有的时候比较明确，而有的时候比较含蓄而已。

> "婚姻和家庭源自于天主，是天主的杰作，也回应着天主自己所制定的基本计划，这计划超越一切时代可变的境遇，并穿越它而保持不变。……婚姻和家庭与天主保持着一种超然的关系。……凡是并未充分意识到婚姻和家庭与其神圣根源和命运——这命运超越人的经验——之关系的理解或学说，并无法理解其深层意义，也不可能找到解决其问题的正确途径。"[15]

当肯定婚姻的"创立者是天主自己"（牧职宪章，48）时，意在强调：1) 天主在人类的"起初"便创立的婚姻；2) 祂是以一种特定的方式创立的婚姻：它有特定的特质、目的和自身的法则，因其属于创世秩序，故有永久性和普世性的特点；3) 也是天主的一份特殊恩赐。"起初"的神圣来源并非指一种理想，也不能只是从天主是人的创造者这种意义上理解，即：天主也是人作为"天主的肖像"尽责所完成之一切事务的肇始者。

上述我们已经看到，圣经当中，无论是旧约还是新约，都

---

[14] 参：E. Alburquerque, *Matrimonio y familia*, Madrid 1993, 173-179; W. Ernst, *Institution et mariage*, en Diccionario Teológico Interdisciplinar, *Problèmes doctrinaux*, cit., 184-153; A. Hortelano, *Problemas actuales de moral*, cit., 359-414。

[15] 保禄六世，1966 年 2 月 12 日讲话，7-8。

明确肯定，婚姻对应着人——男人与女人——本身最内在的结构。由于天主是具有男性与女性之分的人，以及铭刻在其身上之倾向的创造者，那么天主自己便也是婚姻的创立者。性之不同由造物主指向相互补充性，而婚姻之结合的基础就在于此。在与法利塞人针对婚姻之不可拆散性的对话中，耶稣将创 1:27 与创 2:24 连系在一起时，便是这样解释的。另一方面，天主降福男女生育繁殖（参创 1:28），也指出生育是天主所愿意的性之不同——这是婚姻之基础所在——本身的目的之一。因为虽然生命的传承可以发生在偶然的结合中（即非婚姻性的结合），但毫无疑问的是子女的人格尊严要求——这是一种必不可少的要求——婚姻的稳固结合。当我们肯定，婚姻是一种自然制度，或以法律性的词语来说，是属于"自然律"的时候，所欲表达的便是这种意义。

新约或旧约也有多处论到说婚姻是天主的杰作。诸如，多俾亚的祈祷（多 8:5-7）和拉 2:15 明确地指出婚姻是由天主所创立的，其基础就是天主所创造的男人与女人。

天主自己主动创立了婚姻，至于这一点，耶稣的见证（玛 19:3-9）是绝对明确的，他指出婚姻的不可拆散性是天主所愿意的一项婚姻特质：天主自"起初"便这样设立了，耶稣也肯定这便是天主针对婚姻的圣意，在"起初"已彰显出来。

教父们也一直认为天主是婚姻的作者。他们都认为，婚姻是天主自"起初"便愿意的。婚姻的福祉、特质、目的等都建基于这神圣的起源。然而，在解释天主这一原始计划的实施上，教父们并未形成统一意见。另一方面，切勿忘记，绝大多数教父针对婚姻的反思是基于圣经启示所提供的信息，而其目的也只是为摆脱当时出现的各种错误思想，诸如诺斯底派和摩尼派思想，这些错误思想否认婚姻的福祉。从这个角度来说，圣奥思定的著作具有举足轻重的意义。

教会训导在各种不同的背景下都始终坚持婚姻的神圣起源。然而，需要指出的是教会训导强调婚姻来自于天主，很多时候主要的目的是要捍卫性与婚姻的益处和尊严；婚姻的单一性与不可拆散性；强调婚姻制度的客观性，以及婚姻的属性和特征并不取决于人的意志等。

梵二大公会议教导说"由造物主所建立、并为造物主的法律所约束的夫妻生活及恩爱的密切结合，……不系乎人的意志。具有多种好处及宗旨的婚姻，其创立者者是天主自己"（牧职宪章，48）。婚姻及其"律令决不为人的意愿及夫妻们的默契所左右。此乃由圣经而来的道理；此乃教会永久而普遍的传统；此乃脱利腾公会议的隆重决议。该会议曾引用圣经的语句，宣布并肯定：婚姻链锁的永久不可拆散性及单一性和巩固性乃天主所钦定"。[16]

无论是夫妻，还是社会，所拥有的自由便是对天主的计划有一个更深的认识，并努力践行天主的计划；因为婚姻是天主所愿意的，藉此使夫妻充实自我和使社会更加人性化。

此外，对天主之原始计划的认识与遵从也是基督徒夫妇将婚姻作为其超性圣召而生活所需要的基础。

\* \* \* \* \* \* \*

## 参考书目：

天主教教理，1603-1605；2331-2336。

若望保禄二世，1979年9月12日；1979年9月19日；1979年10月16日；1988年10月24日，公开接见讲话。

——《妇女的尊严与圣召》牧函，6-8，1988年8月15日。

——《致家庭书》牧函，6-9，1994年2月2日。

J.ARANDA, *Varón y mujer. La respuesta de la Biblia,* Madrid 1991.

C, CAFFARRA, *Sexualidad a la luz de la antropología y de la Biblia,* Madrid 1991.

M. GILBERT, «*Soyez féconds etmultipliez*» (Gn l,28), en《Nouvelle Revue Théologique》, 96 (1974) 729-742.

R. LAWLER, J.M. BOYLE y W. MAY, *Ética sexual.* Pamplona 1992.

J. MORALES, *El misterio de la Creación,* Pamplona_1994, 211 229.

C. WESTERMANN, *Genesis l-11. A Commentary,* London 1984.

---

[16] 庇约十一世，《圣洁婚姻》通谕，5，1930年12月31日。

# 第四章
# "起初"的益处

婚姻——尤其涉及到性的时候——并未得到婚姻神学和灵修的足够重视。只需追忆一下直到十八世纪后半叶有关婚姻之圣事性的神学表达格式的形成为止，不得不去克服的"种种困难"，便足以了解这一点。此外，直到近代，这个问题才在婚姻——作为成圣的圣召——神学中占有一席之地。正如历史所呈现出来的，对婚姻的审视，在很大程度上，与对"起初"婚姻之益处和降生与救赎奥迹之真理的理解密切相关。原罪对婚姻和对作为原始事实的性的影响有多大呢？

这就是我们接下来要阐述的问题：首先对"起初"的情形进行描述；然后是对"起初"之情形的反思。在此我们仅限于简要的阐述。

## 1. 原罪对男–女关系的影响(创 2:25；3:7, 16)

《创世纪》在论到男人与女人的受造时，针对有关"起初"男–女关系益处的情形，为我们提供了足够的信息，并对无论是男人，还是女人，在其关系中所体验到的改变和错乱之原因进行了"解释"。在解释这种错乱的原因时，圣经直接指的是婚姻中的关系，但其内容也涉及到社会生活中的不同领域。

> "男女二人都赤身露体，并不害羞。……于是二人的眼立即开了，发觉自己赤身露体，遂用无花果树叶，编了个裙子围身。……然后(天主)对女人说：「我要增加你怀孕的苦楚，在痛苦中生子；你要依恋你的丈夫，也要受他的管辖」"(创 2:25；3:7, 16)。

创 2:18-25——以及关于原罪的叙述(创 3)——也是雅威典叙述的一部分(创 2:4-4:26)，因此，在语言、文学类型等方面，虽有其自身的独特性，但它也拥有雅威传统共有的特点。[1] 而其内容，

---

[1] 参：G. Granda, *Corporeidad y sexualidad*, cit., 37-41。

即：原罪及其后果则决定了人的命运及整个人类历史。

有关"原始的无罪"状态以及作为原罪之后果而在人身上所造成的不和谐（或秩序的紊乱）所做的阐释与教导，对婚姻神学来说，具有举足轻重的意义。这也就解释了男人与女人在其相互关系中，对性的整合所体验到的"困难"。

– **"原始的无罪"**：创 1-2 所描述的那种"和谐"局面（上述的创 2:25），在人的内心和在男–女的关系中便可彰显出来。这种"和谐"，"首先使人在其自身作主，自律自重。人就其整个的存有而言原是完整有序的"（天主教教理，377）。男人与女人并不受肉身与性的困扰，完全享受着彼此人性所拥有的真理，也可将自己完全交托给对方：他们彼此肯定对方，就像造物主那样爱了他们一样。在精神与感受、灵魂与肉身之间并不存在任何的分裂或间隙，不管是男人，还是女人。

男人和女人视其人性为与其它生物界的"非等同"；也将人性视为媒介，而藉以达至"人与人位际共融的圆满。男人和女人正是藉此共融而「赤身露体，并不害羞」"。[2] 对肉身之意义的圆满理解与在其真实、纯朴与纯洁上的完全融合形成了相互辉映。

神学与教会训导在论及"起初"这种和谐的局面时，经常以"无罪状态"或"原始义德"来表达。"教会按新约和圣传的指示，在正式解释圣经语言的象徵意义时，教导我们原祖亚当厄娃原是被安置在一个「原始圣德和义德」的状态下。原始圣德的恩宠就是「分享天主的生命」"（天主教教理，375）。

– **性的紊乱**：圣经也指出了，与"起初"的和谐局面不同，在男人与女人之间开始出现一种新的、与原来的无罪和圣德截然相反的局面（"于是二人的眼立即开了，发觉自己赤身露体"）。他们发现在其男性与女性之间的秩序与和谐被打破了（觉得有必要"用无花果树叶"来遮掩自己），这种破坏伤及了他们中的每个人和他们与彼此的关系（"你要依恋你的丈夫，也要受他的

---

[2] 若望保禄二世，1979 年 12 月 19 日，公开接见讲话，4；《身体神学：男和女——天主的杰作》，p.163；公教真理学会。

管辖")。他们开始觉得害羞和有必要在他人面前隐藏自己,因为他们以不同于造物主天主之原始计划所启示的方式,来看待他们的性;铭刻在性内的关系不再是"交付",而变成了"占有"。

同时,这段圣经也使我们明白,男人和女人在理解其自身及其性时所遇到的困难与紊乱,都是原罪造成的后果("遂摘下一个果子吃了,……于是二人的眼立即开了")。"这混乱现象,根据信仰,并非来自男女的**本性**,也不是来自男女关系的本质,而是来自**罪恶**。原罪使人与天主决裂后,第一个后果就是破坏了男女之间原先的共融"(天主教教理,1607)。

由于原罪,"他们因原始义德所享有的和谐已遭破坏;灵魂上的精神官能对身体的控制也被摧毁;男人与女人的结合处于紧张状态;他们的关系将带有私欲和奴役对方的倾向"(天主教教理,400)。"因此,当我们读到圣经描述中对女人说的那句:「你要依恋你的丈夫,也要受他管辖」(创3:16)的话时,我们发现这正是针对他们二人所具有之天主的肖像和模样的尊严,「二合为一」的破裂和不断的威胁。但是这威胁对女人而言更加严厉,因为管辖取代了「真诚的给予」,因此要「为」他而生活:「他要管辖你」。这「管辖」指出男人和女人在「二合为一」中持有的基本平等的扰乱和失衡:这对女人特别不利,于是唯有来自他们人格尊严的平等,才能给他们彼此关系上真正的「人际共融」的特色"(妇女的尊严与圣召,10)。

男人开始将自己的意愿强加于女人,而女人也开始在社会文化上呈现出低人一等。对圣经而言,性堕落的不同方式,诸如通奸、淫乱等,在原罪中也得到了最终的解释。圣保禄也将罪恶视为人在其自身内所体验到的张力之根本原因:随从"本性的私欲"或"圣神的引导"而生活(参迦5:16-17)。

在这种背景下,原本出自于男人和女人在原罪后,因其扭曲的意念在面对性时所出现的"羞耻感",则成了天主为了保存人肉身的尊严,而立定的一种方式。[3] 这种"羞耻感"的目的在于维护肉身与性的位格价值。[4]

---

[3] 参:若望保禄二世,1980年6月25日,公开接见讲话,1-6。
[4] 参:K. Wojtyla, *Amor y responsabilidad*, Madrid 1978, 139-214。

## 2. 赎世秩序婚姻中之"起初"的益处

原罪并未摧毁天主对性和婚姻的原始计划。这一点从《创世纪》的记述中（创 3:20ss）也能看出来。此外，也彰显在当圣经在论及性与婚姻时，毫无疑问地从"历史"的角度来审视人——也就是说，身负原罪的人——这一事实上。耶稣也明确地教导，天主在"起初"对男–女结合之计划依然有效（参天主教教理，1644）。

教会训导也同样经常重申这一点：面对在历史中针对婚姻和性的益处所涌现出来的各种不同学说，教会始终捍卫，无论是性，还是婚姻，自"起初"便是善的事实。它们之所以是善的，是因为它们是由天主所创造的；此外，婚姻本身就携带着一些益处，是无需由外在来厘定它。起初的益处——就是在男、女受造之时所彰显出来的善（参创 1:31）——虽因罪恶而受到伤害，但并未被摧毁。

### 2.1　圣经的教导

圣经——无论是旧约，还是新约——关于性和婚姻的教导主要因素之一就是它们的益处（或善）。人连同其所有受造因素都是好的，都是造物主的恩赐（创 1:1-25）。此外，圣经还突出了男人与女人的善远在其它受造物之上（"天主看了他所造的一切，认为样样都很好"）。尤其是突出了人——男人与女人——以一种特殊方式受造的事实。同样的思想也蕴含在先知书、智慧书等著作里面，其中经常藉婚姻之爱这种象征手法，来论述天主与其子民所订立之盟约拥有的性质与特征。

> 与其他民族与文化不同，因为对他们而言，性之所以是神圣的，是因为性的结合被认为是效仿和参与神性的一种方式；圣经则教导说，性的神圣性来自于它是由天主所造这个事实。性并不是圣的，而是人性的事实。但性是一种善，其本身携带着造物主天主的印记，这是天主铭刻于万物身上的。

"时期一满"，随着基督的到来，人的存在获得了一种新的方式，人类的性和婚姻也获得了一种新的价值，但这价值始终根植于其原始的善（或益处）。四部福音也强调了性和婚姻所具有的善，应该根据"起初"的计划来活出婚姻和性(参玛 19:3-9)。根据教父和圣传的解释，基督在加纳婚宴上的出现也特别突显出了婚姻的善(参天主教教理，1618)。

为了回应蔑视人的身体和性的某些学说(参弟前 4:3-5)，这些学说也蔓延在基督徒之间，保禄的一些著作便立足于圣洗和婚姻由天主创立这些事实，来捍卫婚姻的益处。因其与末世身份的关联(参格前 7:24-31)，童贞是一个好的事物(格前 7:26-27)，比婚姻更好(格前 7:28)。但是婚姻是天主的一份恩赐(格前 7:17)，也是好的(格前 7:13)，应该得到尊重(格前 7:17)。弗 5:21-32 在将婚姻关系呈现得有如是基督与教会之间爱的奥迹的"肖像"时，也突出了这种论证思路。对创 2:24 的影射也指出婚姻——作为自然事实——自"起初"便注定要成为天主对人类之爱和基督对教会之爱的"标记"。

然而，尽管性和婚姻的事实本身是好的，但在现实的历史状况中，即原罪之后的状态，若想以负责的态度生活它，仍需付出很大的努力。为了在天主的计划——诚然也包括"起初"的计划——中，将其整合，对自我的控制便是不可或缺的。圣经上在谴责相反正确运用性的行为时便突出了这一点。[5] 只有通过对罪恶(参罗 8:9)和"肉欲"(参咏 50:6-7)的斗争，才能"随从圣神"而生活(参迦 5:24)，性的正常秩序便在于此。

## 2.2 教父思想和神学论证

在历史中，关于婚姻和性的益处这个问题，出现了不同的论证。根据不同的文化和思想背景，论证的侧重点也有所不同。因此，在认识所主张的观点时，切勿忘记彼此之间的关联。

— 在初世纪，基督徒作者们努力摆脱希腊–罗马世界对性的放纵和不同的异端运动，对这些异端来说，性是恶的，因为物质本身便是恶的。作为对这些错误的回应，基督徒作者们在捍卫婚姻的益处时，将重点放在了生育的福祉上。

---

[5] 诸如，对同性恋行为的谴责(肋 18:22；20:13)；兽交(出 22:13；肋 18:23)；离异(谷 10:2-12)等。

在这里需要指出的有禁欲主义者（他们蔑视婚姻，并主张所有基督徒都应禁欲）和诺斯底派，其中也包括摩尼派和普利希廉教徒（priscilianistas：基于一种二元宇宙论，认为物质——因此，也包括性和婚姻——的起源在于恶的原则）；此外，还有蒙丹派和诺瓦托派（novacianos）（他们都鄙视第二次婚姻）等异端。

教父们通常都是将婚姻的益处这个主题与童贞一起来阐述的，并强调童贞比婚姻结合更为崇高。同时也毫无疑问地肯定婚姻的益处。教父们论证说婚姻是由天主创立的；藉着耶稣在加纳婚宴上的临在而特别祝福的婚姻；至于生育——从创世纪中的记述开始——他们解释说，这是婚姻存在的理由。

戴尔都良（Tertuliano, +220 年）曾这样写到："该如何描述教会所结合、交托所坚定、祝福所标示、天使所宣扬，并由天主父所举行的……婚姻之幸福呢？夫妇二人如同兄妹，互为对方的仆人，在他们之间不会有任何分裂，不管是肉身上，还是精神上。因为他们二人确实已成为一体了，既然是一体，那么也就应该只有一个精神（或灵魂）……面对这样的家庭，基督也欢喜不已，并赐平安给他们；他们在哪里，基督便在哪里，而凡基督所在之处，便不会有任何恶事。"[6]

圣奥思定（San Agustín, +430 年）的教导特别突出了婚姻的价值。他明确主张婚姻因是天主自"起初"创立的，故本身便是好的。原罪并未摧毁这原始的美善，然而由其所肇始的"私欲偏情"却伤及了性的运用，从而使性活动很难屈服于正确的理性秩序之下。尤其是当在婚姻本有益处内——也就是生育（子女的益处）、忠贞（信仰的益处：彼此交托，终生不渝）和圣事（圣事的益处：与天主的关系和婚姻的宗教性特征）——生活的时候，更为突出。[7] 对奥思定来说，这些益处是婚姻内在而本质性的益处。

---

[6] 戴尔都良（Tertuliano, +220 年），*Ad uxorem*, 1,2,9, en *Patrología Latina*, Migne, 1,1302。这里所论及的婚姻是基督徒的婚姻；但是这里的论述不言而喻地表达的是起初之婚姻的益处仍然存在："从某方面来说，救赎从根本上重建了被罪恶及其在人类历史中的遗毒所「削弱」的善"（妇女的尊严与圣召，11）。

[7] 在圣奥思定的思想中，从狭义上来说，"圣事的益处"只会发生在基督徒的婚姻当中，而从广义上来讲，才属于所有婚姻。因此，藉"圣事的益处"只是指所有婚姻所具有的宗教性特征，当然也包括"起初"的婚姻，因为那是基督与教会之结合的预像。参：F. Gil Hellí, *El matrimonio y la vida conyugal*, cit., 23-

总之，在圣奥思定的思想中，从整个人的益处角度来说，对这些益处的寻求以何种方式有助于婚姻生活中对性运用的整合，这一点并未充分阐释出来。毫无疑问，寻求生育时不会使婚姻结合有什么过失或罪过；但若夫妻为了满足私欲偏情而相互结合，便不会如同上述情况，因为这将会是一个小罪。[8]

然而，并不是所有作者都赞同上述这种解释。很多人认为这样有些贬低婚姻。而另有些人则在这里发现了对人的益处和忠贞既人性化而又尊重的看法：圣奥思定意在强调婚姻关系是为真正而其本身为善的益处服务的，并不是因为有助于避免受私欲偏情影响而失序的行为。

不管怎样，应该明白的是，在教父著作中能够看到，针对性与婚姻，存在着一定的悲观主义思想。很可能这是受到了某些哲学思想的影响；也或许是因为高估了性行为严重受到了原罪的伤害这种思想。[9]

– **中世纪**：特别是在十二–十三世纪，史无前例地在婚姻神学上注入了一股活力，为当时很多的大问题提供了答案。尤其是在性的领域，由古代诺斯底派贬低婚姻价值之错误思想的死灰复燃而提出的问题，以及由性放纵主义促成的，并受诗人们广泛赞扬的纯爱和浪漫主义思想——但却拒绝生育。

在这种背景下，有关婚姻之益处的神学反省——延续了教父思想——都建基于婚姻是由天主自"起初"创立的这一思想上。天主藉着一系列的益处装饰了婚姻，这些益处的出现使婚姻中肉身的结合，从伦理上来说，便是善的。

但是，在当时的神学中，基本上都强调若是怀着生育的意向而结合，夫妻关系便是善的；而只是为了避免通奸而发生的夫妻关系，则是犯小罪。[10] 也有一些作者认为，如果意在加强

---

34。至于圣奥思定有关婚姻的思想，另参 P. Langa, *San Agustín y el progreso de la teología matrimonial*, Toledo 1984。

[8] 奥思定藉"小罪"指我们每个人在日常生活中都会犯的罪，我们谁也不能肯定自己完全是纯洁无罪的，当我们矢发痛悔，诵念天主经时，这等小罪都会得到赦免。参：奥思定，《论基督的恩宠与原罪》(*De gratia Christi et peccato originali*)，2,43；《论婚姻与私欲偏情》(*De nuptiis et concupiscentia*)，1,16。

[9] 参：P. Langa, *San Agustín y el progreso de la teología matrimonial*, cit., 48-51, 161-170。

[10] 参：隆巴多(P. Lombardo, +1160)，*Liber IV Sent.*, d.31 c.,5；文都辣

彼此的忠贞,这种关系便是好的。

对圣奥思定思想的继承者圣多玛斯(+1274年)而言,子女、忠贞和圣事等这些益处只是婚姻完整益处的一种恰当表达。前两种益处——子女和忠贞——确立了婚姻的自然益处,并使婚姻在其秩序上达至完美。圣事的益处,从狭义上来讲,是基督徒婚姻特有的,是以前两种益处为前提,同时也将其提升到更高的层面,即超性层面,从而使夫妻之结合肖似于基督与教会的结合,而基督与教会的结合使婚姻益处的基础更为坚实。[11] 但是,作为"起初"的事实,婚姻被立定预示基督与教会的结合,因为,在后面会看到(第六章),在论及其圣事性时,正是"起初"同一事实被提升到圣事的尊位。有关圣事性的教义,在神话基督徒婚姻奥迹之意义时,是以婚姻的益处为前提的。

> 在这一点上,良十三世总结说:"婚姻自起初便犹如圣言降生的预像……因此……我们的先贤们便毫无顾虑且理由十足地肯定信者与信者之间的婚姻便是圣事。"[12]

总而言之,论证婚姻益处的这种方式同时也促成了一种从灵修角度来理解性和婚姻结合的视角,[13] 而其落实结果也举不胜举。

面对相反婚姻益处的异端运动和由这些错误思想引起的理论反省,教会训导在不同的大会会议中多次进行干预,并谴责了那些蔑视婚姻的人,同时也肯定了只有那些奉行克己复义的人才能获享救恩。比如,Gangres(340年)、托雷多(Toledo,447年)、布拉加(Braga,561年)等地区会议便是如此教导的。之后,中世纪的拉特朗第二届(1139年)和第四届大会会议(1215年),

---

(Buenaventura, + 1274), *In IV Sent.*, d.31 q.2 a.2; 多玛斯·阿奎那(+1274),*Supl.*,q.49 a.6。

[11] 为了更好地了解圣多玛斯在这一点上的思想,可参:T. Rincón, *El matrimonio misterio y signo. Siglo IX-XIII*, Pamplona 1971。

[12] 良十三世,《天主智慧的奥秘》通谕,11,1880年2月10日。

[13] 关于夫妻之爱,M. Zalba 写到,不只是在伦理神学和克修神学上有从灵修角度论述婚姻的,在教会训导文献中也有此类论述。参:M. Zalba,*Dignidad del matrimonio y la familia*, en A. Herrera Oria (dir.), *Comentarios a la constitución «Gaudium et spes» sobre la Iglesia y el mundo actual*, Madrid 1968,425。

便弃绝了新诺斯底主义的学说，并宣布："并不只是那些守贞的人和奉行禁欲的人才能获享永生，即使那些结了婚的人……受审后只要配得，也可获享永生。"[14] 佛罗伦萨大公会议（1439年）将婚姻列入教会的圣事行列中时，也暗示出"起初"之婚姻所拥有的益处，并按照圣奥思定的思想将婚姻的益处——陈列出来（参邓辛格，1327）。

- 我们会发现，在二十世纪（尤其是从三十年代开始，连同由杜宾根学派开始神学更新）日益涌现出一些阐释婚姻的新方式和新视野。随着对人类生存——以及受造界——的神学幅度更深的认识，对有关婚姻益处之教义潜在的内容也日渐发掘出来。

因其对婚姻和家庭灵修的贡献，由 H. Caffarel 发起的"圣母团体"（Équipes Notre-Dame）婚姻运动的意义非凡，这个运动的宗旨就是在婚姻内推动基督徒生活的一切需求。[15] 圣施礼华神父（+1975年）的著作和教导也很重要，并以决定性的方式将有关婚姻益处的潜在内容发掘出来。

> 根据普遍成圣之圣召的教义——在这一点上，圣施礼华被教会官方认定为梵二大公会议的先驱者，神学研究的前提之一，始终强调了创造工程与救赎工程之间的密切统一，这一点可在道生成人的结果中得到明确的表达："我们应当热爱世界，热爱工作，热爱一切人间事物。因为世界是美好的。亚当的罪，破坏了受造万物天赋的神圣平衡。但是，天主圣父派遣祂的独生子，重建了和平，好让我们——祂领嗣的子女——能把受造万物，从无法无天的混乱中解放出来，使万物与天主重归于好。"[16] "我们若跳出实用范畴，进入神学领域，便可这样断言：天下没有任何事物，不论是好的、高尚的或平平常常的，能算是单纯属于世界的。在天主圣言居我人间，亲尝饥渴，亲手劳作，亲

---

[14] 参：*Enchiridion Familae*, 1,104 y 105。

[15] «*L'Anneau d'Or*»这个杂志对研究这一运动有很大的帮助，这个杂志旨在传播这个诞生在法国的运动（1938年）的灵修精神，此杂志在 1947 年藉着 *Charte des Équipes Notre-Dame* 的协助得以坚定。杂志是在 1945 年立刊，而在 1967 年停止发行。

[16] 施礼华，《基督刚经过》，112。另参，同上，183。在梵二大公会议之前，便已开始一种有关受造物美善的神学，这美善便是从创世和恩宠教义中发掘出来的。

身经历友谊、服从、苦难和死亡。"[17] 因此,圣施礼华在他的一次讲道中强调,在众多事物中,"你们在世上的职业,正是天主对你们圣召的一个组成部分,而且是一个重要部分";[18] 同样,另一项结果就是现世事务——"这个美好的世界,因为它原是天主造化的大好世界"[19],而现世事务则形成了实现这一圣召的途径和方法。[20]

关于婚姻和性这个主题,圣施礼华在此教义所带来的结果上引起了极大的关注。其中指出了:1) 性的益处;[21] 2) 将爱物质化的必要性;[22] 3) 夫妻关系的尊严;[23] 4) 婚姻生活与家庭作为与主相遇的地方。[24] 凡受造并由天主圣言所救赎之万物,无不受益于这项原则,并以此原则为支持,就像圣施礼华论及婚姻事实一样。

在这一时期——也就是三十年代前后——也出现了一些作者力求将在婚姻内只是为了忠贞的益处——更确切地说只是为了夫妻关系中的结合幅度——而运用性合理化。一味地寻求这

---

[17] 同上,《基督刚经过》,112。
[18] 同上,46。
[19] 同上,183。
[20] 参:同上,22;《天主之友》,62。
[21] 施礼华,《基督刚经过》,24:"性并不可耻,而是天主的恩赐,是导致生命,导致爱情,导致丰饶繁衍的恩赐。这就是我们看基督徒关于性的教理的轮廓。我们的信仰对现世一切美好、崇高和真实人性的事物,绝没有丝毫忽视"。另参:《天主之友》,185。
[22] 同上,《天主之友》,183:"我们的心是为爱而生,但当它遇到不纯洁、不干净、不高尚无法去爱时,它会报复并充满污秽。天主的真爱及洁净的生活,会是远离淫荡但并非麻木不仁,远离感情用事但不是没有心肝或心硬如铁。没有心肝真可怜;从来不懂得温柔去爱的人真不幸!我们基督徒却爱上了主爱:主不要我们干枯僵化,像无生气的东西。祂要我们充满祂的爱!那些为了天主而对人间恋爱说「不」的,并非是落了单的孤男寡女,像那些忧郁不乐、垂头丧气的男女,他们蔑视了纯洁真爱的机会"。
[23] 同上,《基督刚经过》,25:"谈到婚姻生活的贞洁,我愿向已婚夫妇们保证,他们无须害怕彼此流露爱情。恰恰相反,这种互示爱情的倾向,正是他们家庭生活的渊源。吾主期待于他们的,是要他们彼此尊重,相互誓忠;在他们一言一行中,要保持高尚细腻的修养,淳厚质朴的自然,不骄不燥的谦虚。我还要告诫他们:只要夫妇关系向繁衍子女开放,把子女迎入世界,他们的爱便会永存常在"。
[24] 同上,22:"耶稣的诞生,即表示时间已届满全的开始。天主所选定的,把他的圣子赐给人类,以示他爱人之深的时刻,已经来到。……从那一刻起,基督徒开始明白,依靠天主的圣宠,他们能够,而且应当圣化人间生活的一切美好事物。不管这些事物看上去有多么微末寻常,不足称道,但无一不能成为会晤基督的场所;无一不能成为向天国迈进征途中前进的一步"。

一幅度最终将积极地拒绝——甚至包括人为地杜绝——生育幅度变成了伦理上正确的做法，并认为这是合理的。针对这一点，应该明白，这种行事方式相反性与婚姻本身的属性，因此，也与人及婚姻的真正益处相悖。[25]

\* \* \* \* \* \* \*

## 参考书目：

天主教教理，399-401；1606-1608。

若望保禄二世，《妇女的尊严与圣召》牧函，9-11。

G. ARANDA, *Corporeidad y sexualidad en los relatos de la creación*, en P.J. VILADRICH-J. ESCRIVÁ (dir.), *Teología del cuerpo y de la sexualidad*，Madrid 1991, 19-50.

J. CASCIARO (dir.), *Masculinidad y feminidad en el mundo de la Biblia*, Pamplona 1989.

P. DACQUINO, *Storia del matrimonio cristiano alla luce della Bibbia*, Torino-Leumann 1984.

L. GODEFROY, *Le mariage au temps des Pères*, en DTC9/2, 2077-2133.

P. LANGA, *San Agustín y el progreso de la teología matrimonial*，Toledo 1984.161-170; 243-269.

J. SAYÉS, *Antropología del hombre caído*, Madrid 1991.

---

[25] 针对这一点，请参：良十三世，《天主智慧的奥秘》通谕，4和6号；庇约十一世，《圣洁婚姻》通谕，37-39；梵二大公会议，《牧职宪章》，48和50；保禄六世，《人类生命》通谕，9；若望保禄二世，《家庭团体》劝谕，14。

# 第三部分

# 婚姻：新约圣事

尽管在对婚姻的理解和实践上，原罪带来了一定的困难，诸如"心硬"，但婚姻并未丧失其原始的益处和善。那么，婚姻仍然是神圣的，也就是说，是恩宠与圣德的泉源吗？换句话说，婚姻是否是由基督所建立的新约七件圣事之一？

不同于其他圣事，婚姻是一项"起初"的事实。作为神圣的制度，婚姻在基督到来之前便已存在。因此教会若从狭义上宣称婚姻的圣事性，则需在圣经——但是圣经上并未留下任何明确表达基督建立婚姻圣事的章节——和圣传内找到必不可少的依据。本部分的目的就是要阐述有关婚姻"奥迹"的启示何在，以及该怎样理解婚姻圣事性之教义的发展，及其最终表述如何形成。然后，在从信理角度阐述这个问题时，着重阐述一下婚姻之圣事性的意义（在这里也会涉及基督徒之间婚姻与圣事之间的不可分性这个主题）。之后，将会从另一个角度阐述这个问题，藉以帮助我们更深入地了解这圣事性的属性：婚姻圣事作为基督徒生活的形式，以及婚姻圣事与作为圣召的童贞或独身之间的关系。最后，将会阐述教会对婚姻的权力。

# 第五章
# 婚姻"奥迹"的启示

"婚姻的圣事性（圣事性的事实）——这对理解婚姻事实深层真理来说是一个具有绝对决定性意义的问题——只有在救恩史的光照下才能理解。"[1] 故此，对救恩史的了解针对研究婚姻的圣事性来说，具有至关重要的作用。

救恩史如同天主对人类的爱的共融，其核心因素就是盟约，首先是雅威与以色列子民的盟约（旧约），然后是基督与教会的盟约（新约）。在圣经当中经常采用婚姻和婚姻生活这样的语言来表达这个盟约。在婚姻与天主对人之爱的盟约之间存在着一种内在的类比：都是一种彼此相互的关系；对这一奥迹的启示是逐渐进行，直到在耶稣基督身上才达至圆满（参牧职宪章，48）。正如在任何类比中都有一定的共通点，[2] 盟约的理论是有关婚姻性质之启示的一部分。也就是说，在启示天主对人之爱的属性与特点时，这种启示也有助于认识婚姻的属性和特点，因为婚姻本身就彰显了天主对人的爱。

本章分为三部分，前两部分——婚姻盟约在旧约中的象征意义和新约光照下的婚姻"奥迹"——的目的在于研究圣经上的相关内容。第三部分将概述直到特利腾大公会议最终厘定为信理为止，有关婚姻圣事性之教义的发展过程。

## 1. 婚姻盟约在旧约中的象征意义

在藉以描述雅威对以色列子民的爱的盟约而采用的婚约隐喻中，先知书和《雅歌》是最具代表意义的著作。天主藉着婚姻之爱——欧瑟亚先知的行为、耶肋米亚先知书中的通奸者的形象、厄则克耳先知书上的比喻、依撒意亚先知书中的赞歌等——

---

[1] 若望保禄二世，1979 年 11 月 3 日讲话，3。
[2] 释经学和圣传都清楚地表示，这不是一种纯粹的文学手段。此外，根据圣经逻辑，所采用的"形象"使被呈现的事实呈现出来。关于象征在闪族观念中的价值，参：P. Diel, *Le symbolism dans la Bible*, Paris 1975。

使人了解天主对人的爱。与此同时，这种表达形式和各种形象彰显出了婚姻和夫妻彼此授受自身所具有的深层含义，以及主要特征。

若望保禄二世在论及《厄弗所书》中所谈到的"伟大奥迹"时，这样说："这比拟并非没有先例；把旧约中已经含有的移到新约里来，尤其是欧瑟亚，耶肋米亚，厄则克耳，依撒意亚，各先知书中"(妇女的尊严与圣召，23)。

## 1.1 先知书

为了启示天主对其子民的爱所具有的属性和特点，先知们主要所采用的对比有两种。所采用的两种对比都与家庭关系有关。在第一种对比中使用了象征手法，将天主比作其子民的"父"。而在第二种对比中所采用的象征则是婚姻。这里所感兴趣的是这最后一种，这种手法在先知文学中形成了一种特有体裁。

婚姻藉着其丰富的经验，有助于我们认识天主在盟约中所表达的爱。诚然，先知们首要的目的并不是阐述婚姻。但是他们认为婚姻所拥有的客观价值能够表达天主与其子民所立的盟约，同时，盟约也能光照婚姻。这样婚姻便与盟约连系在一起，并成为盟约的象征，拥有盟约的特点。对先知们来说，天主与其子民的盟约便是婚姻的"奥迹"。

从这种角度来说，欧瑟亚、耶肋米亚、厄则克耳、依撒意亚和玛拉基亚先知提供的资料意义更为丰富。

– 欧瑟亚的婚姻故事(欧 1-3)——与其不忠的妻子重修旧好，并以先前的爱依然爱她——便是天主对其子民的爱的预像。

> 上主要求欧瑟亚"去娶一个娼妇为妻"(欧 1:2)意味着天主以慷慨而绝对无偿的爱，爱着祂的子民。这也是第二个"象征行为"的教导，在第二个象征行为中，先知根据由天主所接受的命令，重新找回他那"另有新欢的淫妇"(欧 3:1)妻子，并以不变的爱重建夫妻生活(参欧 3:1-5)。以色列将成为上主"永远……以公义、公平、慈爱、怜悯……以忠实聘娶"的妻子(欧 2:21-22)。

但是，欧瑟亚的婚姻"故事"同时也揭示在婚姻中结合的男、女应以忠实而无偿的爱彼此爱恋。这便是藉其婚姻象征的天主对其子民的爱的条件(即忠实与无偿)。婚姻本身附有一些法律要求，而对此要求的违犯将会受到应有的惩罚(参欧 2:1-15)，这也是天主所愿意的，是天主所允许的事情。[3]

欧瑟亚是第一位先知借用婚姻的形象来解释雅威与以色列之间的关系，即盟约。这一形象成了以后先知们所采用的典型形象。

– **耶肋米亚**(耶 2-3；31)借用婚姻的形象也表达雅威与以色列的关系(以色列呈现得有如不忠的妻子)，并着重突出了天主–新郎对其子民的宽恕与和好(参耶 3:1-5；31:21-22)。雅威对以色列的爱堪比夫妻之爱，并超越它，因为犹太人中的丈夫并没有与犯奸的妻子和好的义务；但天主一次又一次地宽恕祂的子民，始终寻求与她和好(参耶 31:3-4)。

如果说婚姻是天主与其子民盟约的象征，那么天主禁止耶肋米亚先知结婚便是这盟约以破裂的标记(参耶 16:1-4)。保持独身的义务意在表明天主已经放弃了祂的子民，并收回了藉盟约所赐的恩惠：平安、仁慈……。[4] 与此同时，被剥夺了婚姻后，先知所遭受的惨痛也是雅威因缺少其子民——是雅威唯一而合法的新娘，雅威曾以永恒的爱与她结合——相应的爱所遭受之痛苦的标记。

所论及的新盟约——那时以色列将如忠贞的新娘一样回应天主的爱(参耶 31:2-22)——也将以夫妻的象征来表达，新的盟约实现时：天主永恒的爱将使万物更新，也包括婚姻。也将战胜心硬，并使爱的不忠得以改变。[5]

– **依撒意亚**宣称新的盟约将如同婚姻契约(参依 54:1-13)。天主与以色列订立了一项永不消逝的盟约。以色列将成为新娘，天主永不抛弃她(依 54:10)；她的孤独和居寡时的耻辱将永不再

---

[3] 参：S. Ausín, *La sexualidad en los libros proféticos*, cit., 76。
[4] 同上，19；另参：G. Ravas, *Il segno profetico del celibato di Geremia* (16:2…), en «PSC» 12 (1985), 45ss。
[5] 参：P. Grelot, *La coppia umana nella Sacra Scrittura*, Milano 1965, 57。

记起(依 54:4)；她将成为一个被无数子女装饰的新娘(参依 54:1-5)。

婚姻中男、女之爱，如同天主与其子民所订立的婚姻契约一样，应成为一个终生不渝的承诺。尽管祂的配偶曾有不忠，但天主永远忠于祂对其子民的爱。从依撒意亚开始，便对婚姻和爱的法律层面的价值日渐重视起来：是天主亲自订立的盟约，并永远遵守祂的承诺。[6]

– 与先前的先知们相比较而言，玛拉基亚先知(拉 2:10-16)所呈现的独到之处在于在论及天主与其子民的关系时，从反向意义上采用了婚姻的形象。先前的先知们首要的意图是通过婚姻之爱的形象和表达形式，使人认识天主的爱和祂与众人的盟约。然而，玛拉基亚则藉雅威与其子民的盟约形象，来彰显婚姻的性质与特点。

玛拉基亚先知的教导就是婚姻回应了天主在创造男、女时的计划(参拉 2:15)；婚姻的结合相似人之肉身与灵魂的结合(参拉 2:15)；应该杜绝混合婚姻和休妻(参拉 2:16)。

## 1.2 雅歌

对婚姻的奥迹和意义来说，《雅歌》是智慧文学中最有意义的一部书。[7] 这部著作也形成了有关天主与其子民之间净配关系这个主题的先知文学发展的巅峰。它那更为深奥而完整的意义在于这是对雅威与以色列新婚礼的赞歌。[8] 它以配偶关系专属的表达方式，描述了天主那温柔而甜蜜的爱，尽管以色列时

---

[6] 参：S.Ausín, *La sexualidad en los libros proféticos*, cit., 100。

[7] 针对这部诗歌的解释，学者之间存在着不同的意见。有些学者认为应从字面意思来理解这部著作，它就是一首人类爱情的赞歌。另一些学者则认为这是一首描述雅威对其子民之爱的赞歌，应以隐喻的方式来解释。不管怎样，教会是从隐喻的意义上解释的，而基督信仰文学也从中窥见了灵魂与基督神秘结合的一种方式。参：G. Nolli, *Sexualidad y teología del cuerpo humano en los libros sapienciales*, en J.M. Casciaro (dir.), *Masculinidad y feminidad*, cit., 173。不同的解释也可参：F. Asenso, en VV.AA., *Sagrada Escritura, Texto y Comentario, IV*, Madrid 1969, 587-591。

[8] 从这种意义上来说，《雅歌》再次肯定了重建以色列的计划，是对那返回其丈夫身边之妻子的重新接纳，对雅威保留给其子民之福分的描述。参：G. Nolli, *Cantico dei cantici, en La Sacra Bibbia*, Torino 1968。

有不忠,但天主始终保持着忠信、完整的爱和对以色列的渴求。同时,也使人在人类的性——男性与女性——中发现人的富饶,而人的真正价值在于藉着真诚的相互授受自身,对男人和女人之基本身份的肯定。

"圣传时常在雅歌一书里,看到人类爱情的独特表达,而至视之为是天主之爱的反映——那「猛如死亡」之爱,「洪流也不能熄灭」之爱的反映(歌 8:6-7)"(天主教教理,1611)。

在圣经之后的启示中,仍会看到这种象征手法,尤其是在新约的圣保禄的著作当中。至于这一点,我们将会在后面继续阐述。

## 2. 在新约光照下,婚姻犹如与天主共融的奥迹或标记

随着基督的到来,天主与人之爱的盟约愈发变得强烈,而至与人形成身体上的结合。天主亲自藉着其圣子的降生成人,以某种方式与整个由其拯救的人类结合在一起(参牧职宪章,22),并以此方式为"羔羊婚宴"(默 19:7-9)做准备(参天主教教理,1612)。因此,圣言降生成人的奥迹,一方面指出从其最深的根源指向"起初"的真理构成了婚姻之道的一部分;[9] 另一方面,此婚姻之道应在天国最终之事实的背景下生活出来,而天国随着基督的到来已为我们开启。新而永久的盟约为我们认识婚姻的奥迹提供了适宜的光照。

婚姻全部的真理皆在基督内启示出来:天主与其子民(整个人类)之盟约或婚姻的真理,此盟约的圆满实现就是基督对教会之爱的奥迹;同样,还有男人与女人之婚姻契约的真理,而男、女婚姻则是基督对教会之爱的盟约的标记和实现。婚姻是"起初"的成全(参玛 19:9),是基督徒的圣召之一,是天主圣神为建树教会而赐予的一种神恩或恩赐(参格前 7)。诚然,这也呈现婚姻真理的一种新的方式,并且会在后来的教会训导中得到进一步

---

[9] 神学上一贯强调,圣宠并不以暴力或低估本性为前提(参天主教教理,464);相反,圣宠是人之本性圆满实现的途径(参牧职宪章,22)。

的发挥。

福音和保禄书信(格前和厄弗所书)特别论及的这一点。

## 2.1 福音

在耶稣的言行中蕴含着一切信息，教会有关婚姻奥迹的教导便是基于对这些信息的理解。

— 首先，为了说明天主与其子民的盟约已随着基督的到来而圆满实现(参天主教教理，1611-1612)，福音参与了描述婚姻和婚姻生活的语言和表达形式来予以解释。有时候，是基督本人将自己呈现为"新郎"(参玛 9:14-17)；另有些时候，洗者若翰说他自己的"新郎的朋友"(参若 3:22-36)；还有时候，天国是以婚宴的形象呈现的(参玛 25:1-13；22:1-14；路 14:15-24；等等)。[10] 毫无疑问，旧约的天主与其子民之婚姻契约便以这种方式得到了延续。

— 从这个角度来说，另一个特别有意义的信息就是：基督在加纳婚姻上的出现(参若 2:1-11)。根据教父们的解释，这一节明显地指出了婚姻的尊严。但是，在那里尤其是发生了一些公开显示新盟约已经到来的"标记"(或征兆)(预示着耶稣的"时间"；施行了第一个神迹；门徒们信德的开始)。教会在耶稣于加纳婚姻上的临在中看到了"对婚姻之美好的肯定，并意会到一个宣告：自那时起，婚姻要成为基督临在的有效标记"(天主教教理，1613)。[11]

> "在加里肋亚的加纳，耶稣传达了有关婚姻的真理，这是人类家庭之所依，并使人在人生种种考验中得到保证"(致家庭书，18)。

— 为了了解婚姻的"奥迹"，对观福音中，有关耶稣与法利塞人就"休书"的问题所展开的对话之圣经章节(参玛 19:1-2；及对观福音相应部分)则具有举足轻重的作用：宣示了婚姻的真理，并

---

[10] 默 19-22 在同一愿景下，以诗歌的形式，描述了羔羊(基督—新郎)与其净配(教会)之婚姻——即救恩——的圆满完成。

[11] 遵循着一些教父的意见，一些学者甚至认为加纳婚宴便是建立婚姻(圣事)的时刻。参：L. Ligier, *Il matrimonio*, cit., 23。

明确地藉着天主与以色列盟约的类比，呈现出天主之"起初"计划在新约中的继续。此外，还明确地指出了为了理解婚姻的深奥真理，应考虑到的两种愿景："起初"的愿景（参玛 19:4, 8）和末世或"天国"的愿景（参玛 19:12）。最后，也明确教导，为了理解这种表达方式，也就是说，为了理解和活出婚姻的"奥迹"，还需要天主恩宠的助佑（参玛 19:11；天主教教理，1615）。

## 2.2 保禄书信

先前已经强调过的婚姻的意义，在保禄书信当中表现得更为明确。基督徒的婚姻就是一项奥迹，主要在于预先分享了已得救之人类（教会-新娘）与其救主（基督-新郎）的永恒结合。基督与教会的净配关系就是基督徒婚姻欲表达的事实，它将永不消逝。而基督徒的婚姻则是这一事实的影子和预像（它会消逝，因为是与这个世界相连的）。[12]

与婚姻相关的主要章节就是格前 7:1-39 和弗 5:21-33，根据前面已经阐述过的，对理解婚姻"奥迹"来说，这是至关重要的。

― 在**格前 7** 当中，圣保禄提醒说，基督徒的婚姻（这便是格前 7:6, 15, 19-20 所述内容的背景）是一件神圣的事情，因此，基督徒只可以"在主内结婚"（参格前 7:39）。[13] 在那些藉由圣洗圣事于耶稣基督内，已获得重生并以新人身份出现的人身上，婚姻获得了一项新的幅度。因这种新而神圣的身份，婚姻应获得所有人的尊重（参格前 7:17）；这也是保禄宗徒将劝言和告诫指向已结了婚的人之最终理由（参格前 7:3-5, 10-11）。[14] 基督徒夫妇应该从

---

[12] 参：N.M. Loss, *Il tema biblico del matrimonio*, en A.M. Triacca y G. Pianazzi (dir.), *Realtà e valori del sacramento del matrimonio*, Roma 1976, 48。

[13] 参：J.Auer y J. Ratzinger（拉辛格），*Los sacramentos de la Iglesia*, cit., 282。这种表述意在指出婚姻并不是一个纯世俗的问题：参，K. Lehmann, Sacramentalité, en CTI（国际神学委员会），*Problèmes doscrtinaux*, cit., 182。但是，也并不能因此便将其作为决定性的论据来解释婚姻的圣事性，因为——正如 E. Schillebeeckx, *El matrimonio, realidad terrena y misterio de salvación*, Salamanca 1968, 185-186——这种表达也被用来描述信主的奴隶与其信主的主人之间的结合关系（参费 16）。对耶路撒冷版的圣经来说，"在主内结婚"就是与一个基督徒结婚。

[14] 有关为了天国的缘故而守贞或独身之身份的高级性并不是基于鄙视或低估性的观念。这可由男女相互授受自身这一愿景获得解释：婚姻"所挂虑的是

末世的愿景中看到善度其婚姻的光辉(参格前 7:29-31)。

　　整个章节的背景(格前 6:12-7:40)使我们发现,格前 7 并不只是从"解决私欲偏情的措施"这个角度来看待婚姻的。[15] 同时,它也使人看到婚姻的"圣事性"和"神恩性"的幅度:结了婚的人在婚姻中领受了其本有恩宠(参格前 7:8, 17, 24),这恩宠使他们有能力活出由其婚姻而开启的共融所具有的道德秩序。[16]

– **弗 5:21-33**:这是新约中论及婚姻"奥迹"最为重要的内容。这一章节基于创世纪,并延续旧约传统,论述基督徒婚姻应如何从基督对教会之爱的结合出发,来理解并活出自己的婚姻。这才是基督徒夫妇应有的参照点,并依此来活出其夫妻之爱。

　　"(你们)要怀著敬畏基督的心,互相顺从。你们作妻子的,应当服从自己的丈夫,如同服从主一样,因为丈夫是妻子的头,如同基督是教会的头,他又是这身体的救主。教会怎样服从基督,作妻子的也应怎样事事服从丈夫。你们作丈夫的,应该爱妻子,如同基督爱了教会,并为她舍弃了自己,以水洗,藉言语,来洁净她,圣化她,好使她在自己面前呈现为一个光耀的教会,没有瑕疵,没有皱纹,或其他类似的缺陷;而使她成为圣洁和没有污点的。作丈夫的也应当如此爱自己的妻子,如同爱自己的身体一样;那爱自己妻子的,就是爱自己,因为从来没有人恨过自己的肉身,反而培养抚育它,一如基督之对教会;因为我们都是他身上的肢体。『为此,人应离开自己的父母,依附自己的妻子,二人成为一体。』这奥秘真是伟大!但我是指基督和教会说的。总之,你们每人应当各爱自己的妻子,就如爱自己一样;至于妻子,应该敬重自己的丈夫"(弗 5:21-33)。

为了理解这段内容的深层含义——在礼仪中,这段内容经常与婚姻圣事相连[17]——需要留意这部书信的两条主线:一是在教会中实现的"基督的奥迹",它犹如天主救恩计划的表达;另一

---

世俗的事",它不同于守贞,后者是未来事务的标记和预尝。并不同于弟前 4:3 的视角,因为后者谴责的是那些禁止结婚的人。

[15] 参:若望保禄二世,1982 年 7 月 7 日公开接见讲话,8-9。
[16] 参:同上,1982 年 12 月 1 日公开接见讲话。在得前 4:1-8 中也映射出一种新的、且是基督徒所领受洗礼后之结果、并应履行的生活方式(圣德);戒绝邪淫,并在婚姻伦理中活出婚姻的特定要求。然而,这种愿景经常被教父们和神学研究所忽视。针对这一点,作为婚姻目的之一的"解决私欲偏情的措施"这种理论则成了神学中的经典。参:P. Adnès, *El matrimonio*, cit., 106-148。
[17] 参:若望保禄二世,1982 年 12 月 28 日公开接见讲话,4。

条则是"基督徒的圣召",犹如每个基督徒应有的生活模式。

当众人在圣洗中融合于基督,并连同基督成为一个新人时,便成为救恩计划或"奥迹"的参与者,这计划已由自永恒便隐藏在天主内的基督启示出来,且在基督内已完成了。这种融合和参与是在教会内,并藉由教会完成的,而教会就是基督的身体(参弗5:23)。[18] 因此,作为与基督结合和融入教会的一项要求,基督徒蒙召在主的临在中度一种圣善而无瑕的生活(参弗5:25-27)。这是基督徒的圣召。对家庭和婚姻来说,融入和参与救恩计划——因此,这项圣召——便具有特定而具体的特点(参弗5:22-23)。[19]

此外,在保禄这部书信的两条线路交汇之处,配偶关系的这种类比——婚姻中男、女关系与基督-教会的结合关系——也趋向两个方向。"专属于夫妻的合约「阐释」基督与教会结合的配偶特征,进而这结合是一个「伟大圣事」,决定婚姻的圣事性,是男女两配偶间的神圣合约"(妇女的尊严与圣召,23)。

在婚姻中结合的男女所拥有的配偶关系有助于我们理解基督与教会彼此之间的爱,正是在这种爱中天主完成了祂的永恒救恩计划。[20] 也使我们明白这夫妻之爱的奥迹,在这爱中特别突出了赠与(相互交付)的重要性,这种赠与具有彻底与完整的特点。[21] 同时,也使我们明白这项奥迹是一种仁慈之爱和一种父爱。[22] 另一方面,婚姻关系与基督-教会之关系的对比也决定了婚姻的奥迹[23]:事实上,"也揭示了有关婚姻的基本真理,这真理就是:唯有那足以反映基督(新郎)给予教会(祂的新娘)的爱之婚姻,才堪称基督徒召叫的婚姻。教会(正如「服从」丈夫的妻子,完全接受丈夫所交出的爱),也致力回报基督,而把

---

[18] 厄弗所书的这些章节貌似已为我们提供了充分的理由来谈论教会的圣事性,就如同梵二大公会议(《教会宪章》)说教会就是"圣事"一样。可以说教会的圣事性是所有圣事的泉源。此外,从某种意义上,也可以说"肉身的圣事性",意即肉身是获取救恩的途径:天主藉由圣事与人的关系和人藉由教会与天主的关系,总是假设人的肉体性(参:C. Basevi, *La corporeidad y la sexualidad humana*, cit., 782)。

[19] 参:若望保禄二世,1982年8月4日公开接见讲话,4-5。
[20] 参:同上,1982年8月18日公开接见讲话,2。
[21] 参:同上,1982年9月19日讲话,4。
[22] 参:同上,1982年9月29日公开接见讲话,3。
[23] 参:同上,1982年9月20日讲话,5。

自己完全交出"。²⁴

圣保禄所阐述的类比首先预设,同时也再次揭示——从一新的愿景——婚姻的奥迹。"一方面预设了婚姻是圣事,另一方面也重新了解婚姻。婚姻被视为人的「起始」的圣事,系于创世奥迹。相比之下,婚姻被重新理解为基督与教会配偶间之爱的果实,系于救赎奥迹。"²⁵ 根据若望保禄二世的解释,这一点之所以成为可能,是因为婚姻与基督-教会之结合的类比使我们明白婚姻的本质包含着"这奥迹的基本构成部分"。否则的话,整个类比都是无效的,即圣保禄向基督徒夫妇提出的邀请:要求他们之间的关系应肖似基督与教会的关系(「如同」),便会失去真正的基础。²⁶ 这便是保禄提醒夫妻们的理由,也就是他们的相互关系应出自他们与基督共同的关系;同时,基督-教会之爱的奥迹也应该成为婚姻中男-女关系的泉源和准则。基督徒夫妇所参与的正是基督对教会的爱,在生活中彼此之间所履行的也是这份爱。²⁷

按照天主自"起初"所愿意的,男人与女人的亲密结合——"为此人应离开自己的父母,依附自己的妻子,二人成为一体"(创 2:24)——也构成了一个极具重要性的宗教象征;事实上,它形成了基督与教会结合的标记和肖像。婚姻是一项"伟大的奥迹";但是并不是就其本身而考量的,而是就其与基督-教会之结合的关系(参致家庭,10;妇女的尊严与圣召,25)。

不管怎样,根据大部分圣经学者和神学家们的意见,²⁸ 不可结论说《厄弗所书》的这段内容直接从狭义上论及了婚姻的圣事性,也就是说,是教会的七件圣事之一,是意味着圣宠并产生圣宠的圣事。毫无疑问,这段圣经内容直接针对的是基督

---

24 参:同上,1982 年 8 月 18 日公开接见讲话,2。
25 参:同上,1982 年 12 月 15 日公开接见讲话,1。
26 参:同上,1982 年 8 月 18 日公开接见讲话,3。
27 参:同上,1982 年 8 月 18 日公开接见讲话,4。
28 关于对这段圣经内容的释经阐释和信理解释,可以参:R. Penna, *La lettera agli efesini*, Bologna 1988, 240-243。比较近的分析有弥安道(A. Miralles)著,宋伟光 译,《婚姻——神学与生活》,意大利玛柴拉塔利玛窦研究中心,2013 年,70-74 页(此外,这部著作中也提供了教父和教会训导对这一章节的解释)。

徒夫妇,所涉及到的劝诫也预设婚姻的圣事性效果(参弗 5:21-30)。然而,这同一章节也明确地指出基督与教会之结合的标记便是天主从"起初"所创立的婚姻(藉着引用创 2:24 来说明了这一点)。肯定了这婚姻是"伟大的奥迹"。如果这里从狭义上来理解"圣事"一词的话,那么可以得出结论说,一切婚姻,甚至基督到来之前的婚姻,都是狭义上的圣事(这种理解显然是错误的)。

但是,这一圣经章节同样也明确地论及了基督徒生活之圣事性的基础,特别是婚姻之圣事性的基础。[29] 特利腾大公会议指出,圣保禄在这里暗示基督徒婚姻所具有的圣事性特征。[30] 这才是应给出的教义性解释。

## 3. 教会生活中对婚姻作为圣事奥迹的"理解"

在新约中婚姻呈现得犹如一个崭新的事实。[31] 基督的救赎工程对男人和女人之人性所带来的改变也涉及到由他们所缔结的婚姻。由天主在"起初"所创立,然后在时期届满后,由基督认定并圣化了的婚姻,再由基督亲自纳入到救恩计划当中。根据上述所阐述的,圣保禄在论及婚姻时说它就是基督与教会之结合的标记和重现。因此,婚姻便存在于教会的奥迹当中。基督徒藉由洗礼已融入基督的奥体和净配——教会内。应该"在主内"生活婚姻。

在教会初期,基督徒便以这种信念"觉得有必要藉着某种形式赋予基督徒婚姻一种特殊的祝圣:天主对第一对夫妇的祝福(创 1:28)便是邀请进行类似的实践"。[32] 此外,从不久之后的事实,便已看到有必要藉着一些规定来"保护"婚姻的举行,这些规定意在消除外邦人的礼节和习俗模糊或混淆婚姻尊严和神圣身份的一切危险;同时,也为了保证婚姻的自由与合法性等。

不管怎样,仍需经历漫长的时间才能确立有关婚姻圣事性的教义。有关这一教义的神学研究出现在第十三世纪(主要是圣

---

[29] 参:若望保禄二世,1982 年 9 月 1 日公开接见讲话,4。
[30] 参:邓辛格,1800。
[31] 参:J. Auer y J. Ratzinger(拉辛格), *Los sacramentos de la Iglesia*, cit., 284。
[32] G. Baldanza, voz *Matrimonio*, en *Diccionario Teológico Interdisciplinar*, 476-477。

多玛斯的研究和贡献);而这项教义的厘定则发生在第十六世纪（特利腾大公会议）。

可以说,对婚姻奥迹之意义的理解——尤其是针对其圣事性——很大程度上与婚姻有关的礼仪和教会在婚姻事务上的司法实践和权力干预密不可分。在教会初期,信友们已明确地意识到了婚姻的神圣性;但是,"在教会初世纪的历史中,尚未对婚姻圣事形成神学性的理论;也没有神学概念,更没有使用「圣事」一词来指今天狭义上的、新约的七件圣事。因此,若想在教会初期的教父或教会作家的著作中,寻找对「婚姻是新约圣事之一」的认定或理论,将会徒劳无功"。[33]

有关圣事性或婚姻奥迹的神学研究历程便是接下来我们要阐述的内容,我们将简略地阐述相关的历史、法律规定、教会的权力和神学反省。

## 3.1 婚姻礼仪

关于基督徒举行婚姻的方式,新约并未给我们提供任何信息。在教会初期的历史中也找不到有关婚姻祝福礼的明确资料。当时的基督徒如同其他人一样,遵照当地的惯用程序来举行自己的婚礼。尽管在这些惯常做法中有些拜偶像和不合乎伦理的因素是基督徒本应避免的,也因此在基督徒的婚礼中便不可能存在着某种特殊的礼节和祝福：基督徒所能做的就是保持着其婚姻的一个神圣的事实这种观念。"外教人与基督徒的婚姻庆典虽然相似,但是婚礼的意义却不同。"[34] 总而言之,直到第四世纪为止,仍未发现有祝福婚姻庆典的通用格式。[35]

> 安提约基亚的圣依纳爵(+107)[36]和戴尔都良(+220)[37]的著作不足以说明基督徒应在主教面前举行婚礼,或获得主教的许可。另一方面,在使用"在主内"(参格前 7:39)结婚的这种格式

---

[33] 弥安道 著,宋伟光 译,《婚姻——神学与生活》,74-75 页。
[34] J.A. Abad Ibáñez, *La celebración del misterio cristiano*, Pamplona 1996, 448。
[35] 在这一点上,尽管有些学者持不同意见,但大部分学者都认为直到第四世纪仍未有祝福婚姻的格式。参：W. Ernst, *Institution*, cit., 36ss。
[36] 参：依纳爵·安提约基亚, *Ad Polycarpum*, 5,2。
[37] 参：戴尔都良, *Ad uxorem II*, 8,6。

时所表达的意义也不同：在依纳爵的著作中，它表达的是"根据主（的意愿）结婚，而不是随从激情"；[38] 而在戴尔都良的著作中则表示"与一个基督徒结婚"。[39] 不论在哪一种情况，"在主内"这种表述并不足以说明必需有一个祝福礼，或它就是圣事。圣保禄在论及奴隶应服从其主人时，所给予的劝诫，也使用了这种表述（参费 16）。[40]

从第四世纪开始，便出现了教会对婚姻的仪式化。除了对夫妻的礼仪性祝福之外，教会也开始对婚姻进行法律性的规范，并做出了一些规定：不可私下结婚，而应公开地在教会面前，在司铎面前举行婚礼。基督徒的婚姻——这是一种信念——并不是纯粹的世俗事务。由基督藉着其在加纳婚宴上的临在所祝福的婚姻，便被赋予一种新意，并获得了一些恩宠，从而使其享有特殊的尊严。这是一项教会不可置之不理的事务。

但是，针对这一点，在东、西方教会内却出现了不同的做法。

– 在**东方**教会中，婚姻的"教会性"庆典——司铎的祝福礼——从第五世纪开始便已成为普遍性和必需性的了。

原来由父亲在家里对新娘所举行的加冕礼（*coronatio*）和联手礼（*dextrarum iunctio*）从那时起也改由司铎在圣堂内举行。[41] 之后，司铎的祝福礼便成了有效婚姻必不可少的要素（也是因为这样，从理论上，东方教会便坚持司铎就是婚姻圣事及其祝福礼[加冕礼]的施行人）。

– 在**西方**教会，也是从第五世纪开始，由主教或司铎举行婚姻并施予祝福的礼仪形式也变得普遍（这样的礼仪形式在第四世纪便已开始出现）。[42]

神职人员的这种祝福礼和临在，最初是在新郎新娘的家里（主要是高卢、西班牙和凯尔特等国家）或在圣堂里（罗马和米

---

[38] 参：依纳爵·安提约基亚，*Ad Polycarpum*, 5,2。
[39] 参：戴尔都良，*Ad uxorem II*, 6,2。
[40] 参：L. Ligier, *Il matrimonio*, cit., 38。
[41] 参：J. Dalmais, *La liturgie du mariage dans les Églises orientales*, en La Maison-Dieu, 5D (1957), 58-69。
[42] 参：J.A. Abad Ibáñez, *La celebración del misterio cristiano*, 448。W. Ernst, *Institution*, cit., 40-42。

兰等地)。

从十一世纪开始,婚姻便不再于家中举行,而是直接于弥撒之前,在圣堂外举行。以这种方式既保证了婚姻的公开性,也确保了使婚姻成立——根据神学家和法律学家们的解释——所必需之婚姻合意的自由。也是在这一时期,便开始了对婚姻圣事性信理要素的神学研究。

但是,在十六世纪,特利腾大公会议要求应有司铎的出席和祝福时规定,若没有堂区主任的临在,所举行的婚姻便是无效的。[43]

## 3.2 教会的纪律

当教会以礼仪性的规定干预基督徒的婚姻庆典时,也以其它的规定和教义性的要求对其进行了规范。针对作为基督徒婚姻之"新颖"和神圣性结果的这些情形,存在着很多证据和材料。

随着来自于诺斯底派(I–II 世纪)、马西翁派(II 世纪)和摩尼派(III 世纪)等意识形态的影响而出现的相反婚姻尊严的严重问题,以及出现在第四世纪基督徒之间有关守贞的错误思想,教会日益明确地肯定基督徒婚姻——作为特殊恩宠的泉源——所拥有的尊严。针对有关基督徒婚姻之独特性所出现的不同问题,教会也同样施予了干预。

这样,教会便对婚姻的奥迹有了逐渐深入的了解,直至明确肯定婚姻的圣事性,尤其是在十二和十三世纪,面对纯洁派(*cátaros*)和亚耳比根派(*albigenses*)运动,教会的立场日渐明确。接下来我们就简略地阐述一下。

– 最初的纪律性规范只是为了纠正混乱和滥权现象。

除了教宗卡利斯托一世(Papa Calixto I, +222 年)的干预外,即声明由罗马法认为无效的婚姻为有效,[44]还有艾威剌(Elvira,

---

[43] 对这一点来说,重要的文献就是特利腾大公会议针对婚姻改革而颁布的《虽然》(*Temetsi*)法令。但是直到十七世纪《罗马礼书》才得以普遍应用,根据这礼书,婚姻应在圣堂内(而不是圣堂大门前),在弥撒之前举行。

[44] 涉及的是一些由贵族妇女与地位低下的男人所缔结的婚姻。针对此问题,可参:M. Martínez Cavero, *La sacramentalidad del matrimonio: reflexión*

305年)、亚耳(Arlés, 314年)、按希剌(Ancira, 314年)等地区会议的立法,主要所涉及的是对非法结合的谴责、处理通奸问题的方式、对抛弃自己妻子者的处置等问题。

在随后的几个世纪中(第六至第八世纪)有不少会议和教宗都处理过有关婚姻的问题,主要是为了保证当事人在结婚时的自由、确保为婚姻成立所必需之合意的性质、捍卫婚姻的稳定性等。

针对这些问题,教宗尼古拉斯[45](Nicolás, +867年)、拉特朗第四届大公会议(1215年)和里昂第二届大公会议(1274年)的干预尤为重要。[46]可以肯定的是,从第九世纪末——这一时期在有关婚姻的问题上,求助于主教会议和教宗的做法日益增多——开始,教会宣认对婚姻享有权力,并逐渐频繁地施以干预,所涉及的问题也更加广泛;从十二世纪开始,教会便以排他的方式处理此类问题。

- 在教义方面,教会在与婚姻相关问题上的落实主要在于捍卫婚姻的益处及其不可拆散性。在初世纪,尤其是在十一-十二世纪,教会一次又一次地宣称婚姻是造物主自"起初"所创立和祝福的一种制度,并由基督在加纳婚宴上所圣化。

不同的主教会议和大会会议对那些主张结了婚的人不能被算作"忠信者"的人给予了谴责。其中尤其是拉特朗第二届大公会议(1139年)和维洛纳地区会议(Verona, 1184年),在与亚耳比根派的争论中,强调了婚姻的圣事性。[47]维洛纳地区会议将婚姻列入与"我们的主耶稣基督的圣体圣血的圣事、洗礼、告解……其它教会圣事"同等的地位(参邓辛格,761)。

因着同样的意识——尽管是在不同的背景下:东、西方教会合一运动(第十三-十五世纪)——里昂第二届大公会议(1274年)和佛罗伦萨大公会议(1439年)都做出了特殊的贡献。里昂

---

*teológico actual*, en Revista Española de Teología, 54 (1994), 310。

[45] 在答复由保加利亚人所提出的问题中,教宗对罗马婚姻礼做了简短描述,并规定为了使婚姻真正成立,只要结婚当事人的合意便足够。参:致保加利亚人的覆文《对你们的询问》(*Ad consulta vestra*);邓辛格,643。

[46] 拉特朗第四届大公会议禁止了秘密婚姻,并命令司铎公布婚姻的举行;里昂第二届大公会议则涉及到了第二次婚姻(即配偶中一方去世后的再婚)在无任何限制之前提下的合法性。参:邓辛格,860。

[47] 参:L. Ligier, *Il matrimonio*, cit., 49, 52-53。

第二届大公会议，在弥额尔八世皇帝（Miguel Paleólogo）的信仰宣示中，明确地论到了七件圣事，其中便把婚姻包括在内（参邓辛格，860）。佛罗伦萨大公会议除了坚持婚姻是新约的圣事之一外，还指出了它不同于旧约的圣事，此圣事"既蕴藏恩宠，又将其赋予那些当得起的人们"（邓辛格，1310）。

## 3.3 神学研究

在教会针对婚姻所做的规范和礼仪规定背后，始终突出的是一种信念，即：根据厄弗所书中第五章所特别提到的，在婚姻与基督–教会结合之间存在着一种关系。这也是对婚姻展开神学研究的背景。另一方面，教会在婚姻问题上不断地进行干预的同时，针对婚姻之圣事性这个问题也展开了神学反思（诸如，缔结婚姻时，婚姻合意的必要性与充分性；合意作为恩宠的标记与象征，等等）。婚姻的圣事性与教会对婚姻事务的治权就像是相互补充的两个方面。

从某种角度来说，早在教父时代，便有一些学者堪称为这一神学反省的先驱。撇开"圣事"（*sacramentum*）这个词的意义，及其与希腊语 *mysterion* 的关系不说，[48] 毫无疑问的是教父们始

---

[48] 至于这个问题，可参：E. Saldón, *El matrimonio, misterio y signo, I: Del siglo I a San Agustín*, Pamplona 1971; L. Godefroy, *Le mariage au temps des Pères*: Dictionnarie de Théologie Catholique 9, 2077-2123。针对婚姻神学中的核心概念"圣事"这个词，应该知道，它是历经几个世纪才形成的概念。至论教父时代对"*sacramentum*"一词的运用，教宗若望保禄二世曾这样说到："如要探究「圣事」的语意历史，必须由希腊文「*mysterion*」一词说起，……因此，在教父时代，「mysterion」一词也应用在显示天主愿意拯救世人的历史事件上。早在第二世纪，安提约基亚的圣依纳爵、圣犹斯定、梅理顿（Melito）已在其著作中，把「奥秘（*Mysterion*）」一词界定为耶稣的生命奥迹、先知预言，以及旧约具象征意义的人物。

"到了第三世纪，最早的拉丁文译本开始出现，并把这个希腊字分别翻译为「mysterium」和「sacramentum」（例如智 2:22，弗 5:32）。原因可能是为了明确地与异教徒的神秘宗教仪式和新柏拉图诺斯底派的秘法传授划清界线。

"然而，「*sacramentum*」原指罗马军队所作的军事誓词。由于誓词中有「进入新生」、「毫无保留的奉献」和「即使面对死亡威胁仍忠诚服役」的字句，戴尔都良认为这些意思都存在于基督徒的圣事，包括圣洗、傅油和圣体。因此，在第三世纪，「sacramentum」一词既用于天主在基督身上的救恩计划这奥迹：（参考例子：弗 5:32)，也应用于这计划通过七个恩宠泉源（也就是今天的「教会的圣事」）的实现。

"圣奥思定采用这词的多重意义，把「圣事」一词套用在旧的和新的宗

终将婚姻视为是由基督在其益处与原始尊严上重新复原的一个事实。并由基督获得了圣化，而成为基督与教会之结合的标记与象征，从某种意义上来说，是天主为了使结了婚的人能够相称地完成其身份所要求的使命而赋予结婚者之恩宠的"保证"。总的来说，教父们以弗5的内容来论述这种象征，有些教父则使用"圣事"（*sacramentum*）一词来指婚姻。但是，明显的是婚姻的圣事性这种观念在教父时代仍未出现。

针对婚姻的圣事性——始终与婚姻奥迹作为基督-教会结合的象征有关——所进行的神学反省，第十二-十三世纪中的大部分神学家发挥了决定性的作用。他们不仅对纯洁派和亚耳比根派运动，以及后来的瓦耳德斯派（waldenses，十三世纪）等针对婚姻的异端运动做出的回应，也驳斥了就天主启示所做的反省——即：认为有关婚姻的问题（错误思想）也是天主启示的一部分——而产生的错误。

这就是针对婚姻之圣事性所做的神学研究的直接背景，其中分为不同阶段或时期。

– 第一阶段（十一至十二世纪），婚姻奥迹与基督对教会之爱的奥迹的关系只被理解为"标记"和"象征"。（延续了教父，具体来说，圣奥思定的思路。）

> 婚姻尽管不是恩宠的原因，但却是恩宠的标记。它虽被称之为圣事，并且是七件圣事之一，但是却被视为比其它圣事低级。[49] 甚至认为所赋予的圣宠并不是因着婚姻：对一些人来说，

---

教礼仪、圣经、符号和数字，以及所启示的基督宗教上。圣奥思定认为这些「圣事」全都归属于那伟大的圣事，即基督与教会的奥迹。圣奥思定强调圣事是神圣的标记，本身与所指向的有相似之处，而且授予其所标志的，因而深深影响了「圣事」一词进一步的具体意义。他的分析有助士林学派扼要地把「圣事」界定为「恩宠的有效标记（*signum efficas gratiae*）」。

"第七世纪的圣依希道（St. Isidore of Seville，又译为：圣依西多禄）则强调圣事的另一方面：圣事的神秘性质；在物质的面纱下，圣事隐藏着圣神在人的灵魂内的行动"（1982年9月8日公开接见讲话，5）。

[49] 教宗若望保禄二世这样说到："第十二和十三世纪的神学大全已经为圣事制定了系统性的定义，但圣多玛斯的定义最为重要：「不是所有神圣之物的标记都是圣事，只有那些标志人的完备圣德的标记才是圣事（*Non omne signum rei sacrae est sacramentum, sed solum ea quae significant perfectionem sanctitatis humanae*）（神学大全》III, q. 60 a. 2）。由那时开始，「圣事」专指

是因着洗礼，对另一些人来说，这恩宠是由婚礼上的祝福而产生的。婚姻只拥有一种治疗性的功能，它以消极的方式构成了获取救恩的途径："为那些无法节制及不能度更高层次生活的人，提供了一种解决私欲偏情的措施。"[50] 因着婚姻，夫妻并未丧失恩宠，但这恩宠可由一些行为——婚姻的行为——而被摧毁，这些行为在婚姻之外便是罪过。另外一些学者则从另一种意义上——即：婚姻只有在摆脱罪恶时，才会产生一定的恩宠——来解释婚姻的这项治疗功能。总之，总是从与恩宠的关系角度，或避免罪恶、摆脱罪恶的角度来审视婚姻。

— 在后来的神学反省中（十三世纪下半叶）已然明确地肯定这种象征性源自于其内在的效果。婚姻有效地意味着圣宠：之所以是圣宠的标记，是因为它是产生圣宠的原因。从狭义上来说，婚姻便是圣事。为了成为圣事，不可或缺的条件便是结婚当事人已然藉由圣洗融入的教会。[51]

— 在十六世纪，特利腾大公会议期间，狭义上的婚姻圣事性的理论在神学上已经达成共识。婚姻是圣事，因为它意味着并产生圣宠，从这个角度上来说，与其它圣事无异。

\* \* \* \* \* \* \*

---

七个恩宠的泉源，而神学研究也集中探究七件圣事的本质和行动，因而有系统地制定了士林学派传统中的主流学说"（同上）。

[50] P. Adnès, *El matrimonio*, cit., 112.
[51] 参 : M. Martínez Cavero, *La sacramentalidad del matrimonio: reflexión teológico actual*, 298-300。

**参考书目：**

M. ABREGO DE LACY, *Los libros proféticos*, Estella (Navarra) 1993.

S. AUSÍN, *La sexualidad en los libros proféticos*, en J. M. CASCIARO (dir.), *Masculinidad y feminidad en el mundo de la Biblia*, Pamplona 1989, 51-106.

P. DACQUINO, *Storia del matrimonio cristiano alla luce della Bibbia*, Torino-Leumann 1984.

W. KASPER, *Teología del matrimonio cristiano*, Santander 1980.

A. MIRALLES, *El matrimonio*, Madrid 1997(中文版：《婚姻：神学与生活》，宋伟光 译，意大利玛柴拉塔利玛窦研究中心，2013 年。)

G. OGGIONI, *La dottrina del matrimonio dai Padri alla Scolastica*，en T.GOFFI (ed.), *Enciclopedia del matrimonio*, Brescia 1968.

R. PENNA, *La lettera agli Efesini*, Bologna 1988.

K. RITZER, *Le mariage dans les Églises chrétiennes. Du I au XI siècle*, Paris 1970.

# 第六章
# 婚姻圣事性的意义与效果

针对婚姻所展开的神学研究，根据我们在上一章当中所看到的，可以说在十二和十三世纪达到了其光辉时刻。只是在十六世纪才由特利腾大公会议正式钦定婚姻的圣事性为当信的道理。这便是本章所要探讨的内容，也就是说，婚姻之圣事性的意义。首先，将要探讨一下它的意义或价值，意即：当声称婚姻是新约的圣事之一时，想要表达的是什么。其次，将对密切相连的两个方面进行分析：基督建立婚姻圣事的时刻和如何理解婚姻圣事的持久性。最后，将要探讨的是：藉由洗礼而与基督融合，如何决定着婚姻的圣事性。

## 1. 婚姻：真正的圣事

教父们和圣传经常论及"起初"的婚姻，并称它为原始圣事。因此，作为这样的圣事，它先存于基督——圣事的唯一设立者——的到来。但是，这对理解婚姻狭义上的圣事性来说，并不会带来任何困难；这只能说明婚姻是一件有其独特性的圣事而已。

婚姻的圣事性教义属于教会的信仰。基于圣经和圣传，特利腾大公会议隆重地厘定"谁若说，婚姻不是真实及适当的福音法律七件圣事之一，由主基督所建立的，而是由人在教会中发明的，也不赐予恩宠：那么，这样的人，应予以绝罚"。[1] 这届大公会议明确地指出这端教义源自于圣经（弗 5:25-32），并基于普世教会的传统。[2]

尽管改教者们高度评价婚姻，并认为，因天主的神圣意愿，婚姻是最相称于基督徒的生活方式，但却消极地看待夫妻结合。基于路德关于原罪的命题和人的本性本质上因罪恶而腐败的主

---

[1] 参：特利腾大公会议：论婚姻圣事的教义与法典，1563 年 11 月 11 日，法典 1；邓辛格，1801。
[2] 参：同上，邓辛格，1797。

张，所得结论便是婚姻并不是圣事；婚姻不是由主基督建立为赋予结婚者恩宠的标记；它只是一项纯世俗的事务。[3] 为了摆脱这些错误思想，特利腾大公会议在多次会议中涉及婚姻问题，最终确立了它的圣事性，特别是第二十四次会议（1563年）。

鉴于特利腾大公会议决议的影响，在这里我们特别感兴趣的是上述所引用的"法典1"和这些法典决议前的理论或导言（参邓辛格，1797-1800）。这一法典内含有教会的信条，而导言则解释了钦定有关婚姻圣事性之信条的意义。

针对大公会议在钦定婚姻圣事性时所采用的表达形式，有必要解释两点。

1) 第一点就是法典正文与导言所遵从的是不同的思路。法典正文首先声明婚姻是圣事，然后，作为结果，它会产生恩宠。而导言则相反，首先论及婚姻的特质：单一性和不可拆散性；然后强调说，为了活出它来则需要天主的恩宠；最后才肯定，作为结果，婚姻是赐予恩宠的圣事。

2) 第二点不同之处就是：需要明白，应该在第七次会议（1547年）的背景下解读在第二十四次会议上对婚姻之圣事性的裁定，而第七次会议从普遍意义上阐述了圣事的概念。这次会议有关婚姻的阐述，可以总结如下：婚姻是由基督建立的新约七件圣事之一；这些圣事不同于旧约的圣事，它们蕴含着恩宠；凡是以相应的准备，即不设置任何障碍，而领受圣事的人，便因施行圣事本身（*ex opere operato*）而赋予其恩宠（参邓辛格，1601-1608）。[4]

婚姻，作为圣事，是基督的一个行为；一个意味着和赋予恩宠的标记，也就是说，它不单预示着恩宠，而且还产生恩宠，因此结婚的人便真正而真实地获得了圣化。婚姻是对基督与教会之间爱的盟约的真正而真实的落实，而不单是预像。它是通传恩宠之基督临在的有效标记（参天主教教理，1617）。圣施礼华也特别强调这一点："就基督徒而言，婚姻不只是一种社会习俗，

---

[3] 为了了解马丁路德在此问题上所持的思想，可参：E. Tejero, *El matrimonio, misterio y signo. Siglo XIV-XVI*, Pamplona 1971, 223-232; G. Le Bras, *La doctrine du mariage*, cit., 2225-2229。

[4] 参：G. Le Bras, *La doctrine du mariage*, 2233-2247。

更不只是人性软弱的一帖救药。……它在基督配合下,具有圣化之功,基督充满丈夫与妻子的灵魂,邀请他们跟从他。基督把他们的婚姻生活,转化为在人间晤对天主鉴临的场所。……任何基督徒,无论被召过婚姻生活与否,都没权利低估婚姻的价值。"[5]

自特利腾大公会议之后,教会训导在不同的背景下多次重申有关婚姻之圣事性的教义。意义深远的训导有庇约六世的教导(1775年-1779年)、教宗良十三世的《天主智慧的奥秘》(*Arcanum Divinae Sapientiae*)通谕(1880年);和庇约十一世的《圣洁婚姻》(*Casti connubii*)通谕(1930年)。还有梵蒂冈第二届大公会议的《教会宪章》(1964年)和《牧职宪章》(1965年)。此外,若望保禄二世的《家庭团体》劝谕(1981年)和《致家庭书》牧函也特别重要,里面预先阐述了后来藉《妇女的尊严与圣召》牧函(1988年)论述的婚姻圣事性的后续发展。这些文献从不同角度既完善了婚姻之圣事性的教义,也深化了特利腾大公会议所钦定的婚姻圣事性的概念。

十八世纪末,当教宗庇约六世及其继承人努力落实特利腾大公会议之教导时,当时的背景——虽已时过境迁——与十六世纪教会所面对的环境极为相似。虽然已不再视婚姻为纯世俗事务,但却在婚姻与圣事之间做了一定的区分,并宣称婚姻纯属世俗权力管辖。[6] 这便是当时的背景,为了摆脱国家为推动民事婚姻而立法的困境,多位教宗一次又一次地重申在基督徒之间婚姻与圣事的不可分性。所采用的论据,虽侧重点有所不同,但都是一样的,就这样教会不断呼吁按照特利腾大公会议所钦定的教义,承认其婚姻的圣事性特征。[7]

---

[5] 施礼华,《基督刚经过》,23-24。

[6] 王权主义(regalismo)——法国的高卢主义(galicano,十七世纪)和奥地利的若瑟芬主义(josefinista,十八世纪)——力图在婚姻案件上窃取教会的治权。为此,受卡诺(M. Cano, +1561年)思想的启发,设法在基督徒的婚姻中将婚姻与圣事分开来论。为了了解文艺复兴时期的历史问题和此婚姻问题的发展,可参:L. Ligier, *Il matrimonio*, cit., 136-139;J.B. Sequeira, *Tout mariage entre baptizes est-il nécessairement sacramentel?* Pris 1985, 179-181; C. Caffarra, *Création et redemption*, en Comisión Teológica Internacional, *Problèmes doctrinaux*, 240-262。

[7] 针对这个问题做出干预的教宗有:庇约六世,《为我们缺乏》(*Deessemus nobis*)牧函(1788年9月17日,邓辛格,2598);庇约九世,致维克多(Victor

教宗良十三世为了同样的目的，也做了同样的教导，在《天主智慧的奥秘》通谕中，它引用了特利腾大公会议的教导，重申婚姻由耶稣基督提升到圣事的尊位，"它是神圣记号并赋予恩宠，并指出基督与教会的神秘婚姻之图像"（邓辛格，3146）。半个世纪后，教宗庇约十一世在《圣洁婚姻》通谕中以几乎同样的言词重申："创立并完成圣事的基督，曾将其信徒的婚姻升格为新约里真正的圣事。……事实上，基督曾使婚姻成为一个特殊的内在圣宠的表记与泉源，此圣宠成全本性的夫妻之爱，增强婚姻的单一性和永久性，并圣化夫妻二人"（圣洁婚姻，14）。

自梵蒂冈第二届大公会议以来，教会训导在论到婚姻圣事时，特别突出"多个世纪以来不曾获得关注的层面，例如圣事的教会幅度，以及在圣事中个人与基督相遇等"。[8] 从这种意义上来说，梵二大公会议的《牧职宪章》教导说"身为人类救主及教会净配的基督，藉婚姻圣事，援助信友夫妻。基督常与夫妻相偕不离"。

教宗若望保禄二世的训导特别强调，藉由婚姻圣事，基督徒夫妇肖似于基督与教会结合的奥迹，并使其婚姻"成了以基督之血所制定的新而永久的盟约的真正象征"（家庭团体，13）。正如《家庭团体》劝谕所教导的，成了象征和有效的标记，并且"主所倾注的圣神给予一个新的心，并使男人和女人能彼此相爱，如同基督爱了我们一样"（同上）。"由于基督的旨意，婚姻在本质上成为新约中真正的圣事，以救主基督的圣血作为印记"（致家庭书，18）。于是，"自「创始」以来，存在于男人和女人之间历久不变的「二合为一」被引进到基督和教会的「伟大奥秘」中"（妇女的尊严与圣召，26）。

在特利腾大公会议期间，神学上普遍采用一个特别集中于实效与有效因愿景中的圣事概念。[9] 相反，从梵二大公会议以来，

---

Manuel）国王函（1852年9月9日）和《极残酷的》（*Acerbissimum*）讲话（1852年9月27日）。

[8] 若望保禄二世在1982年9月8日公开接见讲话时，这样说到："直至上一个世纪，人们才开始注意「圣事」的其他方面，那是多个世纪以来不曾获得关注的层面，例如圣事的教会幅度，以及在圣事中个人与基督相遇等，这些都在《礼仪宪章》论及了。然而，最为重要的是梵二重新指出「圣事奥迹 *sacramentum-misterium*」的原意，称教会为「拯救普世的圣事」（教会宪章，48）、圣事、或「与天主亲密结合，以及全人类彼此团结共融的标记和工具」（教会宪章，1）"。

[9] 参：Ph. Delhaye, *Sacramentalité*, en Comisión Teológica Internacional,

不再强调产生恩宠之礼节的原因,而是将重点放在与圣经和教父们采用"Mysterion"相关的方面,诸如:标记、与基督和教会共融及相遇的工具等。藉由婚姻圣事,基督徒夫妇真正而切实地已融入基督与教会之爱的奥迹和盟约中,而主基督也以他们夫妇作为完成其救恩计划的工具。

在救恩史中也将突出婚姻盟约的富饶,它不仅能使夫妇中每个人与基督相遇,而且也使他们二人——作为夫妇——与基督相遇。他们的相互关系——已融合于基督与教会的盟约关系中——也将从本体上得到改变,并在他们——作为夫妇——与基督之间建立一种共融-团体。从某种角度,可以将其视为已完成之盟约的外在主体(或施行人)。

不管怎样,无论从哪种愿景下审视婚姻的圣事性,它们彼此之间都是相互完善的,是从不同角度审视同一事实。"在第一种愿景中,天主的神圣行为旨在治愈、促进和提升夫妻的爱,并赋予它们必要的属灵助佑。而在第二种愿景中,不排除任何上述因素,而特别地视基督主动地与夫妇相遇,并将他们的夫妻之爱纳入到基督对教会的净配之爱当中。基督藉着他降生成人和逾越奥迹,完成了新而永久的盟约,这是众人得救和共融的盟约。"[10] 在这第二种愿景下对婚姻之圣事性的考量主要是指夫妇对教会使命的参与。无论是教会训导,还是神学研究,为了表达这一点,所使用的语言也极为丰富。[11] 不管在哪一种情况,都暗示着一种真实而奥秘的改变——不仅是法律上和伦理上的改变,也是本体上的改变,夫妻二人藉由这种改变而在他们与基督之间构成了一种爱的共融,只要他们不设置障碍,基督便通传给他们恩宠。

---

*Problèmes doctrinaux*, 67-68。

[10] G. Baldanza, *La grazia del sacramento del matrimonio*, Roma 1993, 283.

[11] 所涉及的教会训导,可参:梵二大公会议的《教会宪章》,11;《牧职宪章》,48; 若望保禄二世的:1979 年 11 月 3 日公开接见讲话,4;《家庭团体》,11;《妇女的尊严与圣召》牧函,23-27;《致家庭书》,18-19。神学家及其作品有:G. Baldanza, *La grazia del sacramento del matrimonio*, 283-286;C. Caffarra, *Ética general de la sexualidad*, cit., 283-286; *Création et Rédemptione*,cit.; Ph Delhaye, *Sacramentalité*, cit., 68,等等。

## 2. 关于基督建立婚姻圣事的问题

作为新约的圣事,婚姻是由基督建立的。但是,无论是圣经,还是圣传,都没有明确指出这件圣事是在何时建立的。此外,特利腾大公会议在确立其圣事性时,只是说基于普世教会的传统,而并没说是基于圣经——唯一提到的是婚姻的圣事性受到了弗 5:23-32 的光照。这一事实使神学从那时起便放弃对婚姻之圣事性的圣经基础进行研究。几乎时至今日,大部分的学者也仅限于引用特利腾大公会议的权威。虽然也不乏有些神学家,无论是在特利腾大公会议之前,还是之后,都诉诸于圣经,尤其是《厄弗所书》,来捍卫——至少以间接地方式——婚姻的圣事性依据。[12]

既然有关建立圣事的事实这个问题已经从教义上得到确立,那么对建立圣事的时刻这个问题的兴趣便也减弱,而在此之前它却发生过强烈的争执。[13] 然而,在十七世纪初,有些学者重新将建立圣事的时刻具体到加纳婚姻上(若 2:1-11)、耶稣与法利塞人就婚姻不可拆散性所发生的争执上(玛 19:3-9)或耶稣复活后的日子里(宗 1:3)等等。

如今,大家都一致肯定,关于基督建立圣事的时刻这个问题,应该从婚姻的性质和基督所完成之工作的新颖出来,来对其进行解释。"若从人性深处意义上了解婚姻,从其改变一切本质上人性事物的能力上认识基督的救赎工程的话,那么有关「基督建立婚姻圣事」的问题便不会就建立圣事的话语或命令而提出,而是会将其视为上述真理本身的必要结果。"[14] 因此,婚姻圣事的建立便是基督藉其救赎工程而完成的,而基督的救赎工程完全从其人性上使人得到了转变。婚姻成为圣事的时刻便是旧约终止,新约开始生效的时刻。[15]

作为对所有受造物的再造,基督的救赎工程复原了婚姻原

---

[12] 参:E. Tejero, *El matrimonio, misterio y signo. Siglo XIV-XVI*, Pamplona 1971, 426-457.
[13] 参:S. Ardito, *El matrimonio nella teologia postridentina*, cit., 162.
[14] J.Auer y J. Ratzinger(拉辛格), *Los sacramentos de la Iglesia*, cit., 285。
[15] 参:P. Adnès, *El matrimonio*, cit., 169。

始的圣洁。事实上，基督明确地恢复了并强化了婚姻"起初"的单一性(参玛 19:9；谷 10:11；路 16:18)和不可拆散性(玛 19:6："凡天主所结合的，人不可拆散")。但是，根据基督的行事方式(特别是根据圣传与礼仪针对耶稣在加纳婚宴上的临在所做的解释)，以及圣保禄根据主的教导所传授的(参格前 7；弗 5:20-23)，使人清楚地明白基督将"起初"的婚姻提升到超性秩序或恩宠秩序的尊位。因为正如特利腾大公会议所教导的，婚姻蕴藏着一种含义，即：基督与教会的结合，并携带着一些特质：单一性与不可拆散性，只有藉着恩宠的助佑才能在其生活中将这些特质活出来。我们的主基督在将"起初"的婚姻提升到超性层面，并将其置于基督与教会结合的光照之下时，也使婚姻成为赋予恩宠的有效标记，即圣事，以便帮助夫妻善度生活和履行使命。

## 3. 婚姻作为持续的圣事

确立了婚姻之圣事性的意义之后，还需要明确出在肯定婚姻是一件圣事时，藉"婚姻"一词所要表达的确切含义。如果考虑到特利腾大公会议后漫长的神学传统，就会更好地明白这个问题的意义：特利腾大公会议将其注意力优先地放在了落实中的(实施中的 *in fieri*)婚姻上面，并将圣事视为一个短暂的行为；而保持持续的则是事实上的婚姻(*facto esse*)。[16] (尽管也有不少学者情愿谈论作为圣事的婚姻，但都未明确出其所要表达的意思。)[17]

这个问题早在十二–十三世纪，在研究婚姻与基督和教会之结合奥迹的关系时，就已经被提出了。当时的问题是这种关系应置于婚姻合意中(*in fieri*)，还是在婚姻状态中(*in facto esse*)。而如今这个问题的提出与如何理解圣事标记相关：是将其完全与婚姻合意等同呢(这样的话，它便是暂时的)；还是由一个行为开始(举行婚姻的行为)，然后便作为圣事标记，以婚姻的事

---

[16] 有关这一点，可参：S. Ardito, *El matrimonio nella teologia postridentina*, cit., 163.
[17] 参：G. Baldanza, *Matrimonio come sacramento permanente*, en A.M. Triaca-G. Pianazzi (dir.), *Realtà e valori*, cit., 82.a.

实，持续存在呢。

针对基督如何在由婚姻的举行而形成的婚姻状态中行事这个问题——针对这个问题，学者们并未形成统一意见——我们暂时搁置一侧，接下来我们要明确一下婚姻是一件持续的（或恒久的）圣事所要表达的意义。

"婚姻"这个词在这里是指举行婚姻的行为，也就是说，短暂的行为，藉这个行为，一男和一女在婚姻当中结合为一：婚姻合意，主动意义上的婚姻。此外，所考虑的也是在已领洗的男、女之间所举行的婚姻。事实上，也只有这样的人才能领受教会的其它圣事。另一方面，婚姻的持续性并不是说婚姻就好像是一个"流动的"现实，只要婚姻存在，其"举行"便仍未完成一样。

我们是从与圣体圣事一样的意义上说，婚姻是一件持续的圣事，就如《圣洁婚姻》通谕所教导的那样。不只是当婚姻作为举行的行为时，它是基督与教会结合的有效标记；当作为藉由婚姻的举行而在夫妻二人之间形成的恒久夫妻锁链时，仍然是有效标记。

《圣洁婚姻》通谕——从这一点上来说，它延续了圣博敏（San Roberto Belarmino, +1621）的思想，之后梵二的《牧职宪章》和《家庭团体》劝谕都遵从这一教导——意味着"可以将婚姻与圣洗进行比较，一旦领受，便使领洗者处于一种新的状态（或身份），但是并不在领受洗礼者的每项行为中都形成圣事"[18]。无论是《圣洁婚姻》，还是《牧职宪章》，都指出婚姻圣事在夫妇身上产生一种特殊的"祝圣"，藉此"祝圣"他们的婚姻便成了基督与教会之结合的圣事。

婚姻是一件圣事，是基督-教会之结合恒久而有效的标记。这是婚姻内在的含义，因此属于婚姻本身的成分和架构。这种含义甚至是不可消失的，夫妇本身也不可能将其摧毁。

正如若望保禄二世所解释的，"从婚姻神学角度来说，理解婚姻的关键仍然是标记的事实，藉此标记，婚姻建基于人在基督内及在教会内与天主所建立的盟约上：婚姻成立于需要恩宠

---

[18] J.Auer y J. Ratzinger（拉辛格），*Los sacramentos de la Iglesia*, cit., 318.

的神圣锁链的超性秩序上。在这种秩序中，婚姻便成了可见而有效的标记。原属于创世奥迹中的婚姻，现今在救赎奥迹中获得了一个新的起源，并有助于「天主义子们在真理及爱德内的互相契合」（牧职宪章，24）。圣事礼仪赋予这种标记一种形式：这种形式直接地表现在圣事礼节中，各种动人的表达之综合；而间接地则表现在整个生命中。男人与女人，作为夫妇，终其一生都携带着这种标记，直至死亡"。[19]

## 4. 领洗者的婚姻中，圣事与婚姻的不可分性

已领受洗礼者之间的婚姻便是圣事。但是，在已领洗者之间存在真正婚姻的同时，又不是圣事的情况难道就不存在吗？这便是我们现在要探讨的问题。

> 在历史上，两个已领洗的男女结婚，其婚姻与圣事的不可分性这个主题，在论及婚姻合意与圣事的关系时，曾经被探讨过。也就是说，在婚姻的形成过程中，为了对各项构成因素——诸如，圣事标记中的质料、形式、意向……——如何建立起来进行解释时，涉及到了这个问题。我们在后面将会对此进行详细的探讨。
>
> 然而，在研究这个问题时，还存在另外一种背景：根据在救恩史中所揭示的天主的救赎计划或奥迹，凡是领洗的人已藉着洗礼融入了这救恩中。现如今在探讨这个问题时主要地便是从救恩的角度来看的，特别是《家庭团体》劝谕。那么，圣洗以何种方式影响这婚姻的圣事性呢？

已领洗者之间的婚姻是否总是圣事？针对这个问题，应该明白两点。第一点就是：不可分性已由圣传、教会的教义和神学得到明确的肯定。

> 在上个世纪初，已由罗马圣轮法院宣布为"近乎信理"（*próxima a la fe*），[20] 且被视为一般的"正统教义"。[21] 总而言之，

---

[19] 若望保禄二世，1983 年 5 月 1 日讲话。
[20] 参：A. Fernández, *Teología moral*, cit., 440；庇约九世在《致维克多（Victor Manuel）国王函》（1852 年 9 月 9 日）中教导说，将婚姻提升为圣事是"当信的道理"，婚姻契约与圣事的不可分性也是天主教正统的教义。良十三世在《天主智慧的奥秘》通谕中也肯定了这一点。
[21] 参：P. Adnès, *El matrimonio*, cit.,173。《天主教法典》，1055。

这些立论都是基于教会的实践与传统，教会一直捍卫着在已领洗者之间以当事人婚姻合意而缔结的婚姻之有效性和圣事身份。[22] 针对这一点，学者们都达成了共识，并且大部分都是从这个方向上进行研究的。圣事与婚姻的可分性之主张发生在近代，且遭到了教会训导的弃绝和谴责。主要是由王权主义理论引起的。

第二点则是：这是一个与圣事性密切相关的问题。问题的根本即在于如何理解"在主内"（即：狭义的婚姻圣事或救赎工程中的婚姻）的婚姻与"起初"的婚姻（即：自然婚姻或创造工程中的婚姻）之间的关系：所涉及的是同一事实，从其根本及作为"起初"的制度来说，是引进了一项新的幅度，还是从外在环境与因素赋予了它新意。

对这个问题的回复，毫无疑问，会带来严重的实践和牧灵后果，尤其是在神学性和信理性后果，因为已领洗者之间的婚姻始终是圣事。已领洗者之间的婚姻，已由"起初"提升到新约圣事的尊位或已被纳入救赎工程中。是同一个作为人性-自然事实的婚姻，只不过因着基督的意愿，已被立为基督与教会之结合的有效标记，且获得了恩宠的超性幅度。

从教宗庇约七世开始，教会训导经常教导：当两个已领洗的男、女结婚时，婚姻与圣事便形成了密切而本质的合一，因此，他们之间不可能既存在婚姻，又不是圣事。

> 上述所言假定："1) 基督的圣化行为使婚姻圣事成立（建立圣事的过程：将婚姻提升到圣事的尊位），而婚姻制度在保持其本质的同时（恩宠完善本性，而不摧毁本性），获得一新的身份；2) 所有已领洗者之间有效的婚姻都是圣事，并因其本身（*ex opere operato*）而产生——如果当事人不设置障碍的话——恩宠"。[23]

在同一方向，神学反思基本上从两个原则出发展开论证：天主对婚姻之计划的统一性；藉由圣洗而融合于基督。接下来

---

[22] 参：P. Adnès, *El matrimonio*, cit.,173。J. Auer y J. Ratzinger，*Los sacramentos de la Iglesia*, cit., 331-332。

[23] J. Hervada, *La inseparabilidad entre contrato y sacramento en el matrimonio*, 261.

我们就分别对其进行阐述。

## 4.1　天主对婚姻之计划的统一性

创世秩序与救赎秩序之间的关系使已领洗者之间不可能既存在真正的婚姻，同时又不是圣事：也就是说，不可能存在一桩在"创世"秩序中被认为是真正的婚姻，在"救赎"秩序中便不是婚姻或圣事。

由于万物都是藉着基督，并为了基督而受造的（参若 1:3；哥 1:16；弗 1:10；希 1:2），天主的计划则是婚姻自"起初"便指向"救赎"秩序中的婚姻或圣事，且是它的预像。随着基督的到来，这预像便成了现实："起初"的婚姻，作为新约的圣事，已使那原为已成为现实者的预像、宣告和阴影的事物丧失效力。"起初"的婚姻与作为圣事的婚姻都是天主对人类之爱的奥迹的标记；然而是以不同的方式作为标记的：在基督到来之前，（起初的）婚姻是这奥迹的标记，因为它宣告这奥迹（是预像）；而在基督到来之后，婚姻（作为圣事）之所以为标记，是因为它已实现了这奥迹（已成为现实）。

分享救恩、融入天主的救恩计划已远远超过了人的本性能力。尽管可以设想有一个并不指向救恩——即：基督——的创世秩序，但事实是，从历史角度来说，只存在一个唯一而永恒的救恩计划。一个并未指向救赎秩序的创世秩序仅是一个纯可能性。无论是原罪，还是人都不能改变天主的计划；也没有一个人能够在救恩计划之外生活或阻止走向救恩。一个人可以拒绝分享救恩、拒绝融入天主的救恩计划、或融入后再远离它；但绝对不可能执意留在创造秩序中。

设想以另一种方式——以非圣事性婚姻的方式——在历史中实现天主针对婚姻的计划，这也仅是一种假设而已。在现时救恩计划当中，圣事性婚姻是天主唯一所愿望的。当一个男人与女人真正地结婚时，其婚姻已融入天主的原始计划当中，根据上述所言，已趋向成为救恩的有效标记（而不只是停留在预像或宣告救恩的阶段）。另一个不同的事实则是：因天主的计划，所有婚姻都蒙召成为圣事；但只有已领洗者之间的婚姻已然是圣事。

## 4.2 婚姻的圣事性与领洗的身份

圣洗圣事使已领洗者所缔结的婚姻始终是圣事。藉着圣洗圣事，基督徒已融入基督内，并因此而成为教会——基督的奥体——的成员。作为基督的肢体和教会的成员，基督徒只能因基督的名和教会的名义在婚姻内结合。他们的（有效）婚姻应成为基督与教会之结合的标记，并实现这种结合。然而，只有婚姻是圣事时，这样的事情才会发生。[24]

> "教会……隆重的教导过并且继续教导说，受过洗者的婚姻是新约中七件圣事之一。因着洗礼，男人和女人正式地被列入新而永久的盟约中，列入基督与教会夫妇般的盟约中。就是因为这种不可毁除的加盟，由造物主所建立的夫妇生活和亲密团体，被提升并且被纳入基督的夫妇般的爱德之中，为祂救世的力量所支持和致富"（家庭团体，13）。

圣洗圣事使其婚姻——因着婚姻契约的连结，夫妻"二人成为一体"——真实地重现基督对教会的爱；也就是说，使其成为新约的圣事。与此同时，圣洗圣事也正是其婚姻——若是真正而有效的婚姻——只能是圣事的根本理由：夫妻中每个人，作为单个的人，一旦领洗而成为基督奥体的肢体，一旦因着婚姻而融入基督与教会结合的关系中，他们的婚姻便没有其他任何的可能，只能是圣事。[25]

无论是教会，还是结婚当事人，都不能使两个已领洗者男、女之间的婚姻不是圣事。为了使两个已领洗者之间的婚姻不是圣事，应该先将圣洗神印从他们身上抹去，然而这是绝对不可能的事情。因此，教会自始便拒绝天主教徒的纯民事婚姻。这也是当领过洗但并无信仰实践的人前来要求举行婚姻时，教会采取牧灵措施所依据的基本教义原则（参见第十章）。

---

[24] 参：P. Adnès, *El matrimonio*, cit., 175。M.J. Sheeben, *Los misterios del cristianismo*, cit., 636.

[25] 参：弥安道 著，宋伟光 译，《婚姻——神学与生活》，**87-90** 页。

与其说已领洗者之间的婚姻与圣事的不可分性，倒不如说它们之间的等同性。婚姻与圣事并非两个合并在一起的事实，而是唯一且同一个事实。但是，之所以采用"不可分性"这个词，是为了更明确地突显出本性与恩宠之间的不同，这的确是两个不同的事实。一个与另一个幅度——本性与恩宠——不可分地在婚姻圣事中结合在一起，这样，婚姻（"起初"的婚姻）便成为由基督所圣化的同一婚姻：自然幅度（创世秩序）不可分地与超性幅度（救赎秩序）结合在一起。因为在已领洗者的婚姻当中，恩宠与本性是不可分的，二者凝聚在唯一的事实上——婚姻；婚姻与圣事不可能是两个不同且分开的事实。[26]

\* \* \* \* \* \* \*

## 参考书目：

《天主教教理》，1612-1617。

若望保禄二世，1979 年 11 月 3 日，1982 年 9 月 8 日和 1983 年 5 月 1 日讲话。

G. BALDANZA, *La grazia del sacramento del matrimonio*, Roma 1993.

C. BURKE, *La sacramentalidad del matrimonio. Reflexiones teológicas*, en 《Revista Española de Teología》 53 (1993) 43-67.

C. CAFFARRA, *Le mariage, réalité de la création et le mariage, sacrement*, en CTI, *Problemes doctrinaux du mariage chrétien*, Louvain-la-Neuve 1979, 218-310.

J. HERVADA, *La inseparabilidad entre contrato y sacramento en el matrimonio*, en A. SARMIENTO (dir.), *Cuestiones fundamentales sobre matrimonio y familia*, Pamplona 1980, 259-272.

K. LEHMANN, *El matrimonio cristiano como sacramento*, en 《Communio》 6 (1979) 14-20.

C. MASSABKI, *Le sacrement de l'amour*, Paris 1959.

M. SÁNCHEZ MONGE, 《*Serán una sola carne...*》, Madrid 1996, 79-93.

M.J. SCHEEBEN, *Los misterios del cristianismo*, Barcelona 1960, 627-647.

---

[26] 参：J. Hervada-P. Lombardía, *El derecho del Pueblo de Dios*, III/1, Pamplona 1973,137.

# 第七章
# 基督徒圣召中的婚姻与独身

婚姻圣事是基督对教会之爱的有效标记。然而，这项爱的奥迹的内涵是如此丰富，以至婚姻不能将其完全再现。还需要"为天国的缘故"而持守的童贞或独身来将其圆满实现。任何其中一种制度都不能充分表达这爱的奥迹。由此可得出的第一个结论便是：在婚姻与独身或守贞之间存在着一种相互且不可分开的关系。因此，若撇开童贞，仅对婚姻进行神学研究，其结果将是不恰当的。对童贞而言也是如此，若不留意它与婚姻、与配偶性结合之奥迹的关系的话，其神学反思的结果也是有偏差的。[1]

在上一章当中，我们阐述了婚姻圣事代表着、象征着基督与教会爱的奥迹。那么接下来我们将从夫妻生活幅度和它与"为了天国的缘故"而持守童贞或独身的关系角度，来阐述这同一内容。这一章包括三部分：首先我们将从基督徒圣召的角度来审视婚姻。然后将会对独身的意义与价值进行反省。最后，我们将从圣召的角度阐述婚姻生活与独身生活之间的关系。

## 1. 婚姻：基督徒的圣召

由天主自"起初"所建立，并由基督提升为新约圣事的婚姻是在教会内追随并效法基督的一种方式。梵蒂冈第二届大公会议教导说："公教夫妇以婚姻圣事……在他们的身份及生活方式

---

[1] "独身"（celibato）这个词，从词源学上来说，它是指未婚之人的生活身份，在这里是指将其作为个人身份或可见的生活方式的任何阶层的信友，且此种生活方式并不改变他（她）在教会内的地位。梵二大公会议在《司铎职务与生活法令》第 16 号中这样教导："为了天国，完全而永久的贞操，为主基督所劝告历经各代，直到现在，为不少的基督信徒欣然接受"；另参《教会宪章》41-42；《教友传教法令》4,22。针对这一点，也可参：A. Del Portillo, voz Celibato, en «Gran Enciclopedia Rialp» 5, 451。在这一章当中，我们所采用的"童贞"或"守贞"也是从这种意义上来说的。但是在这里我们更倾向采用"独身"来表达，因为这样至少不会与修会生活相混淆。

内，有天主子民中属于他们本有的恩宠"（教会宪章，11）。婚姻是基督徒的一种圣召，是天主圣神为了建树教会而赋予的恩宠或神恩之一（参格前 7:7；弗 5:32）。因着婚姻，基督徒夫妇——早已藉由圣洗圣事而成为天主子民的一员——以一种新而特殊的方式呈现在教会内。因此，试问婚姻圣事以何种方式使基督徒夫妇以"新的方式"呈现在教会内？再进一步而言，因婚姻恩宠的独特性，作为在教会内安身立命的方式，婚姻又是如何跟随和效法基督呢？

## 1.1 婚姻：圣洗圣召的"圣事性具体表现"

作为已领洗者，基督徒夫妇已蒙召达至基督徒生活的圆满境界（参教会宪章，40），这也是每个基督徒的圣召。从这个角度来说，基督徒之间并无不同，而是一种"圣召上的根本平等，所有人都在基督内，得到了天父的召叫"。[2] 那么，根据尊严之高贵贫贱的标准将基督徒"分门别类"的做法便是毫无意义的做法。

> "在各种生活形式与职位上，众人都修练同一圣德，他们由圣神发动，听从天父的呼唤，以心神以真理朝拜天父，追随贫穷、谦逊、背负十字架的基督，期望将来可参与他的光荣"（教会宪章，41）。

每个基督徒"必须按照本身的恩赐和职务"（教会宪章，41）来追随天主对我们的召叫，以达至基督徒生活的圆满境界。而基督徒夫妇，藉着并通过其婚姻生活承诺和要求，来实现这种圣召。

> "基督化的夫妇与父母，应该遵循着他们自己的道路，以忠实的爱情，在全部生命过程中，靠着圣宠的助佑，彼此扶助，并以基督真理及福音圣德，教导由天主欣然所承受的子女们"（教会宪章，41）。同时，"因着圣事的德能，他们可以克尽其婚姻及家庭义务，可以沉浸在基督之神内，以信、望、爱三德，渗

---

[2] P. Rodríguez, *Vocación, trabajo, comtemplación*, cit., 26（也正是从这部著作中，我们采用了"圣事性具体表现"这种表述，意思是：以圣事的方式将圣召具体化）。这一章我们对这个主题的探讨，很大程度上也参考了这部著作，特别是这部著作的第一章"基督徒圣召的意义"（16-36 页）和第五章"救恩计划与基督徒的俗世性"（142-151 页）。此外，针对这一主题，也可参：J.L. Illanes, *Mundo y santidad*, Madrid 1984, 83-120。

透他们的整个生活，日益走向个人的全德，彼此圣化，而共同光荣天主"（牧职宪章，48）。[3]

婚姻是基督徒夫妇达至圣德应该遵循的道路。当一个男人与一个女人结婚时，在圣洗中已开启的这种新生活——即：基督化的生活——所获得的根本和原创性圣召便以具体的方式呈现出来。婚姻圣事并不使基督徒夫妇与基督和教会建立一种不同于其藉由圣洗圣事与他们所建立的关系。（婚姻本身就伴有彻底性、不可逆性等要求，这也是基督徒圣召本有的特点。）但是，它却赋予在圣洗中所获得的"新颖"一种新的方式，或将其具体化，这一点接下来我们将会详述。如此以来，基督徒夫妇便会在教会中获得特殊而永久的地位，在与基督的关系中也是如此，而其生活表现也将是圣召性的事务。

"婚姻使人进入教会内的已婚族群（ordo），并制定在教会内、夫妇之间以及对孩子的权利和义务"（天主教教理，1631）。基督徒夫妇也将在基督与教会的"伟大奥迹"内为其成圣的圣召开辟空间，并将其具体呈现出来（参家庭团体，19）。婚姻圣事作为基督徒圣召的"圣事性具体表现"所具有的决定性意义便在于此："最大程度地揭示（基督徒夫妇存在的具体）意义和要求，并赋予他们根据藉由圣事所表达之事物——即：基督与教会的不可拆散性盟约——而生活所需要的恩宠"[4]。

这种理论，正如梵二大公会议所强调的，也是福音核心信息之一（参玛 5:48；弗 1:3-6；得前 4:3；等等），但是并未得到神学和牧灵足够的重视。

"在四十年代，在婚姻中达至圣德圆满这种观念被人接受还遥遥无期……当时普遍成圣的圣召还未曾听说过，在牧灵工作中也没任何反映。"[5] 因此，当圣施礼华神父，自 1928 年开始，在理论上和灵修上推动普世成圣的圣召时，出现很多疑惑也并不奇怪，他在那些年所写的《道路》上的一些话便可证实这一点："因为我说你有「婚姻的圣召」，你觉得好笑吗？那么，

---

[3] 关于如何达至普遍成圣的圣召和如何使自己的生活融合在这圣召中，请参：J.L. Illanes, *Mundo y santidad*, 83-96；194-208。

[4] P. Rodríguez, *Vocación, trabajo, comtemplación*, cit., 30.

[5] A. De Fuenmayor, V. Gómez-Iglesias y J.L. Illanes, *El itinerario jurídico*, cit., 198-199.

你，正是有这个圣召。你要把自己托付给辣法耳天使，让他像带领多俾亚那样，圣洁地陪伴你走到路的尽头。"⁶

然而，在梵二大公会议后的今天，无论是在教会训导中，还是在神学上，经常涉及到婚姻，并将其作为基督徒成圣的圣召来看待。只不过并非总是在意义上达到大公会议所教导的那么圆满。因为"如果明白了它是与另外一项使其完成并赋予其内容的真理相结合的，那么就会发现普遍成圣的圣召这种观念是有历史偶然性的。这另一项真理就是人整个生命的圣召价值，包括其俗世的各种幅度。事实上，肯定普遍成圣的圣召便意味着圣德与生活并不是叠加在一起的两个维度，而是相互交织的事实，更好说，二者密切地连系在一起"。⁷

从这种意义上来说，圣施礼华神父的教导"被一致认为是梵二大公会议的前驱，因为他曾宣扬普遍成圣的圣召，并依此在1928年创立了主业团"。⁸ 针对达至普遍成圣的圣召，具体而言，就是婚姻圣召的"新颖"所具有的意义来说，他的精神也形成了一个指路明灯。⁹ 根据圣经和初期基督徒的生活，圣施礼华神父使人明白，婚姻生活——各自的家园、职业、家庭事务……——便是已婚者达至圆满圣德所应遵循的道路，他们藉由圣洗已开启了这种圣召。实现其成圣之圣召的地方就是他们的生活——婚姻生活。

> 圣施礼华神父在一次的讲道中这样说："就基督徒而言，婚姻……是一件伟大圣事。基督充满丈夫与妻子的灵魂，邀请他们跟从他。基督把他们的婚姻生活，转化为在人间晤对天主鉴临的场所。丈夫与妻子被召圣化他们的婚姻生活，并在此过程中，圣化他们本身。把家庭生活置于灵修生活之外，是个严重的错误。婚姻结合，养育子女，为家庭提供生活必需，提供保障和发展，保持与团结其他成员的关系等等，所有这一切人间普通寻常的境况，都是基督徒夫妇被召加以圣化的对象。"¹⁰ 梵二大公会议也教导说"所有的基督信徒在自己的生活方式，职

---

6　施礼华，《道路》，27。
7　J.L. Illanes, *Mundo y santidad*, 66.
8　参：《册封真福案件》法令，前言，2。
9　参：J.L. Illanes, *Mundo y santidad*, 65-96。
10　施礼华，《基督刚经过》，23。

位与环境内,并通过这一切,以信德精神从天父手中承受,并和天主圣意合作,把天主眷爱世界的爱情,在世俗服务中显示给众人,则可每日增进圣德"(教会宪章,41)。

对度婚姻生活的基督徒来说,圣德与生活——就如对所有基督徒一样——并不是两个平行的维度;它们之间相互交织、密切相连而形成唯一一个整体。

圣施礼华在其它背景下也曾经说过,这些话对婚姻生活也是有效的:"我的孩子,不能!不能过双面的生活,如果我们愿意做基督徒,那么我们就不能像患有精神分裂的人那样:只有一次生命,就是肉身和灵魂结合而成的生命,你所应有的就是这样的生命,在灵魂和肉身内充满天主且圣善的生命:在这样的生命里,便可在可见的、物质的事物中见到不可见的天主。我的孩子!没有其它的路:或是懂得在我们日常的生活中去发现主,或是永远找不到祂。因此,我们可以告诉你们,我们的时代——无论是物质上,还是现实生活都是如此平庸——需要发掘其崇高和原始的意义,并使它们服务于天国,圣化它们,使它们成为我们不断与耶稣基督相遇的途径和机会。"[11]

婚姻赋予了第二个圣召,它将涵盖第一个圣召:这是所有已婚且已领受了洗礼的人所享有的圣召。其实所涉及的是同一个圣召,只不过现在在一确定领域——即:婚姻生活中——变得更为具体而已。因此,在全面评价婚姻的圣召意义时,首先应该明白圣洗圣事对基督徒所带来的"新颖"——也就是说,沁入人生命中的这种新精神——到底意味着什么。婚姻圣事的独特之处在于它使已婚者,以新的身份,融合在基督徒藉着圣洗圣事而在其生命中开启的肖似基督、与基督同化的进程中。

从实际层面来说,可得到的结论就是,为了活出婚姻的超性圣召,绝对需要全面而深刻地认识作为自然制度的婚姻。它就是基督徒生命在婚姻中达至圆满所需要的"质料"。

此外,还需要明白的是,基督徒婚姻的超性身份,远不是要将基督徒夫妇与其他夫妇和家庭的辛劳和幸福分开,相反,会使他们更加亲近,会使他们融合在一起:事实上,只有忠实

---

[11] 同上,*Conversaciones*, cit., 114.

地活出基督徒婚姻的圣召，才有可能使铭刻在自然婚姻中的人性需求达至圆满。这也是基督徒夫妇应该迫切地以忠信回应其婚姻承诺的理由之一。这样，处于困境中的其他夫妇——不管是基督徒夫妇，还是非基督徒夫妇——也会感受到应效法他们的方式而生活；他们在内心所持守的对真理与善的渴望将会变为事实，基督徒夫妇所活出的婚姻典范对他们来说，也将是可及的。

### 1.2　婚姻圣召的独特性

藉着洗礼，基督徒夫妇已融入，并分享基督对教会之爱的奥迹。然而，根据上述已经提到的，这种分享是婚姻特有的。其主要在于藉由男、女在婚姻中的丈夫与妻子的身份所表达出来的配偶性而完成：两个人，作为夫妻，融入并分享基督与教会之爱的奥迹。因此，以男性和女性——作为相互补充及向生育开放的人——所呈现出来的肉体性，便是夫妻之间，以及他们与基督建立关系的本有方式。

> "夫妇参与救恩事件（即基督对教会夫妇般的爱），或是夫妇二人，或是二者一起。为此婚姻的首要和直接的效果（res et sacramentum），不是超性恩宠本身，而是基督徒夫妇的结合，二个人基督化的融合，因为它表示基督降生的奥迹和祂盟约的奥迹。分享基督生命的内涵也很清楚：夫妇之爱包括一个整体，整个人格的因素都置于其间——包括身体和本能、感官和情感的力量、精神和意愿的渴望。它要求深切的人格的合一，这种合一远超过一个身体的结合，导向成为一心一德；它要求在真正的彼此赠予中不可分散和忠贞；并且通向生育"（家庭团体，13）。

基督对教会的爱在他于十字架上所完成的交付达到了巅峰。基督在新约中，特别是藉着他在加纳婚宴上的临在，揭示了婚姻永恒的真理，但这启示尤其是藉着十字架上的牺牲和教会的圣事而达至圆满。这就是基督徒夫妇，藉着圣事的举行，二人"合二为一"，所分享的救赎之爱，这爱在十字架上达到了极致。此外，这也是婚姻圣事建树教会的独特方式：在传承人类生命和教养天主儿女上，与天主的爱合作。

因此，夫妻对话、婚姻生活，包括最隐私的方面，以及家庭生活便成了并且应该成为基督与教会之爱的结合与交付的庆典，这种结合与交付自"起初"便已预示，并在十字架的奥迹中得到实现。于是，追随并效法基督便在婚姻共融中得到了独特的表达，即：表达了基督向教会的交托，藉着这种交托，基督爱着教会，并与教会结合为一。

> "基督藉着他在十字架上的牺牲，使教会形成了基督的身体：他将自己可见的肉身献作牺牲，而建立了他的奥体，即教会。正是在这种「为教会而交付自我」中，基督与教会的关系便以配偶的形式呈现出来。救赎之爱就是夫妻之爱。"[12]

基督徒夫妇应在基督向教会的交付中塑造他们彼此相互的关系。基督对教会的这种交托应该成为夫妻关系参照的模型，是建立这种关系的基础，是他们应该投奔的泉源。他们就如活的工具，基督藉着他们在世上继续他救赎之爱的奥迹。因此，对圣事的这种敏感意识便是基督徒夫妇能够以乐观和无忧面对生活中之可能困难的根由。

> 藉着圣事，"「新郎」就这样与你们在一起。……不要害怕冒险！天主的力量总是比你的困难强大得多！……在加里肋亚的加纳婚宴上，新郎和新娘互许终身时，新郎耶稣与他们同在；同样，今天这位善牧也与我们同在，是我们心怀希望的理由，是我们心灵力量的来源，是我们新的热忱的泉源，也是「爱的文明」的胜利标记"（致家庭书，18）。

作为"一直陪伴夫妇们一生"的圣事（家庭团体，56），对所领受之圣事的鲜活意识应成为主导婚姻和家庭灵修的主线。直至整个日常生活真正成为恭敬天主的行为，而不只是在举行婚姻圣事的时候；因为"他们的一切工作、祈祷、传教活动、夫妇及家庭生活、每天的辛劳、身心的消遣等等，如果是因圣神而作的，甚至忍受生活的艰苦，都会变成精神的祭品，经耶稣基督而为天父所悦纳（伯前2:5）"（教会宪章，34）。

## 2. "为天国的缘故"而守独身的恩宠

"基督的启示指出人完整地实现爱的圣召的两种方式：婚姻

---

[12] C. Caffarra, *Ética general de la sexualidad*, cit., 107.

和守贞或独身。二者都是——依其本有的方式——人最深刻的真理的实行，是人「依天主的肖像被造」的实现"（家庭团体，11）。这是人格价值实现中的两种特殊维度。上述我们已经探讨了婚姻，接下来我们就阐述一下独身。首先以圣经相关的启示开始，然后便是对独身，作为一项"神恩"或在教会中的一种生活方式，进行神学反思。

## 2.1 圣经启示

作为生活方式，独身在旧约中并不常见。从这种意义上来说，旧约的信息并不多，也没多大意义。甚至可以说，守贞就如相反主流价值观的事情。

> 涉及独身最为明确的就是耶肋米亚先知的圣召，但却拥有一种消极的含义：表达了以色列子民所处的不稳定局势和当时灾难不断而阻碍人结婚（参耶 16:1-4）。在依弗大的女儿所作的声明中也能窥见守贞的这种价值观，他的女儿并不因为死亡而伤心，而是因为还未结婚、未有子嗣便要死亡而感到伤心（参民 11:34-40）。在旧约传统中并未发现有以言语或行为彰显独身或守贞价值的内容。

婚姻是通行而常见的生活方式。此外，这也是被启示本身所钟情的一种生活方式，因为这种生活方式与天主对亚巴郎所做的承诺密切相关（参创 17:4, 7-17），根据这个承诺，默西亚应是达味的后裔。虽然"独身和守贞的理念，对某些犹太人阶层来说并非完全陌生，尤其是在接近耶稣来到之前的那段时期。然而为天国的缘故独身……，或更好说守贞，无可否认的是与天主降生成人相连接的一种革新"（妇女的尊严与圣召，20）。当时仍未以后来耶稣藉言语和生活所表达出来的含义来理解独身或守贞。[13]

这种观念在新约当中得到了改变，独身明显地呈现得有如生活的一种理想状态。守贞或独身不但是可能的，而且为达至"天国"来说是极为有效而重要的一种途径。基督亲自以其生活证明了这一点。他的基督徒生活的核心，并使所有信仰基督的人达至圆满（参牧职宪章，22）。"为天国的缘故独身……，或更好说

---

[13] 参：若望保禄二世，1982 年 3 月 17 日公开接见讲话，2-3。

守贞,无可否认的是与天主降生成人相连接的一种革新"(妇女的尊严与圣召,20)。

— 基督自己选择了独身,并以此方式开辟了见证其生命的这条道路。同时也藉语言明确地说明这才是基督徒理想的生活方式。在与法利塞人针对婚姻的不可拆散性的争论中他也说明了这一点,独身的圣召就如这次对话的延伸:

> "「梅瑟为了你们的心硬,才准许你们休妻:但起初并不是这样。如今我对你们说:无论谁休妻,除非因为姘居,而另娶一个,他就是犯奸淫」(玛 19:8-9)。我们可从这个语境推断,当时门徒专心聆听这段对话,尤其是耶稣所说的最后一句,并对他说:「人同妻子的关系,如果是这样,倒不如不娶的好」(玛 19:10)。基督这样响应他们:「这话不是人人所能领悟的,只有那些得了恩赐的人,才能领悟。因为有些阉人,从母胎生来就是这样;有些阉人,是被人阉的;有些阉人,却是为了天国,而自阉的。能领悟的,就领悟罢!」(玛 19:11-12)。"[14]

基督在这里所论及的守贞或独身是一个自由而自愿选择的结果("有些阉人,……自阉的");而并不是自然的缺陷,或是人为造成的缺陷(参妇女的尊严与圣召,20)。[15] 另外,它也是因超性缘由而完成的选择("为了天国"),也就是说,考虑到了人与天主结合的末世圣召。因此,确切地来说,这是一份恩宠或天主的恩赐("只有那些得了恩赐的人";"能领悟的,就领悟罢!"),天主召叫特定的人来追随这种圣召。跟纯粹的"不结婚"毫无关系,更不是对婚姻的一种消极看法,或一种自私的决定。

耶稣的话使我们在守贞或独身的圣召中可以看到一种特殊的价值观和独特的超性目的。它是个神恩性的标记,指出了复活的人在末世的"童贞",可以说,藉着"面对面地"看见天主,光荣肉身的绝对和永恒配偶性意义将会在人与天主的结合之中展现,而藉着完美的主体与主体相交的特性的结合,肉身将蒙受更大的光荣。在诸圣共融的奥迹中,这种主体与主体相交的特

---

[14] 若望保禄二世,1982 年 3 月 10 日公开接见讲话,2。另参:庇约十二世,《神圣童贞》(*Sacra Virginitas*)通谕,11,1954 年 3 月 25 日。
[15] 同上,1982 年 3 月 17 日公开接见讲话,1。

性将结合所有"有分于来世的人"——男人与女人。¹⁶ 这个「来世」的神恩性标记也表达了"肉身的救赎"这奥迹最真实的力量,这救赎虽在现世已经展开,但将在末日藉着"肉身的复活"而最终达至巅峰。那些自由决定选择这种圣召的人,以某种方式,已分享这肉身救赎的奥迹,并愿意以特殊的方式在自己的肉身内完成这项奥迹,从而更加肖似基督。"因此,「为了天国」守贞最重要的是承载着肖似基督的印记;他(基督)自己在救赎工程之中,「为了天国」作出这样的选择"¹⁷。

然而,显而易见的是在人肉身复活后的末世情形与在此世为了天国的缘故而选择独身之间存在着本质性的不同。在末世人复活后"既不娶,也不嫁";但在现世,独身的圣召,相对普遍而通行的原则——即:婚姻圣召——来说,则是一种例外。因此,它是一份特殊的恩赐,"耶稣基督本人就是它们完美的化身"(妇女的尊严与圣召,20)。但是,这也与人的天性完全契合:作为婚姻基础的男性与女性之人格上结婚的自然倾向,也是"为了天国的缘故"而守贞或独身的基础。尽管与婚姻生活的方式不同,但守贞也是为了天主和他人,同时也是为了实现个人尊严和圣召,而"完全交付自我"的一种途径。守贞或独身固然要放弃婚姻,但它尤其是,且优先是对"为「天主的国」完全交出自己"的一种肯定;是对基督"爱的一种特别回应"。¹⁸

– 保禄书信中的格前 7 堪称对福音教导的一种深化。圣保禄以牧灵性的语言阐释了基督藉着与婚姻的对比就守贞所做的教导(参玛 19:2-21)。

> "论到童身的人,我没有主的命令,只就我蒙主的仁慈,作为一个忠信的人,说出我的意见:……我愿你们无所挂虑:没有妻子的,所挂虑的是主的事,想怎样悦乐主;娶了妻子的,所挂虑的是世俗的事,想怎样悦乐妻子:这样他的心就分散了。没有丈夫的妇女和童女,所挂虑的是主的事,一心使身心圣洁;至于已出嫁的,所挂虑的是世俗的事,想怎样悦乐丈夫。我说这话,是为你们的益处,并不是要设下圈套陷害你们,而只是

---

¹⁶ 同上,1982 年 3 月 24 日公开接见讲话,1。
¹⁷ 同上。
¹⁸ 参:若望保禄二世,1982 年 4 月 21 日公开接见讲话,8-9。

为叫你们更齐全，得以不断地专心事主。……所以，谁若叫自己的童女出嫁，作得好；谁若不叫她出嫁，作得更好"（格前 7:25, 32-35, 38）。

圣保禄在论到守贞或独身时，明确地声明这只是一个"意见"，而不是命令。守贞或独身是绝对自愿的一种生活方式。这也是基督的教导。保禄也明确强调，守贞或独身比结婚"更好"。这是一种"更好"的选择，藉此可作为对圣神特殊恩赐的回应，从而可以从事"主的事"和"悦乐主"。但是，若认为结了婚的人便是做了恶事，那是绝对站不住脚的，因为保禄明确说到，结婚也是善事（"谁若叫自己的童女出嫁，作得好"），婚姻也是天主的一份恩赐，只适合那些领受了这种圣召的人。

独身具有一种特殊的价值，因为它更好地回应了末世的情形，在那里人的"心不会分散"。不管怎样从未暗示说，结了婚的人便不能"专心事主"、爱主；但是那些选择了独身或守贞的人是以"内在的整合"爱主事主的，这种整合可使他们心无二属地完全投入到为天国的服务中。根据圣保禄针对婚姻和童贞所做的反省，人的人生终向不是这个世界，而是天国。人不应依附于稍纵即逝的现世事务。[19]

## 2.2 教会生活中的独身

根据新约的教导，尤其是主耶稣为我们留下的榜样，有关作为圣召的独身或守贞所具有的意义之教义在教会中不断地得到了完善和深化。"从基督宗教的初期，诸多男女就走上这条途径，因为福音理想是向人提示，并无性别之分"（妇女的尊严与圣召，20）。早在第二世纪便已出现了我们现在所说的守贞生活。[20]

"自教会开始，已有些男女放弃了婚姻的莫大好处，为要追随羔羊，无论他到哪里，都常跟随他，为关注上主的事情，为尽力中悦他，为迎接新郎的来临。基督曾亲自邀请某些人追随他度这种生活，而他本身就是这种生活的模范"（天主教教

---

[19] 参：若望保禄二世，1982 年 7 月 7 日和 7 月 14 日公开接见讲话。
[20] 守贞的女性基督徒被称为"贞女"，而男性则被称为"禁欲者"（*continente*）。从第二世纪开始，在西方教会较为广泛采用的表达是"克修"。参：M. Viller, *La spiritualité des premiers siècles chrétiens*, Paris 1930, 13。

理，1618）。

在教难——因此也包括殉道——结束之后，守贞就被认为是一种不流血的殉道，是以更亲近的方式跟随耶稣所不可或缺的条件。于是，在整个教父时代，便逐渐形成了一套有关守贞的理论，其特点主要有：1) 将守贞视为位于殉道之后，彰显教会圣德的见证；2) 突出童贞的净配性幅度（根据格后 11:2，借用"基督的净配"这种表达来指守贞的人，这种表述便逐渐为众人所接受）；3) 强调教会与童贞之间的关系（在玛 22:30 中，教父们发现守贞，相对来世而言，具有"标记"的价值）；4) 突出童贞与玛利亚的母性–童贞之间的关系，进而此奥迹便形成了理解守贞之概念的一部分；5) 主张守贞，[21] 作为生活方式，比婚姻"更好"，虽然婚姻也是好的。

教父时代末期，"在为了天国而守贞的具体方式上出现了一场革命，几乎主导了后续的整个发展过程，即：贞女将成为圣人"。[22] 由不同境遇中的基督徒所践行出的追随基督，"随着最初为隐修团体所制定的规则的出现，而逐渐被替代，而这些规则后来也被女隐修士们采纳（诸如，圣巴西略或圣本笃女隐修院），甚至有些规则十分明确地是针对女性团体的"。[23] 这种对基督徒生活隐修院式的"理解"方式很明显也标示出一种深化和阐释独身或守贞之含义的方式：几乎将其理解为"奉献式的守贞"。这也是走近在神学类文学中经常见到的基督徒生活方式的一种形式。

但是在近代，有越来越多的基督徒，在没有任何不同于洗礼的奉献形式下，"为了天国的缘故"而选择了独身或守贞，这也逐渐地开启了针对这种基督徒生活方式的反省途径：由圣洗本身出发，如同圣洗恩宠的具体表现形式与延伸。在这圣洗恩宠之基础上，基督徒已融入并参与基督的生活与工作奥迹；这恩宠与守贞或独身这项特殊恩宠契合在一起，基督徒藉此全然

---

[21] 参：J.Auer y J. Ratzinger，*Los sacramentos de la Iglesia*, cit., 293。
[22] S. Majorano, *Virginidad consagrada*, en Dizionario Enciclopedico di Filosofia, Teologia e Morale, 1860.
[23] 同上，1861。

地——而并不是通过婚姻——为了天国的缘故而跟随基督、效法基督。平信徒蒙召在现世事务中，并通过现世事务而圣化自己和世界——这是平信徒的本有职务，由此而成为"一项有力的标记，象征人与基督之关系的优越性；也是热切期待他再来的标记，使人想起婚姻是现世存在的一种关系，是会逝去的"（天主教教理，1619）。

## 3. 婚姻与独身：两种互补的圣召

基督与教会之爱的奥迹是一种不可分的结合，一种具有生育力和童贞之爱的奥迹。因此，婚姻与独身，作为这项奥迹的标记，它们之间存在着密切的关系。与此同时，也是两项善，两种圣召，既有相通之处，又有各自的特殊性。婚姻需要童贞的光照，而童贞也需要婚姻才能获得正确地理解。无论是对婚姻，还是对守贞所做的神学反省，虽然侧重点不同，但都需要这种背景。

### 3.1 独身的崇高性

从历史上来看，婚姻与独身或守贞之间的关系与互补性这个主题首先是围绕着对这两种生活的评价而引起的。就如历史所呈现的，这个问题是有两个极端而错误的思想引发出来的，一是过于高估守贞的价值，以至鄙视婚姻；而另一个则是赞赏婚姻，而对守贞有一个消极的观念。

不管怎样，从针对这些错误思想而给予的不同回应中，首先是大多数教父，然后是神学和教会训导做出的回应，可证实，一方面经常肯定婚姻的尊严与益处；另一方面也一致宣扬守贞的优越性。根据《妇女的尊严与圣召》，这是圣经和圣传明确的教导："在格林多前书（格前 7:38）中，圣保禄宣称守贞优于结婚，这也是教会恒常的训导，与记录在玛窦福音（玛 19:10-12）基督所说的精神相符合；他的这种说法绝不掩蔽肉身的和属灵的母职的重要性"（妇女的尊严与圣召，22）。

独身既摆脱了婚姻固有义务的束缚，也使人心燃起对天主和对众人更大的爱火；更好地预示永生，这将是基本的爱德，因此独身者在其身上提前了未来复活的新世界（参家庭团体，16；人性之爱教育指南，31）。所以，独身拥有一个更崇高的目的。[24] "为此缘故，教会有史以来，常维护婚姻神恩的卓越性，因为它与天主的国是特别相连的"（家庭团体，16）。

面对新教改教者们的主张，即：守贞相对婚姻的优越性教义相反福音的教导，特利腾大公会议隆重地厘定："谁若说，结婚者的身份胜过童贞或独身者的身份，且留在童贞或独身的身份之中，并不比结婚更好及更有福，那么，这样的人，应予以绝罚"（邓辛格，1810）。

教宗庇约十二世的《神圣童贞》通谕（1954年）也表达了同样的意义："童贞高于婚姻，乃救主基督和保禄宗徒所讲的道理；特利腾公会曾宣布这为信德的道理；教父和圣师们亦一口同音声明这点。"梵二大公会议也是在同一思路上阐述，但是——相对以前的教会训导而言——它更侧重于两种圣召之间的互补性，并将童贞置于普遍成圣的圣召背景下来理解：既强调婚姻所享有的尊严和高贵价值（参牧职宪章，47-53），同时也突出了守贞的崇高性（参教会宪章，42；46-57）。

这也是从那以后，教会训导——诸如《家庭团体》劝谕、《妇女的尊严与圣召》牧函、《致家庭书》牧函等——所遵从的愿景。

强调守贞或独身相对婚姻所具有的优越性，在教会真实的传统中，并不意味着对婚姻、对肉身或对传宗接代的贬低。也不可将其理解为应禁欲或戒避夫妻同房。唯一的根由就是与"天国"的特殊关系。

总而言之，在为了天国而守贞或独身所具有的优越性这个主题上，有必要在这种圣召的末世意义与基督徒"在此世"的具体生活之间进行区别。因其末世意义，独身或守贞完整地表达了肉身的救赎，正如在复活时所拥有的身体那样。而婚姻也表达了同一救赎，只是它根据在此世的身份，藉由圣事完成而已。婚姻与此世密切相连；而独身则不受此世约束（参格前7:26, 29-31）。从具体的生存愿景来看，优越性取决于活出各自圣召的方式：说到底，就是爱或爱德的圣召。教宗若望保禄二世论到这一点

---

[24] 参：多玛斯·阿奎那，《神学大全》，2-2，q.152 a.3-4。

时，这样说："基督徒生活的成全是以爱的程度来衡量的。"[25]

"从根本上来说，婚姻生活与独身生活在教会中的存在使二者产生了一种相对化。对天国来说，婚姻生活并不是绝对必需的，因为还存在着独身生活；同样，独身生活对天国来说也不是绝对必需的，因为还有婚姻生活存在。只有一样是绝对必需的：爱天主在万有之上，并爱人如己。因此，也有些人，因非自愿的理由，或因其自由的决定，并未结婚，也并未蒙召守贞。但这并不是说他们就是「失败者」，因为终究会死去，并在基督内复活：分享基督的命运是唯一重要的事情。"[26]

## 3.2　婚姻与独身：相得益彰

"婚姻圣事和为天国而守贞，两者都是来自主自己。是他赋予这两种生活意义，并给予它们所需的恩宠，好按照他的圣意而生活。为天国而守贞的价值，与基督徒的婚姻观是不可分割的，而且相得益彰"（天主教教理，1620）。

这是两种圣召，或两种"生活方式"，是圣洗恩宠的扩展和个人人格的发展。两者不同但并不矛盾，而是相互补充。独身或守贞与婚姻在教会中并不是将基督徒分"完美"和"不完美"两种圣召。相反，"上述两个基本情况可说是互相说明或完成的"。[27]

婚姻与守贞是两种回应人类最内在需要的圣召，而作为圣召，将根据各自的方式，促成人格的发展。在人类（男人和女人）肉身的尊严与圣召——无论是婚姻圣召，还是独身圣召——之间存在着一种关系，为了人格的发展，必需持守这种关系。因为，正如梵二大公会议所提醒的，"人类唯有衷诚地舍己为人，始能达到圆满"（牧职宪章，24）。事实上，婚姻与守贞是——根据铭刻在肉身内的配偶性含义——实现这种"舍己"的两种途径。

"事实上，如果人按其状况或召叫忠于自己的恩赐，而没有「冒犯」自己的身体，即圣神的宫殿，那么在这两种生活方式之中，也就是我们今天所说的两种召叫之中，各人从天主获得的「恩赐」都在发挥作用，那就是使身体成为「圣神的宫殿」

---

[25] 参：若望保禄二世，1982 年 4 月 14 日公开接见讲话，3。
[26] C. Caffarra, *Ética general de la sexualidad*, cit., 117.
[27] 参：若望保禄二世，1982 年 4 月 14 日公开接见讲话，2。

的恩宠，且在守贞与婚姻生活中同时存在。"[28]

守贞保护婚姻，因为它提醒人现世的生活并不是最终的生活，并不能给予生活最终的价值。因此，夫妇们应以末世的意义来善度其婚姻生活。另一方面，婚姻也提醒人舍己——这是守贞本有的——不能仅停留在抽象的普世性意义上，毫无具体内容或表现，因为只有具体的人才是爱的对象。因此，"人所蒙召叫的这两个向度并不互相对立，却互相补足。两者都对人的基本问题提供圆满的答案。这些问题就是「人成为身体」的意义，也就是男性和女性特质的意义，是「藉着身体」成为男人或女人的意义"。[29] 因此，这是两种相互补充的回应：只有清楚明了身体与性的神学含义时，才有可能活出婚姻的真理来，守贞才能成为完全为了爱而交付自我的结果，这样向婚姻这种善所说出的"不"才会有意义。

婚姻与守贞是两种相互补充、彼此需要的圣召，因为二者中的任何一种圣召凭自身均无法表达出基督对教会的这种配偶性交付的奥迹。婚姻也不能完全表达这项奥迹，因为因其本身属性，夫妻之爱的交付是完整而排他的，且只有通过身体才能实现，不可能在一男与一女之外完成。然而，基督对教会的交付，虽然也是完整而排他的（因为只有一个基督，一个教会），但是这并不妨碍它的普世性，因为没有任何一个人被排除在这种交付中。而守贞的神恩恰运行于此，表达基督对教会之爱的完整性与普世性正是守贞或独身的身份所应做的。不过，只有在与他人的关系中排除性活动的交付，才能做到这一点。

> "每个人可以却应该与圣保禄一起高呼：他（基督）爱了我，且将其自身给了我。每个人都是教会，这样——根据教父时代和中世纪的一项释经原则——凡是教会所言，每个人也应该言之。普世性并不妨碍排他性，而排他性也不妨碍普世性。"[30]

在圣玛利亚奥迹的光照下，初期教会便已明白这两种圣召的互补性。玛利亚是理解守贞之"优越性"和婚姻之"低级性"意

---

[28] 若望保禄二世，1982年7月14日公开接见讲话，4。
[29] 同上，9。
[30] C. Caffarra, *Ética general de la sexualidad*, cit., 115.

义与价值的最好途径。圣洗圣召的这两个范畴"以神奇的方法在她内结合,彼此不相排斥,但奇妙地相辅相成。……守贞和母职在她内共存:它们不会彼此排斥或彼此相限制。的确,天主之母的人格帮助大家——尤其是妇女们——看清如何这两个范畴,这两种途径,在妇女人格的圣召上,彼此说明和相成"(妇女的尊严与圣召,17)。

\* \* \* \* \* \* \*

## 参考书目:

《天主教教理》,1618-1620。
若望保禄二世,《妇女的尊严与圣召》牧函,17-21。
施礼华,《基督刚经过》,22-32。
J. COPPENS (dir.), *Sacerdocio y celibato*, Madrid 1971.
J.L. ILLANES, *Mundo y santidad*,Madrid 1984,83-120.
M. MARTINEZ PEQUE, *Matrimonio y virginidad: Desarrollo histórico-teológico*, en《RET》51 (1991), 57-98.
P RODRIGUEZ, *Vocación, trabajo, contemplación*, Pamplona 1987,42-56; 95-104; 77-90.
M. SANCHEZ MONGE, «*Serán una sola carne...*», Madrid 1996, 169-183.
A. SARMIENTO, *El matrimonio, una vocación a la santidad*, en «ScrTh» 26 (1994) 999-1019.
D. TETTAMANZI, *La verginità per il regno: dalle catechesi di Giovanni Paolo II*·Milano 1982·
P. TOINET, *AU commencement la famille. Le sacrement du mariage*, Paris 1985.

# 第八章
# 婚姻：教会性与社会性事实

作为新约的圣事，婚姻被托付给教会。教会从基督领受了"护卫"圣事结构、圣事的举行等使命。但是，婚姻也是与社会的存在和发展相关的一种制度。从这个角度来说，婚姻又是一个不能不让国家权力参与的事务。因此，围绕着婚姻的性质和教会权力与国家权力的范畴，以及二者之间的关系等，激发了对婚姻而言十分重要的问题。在这一章当中，我们将就这些问题展开论述：首先是与教会相关的问题；然后就是国家对婚姻事务所享有的权力。

## 1. 教会对婚姻事务权力的性质与范畴

教会对婚姻事务的权力问题是与婚姻的神圣性与圣事性联系在一起的。这是教会在历史中一贯的主张。相较对婚姻奥迹的理解和保护其尊严的必要性而言，更为突出的问题是教会在婚姻事务上之权力的落实。以及教会多次声明，享有对婚姻事务的权力。

至论教会，在这里指的是教会的圣统，也就是说，教会拥有以首领基督的名，管理、教导和圣化的使命。因此，并不是指已领洗者的团体。

教会行使并宣称对婚姻事务享有权力，这也是教会的创立者基督托付给教会的救恩使命中的一部分。教会这样做并不是插手不属于自己范畴和管辖领域内的事务。此外，这项权力——依据充分，且以不同的特点——既涵盖已领洗者的婚姻，也包括未领洗者的婚姻。

教会的这项权力是**本有的**，它并非来自于社会或国家当局的授权，而是直接来自于基督。这项权力包含在耶稣的话中："你喂养我的羊群"（若 21:17）和"我要将天国的钥匙交给你：凡你在地上所束缚的，在天上也要被束缚；凡你在地上所释放的，在天上也要被释放"（玛16:19）。这是一种代理性的、**副职权**。教会以基督的名义行使这项权力。并不纯粹是一种人性权力。[1] 此外，它还是一项具有**排他性**的权力。对圣事领域来说，只有教会享有权力。其它当局，诸如社会、国家权力等都不具这样的权力。从根本上来说，这种排他性是基督徒之间的婚姻与圣事不可分性的结果。

现行的教会法中，在论到教会的权力时"排他的"这样的表述已经消失了（参法典1671）；但是在涉及到婚姻事务时，仍然保持着这种特性。对于国家来说，只有在婚姻分离（离异）案件中，当教会的裁决不具国家法律效力时，国家当局才有可能审理配偶分离的案件（参法典1692）。

作为基督之使命的继续人，教会所领受的权力范畴包括：1) 忠实地保存和传递有关婚姻圣事的教义；2) 审视和评估不同的文化和婚姻在历史中的践行，比如，合意的表达等，以便核实其在实行天主的计划时的有效性；3) 针对婚姻的有效性和实效性，制定相关的规定：礼仪性的、法律性的……等等。因此，并没有权力改变婚姻的"实体"，即：由主亲自制定的那些要素。[2]

正如我们已经看到的，在初世纪（一–四世纪），教会接受国家对婚姻事务的立法。但是慢慢地教会也制定了自己的婚姻法：制定了婚姻限制、颁布了法令、拥有了自己的法庭。在第十世纪，最终教会取得了对婚姻事务的治权。教会认为这是教会的本有权力，是独立于国家法律的，甚至反对国法对婚姻事务的干涉。

因着新教理论的兴起（十六世纪）——他们主张对婚姻事务的治权，因天主的旨意，属于国家当局主管；又因高卢主义和若瑟芬主义（十七–十八世纪）主张制定婚姻限制、确立婚姻有效性的条件，以及审理婚姻案件等是君主和国家当局的本有和原始权力；而教会则认为这是教会本有及排他的权力。从这种

---

[1] 基督是主因，而教会是工具因。
[2] 至于如何理解"圣事的实体"，庇约十二世在其《圣秩圣事》宗座宪章（1947年11月30日）中这样说："即在那些依靠天主启示的泉源之中，主基督自己命令在个别圣事之中所应保存的"（邓辛格，3857）。

意义上来说，自十九世纪以来的教宗们的训导意义非凡。比如，庇约六世（1788 年）："这些事务属于一个教会的判断，不因其它理由，而是因为婚姻的契约真实及适当地是福音法律的七件圣事之一，正如这圣事的意义适用于一切婚姻事务，如此这一切婚姻事务属于教会的判断。"[3]

针对婚姻的治权，教会有权制定婚姻限制和审理婚姻案件。此外，确立举行婚姻的法律-礼仪结构等也属于教会的权限（这一点将在后面的第十章当中进行阐述）。现在我们着重看一下教会针对婚姻限制和婚姻案件的权力，这一点将藉由后面针对同一问题的论述得到完善（即第十二章的内容）。

## 1.1 教会制定婚姻限制的权力

"限制"（*impedimento*：阻碍、障碍）一词是指在教会法律上使人不能有效地缔结婚姻之情况的综合（参法典 1073）。有些限制是真正而切实的无结婚能力（比如，无能）；而有的限制则仅是一项法律性的禁止或缺乏合法性（比如，信仰不同）。总之，真正具有决定意义的是在这种情况下缔结的婚姻是无效的。

在圣经上我们也可清楚地找到存在婚姻限制的一些迹象。在旧约中，禁止非法结合（参肋 18），与外邦妇女所缔结的婚姻（参出 9）部分同样的规定也在新约中得以保留（参希 15:20；格前 7:39）。因此，教会从初世纪开始便对婚姻制定了一些限制，有时候是制定，而有的时候则是免除限制。[4] 但是，直到特利腾大公会议，面对新教的主张，才隆重地声明教会针对婚姻限制的权力包括：1) 解释所制定的限制；2) 制定限制；3) 扩大限制或取消限制。此外，还声明教会在过去这样做并不错误。

原文如下：

"谁若说，只有肋未纪（18:6-18）所表达的血亲和姻亲等级，能阻挡婚姻的缔结，并拆散（婚姻的）合约；教会也不能在那些

---

[3] 庇约六世，《为我们缺乏》：致意大利莫托拉（Mottola）主教书函，1788 年 11 月 16 日。邓辛格，2598。除此之外，相关训导还有良十三世的《天主智慧的奥秘》通谕；庇约十一世，《圣洁婚姻》通谕等。

[4] 比如，亚耳地区会议（Arlés，314 年），艾威剌地区会议（Elvira，305 年），拉特朗第四届大公会议等。

(肋未纪所表达的)情况中予以宽免或指定,使得更多(等级)禁止或取消:那么,这样的人,应予以绝罚。"

"谁若说,教会不能指定婚姻无效限制或在其中做错了:那么,这样的人,应予以绝罚。"[5]

但是,为了明了教会针对婚姻限制之权力的性质和范围,则需要区分**神律的限制**和**人律或教会法的限制**。至于神律限制,则是来自于天主,因此,是不可改变的,教会只有权力澄清、声明或以权威的方式对其进行真实的解释。而这种权力仅属于教会最高当局,也就是教宗和大公会议(参法典 1075)。而人律或教会法的限制,则是教会制定的限制,因此是会受到变革的影响的,也就是说,可作适应和改善。教会有权制定、废除、扩大限制范围和豁免限制。然而,应以正当理由施行这项权力;在制定限制时,应具有例外或特殊性的特征,且应从狭义上进行解释。这是对人所拥有的结婚基本权利的限制。

## 1.2　教会审理婚姻案件的权力

教会针对已领洗者的婚姻所享有的权力也广及其婚姻关系。藉着自基督所领受的副职权,教会在某些案件中可声明其婚姻无效和解除其婚姻关系。教会也是这样运作的,这也是教会的一贯教导。

支持这项权力最为强有力的神学论据就是教会权力的实际运作。因为如果教会不享有这项权力,那么在信仰与道德事务——诸如婚姻案件——上的审断便是严重错误的。然而教会在这些事务上,即信仰与道德事务,是绝对不会错误的(因为享有不可错的特恩)。

此外,教会以不同的形式宣称自己享有这项权力。有时候是针对具体的问题,而有的时候是以一般形式,面对世俗权力的申辩,教会训导不断重申这是教会的本有权力。特利腾大公会议明确声明:"谁若说,婚姻的个案不属于教会的法官,那么,这样的人,应予以绝罚"(邓辛格,1812)。

---

[5]　邓辛格,1803 和 1804。

作为一项副职权,教会始终以基督的名,并在基督所指定的领域内行使这项权力。因此,始终需要有正当的理由;并且这并不是一种恣意妄为的权力。至于这项权力对基督徒婚姻案件的影响和作用,我们将会在后面涉及到婚姻不可拆散性的时候(第十二章内容),进行详细阐述。

作为基督的代表,教宗也享有针对非基督徒之婚姻事务的权力。因此,在某些情况下,教宗也能解除他们的婚姻关系。针对此类案件的条件与程序,我们将会在后面详细探讨(参第十二章)。这里我们仅限于指出这项权力仅在那些被称为"保禄特权"和"信仰特恩"的案例中行使。

## 2. 国家对婚姻事务所享有的权力

无论是针对基督徒的婚姻,还是针对非基督徒的婚姻,都会涉及到国家对婚姻事务之权力的性质与范围这个问题,当然就上述两种情况而言,也会有不同之处。从根本上而言,无论婚姻是否是圣事性的,它都有人性-社会性特征。作为社会制度,婚姻一方面需要有法律来规范在婚姻与社会之间所存在的关系;另一方面也需要法律来保证婚姻制度的稳定性。婚姻对法律的这种需求不仅对结婚的人有决定性的影响,也会对整个社会发生作用,尤其是当出现严重冲突而使夫妻申请分离(离异)或解除婚姻关系时,就会显得尤为突出。国家当局对一个与社会的发展和"人性化"密切相关的制度(即婚姻)不能袖手旁观或佯装不知。

在漫长的历史中,对婚姻的这种规范是以两种方式完成的:通过教会法婚姻和民事婚姻。教会法婚姻(*matrimonio canónico*)是按照教会"法定仪式"而举行的婚姻,也就是说,在教会的合法代表面前,并根据相关的法律规定而举行的婚姻。民事婚姻(*matrimonio civil*)就是根据"民事形式"所举行的婚姻,即:在国家公职人员面前,并根据国家针对婚姻的成立、形式和限制等所制定的法律而举行的婚姻。

如今对所谓的民事婚姻的合法性,再没有任何人提出质疑。这种合法性的基础即在于人的本性与尊严、婚姻的社会性特征,以及公共福祉的要求。应该尊重每个人基于其个人信念而愿意选择的形式这种良心的自由，那怕有时候是错误的。根据这项权利，每个社会成员均可举行民事婚姻。国家当局享有制定正当法律的权利和义务，以使其社会成员依照公共福祉的要求行使这项权利。

> "信仰自由的权利不是奠基于人的主观倾向，而是奠基于人的固有天性。所以那些对于追求真理，及依附真理不尽责任的人们，也仍保有不受强制的权利，只要不妨害真正的公共秩序，则不能阻止他们自由权的行使"（信仰自由宣言，2）。

国家，无论有无信仰，都应承认宗教信仰的事实。信仰宗教是人的基本权利。在尊重依照个人宗教信念而行事的基本权利的同时，也应确保公共秩序的公正。因此，国家立法也应遵照教会的法律秩序，进而，所谓的民事婚姻必行制度便是国家权力的一种干涉，即：不承认教会在这一领域的权力。（若民事婚姻对基督徒婚姻的有效性是一种选择的话，事情则是不一样的。）

除上述所言，还应明确的是需区分已领洗者之婚姻和未领洗者之婚姻。然而，现在所涉及的是国家的权力与已领洗者之婚姻的关系。具体来说，根据宗座与国家所签订的协约，国家在涉及夫妻分离的案件中享有权力（参法典 1692）。[6] 针对已领洗者之婚姻的纯民事效力，国家也享有权力。针对那些涉及不到婚姻本质的暂时性效力，根据时间与地点则有所不同，诸如，登记时间、财产的管理等。至于这些效力，原则上是由国家干预和立法，除非地方法另有规定，而凡涉及于此的案件，则应以插入或附加的方式进行（参法典 1672；1059）。

国家当局针对未领洗者婚姻所拥有的权力是不同的。此类婚姻尽管也是神圣的，但国家可以且应该制定相关的婚姻制度，诸如，审理婚姻案件、制定限制等。这也是公共福祉所要求的。这是如今神学家与教会法学家们的共识。

\* \* \* \* \* \* \*

---

[6] 具体而言，还要看圣座与相关国家所签订的协议。

**参考书目：**

P. ADNÉS, *El matrimonio*, Barcelona 1979, 219-234.

J. FORNÉS, *Derecho matrimonial canónico*, Madrid 1990.

G. LE BRAS, *Mariage*, en *Diccionario de Téologie Catholique* 9/2, 2261-2283.

L. LIGIER，*El matrimonio*, Roma 1988. 184-197.

G. OGGIONI, *Dottrina del matrimonio dai Padri alla scolastica*, en T.GOFFL (dir.), *Enciclopedia del matrimonio*, Brescia 1965, 151-220.

J. O'RIORDAN, *La giurisdizione ecclesiastica in materia matrimoniale*, Roma 1972.

# 第四部分

# 婚姻的结构与举行

作为天主创设的制度和作为圣事，婚姻超越个人和社会的意愿。婚姻首先是对天主举措的一个回应，但是同时也被托付给结婚之人的个人自由，他们才是其婚姻盟约的真实主角。这一部分的内容就是要探讨构成婚姻或婚姻庆典的时刻及各种要素。

首先我们要分析一下婚姻庆典本身：在婚姻成立之时的婚姻合意和婚姻标记、法定仪式和礼仪庆典；然后我们再将注意力转向婚姻庆典的主角身上；以及为了举行婚姻圣事，需要有哪些人和何种意愿。

# 第九章
# 婚姻契约或合意：婚姻圣事的构成要素

婚姻的圣事性这个问题——在前几章当中，我们已经探讨过——现在将随着对构成这种圣事性之要素的分析而得到补充。具体而言，如果在举行婚姻时所表达的合意是婚姻的一部分，那么它在婚姻的圣事性结构当中又扮演什么角色呢。

我们将这个问题分为三部分来阐述。首先，我们将就婚姻合意的性质与必要性进行分析。然后，将从圣事标记的角度来阐释这种合意，意即：针对婚姻合意在婚姻的圣事标记构造中的作用进行探讨。最后，将阐述在圣事标记中与婚姻合意相关的其它要素，诸如：婚姻圣事的质料、形式和圣事施行人。

## 1. 婚姻结构中婚姻合意

"婚姻合意"是指藉以在具体的一男一女之间时婚姻开始存在的行为。从法律-合伙的角度来看，可以说，合意是指婚姻契约缔结人以社会承认的方式藉以开始成为夫妇的行为。这也是婚姻关系或配偶关系与纯粹的性关系的分界岭，同时，也给结婚之人的生活，无论是个人层面，还是位际层面，赋予一种新意。

可以将婚姻合意定性为**人性行为**，藉此结婚之人以夫妻身份互相授受自身(参牧职宪章，48)。因此，这也是一个有意识的、自由的行为。此外，它应该以对方的人连同其配偶性为其本有对象，也就是说，合意的对象是对方有位格的人，根据其本性，性别不同且相互补充，趋向彼此的善，并指向生育。男人与女人通过各自分别拥有的男性与女性，并在其内，相互授受自身。因此，为了使合意成为婚姻性的，它应指向婚姻；而不是其它形式的同居，虽然有时候在成文法或社会与文化背景中接受此类形式的同居。

梵二大公会议在论到这种合意的对象时，说它是"二人的互相赠予"(牧职宪章,48)。在同一意义上,《天主教法典》也表达说:"婚姻合意是意志的行为,使男女双方藉不可挽回的契约,彼此将自己相互交付并接受以成立婚姻"(法典1057)。举行婚姻圣事的礼仪上则这样说:"我……接受你。"明确地指出主体——男人与女人(我–你)——是这种婚姻合意中交付–接纳的核心。

直到梵二大公会议之前为止,相当普遍地认为合意的对象是由"身体"(ius in corpus)和对繁衍后代之行为的永久而排他的权利等构成。而且1917版法典中1081条也是这样规定的。这种理论对应着主要地从繁衍后代角度,并依据格前7:4而来的婚姻观念。然而,也不乏有些学者将合意的对象放在结婚当事人、共同的生活等现如今经常强调的要素上。

但是,如果婚姻合意的对象是人连同其配偶性,那么其等同性与有效性便取决于一方与不同性别的另一方:也就是说,每个人的身份(男人或女人)及其配偶性。合意不可或缺的一些特点是:**约束性、彻底性和无条件性**。约束性是指婚姻合意应该是当事人的自愿行为。配偶双方不仅是开始一种事实的关系,而且应该承担和建立由彼此结合而来的夫妻生活团体。彻底性则表示应指向对方的这个人,接纳他(她)作为自己的配偶(并不只是指向一种行为或同居)。而无条件性则意味着应完全而完整地接纳对方。在婚姻合意中不能排除构成配偶性的任何因素,诸如婚姻的福祉和基本特质、向子女开放、单一性和不可拆散性等。

## 1.1 婚姻合意:婚姻的"原因"和"宣告"

– 肯定婚姻合意是产生婚姻的原因,基本来说,意在说明两点:1) 为了使婚姻在具体的一男与一女之间成立,婚姻合意是必不可少的;2) 合意并不是婚姻。

合意是婚姻成立的原因,因为只有结婚当事人的自由意愿才能是婚姻成立。对"自我"的支配和决定——在婚姻中所交付的是在其男性或女人中有位格的人——是唯独每个人所拥有的,这恰恰是因为他是有位格的人。[1] 同时,毫无疑问的是这种性质的

---

[1] 参:多玛斯·阿奎那,《补编》,q.45 a.1。

决定应有是有意识且自由的(参致家庭书，8)。因此，为使婚姻存在，合意是不可或缺的，且是其产生效果的原因。"合意是「成立婚姻」不可缺少的因素。没有合意，也就没有婚姻"(天主教教理，1626)。

自由，也就是不具强迫，也是婚姻合意必不可少的一个要求。第三方的干预，不管是取代、限制或扭曲结婚当事人之自由意愿者均可导致婚姻无效。

"合意应是每个立约人的自愿行为，不受暴力或外在重大威胁所迫使。任何人间的权力都不能取代这合意。如果缺少这份自由，婚姻也就无效"(天主教教理，1628)。

应该提醒的是，这种自由具体表现在结婚或不结婚，与这个人或另一个人结婚的事实；直到能够确定婚姻的意义、目的、特质……为止，才能表现出来。这就是在强调婚姻合意并不是纯唯意识论意义的契约时所要表达的意义。

之所以说合意是婚姻产生的原因，是因为要区别合意与婚姻。结婚当事人相互交换合意是婚姻成立不可或缺的因素，这是一回事；而合意等同于婚姻则是另一回事。若将二者等同的话，那么所得出的结论便是：一旦合意中止或不再继续，那么婚姻将要消失。然而，事实则是合意使婚姻存在，且合意是一个瞬间行为(是暂时的，而非持续的行为)。婚姻是这个行为所产生的效果，它是持续的(恒久的)。虽然合意与婚姻之间是一种原因与效果的关系，但它们是两个不同的事实。[2]

– 合意同时且不可分地也是婚姻的宣告，也就是说，宣示从此以后二人将是丈夫与妻子。合意也包含着要根据结婚当事人所表达的"我……接受你某某作为我合法的妻子(丈夫)"而形成的位际结合–共融，终其一生来落实其承诺。这是结婚当事人双方彼此，并且是在天主、在教会和社会面前所做的宣告–承诺。如此以来，合意的真相便与表达承诺所使用的话语之坦诚性密切相连，而这承诺因其属性则要求是唯一而不可拆散的，且向

---

[2] 参：P.J. Viladrich, *Agonía del matrimonio legal*, cit., 146。

生育开放。夫妻生活也应始终铭刻于婚姻宣告的真理中。[3]

藉着婚姻合意,结婚当事人双方以配偶的身份相互授受自身。从此以后,便在他们之间产生以夫妻身份相互授受自身的承诺,并持续终生。因着这种理由,婚姻合意有别于订婚,订婚只是承诺在未来以配偶身份相互授受自身。婚姻合意表达的是从"此时此刻"以配偶身份相互授受自身。

## 1.2 婚姻合意的充分性

现在所要提出的问题是:除了合意之外,为了使婚姻成立是否还需要其它一些因素。一旦确定了合意是绝对必需的,那么现在要看的是,仅合意是否足够使婚姻成立。

从历史上来看,这个问题是与婚姻的本质或构成要素连系在一起的:是否可以说在婚姻的形成过程中有不同的时刻,抑或,相反,婚姻证实成立于婚姻合意的表达。学者们的立场,无论是神学家,还是教会法学家,分持两种学说:合意论和媾合论。

**合意论**:出自于罗马法和圣奥思定传统,[4] 它主张对婚姻的成立来说,合意足够了。为了使婚姻完美,并不需要圆房,也就是夫妻之间的性结合。根据教宗尼古拉斯一世对就婚姻的本质所提出的问题的回复,貌似这种学说在罗马教会中比较占优势。教宗尼古拉斯一世这样回复说:"按法律,只需要那些要结婚的人的同意就足够了;如果在婚姻中缺乏此同意,即使样样都具备,甚至也已同房,那么,他们的婚姻是无效的。"[5]

**媾合论**:则源自于日耳曼法,并且得到了一些教父的支持,比如圣热罗尼莫(+419-420),[6] 强调说若没有圆房(即夫妻之间

---

[3]  参:若望保禄二世,1983 年 1 月 19 日公开接见讲话,5-6。
[4]  根据罗马法,婚姻惟藉由合意而形成(*Nuptias consensus non concubitus facit*)。因此奥思定坚持圣若瑟与圣玛利亚之间是真实的婚姻。参:H. Frévin, *Le mariage de la Sainte Vierge dans l'histoire de la théologie*, Lille 1951, 42。
[5]  教宗尼古拉斯一世致保加利亚人的覆文,第三章,886 年 11 月 13 日。邓辛格,643。
[6]  对日耳曼法来说,婚姻成立中真正具有决定性作用的是媾合或配偶就圆满的性结合。圣热罗尼莫便这样强调,并主张在圣若瑟与圣玛利亚之间并不存在真实的婚姻。参:H. Frévin, *Le mariage de la Sainte Vierge dans l'histoire de la théologie*, 30-32。

的性结合)便不存在真正的婚姻。

两种学说在十二世纪中叶都得到了长足的发展,尤其是藉着隆巴多(P. Lombardo, +1160)和戈拉奇诺(Graciano)分别在巴黎大学和博洛尼亚大学里的推动。

合意论藉着隆巴多的推动得到了进一步的发展,他认为婚姻合意是婚姻形成的本质要素和充分要素。为了在结婚当事人之间产生真正的婚姻并不需要其它任何因素。作为夫妻团体,婚姻藉着配偶双方在合意中所表达的意愿足以形成。肉体上的媾合只是履行夫妻双方在表达合意时所做的承诺。因着这种合意,虽然婚姻尚未圆满,但已绝对是不可拆散的了。

相反,媾合论得到了戈拉奇诺的支持,他将婚姻的形成分为两个时刻或时间段:开始的婚姻(*matrimonium initianum*)惟藉由合意而形成;完美的婚姻(*matrimonium perfectum*)则要求圆房或肉体的媾合。为了使婚姻在圆满意义上成立,则需要在合意之外还应补充上肉体的媾合:因为婚姻合意趋向性的结合或已遂,若没有这种结合,婚姻便不是完美的。只有在媾合后,婚姻才是不可拆散的。因此,圆房应该被视为婚姻形成的同本质(*coesencial*)要素。

在十二世纪末和十三世纪初,借用上述两种学说中的要素,出现了一种新的理论,尤其是藉着教宗亚历山大三世(1159-1181)所颁布的谕令(decretales)而得到广泛传播。[7] 这种理论强调婚姻是藉由语言在当时表达的合意而真正地成立,如此以来,不可再缔结另一桩婚姻,即使是后者已遂也不能视其为真正的婚姻。然而,却承认除了合意之外,只有当完成肉体媾合之后,婚姻才是完全不可拆散的。针对婚姻本质而言,在已遂婚姻和未遂婚姻之间并不存在差异;而其不同性只是与婚姻的圣事意义有关,以及与婚姻关系的强度有关。于是,便形成了现如今我们对婚姻结构及成立的观念。

针对婚姻的形成,合意所具有的充分性,特别重要的教会

---

[7] 在成为教宗之前,作为博洛尼亚的教会法学家,他曾支持用拥护媾合论,也曾阐释过《戈拉奇诺汇编》(Decreto di Graciano)。与此同时,在神学家当中,隆巴多的立场日渐被人接受。教宗亚历山大三世在其谕令中使上述两种学说达成了平衡。然而,媾合论直到当代仍然有不少的支持者。参:P.Adnès, *El matrimonio*, 157。

训导就是翡冷翠与特利腾两次大公会议。翡冷翠大公会议(1439年)在其针对亚美尼亚人所颁布的法令中,只是谈到了结婚当事人双方所表达的合意是婚姻成立的有效因(参邓辛格,1327)。特利腾大公会议,在其第二十四次会议所颁布的《虽然》(*Tametsi*)法令中,以及在有关婚姻圣事的法典中,宣称:"秘密"婚姻,也就是结婚当事人仅藉着合意而缔结的婚姻,是真正的婚姻(参邓辛格,1813-1814);而那些既成婚姻,意即:在已领洗者之间所举行的婚姻,如若未遂,在某些情况下,是可以被解除的(参邓辛格,1806)。

但是,如若只藉婚姻合意便能使婚姻真正成立,那么已遂便不是必需的,因此,为使婚姻成立,合意是必不可少且足够的。特利腾大公会议制定要求,为了婚姻的有效性,结婚当事人应以特定的方式表达其合意,即:在合法证婚人和两个或两个以上证人面前表达合意;但是表达合意的这种形式并不褫夺为使婚姻成立所需之合意的本质性,而只是为合意行为补充了一种"形式"而已。

> "从那以后(特利腾大公会议之后),在教会法婚姻上便发生了很大的改变,不再是一种简单而纯粹的契约或合意协定,而变成了一种形式性的契约。也就是说,仍然保持合意是建立婚姻的充分因素,从这种意义上来说,婚姻便是合意性契约(而非真实的契约),因此,除了结婚当事人的合意之外,内在地并不需要其它因素。但是,自特利腾大会会议之后,十分明确的是在不丧失合意性契约意义的同时,为了有效地表达这种合意,外在地仍需要合法的特定形式,因此,也赋予了婚姻形式性特点。"[8]

总而言之,事实是婚姻的举行肯定是藉着合意的表达;但是只要未遂,婚姻便尚未在圆满意义上得以建立。

> "若只是依法既成但未遂(*ratum, non consummatum*)的婚姻就是尚未圆满地算作婚姻。事实上,「我如今郑重承认你作我的妻子/丈夫」这誓词本身虽然是指向一个明确的现实,但只有在夫妇圆房(*copula conyugal*)后,誓词才真正起作用。此

---

[8] V. Reina, *El consentimiento matrimonial. Sus anomalias y vicios como causas de nulidad*, Barcelona 1978, 33.

外，这现实（夫妇圆房）早在起初已由造物主制定：「人应离开自己的父母，依附自己的妻子，二人成为一体」（创 2:24）。"[9]

## 2. 婚姻合意作为圣事标记

婚姻合意与婚姻圣事之间的关系，是一个在神学上被广泛讨论的主题。从十二世纪以后便变得较为普遍，在论到婚姻的形成时，肯定的一点就是：婚姻是藉由结婚当事人的相互合意而成立的。[10] 婚姻圣事本质上在于婚姻合意。在两个已领洗者之间的合意本身便已被提升到恩宠之有效标记的身份。如此，若结婚当事人是已领洗者，那么在他们之间存在真实而有效的婚姻合意时，他们的婚姻便是圣事。已领洗者之间不存在纯粹的自然婚姻。合意不可避免地便成了婚姻圣事的圣事标记结构中的一部分。

### 2.1 合意与圣事标记的不可分性

教会训导曾明确地声明婚姻合意与圣事之间的一致性（等同性），并强调在已领洗者之间不可能存在既有效而又不是圣事的婚姻，[11] 进而也明确地捍卫了合意便是圣事标记的构成部分这种立论。

> 正如我们在这一部分所指出的，特利腾大公会议在论及只藉由配偶双方的彼此合意而举行的婚姻时，明确地指出："不应怀疑……是有效及真实的婚姻。"[12]

然而，尤其是自十九世纪以后，在直接而明确地谴责王权主义、若瑟芬主义和杨森主义理论时，多位教宗宣称这些学说在已领洗者的婚姻中，将契约与圣事分开了。教宗庇约十一世

---

[9] 若望保禄二世，1983 年 1 月 5 日公开接见讲话，2。
[10] 这是隆巴多所坚持的理论，参：J.Auer y J. Ratzinger，*Los sacramentos de la Iglesia*, cit., 330。
[11] 这种理论的一个合理结果就是区分圣事的三个方面："仅圣事"（*sacramentum tantum*）：合意或契约本身；"仅事物"（*res tantum*：即圣事所要表达的事物）：所赋予的恩宠；"事物与圣事"（*res et sacramentum*）：由圣事而来的恒久的婚姻关系。
[12] 特利腾大公会议继续教宗尼古拉斯一世藉致保加利亚人的覆文所做的教导（参邓辛格，643）和翡冷翠大公会议针对亚美尼亚人所颁布的法令（参邓辛格，1327），在不同的背景下，将婚姻合意视为婚姻圣事的本质部分。

的《圣洁婚姻》通谕中的这些话可作为对这些教导的一个总结："基督既把信友婚姻的合法的同意定为圣宠的标记,故圣事与信友婚姻便紧密地连结起来;信友间的真正婚姻不可能不同时亦是圣事"(圣洁婚姻,39)。同样的教导也出现在《家庭团体》劝谕和《天主教法典》中。[13]不管怎样,若望保禄二世多次在从标记的角度论述婚姻的圣事性时,明确教导:婚姻合意是圣事标记的构成部分。[14]

婚姻合意的言词形成了圣事的标记;但是因其含义而成为标记,因为这些言词,从意向上,意味着并且指出结婚当事人双方决定,从今以后,一方对另一方以及一方偕同另一方,要成为的事实。婚姻合意的言词实现了圣事可见的标记。然而,它并不是一个在举行婚姻、付诸合意时,转瞬即逝的标记;而是一个朝向未来的标记,因为它将产生一个具有持久性的效果,也就是婚姻关系,它是专一而不可拆散的。[15]

"在这个圣事标记的整体结构中,一对新人的誓词因其意指的,而且也在一定意义上是联同其意指的,而成为这结构的一部分。婚姻圣事的标记是藉着(缔结婚盟的人的)意向和意向的落实而形成的。"[16]"男女结为夫妇后,一生承载着这个标记,而且他们将一直仍然是这标记,直至死亡。"[17]

圣事标记是不可重复的,它直接形成了整个圣事礼节的一部分(不能说圣事就像是一个流溢的事实,只有到了流程最后,圣事才得成立)。但是一旦拥有了未来的含义,从这种意义上,可以间接地说这件圣事终其一生。

高隆保(C. Colombo)——基于舍本(M.J. Scheeben, +1880)的理论[18]——认为圣事标记在于婚姻合意这种理论是正确的;不过,还需要区分婚姻的举行(合意)与从这一刻起在配偶间所开启的生活(婚姻生活)。狭义上的圣事在合意内,并连同合意而形成,但是夫妇在其相互关系中也是基督与教会之爱的"真实"

---

13 参:若望保禄二世,《家庭团体》劝谕,68;法典 1055。
14 教宗若望保禄二世,利用五次公开接见的机会(从 1983 年 1 月 5 日到 2 月 9 日),阐述婚姻圣事的圣事性标记。
15 参:若望保禄二世,1983 年 1 月 19 日公开接见讲话,6。
16 同上,1983 年 1 月 5 日公开接见讲话,3。
17 同上,7。
18 参:M.J. Scheeben, *Los misterios del cristianismo*, cit., 422-425。

标记，在这种爱内，并藉着婚姻圣事，双方成为夫妻。[19]

## 2.2 合意与圣事标记之关系的不充分解释

还有其它一些"理论"，以不同的方式，解释合意与婚姻圣事之间的关系。说到底，这些理论都是否认，在已领洗者之间的婚姻中，合意与圣事之间的一致性（等同性）。

— 那些主张婚姻形成及唯一地在于婚姻合意的人，同时也强调结婚当事人拥有权力将圣事性从其婚姻中排除在外。其依据是为有效地举行婚姻，意向的必要性，并论证说：针对那些愿意结婚，但不愿意领受圣事，进而排除其婚姻的圣事性之个案，有严重的理由否认"自然"婚姻的有效性。因此，领过洗礼的人便可以缔结真正的婚姻，与此同时，又不是圣事。

> 这种观念从十六世纪初开始传播，并有些主教在特利腾大公会议上卫护这种理论，比如（西班牙）格拉纳达的主教Guerrero，后来也有一些神学家主张这种理论，诸如Vázquez(+1604)和Billuart(+1757)等。而如今这种理论又死灰复燃，尤其是在教会法领域，欲将其作为一种牧灵举措，来解决那些已领洗者愿意缔结婚姻，但又表示没有信仰的人所面临的婚姻问题。

— 还有一些学者论证：圣事的施行人是证婚且祝福婚姻的司铎，圣事标记是由结婚当事人的合意和司铎的祝福构成的。若缺少这种祝福，婚姻仍是有效的，但并不是圣事。因此，在合意与圣事之间并不存在等同性，而是一种真实而真正的区别，尽管是部分的区别。

> 持这种理论的代表人物是卡诺（M.Cano, +1561），在特利腾大公会议上也有一些主教持有此种观点，后来也有不少神学家坚持这种论点。

— 根据上述所言，针对所提出来的问题，应该说：圣事标记是由结婚当事人双方彼此的合意构成的。在两个已领洗者之间的婚姻已被提升到恩宠的有效标记的身份。在合意与圣事标

---

[19] 参：C.Colombo，*Il matrimonio，sacramento della Nuova Legge*, en VV.AA., *Matrimonio e verginità*, Venegozo Inferire 1963, 463-483。

记之间存在着等同性,因此也存在着不可分性。其它的因素,诸如司铎的祷词和祝福,对圣事标记的成立与否并不是必需的。

诚然,需要在圣事或圣事标记与合意之间确立一种区别。在基督到来之前,合意使真正的婚姻成立,但并不是圣事;同样也可以说,在基督到来之后,未领洗者的婚姻也是这样。但是在已领洗者的婚姻中这种区别是不可能的:在这种情况下,这种区别只是理智上的或假想的(而并不是真实的)。

## 3. 婚姻圣事标记结构中的质料—形式与施行人

在历史中,与婚姻的圣事性标记相关的其它问题也以不同方式引起了神学的关注。但是,这些问题,从婚姻灵修角度来说,并不是无足轻重的,因为"在正常情况下,圣事性婚姻是在社会和教会中的公开行动。藉此行动,两个人——一男一女——结成夫妻,他们就是婚姻圣召和婚姻生活真正的主体"。[20]

### 3.1 婚姻的"质料"与"形式"

翡冷翠大公会议在针对亚美尼亚人而颁布的法令中强调,每件圣事都是由三项要素构成:"事物当作「质」,言语当作「形」,及施行圣事者……"(邓辛格,1312)。但是,无论是在这部文献中,还是在其它文献中,教会训导从未明确地说明婚姻圣事的质料和形式到底是什么。

教宗本笃十五世则强调:"合法的(婚姻)契约同时也是婚姻圣事的质料与形式;意即:藉着言词与表达其内在意义的标记,对自己的身体所做的相互而合法的交托构成了质料,而彼此合法地接纳对方的身体则形成了形式。"[21] 若望保禄二世,虽然并非以明确的方式表达,但也主张这一观点。[22] 这也是圣多玛斯所捍卫的立场。[23]

---

[20] 若望保禄二世,1983 年 1 月 5 日公开接见讲话,1。
[21] 本笃十五世,《少数人》(*Paucis*)宗座宪章,11, 1758 年 3 月 19 日。
[22] 参:若望保禄二世,1983 年 1 月 5 日公开接见讲话,2-5;1983 年 1 月 19 日公开接见讲话,3-4。
[23] 参:多玛斯·阿奎那,《补编》,q.42 a.1。

针对这一问题，神学家们也未曾达成共识。然而，却一致肯定不管怎样，婚姻相对其它圣事而已，都应从类比的意义上来理解它的质料与形式。

在这个问题上，一些重要的学说有：

— 有些学者强调：应该将圣事的质料与形式放在结婚当事人的合意上来考虑。这些学者从合意与圣事在已领洗者婚姻中的一致性出发来论证这个问题。这也是神学家们共同的主张。

然而，在解释合意如何构成质料与形式时，那些主张上述理论的学者却没有统一意见。1) 对一些人来说，诸如 Vázquez，质料由权利或婚姻生活确定；而形式则由表达婚姻合意的言词来确定。2) 另一些人，诸如 Martín de Azpilcueta (+1586)，则区分内在的合意与外在的合意：质料就是内在的合意，而形式则是外在的合意。3) 还有一些学者——其中大部分都认为应该将婚姻的质料与形式放在婚姻合意上——从圣博敏和苏阿雷斯 (Suárez, +1617) 开始，便主张表达合意的言词或标记便是质料与形式：质料，表达相互交付；形式，表达彼此接纳。[24]

— 卡诺 (M.Cano) 的立场则是，在接纳翡冷翠大公会议针对亚美尼亚人颁布的法令精神的同时，也肯定：结婚当事人的合意就是质料；而司铎的祝福便是形式。如此，便逐渐地走向契约与圣事分离的学说：圣事仅在于司铎所施与的祝福。[25]

— 在近代，逐渐开始传播的观点就是：将圣事的标记置于夫妻之爱上，或放在作为创造事实的婚姻构成因素上。这两种观点的共同点就是强调形式是由圣洗神印所赋予的，它使夫妻结合或夫妻身份转化成圣事性的，而夫妻结合便是质料。在圣事的形成过程中具有决定作用的则是在已领受洗礼者之间所完成的婚姻。

有些人认为，在这种背景下，圣事标记（因此也就是质料与形式）并不在于缔结婚姻的行为（合意），而在于婚姻身份或婚姻的效果（因此才说婚姻是持续的圣事，而不是由一个行为

---

[24] 参：L. Ligier, *Il matrimonio*, cit., 102。P.Adnès, *El matrimonio*, 176。

[25] 关于卡诺的意见以及这种学说所带来的结果，请参：L. Ligier, *Il matrimonio*, cit., 77-79。

——即圣事——产生的圣事性效果）。

不管怎么样，虽然在婚姻圣事的质料与形式这个问题上，有各种不同的解释，但是，应该说仍需要强调，在已领洗者的婚姻中，合意与圣事的不可分性。因此，较为正确的解释就是：婚姻圣事的质料与形式在于配偶双方相互表达的合意；合意之所以是质料，是因为它表达了相互交托；之所以说它是形式，是因为它表达了彼此接纳。

卡诺所主张的学说之所以被摒弃，是因为那种学说会产生一些与教会训导所宣称的婚姻与圣事不可分性不能兼容的后果。此外，主耶稣在建立婚姻圣事的时候，并未在婚姻合意之外，补充上任何新的象征或标记。而且教会在举行婚姻时也一贯坚持了原来的传统。另外，也不可接受在承认婚姻是一件持续的圣事的同时，也肯定它也是一个流溢的事实，且不断地在形成。

## 3.2 关于"施行人"的问题

有关婚姻圣事施行人的问题，与质料和形式这个问题类似，并没有完全统一的意见。无论是翡冷翠大公会议，还是特利腾大公会议，在论到圣事的时候，虽然指出了其它圣事的施行人，但针对婚姻圣事，并没有明确说明谁是施行人。甚至梵蒂冈第二届大公会议也没有涉及这个问题，[26] 然而，《家庭团体》宗座劝谕中对夫妻的"职务"进行了明确的阐述（参38号）。

相反，教会训导在其它的一些文献中却明确地指出配偶双方便是婚姻圣事的施行人。从这种意义上来说，应该提及《奥体》(Mystici Corporis)通谕和教宗庇约十二世对新婚人士的一些讲话。[27] 尤其应该提到的是教宗若望保禄二世的训导，在他针对夫妇们讲话的时候，以明确且惯常的方式提醒他们"夫妻二人……身为受过洗的基督徒，他们在教会内婚姻圣事的施行人"

---

[26] 在大公会议期间，这个问题也是所争论的焦点之一，甚至有些与会教长提出应明确指明基督徒配偶双方彼此施行婚姻圣事。但是这个请求被拒绝了。

[27] 同样在圣部于1949年8月11日所颁布的一道法令中，这样写到："鉴于婚姻圣事的特殊性质，其施行人是结婚当事人，而司铎是法定证婚人……"。

（致家庭书，10）。[28]

《天主教教理》在涉及到这个问题时，明确地说到："根据拉丁教会的传统，双方新人是基督恩宠的施行人；是他们两人在教会面前，经互表合意，而互相授予婚姻圣事。在东方教会的传统中，司祭（主教或司铎）是双方新人互表合意的见证人，但为了使圣事有效，他们的祝福也是必要的"（1623）。

配偶双方在其婚姻的举行中肩负着双重职能。他们作为主体举行并领受婚姻圣事，同时，也作为施行人而举行和施行婚姻圣事；并以基督和教会的名义这样做。彼此交换合意是一项神圣的职务（*ministerium sacrum*），一项真正的职务（虽然相对其它圣事而已，只是从类比的意义上这样讲）。这是神学上已达成共识的主张。不过应该留意的是有些学者在论及配偶双方作为圣事施行人的时候，所使用的词汇有一定的多样性，诸如："婚姻的制作者"、"类比意义上的施行人"，也有的论及这项职能时称其为一种"职务"，等等。

如果说结婚当事人的合意是必要而充分的，而其本身无需其他任何因素而足以使已领洗者的婚姻成为圣事，那么便可看出他们自己便是圣事的施行人。此外，教会的惯例，无论是在过去，还是在现行的法律中的某些情况，始终认为那些仅藉由结婚当事人的合意而举行的婚姻——意即：没有司铎在场——也是真正的圣事性婚姻。

> 直到五世纪，司铎的祷词与祝福在东方教会中既不是通行，也不是必需的。在西方教会中，直到十五世纪，司铎的临在也不是必需的。另一方面，无论是特利腾大公会议正式规定并要求司铎临在的时候，还是在教会礼仪规定或教会训导的其它文献，都未将司铎的干预定性为圣事施行人的所应做的。根据《天主教教理》的教导，在婚姻庆典中，司铎的作用是婚姻的法定证婚人，他并不是以被动的方式出席，而是主动地"以教

---

[28] 在论及圣事标记的那些讲话中，以及《致家庭书》之后，便不断地肯定配偶双方便是婚姻圣事的施行人。可参公开接见时的讲话：1983年1月5日，1；1983年1月19日，1-6；1983年1月26日，1。

会的名义接纳新人的合意,并给予教会的祝福"(1630)。[29]

在一般仪式中,为了使配偶双方的合意促成婚姻,司铎的这种临在是必需的(参法典1108)。

在最近这些年,围绕着新法典的颁布,尤其是在教会法领域,针对司铎在婚姻庆典中的重要作用,发展出了一套新的理论。一些学者,诸如莫尔斯多夫(Mörsdorf)和高莱科(Corecco),主张:为了使婚前庆典成为基督和教会的行为,并成为圣事,司铎的干预是一项基本要素。只有领受了圣秩的施行人才有能力使这庆典成为基督和教会的行为。

然而,针对此应该回复说,这些学者的主张并不是结论性的。事实上,之所以说配偶双方的行为(即合意)便是基督和教会的行为,是因为他们藉着所领受的洗礼,已融入基督和教会内。配偶双方的职务性行为来自于教会和基督司祭职所具有的职务性。因着他们所拥有的普通司祭职,配偶双方便是其婚姻的施行人,虽然相对其它圣事而已,只能从类比意义上这样说。另一点就是"教会圣职人员以及见证人的临在,明显表达出婚姻是教会的事"(天主教教理,1630);这便是"教会通常要求信友以教会的仪式来缔结婚约"(天主教教理,1631)的理由。

\* \* \* \* \* \* \*

---

[29] 这是延续了1907年8月2日颁布的《免得冒然地》(Ne temere)法令中的规定。若望保禄二世在1983年1月5日公开接见时的讲话中,也提醒到:"男女双方藉着宣读这段誓词,缔结了他俩的婚姻,同时领受了婚姻这圣事,而他们二人都是这圣事的施行人。男女双方彼此在见证人面前为对方施行圣事。司铎是教会授权的证婚人。他不仅祝福这段婚姻,也主持整个圣事礼仪"。

**参考书目：**

G. BALDANZA, Il matrirnonio como sacramento permanente, en A.M.TRIACCA-G.PIANAZZI (dir.), Realtà e valori del sacramento del matrimonio, Roma 1976, 81-102.

P. BARBIERI, La celebrazione del matrimonio cristiano, Roma 1982.

C. COLOMBO, Il matrimonio sacramento, en VV.AA., Matrimonio e verginità. Saggi di Teologia, Venegono Inferiore 1963, 445-491.

R. GERARDI, I problemi della determinazione della struttura ilemorfica e del ministro nel sacramento del matrimonio, en《Lateranum》54 (1988), 283-368.

S.D. KOZUL, Evoluzione della dottrina circa l'essenza del matrimonio dal CIC al Vaticano II, Vizenza 1980.

L. LIGIER，Il matrimonio, Roma 1988, 62-142.

M.J. SCHEEBEN, Los misterios del cristianismo, Barcelona 1960, 627-647.

P.J. VILADRICH, Agonía del matrimonio legal, Pamplona 1997, 153-161.

# 第十章
## 法定仪式与礼仪庆典

夫妇们在他们的婚姻和家庭生活中,应时常"回忆"他们的婚姻庆典,以便不断地根据所举行的圣事,来塑造他们的生活。作为圣化工作的圣事行动,婚姻的举行"首先要使被提升到圣事的夫妻盟约本质的要求完全达成,同时教会规定的有关自由同意、婚姻限制、法定仪式和现行婚礼礼节都能忠信遵守"(家庭团体,67)。

在论到婚姻的圣事标记的结构时,我们已阐述了相关的要求,接下来我们就研究一下为合法举行婚姻圣事,教会法律上对其它一些要素的一些规定和要求,具体来说:法定仪式和礼仪庆典或礼节。最后,再看一下与婚姻庆典相关的一些特殊情况。

### 1. "法定仪式"的必要性

婚姻源自于配偶双方的婚姻合意;但是,只有依法表达的合意才能使婚姻成立,也就是说,应依照教会所制定的具体形式举行婚姻。这特定形式就是婚姻的法定仪式。

如果说结婚当事人的合意是婚姻的原因的话,那么在论到婚姻的举行时,应该区分**表达方式**(结婚当事人在表达合意时,该具备哪些条件或特征)与**接受方式**(由谁,并在具备什么条件下可以接受合意),根据我们上一章已经阐述过的,虽然司铎并未肩负着婚姻圣事施行人的角色,但他的临在为有效地举行婚姻来说也是不可或缺的条件。此外,还应区分**本质方式**,意即:有效性要件,与**其它形式**:虽不是必要的,但是合法而有成效地举行婚姻所要求的条件。

举行婚姻的法定仪式,在这里是指接受婚姻合意的方式,更具体来说,是本质方式。那么,司铎在婚姻庆典中的角色到底是什么？主要职责有哪些呢？

法律性的架构虽不是婚姻的全部，但若从整体来看的话，它也是本质组成部分。婚姻开启一系列的关系，首先是人的关系，配偶一方与另一方的关系，然后是人与教会和社会的关系。那么，这种法律架构到底怎样呢？它如何在一特定方面——法定仪式——体现出来呢？

## 1.1 历史演变

基于一些基本的理由，对婚姻法定仪式的历史演变的研究曾是不少学者所关注的对象，因为这些历史可以为现行的一些规定提供充足的理由，此外，也能清楚地说明在举行婚姻时所采用的仪式所具有的作用。[1] 这一演变可分为不同阶段：

– **特利腾大公会议之前**：正如我们已经看到的，在这一阶段，对有效地举行婚姻来说，并不要求任何仪式。重要的是婚姻合意，而并没有要求以特定的方式表达合意。因此，即使那些没有公开缔结的婚姻（也就是秘密婚姻），也被认为是有效的。

> 这些秘密婚姻很难得到证实，因此教会不得不站出来谴责这样的做法，并在很多时候被宣布为非法婚姻。拉特朗第四届大公会议特别谴责了这样的婚姻。[2]

– **特利腾大公会议的《虽然》（*Tametsi*）法令**（1563年）：在承认那些仅以结婚当事人的自由合意所缔结的婚姻为有效婚姻后，特利腾大公会议便规定，从那以后，"不在本堂主任神父自己或由本堂主任司铎或教区主教所准许的其他司铎，以及二或三位证人在场下，要举行婚礼的人：神圣大公会议使他们根本无法如此举行，并决定这样的（婚姻）合约是无效及视同无物的，如同它（大公会议）在此法命中使其无效并予以废除"（邓辛格，1816）。

针对法定仪式的必要性，在这里主要强调两点：1) 结婚当

---

[1] 参：J. Fornés, *Derecho matrimonial canónico*, 153。
[2] 拉特朗第四届大公会议（1215年）要求婚姻的庆典应有司铎在场，并谴责了那些没有司铎的祝福所举行的婚姻；但是并未宣布它们为无效。

事人的堂区主任为法定证婚人；2) 堂区主任的临在可以是被动的。

- **《免得冒然地》**(*Ne temere*)**法令**(1907年)：教宗庇约十世，通过大公会议部，颁布了《免得冒然地》法令(1907年8月2日)，藉此完善了《虽然》法令的规定。具体来说：1) 凡是未在堂区主任或教区教长，或由他们中任何一位所委派的司铎，及至少两名证人面前所缔结的婚姻，均属无效(可以看到，已不再是如同《虽然》法令中所说的"使他们根本无法如此举行")。2) 要求堂区主任或教长的临在是主动的而有意的。3) 堂区主任或教长指的是婚姻举行地的堂区主任或教长(而不再是《虽然》法令中所要求的当事人的堂区主任或教长)。这些规定基本上都被收录在现行的教会法典当中。

## 1.2 现行规定：一般和特殊"法定仪式"

针对举行婚姻的仪式，现行教会法要求，应依照规定合法地举行婚姻。由于在举行婚姻时可能遇到的一般情况和特殊情况，那么在举行婚姻的仪式上便出现了一般仪式和特殊仪式。故此，针对婚姻的有效性，法律上便规定了两种举行婚姻的仪式：一般法定仪式和特殊仪式。

就一般仪式而言，规定如下："惟有在证婚的教区教长或堂区主任，或此二人之一所委托的司铎或执事前，以及二个证人在场，结婚方为有效，并应遵守......规定。惟有向结婚者当面要求表示结婚合意，并以教会的名义接纳之者，方为法定证婚人"(法定1108)。

关于特殊仪式，则规定："如果很难找到法定证婚人，或很难往就证婚人时，有意缔结真正婚姻者，于下列情形中，仅在二证人前即可有效又合法地结婚：1)°在死亡的危险中；2)°无死亡危险，只要衡量情势，预料一个月内找不到法定证婚人者。"

在其中的第二项中，又补充道："在此两种情形下，如现场有其他司铎或执事能参加，应邀请之与二位证人一起参加婚礼；虽然对婚姻的效力来说，两个证人是足够的。"但是，正如明确看到的,这样的规定只关乎婚姻的合法性(参法典 1116)。

为了按照特殊仪式举行婚姻,首先需要满足一系列的**客观条件**:1) 找到或往就法定证婚人存在着重大困难,法定证婚人就是法典 1108 条规定的,即:教区教长、堂区主任,或由二人中任何一位所委托的神职人员(至于这里所说的困难,可以是事实困难或伦理性的困难,也可以是针对结婚当事人的困难或法定证婚人的困难);2) 有死亡危险,或即使无死亡危险,但根据明智判断,预料一个月内找不到法定证婚人(死亡危险已临近即可,而无需是已经迫在眉睫;一个月内找不到法定证婚人的这种确定性是伦理的,而不要求是绝对的,依明智判断即可,哪怕婚姻举行完毕后第二天法定证婚人便出现,也是符合要求的)。

而**主观条件**则要求:结婚当事人欲缔结真正的婚姻。因此,仅仅是想缔结民法所要求的婚姻这种意向还不够。

无论是在哪种情况,不管是一般仪式,还是特殊仪式,都引发了一系列切实重要的实际问题:"1) 什么人应遵照法定的本质形式结婚,也就是说,这条法律的适用范围;2) 法定证婚人的问题,也就是与法典 1108 所规定的教区教长或堂区主任相关的问题;3) 委派;4) 对证婚人的权力补足(也是与法定证婚人相关的问题:委派和权力补足);5) 见证人;6) 以一般仪式而举行婚姻的特殊案例:秘密婚姻。"[3] 接下来我们就对这些问题逐一探讨。

– 关于法定仪式的适用范围,法典规定:"以上所规定的仪式(即法定仪式),只要结婚者之一方在天主教会受过洗,或在受洗后皈依天主教者,皆应遵守"(法典 1117)。在下列情况下,为了婚姻的有效性,法定仪式是必需的:1) 只要结婚者之一方在天主教会领受过洗礼;2) 或在受洗后皈依天主教者。

至于制定这些要求的意义,应该留意有关信仰不同的婚姻限制。此外,还应该明白,遵守法定仪式的要求,是针对已领洗且属于天主教会者之婚姻的有效性而言的。而一方为天主教徒,另一方为非天主教徒,但属于东方礼信友,为他们的婚姻来说,法定仪式只是为了合法性,而非有效性;但是若想有效

---

[3] J. Fornés, *Derecho matrimonial canónico*, 159。

地举行婚姻,则必须有司铎参与(参法典1127)。

未领洗者的婚姻则无需遵照法定仪式结婚;而那些在非天主教会内(比如,新教徒)领洗的人的婚姻,也无需按照法定仪式结婚。

– 法定证婚人:是指主持婚姻庆典的教区教长、堂区主任或由这两者之一所委派的司铎或执事(参法典1108)。

根据法典的规定,所谓的"教区教长"包括:罗马教宗、教区主教,以及所有那些受命管理地方教会者,包括临时管理者,也就是:属地监督、宗座代牧、宗座监牧,以及固定设立的宗座署理(参法典134和136)。此外,还包括副主教和主教代表,而在最后这种情况下,只要他被赋予这项权力,他便能有效地证婚。

"堂区主任"则是指受命管理堂区者(参法典515),这里也包括准堂区主任(参法典516)、堂区署理(参法典549)、堂区主任出缺时任命的堂区副主任(参法典549),以及将堂区牧灵工作委托给几位司铎联合负责时,其中的一位司铎(参法典543)。

作为法定证婚人**有效**证婚的条件,需指出:1) 凡是在其辖区内所举行的婚姻,无论是否属于其下属,均可证婚(如果在其辖区内存在属人治权,那么教区教长或堂区主任仍可为其证婚,因为教区教长或堂区主任的权限与属人之权限重叠。但圣座另有明确规定外,则不在此限);2) 其临在是主动的,也就是说,他不但在场,还应要求结婚当事人表示结婚合意,并以教会的名义接纳合意(参法典1108§2);3) 结婚当事人未经受教会宣判或因法令而受绝罚或停职处分,且未被如此认定者,此外,结婚当事人之一方至少为天主教信友(参法典1109)。

法定证婚人为**合法地**证婚,应满足以下条件:1) 依法确知结婚当事人是自由之身;2) 若证婚人享有长期委任,如可能,应每次征求堂区主任的许可;3) 婚礼应在结婚当事人之堂区举行,即当事人的一方拥有住所或准住所,或居住一个月以上的堂区;如为无定所人,则以其目前停留的堂区为举行婚礼之所;结婚当事人于获得其本区教长或堂区主任的许可后,也可在其它地方举行婚礼(参法典1114-1115)。

在教会法中，与法定证婚人相关的，还有两个在举行婚姻的牧灵工作中较为重要的问题，即：证婚权的委托和补足。

1) **委托**：上述我们已经提到，为了以法定证婚人的身份有效地证婚，证婚人应是由"教区教长或堂区主任"委派的"司铎或执事"（参法典1108）。这种委托可以是特别委托（个别授权）：针对具体的婚姻个案而授权；也可以是普遍委托（普遍授权）：即授权为一切婚姻证婚。

为有效普遍授权，需满足如下条件：①明确；②具体的人；③书面授权。而针对特别委托（个别授权），则需要：①明确；②一特定的人；③为某特定婚姻证婚（参法典1111）。因此，便排除了任何含糊不清或解释性的委托；不过，以默认的方式授权也是足够的。享有普遍授权者，可再行授权。相反，享有个别授权的人，则不能转授他人，但是，授权者另有其它规定外，则不在此限。

一个特殊的情况就是法典1112所预见的个例："1项 – 在缺少司铎与执事的地区，教区主教在获得主教团之赞同和圣座之许可时，得委任平信徒证婚。2项 – 被选为证婚人之平信徒，应有能力给予结婚者教导，并能依礼仪正确完成婚礼者，方为合格。"针对这一点，应该明白，这里所涉及的教长是"教区主教"；第2项所列的要求是为了合法性，而非婚姻的有效性。

2) **证婚权的补足**：当证婚人不具证婚权，且存在公共错误，或有积极而盖然的疑义时，教会补足所需的证婚权。也就是说，教会使这些婚姻不致于因法定仪式存有瑕疵而变得无效。

所谓的**公共错误**，就是指众人都确信法定证婚人享有证婚权（虽然实际上他并不具证婚权）。这种确信可以是因无知而引起的，也就是参加婚礼的人都认为这个证婚人有权证婚。在一般情况下，都会因公共错误而补足其权力的：或是因为对法律存在公共错误（一个神职人员前来证婚，这个事实本身就容易引发错误），或是因事实而引发公共错误（参礼的大众都认为此人享有证婚权）。

**积极及盖然的疑义**：意即：针对此人是否享有证婚权，虽然并没有十足的确证，但有严重的理由认为他享有权力。不管怎样，在实际生活中，在这种情况下所举行的婚姻不会因这种原因而无效，因为已然存在公共错误，教会补足其证婚的权力。

— **婚姻见证人**：在举行婚姻时，除了法定证婚人之外，还要求有至少两位证人在场(参法典 1108)。然而，这两位证人与法定证婚人的作用是不一样的。针对婚姻的见证人，并不要求他们积极的参与，只需在场，能够证实当事人所举行的婚姻即可。但是不应要求他们成为一个法律行为的担保人；而只是作为基督徒团体的代表，来参与婚姻庆典而已。

因此，为了有效地成为见证人，所要求的条件为：1) 有能力，意即：能够充分运用理智，而证实结婚当事人在婚姻庆典中表达合意之事实；2) 需在场，即：在场见证婚姻的举行；否则的话便不能见证结婚当事人表达合意。至于合法性，则要求需是成年人，且享有好的名望。

— **秘密婚姻**：所谓的"秘密婚姻"是指"有重大而迫切的原因，教区教长可允许秘密结婚"(法典 1130)。此类婚姻所应满足的条件是：1) 教区教长的许可；2) 根据教长的判断，存在重大而迫切的原因。比如说，两个人已秘密姘居多年，但公众都认为他们是真正的夫妻关系，这种情况下，为了避免恶表，可为他们举行秘密婚姻。

> 此类婚姻要求保守秘密，也就是说，教区教长、证婚人、二位证人及结婚当事人都不应将婚前调查，以及举行婚姻之事实(地点、时间等)予以公开(参法典 1131)。不应对此进行社会性的公开，或传播举行婚姻之事实；但在法律上是公开的，因为这是依法定仪式，并以一种特殊的方式所举行的婚姻。"秘密结婚只登录在专册内，收存于主教公署的秘密档案中"(法典 1133)。
>
> 教区教长保守秘密的义务，"在因守密即将产生重大恶表，或使婚姻的神圣蒙受重大损害时，则对教区教长守密的责任即告终止。关于此点在结婚前应通知当事人"(法典 1132)。

## 2. 婚姻庆典的礼仪

作为礼仪行为，圣事性婚姻应该在教会的公共礼仪中举行(参天主教教理，1631)，换而言之，应根据教会所规定的礼仪来举行婚姻圣事。这就是我们所熟知的"礼仪仪式",又称"婚配礼"。对此教会专门颁布了《婚姻礼典》。针对于此,教会规定:"除紧急情况外,举行婚礼应遵守教会所批准的礼仪书中的礼节,或自合法习俗所引进的礼节"(法典1119)。

每个国家或地区的主教团"得依当地人民的优良风俗,选择符合教友精神的仪式,编著一部为本地用的结婚礼书"。编著礼书的工作还要求:1) 获得圣座的认可;2)"应遵守法律的规定,法定证婚人应亲自询问并接受结婚当事人所表示的合意"(法典1120)。

《婚姻礼典》制定了两种举行婚姻的形式:一是在弥撒内;一是在弥撒外,或不举行弥撒。典型的婚姻庆典是在弥撒内举行婚姻圣事;礼仪的程序为:欢迎礼、圣道礼仪、结婚典礼、圣祭礼仪、新人祝祷礼和最后降福礼(国内在降福礼后,还有一个新人拜谢礼)。其目的是为了使人明白:"婚姻庆典并不只是一个法律行为,而且对夫妻来说也是他们救恩史中的一个时刻,通过其公共司祭职,也是为了教会与社会的福祉"施恩的时刻。[4]

《天主教教理》教导说:"在拉丁礼中,如双方新人是天主教徒,他们的婚礼通常在弥撒中举行,因为所有圣事与基督的逾越奥迹都是相连的。在感恩祭中,新盟约的纪念得以实现:基督在新盟约中永远与他钟爱的净配——教会——结合,为了她而自作牺牲。故此,这是十分合适的事:就是在感恩祭中,双方新人誓许合意,互相交付自己,把一生奉献给对方,与临现在感恩祭中的基督为教会所作的奉献结合,来印证这誓盟;同时,藉同领感恩(圣体)圣事,在基督的圣体圣血中共融合一,在基督内「成为一体」"(天主教教理,1621)。

这样便突出了婚姻庆典中天主的行为,而作为圣化的圣事行动,婚姻的举行应与礼仪相结合,而礼仪是教会行动的顶峰,教会圣化力量的泉源(参家庭团体,67)。另一方面,藉着婚姻的举行,以及对纪念新约的主动参与,有助于夫妇们回忆,并呈现由其婚姻合意而产生的个人教会性和社会性幅度。在其婚姻中所形成的不可见的合一也在基督对教会之爱的奥迹中得到了解

---

[4] 参:宗座家庭委员会,《婚姻圣事的准备》,62,1996年5月13日;此译文为本书译者所译——译者注。

释,而这奥迹的巅峰便是感恩祭(圣体圣事)。

至于举行婚姻的地点,教会法区分两种情况:一是天主教徒之间(或一方为天主教徒,另一方为已领洗的非天主教徒)的婚姻;一是天主教徒与未领洗者的婚姻。针对第一种情况,教会法规定"应在堂区教堂内举行婚礼"。但是,"如获教区教长或堂区主任之许可,婚礼也可在其他教堂或经堂举行"。此外,"教区教长也可允许在其他合适地方举行婚礼"(法典 1118§1-§2)。而针对第二种情况,"可在圣堂或其他合适地方举行"(法典 1118§3)。

在东方礼教会当中,婚姻典礼的礼仪包括两个礼节:"订婚礼"和"加冕礼"。在第一个礼节当中有婚姻承诺。而第二个礼节则以司铎给结婚当事人加冕开始,然后是祝福礼,司铎的祝福被视为是举行婚姻的决定性因素,因此也是婚姻的有效要素。[5]

"在那些革新教派的婚姻庆典中,尤其会看到新人和基督徒团体与天主圣言的一个相遇,在信德的光照下,这一相遇揭示了婚姻的意义和丰富内涵;同时也是获取天主助佑的一种方式……。在某些教派和路德派里,现在也采用刚开始实施不久的婚姻礼仪。在这些礼仪中,主要地包括配偶双方交换合意和对新人的祝福礼。"[6]

举行完婚姻后,还应遵照教会法所规定的一些形式,这些主要是由堂区主任或代行其职的人所应做的。主要地包括在堂区的婚姻和圣洗登记薄上,登记举行婚姻之事实(参法典 1121-1123)。

在婚姻登记薄上,"应及早将结婚者的姓名、法定证婚人及二位证人的姓名、结婚日期及地点,按主教团或教区主教所规定的格式"记录在案。

将所有事实记录在案的工作属于"婚礼举行地的堂区主任或其代理人"。如果婚姻是按照特殊法定仪式举行的,那么,"有司铎或执事,……曾从旁参加婚礼,也常该尽速将结婚一事通知堂区主任或教区教长;否则二证人都有责任与结婚当事人一起,将结婚事实尽速呈报堂区主任或教区教长"。"对于豁免法定仪式所缔结的婚姻,给予豁免的教区教长应设法,将豁免和

---

[5] 参:P. Eudokimov, *Sacramento del amor*, Barcelona 1966。
[6] G. Flórez, *Matrimonio y familia*, Madrid 1995, 220-222.

结婚之事登记于主教公署的婚配簿内，并登记在天主教一方所属的堂区婚姻簿内。"

与此同时，"天主教配偶有责任及早将结婚之事，呈报上述教长和堂区主任，同时指明结婚地点以及遵守的公开仪式"（法典 1121）。

在记录结婚当事人之领洗记录的圣洗登记簿上，也应记录结婚之事实。

如果婚姻并不在结婚当事人受洗的堂区举行，那么，"举行婚礼当地的堂区主任，应及早将结婚一事，通知付洗地区的堂区主任"（法典 1122）。

如有婚姻补救、宣告婚姻无效，或非因死亡而合法解除婚姻的情况，也应将其记录在婚姻登记簿和圣洗登记册上（参法典 1123）。

## 3. 婚姻庆典中的特殊情况

在婚姻庆典中可以会遇到一些需要特别分辨的情况。《家庭团体》劝谕中（68、78 和 82 号）曾论到了这些情形，也指出了教会的一般原则。那么在这一部分当中，我们将就这些特殊情形进行分析。最后将要涉及的是在婚姻庆典中因缺乏某些基本要素而导致婚姻无效的解决方法。

### 3.1 混合婚姻的举行

随着在各民族、各国家间的旅游、移民和交通等的日益发展和便利，天主教徒与非天主教徒结婚的现象也日渐频繁。那么，在这种情况下，婚姻庆典该如何进行呢？

从狭义上来说，混合婚姻是指结婚当事人之一方为天主教徒，而另一方为已领洗的非天主教徒。从广义上来说，混合婚姻也指天主教徒与未领洗者的婚姻。这两种婚姻的基本区别在于：第一种婚姻（即狭义上的混合婚姻）是圣事，而为了举行婚姻需向教长申请的豁免只是为了保证婚姻的合法性（参法典 1125）。第二种情况（即广义上的混合婚姻，更确切来讲，应该称之为信仰不同的婚姻)并不是圣事,因为其中一方并未领洗,而其中所要求的应向教长申请的豁免则是为了婚姻的有效性(参法典1086)。

"夫妇之间即使宗派不同,并不会为婚姻构成不能克服的障碍,只要他们能够共同分享彼此从各自的团体中所得到的一切,而且互相学习对方如何以自己的生活方式忠于基督。但是,我们也不应低估这种混合婚姻所产生的种种困难"(天主教教理,1634)。事实上,信仰的差异也会在家庭生活的核心引发分歧;此外,也会对天主教一方的信仰和对其子女的天主教教育形成一定的障碍。因此,教会虽未绝对禁止混合婚姻,但始终都不建议这样的婚姻。然而,这样的婚姻一旦成立,教会,作为慈母,便清楚地意识到自己的责任,并照顾其子女们的福祉。

然而,自由结婚的权利也是人的一项基本权利。故此,在遇到这类婚姻时,教会始终藉由其法律,确保神律的要求——任何事物及任何人都不能豁免其要求——不受到侵犯的同时,也保证人的这项基本权利。

为了获得这项豁免,教会规定了一些必要的条件:1)"天主教一方应声明,确已准备避免失落信仰的危险,同时诚恳许诺,将尽力使所生子女接受天主教洗礼及教育";2)"天主教一方应将所作许诺,适时通知对方,使其真正知道天主教一方的许诺与责任";3)"应告知双方,有关婚姻的目的及基本特点,并且任何一方都不得排除此种目的和特点"(法典1125)。针对这一点,需要明白的是,之所以列出这些要求,是因为针对婚姻的性质、特质和目的,在非天主教信友中存在着一些错误。[7]

关于举行混合婚姻的仪式,作为总的原则,教会规定应遵守法定仪式。这为婚姻的有效性来说,是一个必不可少的条件。但若存在重大困难,教区教长可豁免遵行法定仪式的义务(参法典1127)。

所谓的重大困难,可以是,诸如:非天主教一方的强烈反对;依照法定仪式举行婚礼为当事人带来良心上严重的冲突;由此可能会带来的重大经济损失、亲朋好友的疏远等等。

---

[7] 有关这种声明的方式,以及豁免混合婚姻所应遵循的法定仪式的理由,可参:J.T Martín de Agar, *Legislazione delle Conferenze Episcopali a complementare al CIC.*, Milano 1990。

针对除了教会的法定仪式之外，可能会出现的其它宗教仪式，教会的规定是非常明确的。绝对禁止"神圣事物的共通"，无论是天主教神职人员与非天主教宗教人士，各按自己的礼节，共同举行典礼，还是先后各自按照各自的仪式举行。因为"最不容于大公主义精神的，莫过于伪装的妥协主义，那将使纯正的公教道理受损，使其真正而确切的意思晦暗"（大公主义法令，11）。诚然，混合婚姻可以为大公运动做出有效的贡献，这一点需要承认，但是只有"当男女双方都忠于自己的宗教责任时"这一切才能成为可能（家庭团体，78）。

教长给予许可时，始终应避免恶表和宗教无差别主义的危险。针对此《大公指南》（1993年3月25日）则规定：1)"假如被请并得到教区教长的许可，一个天主教司铎或执事，在得到豁免法定仪式的情况下，参与或出席混合婚姻的举行。在此个案中，只有一个礼节，其间主礼者接受婚姻誓约。在主礼之邀请下，天主教司铎或执事可以奉献其他适当祈祷，读圣经，给予简短劝言并祝福夫妇"（大公指南，157）；2)"如夫妇要求，教区教长可以许可天主教司铎，邀请夫妇一方的另一教会或教团的圣职人参加婚礼，读圣经，给予简短劝言并祝福夫妇"（大公指南，158）。

"在很多地区，由于教会的合一交谈，有关的基督徒团体为这种混合婚姻已经能够制订一些共同的牧民守则。其目的是为帮助这些混合婚姻的夫妇在信仰的光照下，在他们特殊的情况下生活；并且帮助这些夫妇克服因彼此之间的义务、以及各自对所属教会团体的义务，所引起的紧张关系。这些守则还鼓励夫妇充分发展他们信仰的共同点，并尊重彼此的分歧点"（天主教教理，1636）。

## 3.2　已领洗但无信仰者的婚姻庆典

作为基督与教会的圣事，婚姻的效力来自于基督的行为；但是，其效力除非有结婚当事人的信德是不会产生的（参礼仪宪章，59）。信德是婚姻庆典的一个不可或缺的前提条件。因此，婚姻牧灵工作应照顾到那些已准备好要结婚的人，使他们明了其婚姻庆典所蕴含的信仰真意。

然而，很多时候，特别是在今日俗化的社会背景里，那些即将走进婚姻的人表现得并没有信德。那么，是否允许并应该让他们在教堂里举行婚姻（即按照教会法结婚）呢？应该提醒的是在这里所涉及的问题并不是关于那些领过洗礼"但不进堂"的人的婚姻，也不是关于其婚姻庆典是合法性或成效性。而是要考虑那些领过洗礼，但没有信仰之人的婚姻是否有效。

1) 对这个问题的答案多种多样。总的来说，尽管侧重点不同，但在牧灵领域较为普遍的观点认为，超性的信德，至少在一定程度上，对婚姻圣事的有效性来说，是不可或缺的一个条件。若没有这种信德，那么便不能允许结婚当事人举行婚姻圣事。由这种立场产生了两种行事方式：

– 那些承认在已领洗者之间的婚姻与圣事不可分性的人认为：领过洗但没有信仰的人若固执于这种情形，便不能缔结婚姻。从牧灵角度的具体操作，一方面不允许他们举行婚姻；另一方面，采取必要的措施，使他们拥有起码的超性信德，方可许可他们举行婚姻。[8]

– 另有一些学者，他们不承认婚姻与圣事的不可分性，因此认为那些领过洗但没有信仰的人可以依民法结婚，这样虽然不是圣事，但却是真正的婚姻。他们强调，在这种情况下，牧灵上较为恰当的措施就是说服这样的天主教徒不要依教会法缔结婚姻，而是劝他们按照民法结婚。[9]

他们认为，只有那些真正的天主教徒才能有意识地、自由地在教会内结婚；而不是那些只领了洗且徒有虚名的天主教徒。甚至他们认为，民法婚姻也是法定仪式的另外一种有效的方式。此外，婚姻权是人的一项基本权利，这项权利根植于人性本身，并不因洗礼而丧失。难道已领洗者就不能在民法婚姻与圣事性婚姻之间选择吗？

2) 然而，这些理论与教会的惯例和传统并不相符。除了不

---

[8] 持这种观点的人，诸如：A. Hortelano, *Problemas actuales de moral*, cit., 497。
[9] 持这种态度的学者，诸如：M. Martínez, *En torno al matrimonio civil de los católicos*, en Revista Española de Teología, 53 (1993), 69-118；J.M. Díaz Moreno, *Pareja y matrimonio: diversos modelos, Actitudes cristianas ante ello*, en Sal Terrae, 1 (1992), 25-38。

能将教会法婚姻与圣事性婚姻等同之外，正如我们前面已经说过，这些理论与在已领洗者之间的婚姻中合意与圣事的不可分性这种教义不可调和。这也将意味着在教会惯例中的一种倒退，因为教会曾明确地因其对婚姻制度和对夫妇本身所造成的严重后果而放弃了这样的做法。另一方面，诉诸民法婚姻也将违背信友根据其宗教信念而举行婚姻的基本权利。

说到底，在这种主张当中，其基本的立场就是结婚当事人的信德并不是婚姻圣事的构成因素。自然婚姻与圣事性婚姻的不同在于信德赋予自然事实的新意。在这一背景下，也重新提出了有关在举行婚姻圣事时所要求的"行教会所行"这种意向的问题。他们认为结婚当事人应该意识到，并渴求教会对婚姻所持的含义。但是，这一点若缺少了信德也是不可能的，因为教会所行的便是信德的标记和举行基督的奥迹。

根据《家庭团体》劝谕第68号，要回答这个问题，还需要更多的调配。这部文献在肯定和深化教会教义的同时，也为现实的牧灵问题提供了一些列的指导原则。主要有以下几点：

**– 有效婚姻与圣事**：根据我们已经阐述过的，婚姻自起初便与天主的救恩计划密切相连。在创世秩序与救赎秩序之间存在着和谐的关系，在婚姻领域，起初之婚姻的同一构成因素，即婚姻合意，便是婚姻圣事的圣事性标记。起初的同一婚姻变成了新约圣事的标记与恩宠的泉源。藉着洗礼，领受洗礼的人便形成了救恩计划中的一部分，并正式地被列入新而永久的盟约中(参家庭团体，13)。因此，他们的婚姻只能是"在主内"，这是客观的事实。

"婚配圣事有它和其他圣事不同的特点：它是在创造中就已涵盖的；它是造物主「在起初」就建立的夫妻盟约"(家庭团体，68)。

圣洗圣事使人与基督紧密地连系在一起，从而也使婚姻结合成为基督与教会之爱的奥迹的真实象征与肖像：这便是天主对婚姻的计划，并由基督在将其提升到圣事尊位时获得圆满。已领洗者的婚姻不可能将受造的事实与圣事分开。也不可能使天主的计划以另一种方式呈现。无论是教会，还是人，都没有权力使救恩秩序不同于现在所存在的这种秩序,不同于已领洗者藉着洗礼所融入的秩序。问题的根本并不在于教会是否豁免婚姻庆典所应遵行的法定仪式,而是更深层次的问题:自然婚姻与圣事性婚姻之间的关系。[10]

> 领过洗的人已不能在结婚的自然权利与以圣事的方式结婚之权利之间进行选择。事实上,已不再是两种权利,而是唯一的一种权利,但具有双重的基础:一是"创世性"或"自然"基础,即:人作为受造物;一是救赎性或圣事性基础,即已被拯救了的人。结婚的自然权利已被缔结圣事性婚姻的权利所吸收,因为人藉着洗礼已被提升到救恩秩序和恩宠秩序内。在基督徒的婚姻中,圣事与婚姻的不可分性的教义,与在基督徒身上所完成的圣洗祝圣带来的结果的正确解释密切地连系在一起。不能将民法婚姻视为对那些愿意结婚但又没有信仰的天主教徒所遇到的问题的解决方案。[11]

为了使婚姻-圣事成立,唯一不可或缺的条件是在两个已领过洗的人之间所举行的婚姻,且当事人切愿真正结婚。在这种意愿中以包括圣事所要求的"行教会所行"的意向。两个已领洗者只要真正愿意结婚,这种意向为使他们的婚姻成为圣事,已经足够了。未领洗者的婚姻,在他们领洗后,他们的婚姻便已是圣事,而无需其他任何意向:他们的婚姻之所以是圣事,恰恰是因为配偶双方已领洗的这个事实。

但是,不能将这种教义定性为"圣事自动论",有些学者这样称呼,其主要在于领过洗的人即使没信仰,也无意领受圣事,但所领受的依然是圣事。诚然,任何婚姻的开始都有结婚当事人的一个自由行为(合意);若没有此行为,便没有婚姻;然而论及其属性,婚姻的特质(意即婚姻本身),它是先于,并远在结婚当事人之自由决定之上而存在的。源自于人性本身的这种"自动性"的存在并不相反结婚当事人的自由,而这自由对具体婚姻的成立来说是必需的。当两个已领过洗的人真正地切愿结婚时,其婚姻本身便是圣事。在真正结婚的决定中已包含圣事

---

[10] 参:C.Caffarra, *Création et redemption*, cit., 78ss。
[11] 参:J.M. La Hidalga, *Los matrimonios y el matrimonio civil*, en Misión Abierta, 3 (1976), 467-472。

性的意向。这也是其藉由圣洗而融入基督的结果。(所可能发生的是，若其灵魂上存在一些障碍，便不会领受圣事的成效。)

- **结婚当事人的信德与意向**：由于婚姻圣事的举行是基督和教会的一个行为，对圣事而言，不可或缺的一个条件就是结婚当事人——作为婚姻圣事的施行人——应该至少以广泛而模糊的方式，怀有"行教会所行"这种意向。可能发生的是促使结婚当事人要求在教会内结婚的不是宗教性原因，而是社会性原因。然而，即使是这样，即使他们已远离信仰，但他们切实愿意结婚，那么，在这种情况下，就不应劝阻他们按照教会的法定仪式结婚。因为他们在决定真正结婚的时候，已充分地表达了这种正确意向。

> "夫妇的决定，就是他们以不可挽回的婚姻同意、终生相爱不离并无条件的忠贞的这项决定，实在含有——即使不完全意识——深切服从天主旨意的心态，这种心态没有天主的恩宠是不能存在的。这样，他们已开始走向救恩的真正旅程，而圣事的举行和圣事的近准备，都能补充它并使之达到目标，只要他们的意向是纯正的话"(家庭团体，68)。

尽管因结婚当事人信德的缺乏而导致并非成效颇丰，但其婚姻仍然是教会信德的圣事。结婚当事人或许并没有教会所持的这种信德，也就是没有以可见的方式表现出来，但是只要他们并未正式而明确地拒绝，那么这种信德还是有的，并且对圣事的有效性来说已足够了。结婚当事人已领受洗礼，并隶属基督和教会的这个事实，使他们的婚姻成了基督与教会之爱的奥迹的表达。他们的婚姻合意并不是一个纯粹的人性行为，而是拥有基督信仰的内涵。但是，如果结婚当事人"明白地而且正式地拒绝教会愿意在两个已领洗者婚姻中所要做的一切时，人灵的牧者不能允许他们举行婚礼"(家庭团体，68)。在这种情况下，便可推定他们缺乏真正的婚姻意向。

> "不过，当尽了一切努力，准备结婚的男女双方明白地而且正式地拒绝、教会愿意在两个已领洗者婚姻中所要做的一切时，人灵的牧者不能允许他们举行婚礼。虽然他不得已而如此做，他有责任把此情况记录下来，并且让有关的人知道，在此情形下，不是教会在他们要举行婚礼的路上放了阻碍，而是他

们自己"（家庭团体，68）。

总而言之，需要以分辨的态度来进行。要知道，愿意结婚，同时又排除某项本质要素，比如生育的目的、不可拆散性等，这是一回事；而缺乏必要而充分的信德则是另一回事。缺乏信德也可能会促成缺乏真正的合意；但是这是两种完全分开而又不同的事实。此外，为了使因排除圣事性而导致婚姻无效成立，则需是藉由意志上的一个积极，且比结婚的意向更为重要的行为来杜绝圣事性。在这个问题中，真正具有决定作用的是要明白结婚当事人是否愿意根据天主对整个人类之婚姻的原始计划而缔结婚姻。

– **法定仪式的要求**：婚姻权是人的一项基本权利。教会制定的法定仪式是为了确保婚姻的有效性。因此，不应拒绝已领洗者按照法定仪式结婚，否则的话，将意味着否认当事人的一项基本权利。因当事人缺乏领受恩宠所需要的必要准备，即使婚姻有效，但也不会有成效这种事实，不足以成为拒绝其按照法定仪式结婚的理由。

按照法定仪式结婚与缔结圣事性婚姻并不是一回事。法定仪式是为了确保婚姻的有效性；而与圣事性并没有连系在一起。因此，不乏有人认为，让结婚当事人放弃按照法定仪式结婚，便是那些已领洗但没有信仰的人结婚时所面对之问题的解决方法。进而，并认为教会牧者应决定允许或拒绝当事人按照教会法定仪式结婚。还强调，只有那些表现出有充分信德的人才能依法定仪式结婚；而其他人只能以民法结婚，而其婚姻也是有效的。

然而，这种态度明确地相反《家庭团体》劝谕第68号所教导的教义："要想为接受在教会内举行婚礼的申请而定下标准，要以将结婚者的信仰水平为标准，这样会引起严重的危险。第一，引起没有根据和歧视的一种判断；第二，会对已举行的婚姻产生有效与否的怀疑，严重伤害教友团体，而使已婚夫妇的良心引发新的不必要的忧虑；同样，对那些与天主教会未完全共融的、分离弟兄们许多婚姻的圣事性，也将引发问题，虽然它们与教会的传统不合。"

最后，还应明白的是：最多所应采取的措施是豁免其按照法定仪式结婚的义务，而不是为民法婚姻制定圣事性的条例。

### 3.3 婚姻的补救

所举行的婚姻也可能是无效的，也就是说，因不同的原因，婚姻并未成立，诸如：在结婚当事人身上存在某种婚姻限制、缺乏婚姻合意或存在瑕疵、缺少法定仪式等。但是即使如此，仍然会有一些法律效果，诸如，子女的合法性（参法典 1137；1139），或者其它情况，诸如：若没有以合法而确定的方式证实前婚的无效性，那么会使新婚不合法。那么，在这些情况下，该如何行事？

无论是哪种情况，其正确的解决措施不外乎以下四种当中的一种：1) 通过适当的诉讼程序而声明婚姻无效（参法典 1671-1691）；2) 重新举行婚姻；3) 采取比较特殊的解决措施，即：所谓的"以兄妹的方式"生活，但始终应避免不能禁欲或有恶表的危险。其前提是婚姻已不可补救，且应有教会主管当局的许可（比如：当事人年事已高，且已共同生活多年之后才发现其婚姻无效）；4) 婚姻补救，也就是说，通过单纯补救或根本补救，而使无效婚姻成为有效的。[12]

显然，是所涉及到的福祉促使对有可能的婚姻进行补救。这不单单是法律上的一项规定，也是对教会和对人的爱的要求，是牧灵爱德的驱使。

"审判员，于受理案件之前，应确定婚姻已无法补救，不可能恢复夫妻生活"（法典 1675）。

— **单纯补救**：可将其定义为："对因存在着隐秘的无效限制——这些限制应是可自然终止或可豁免的——或因缺乏婚姻合意或合意存在无法证实的瑕疵而无效之婚姻的补救。"[13]

---

[12] 参：J. Fornés, *Derecho matrimonial canónico*, 178。
[13] 同上，179。

因此，为了使婚姻能够得到补救，所需要的条件是：1) 婚姻的表象；2) 无效原因的终止。

首先要求，婚姻是依照法定仪式所举行的，也就是说，婚姻不是因缺乏法定仪式而无效的。[14] 此外，婚姻的无效限制应藉豁免或其它方式而终止。

然而，补救婚姻的本质要素就是婚姻当事人之一方或双方重新表示合意。

需要双方"私下而秘密地"重新表示合意的情况包括：双方都知道有隐秘的限制存在（参法典 1158§2）；双方都知道合意存在着隐秘的瑕疵（即无法在外庭得到证实）。为了重新表示合意，仅"保持"在举行婚姻时所表达过的合意还不够，"知道或认为婚姻自始无效的一方所重新表示的合意，应是针对婚姻发出的新意志行为"（法典 1157）。

仅需配偶中一方"私下而秘密地"重新表示合意的情况包括：只有一方知道其婚姻存在无效限制（参法典 1158§2）；合意的瑕疵只是内在的（参法典 1159）。只需未表达合意的一方重新表示合意便可。当然最后一个必要的要求是"以对方的合意继续存在者为限"（法典 1159§1）。

婚姻的单纯补救并不需要教会当局的干预。而只有当存在隐秘的无效限制，且仍未终止时，才需要向教会当局申请豁免。

– **根本补救**："无效婚姻的根本补救，是有关主管准予追补其婚姻的效力，并无须重行合意；如有阻碍，也附带获得豁免，并且如未遵行法定仪式，亦得豁免，而其法律效力亦追溯既往"（法典 1161）。可以发现，根本补救是教会主管当局的一项举措。

根本补救所需要的条件是：1) 双方都曾给予合意（不管是自始给予的合意，还是后来才付诸合意，但应是在补救前）（参法典 1162）；2) 配偶双方合意仍然持续存在（参法典 1163）。

不管怎样，基本的一项要求则是根本补救应是由教会主管当局赐予。

---

[14] 不应将这里的补救与法典 1158§1、1159§3 和 1160 所说的重新举行婚姻——也就是已法定仪式重新表达婚姻合意——相混淆。

教会法典 1165 条规定："1 项 – 根本补救可由宗座赐予。2 项 – 在个案中，虽在同一婚姻中有多种无效原因，教区主教得给予根本补救；但为根本补救混合婚姻，还须遵守 1125 条所规定的条件；但如有 1078 条 2 项由宗座保留的阻碍，或遇有自然律或成文神律的阻碍，纵然此项阻碍已经消失，上述主教亦不可给予根本补救。"

根本补救也可以在有无效限制存在（但这些限制应属于自然律或成文神律，且限制终止后）或法定仪式存在瑕疵的案例中施行（参法典 1163）。

\* \* \* \* \* \* \*

## 参考书目：

《天主教教理》，1631；1633-1637。

J. ABAD IBÁÑEZ, *La celebración del misterio cristiano*, Pamplona 1995, 453-462.

P. BARBIERI, *La celebrazione del matrimonio cristiano*, Roma 1982.

J. FORNÉS, *Derecho matrimonial canónico*, Madrid 1990.

M. LÓPEZ ALARCON-R. NAVARRO-VALI..S, *Curso de Derecho canónico y concordado*, Madrid 1987.

J. HERVADA, *Comentarios a los cc.* 1156-1165, en VV.AA., *Código de Derecho Canónico*, Pamplona 1992, 699-704.

I. MARTÍNEZ ALEGRÍA, *La forma extraordinaria del matrimonio canónico: Origen histórico y régimen jurídico vigente*, Madrid 1994.

R. NAVARRO-VALLS, *Comentarios a los cn.* 1108-1117, y 1124-1129, en A. MARZOA, J. MIRAS, R. RODRÍGUEZ-OCAÑA (dir.), *Comentario exegético al Código de Derecho Cancónico*, III, Pamplona 1997, 1146-1469; 1504-1514.

# 第十一章
# 婚姻圣事的准备

婚姻圣事使男女结为夫妇,并使他们成为婚姻圣召的主体。然而只有那些依照天主的圣意结合的人——也就是那些真正在婚姻内结合的人——才是如此。因此,举行婚姻则要求对所举行的"奥迹"有所认识,并为承受所举行的事实有适当的准备等。也就是说,举行婚姻应有适当的准备。

前面几章我们从客观的角度探讨了婚姻,那么接下来我们就从结婚当事人的角度来探讨这同一事实。在这一章当中我们将阐述一下婚姻的准备:它的意义与目的;结构与主导人;以及主要的时刻或阶段。[1]

## 1. 婚前准备的意义与目的

结婚当事人本身就是婚姻圣事的主角。因此,婚前准备工作的首要关系人和责任人也是他们自己。这并不妨碍有其它的主体在此准备工作中给予他们帮助,诸如家庭、教会、社会等;但是需确定这些辅助因素的性质及特点。

总之,婚姻的准备应有助于欲结婚的人得到培育和陶成,从而能够有效、相称和有成效地举行其婚姻,同时,也使其有能力以负责人的态度履行婚姻圣事将要赋予他们的使命。这就要求结婚当事人了解天主对婚姻的计划,同时,也要准备好使其日常生活成为对天主这项计划或这种圣召的肯定回应:首先是在其恋爱期间,然后是在婚姻庆典中,最后就是在其婚姻与家庭生活中积极地回应天主的计划或召叫。

因此,婚姻的准备工作——因不同的情形,在某些情况下是急切而又不可或缺的——从来都不是偶然性的或适时的,相反,

---

[1] 这里所遵从的架构是根据《家庭团体》劝谕中第 66、70-76 号所做的教导。针对这一主题,可参宗座家庭委员会根据这道劝谕所颁布的文件《婚姻圣事的准备》(1996 年 5 月 13 日)。

而是必不可少的。婚姻的事实是如此丰富，故此始终是可以深化的。只有通过对婚姻基本价值的学习和培育，新婚夫妇才有把握面对这项圣召所赋予的使命。

《天主教教理》教导说"为使夫妇的「承诺」是一项自由而负责的行动，并为使婚约具有坚固而恒久的人性的及基督信仰的基础，**婚前的准备**是极为重要的"（1632）。

由于在某些地方和国家存在着去基督化的进程，其中的一项后果就是基督徒婚姻和家庭身份的丧失，以及恋爱和婚约意义的丧失，因此，婚姻准备的必要性在今天显得更为迫切（参婚姻圣事的准备，10-12）。此外，尤其是在不少国家有股要求立法的力量日渐强大，而其立法的目的不但无助于建立在婚姻基础上的家庭，而且甚至会扼杀家庭，直至否认家庭的权利。"为青年人准备婚姻和家庭生活，现在，比任何时代更为必要"（家庭团体，66）。

这项准备工作最为突出的特点有：

– 应是一种**辅助**：始终是为了帮助未来的夫妇们发现婚姻不可或缺和基本的价值，并与其同化。且不可忘记他们才是婚姻及其准备工作的主角。

– **因人而异**：应根据结婚当事人之人格形成和发展的不同阶段而基于培育工作（要考虑到当事人的年龄、文化程度、信仰的成熟度……）。

– **渐进性**：也就是说，根据针对天主对人之计划的要求所制定的方案进行。

– **积极性**：意即：要突出婚姻圣召及使命的崇高性；同时，也不应忘记在其现实处境中将要遇到的困难。总而言之，就是要帮助当事人发现并实现其婚姻圣召。

– **实践性**：除了教义性、理论性的培育外，还应有助于当事人在所有不可或缺的美德和态度上的发展，从而能够根据教义原则来塑造他们自己的生活。因此这项准备工作的一个不可放弃的目标就是使准备婚姻的人能够崇尚，并藉适当的措施践行各种美德（比如，通过洁德、祈祷、勤领圣事等学会自制）。

## 2. 结构与主导人

婚姻的准备是教会福传工作的一种特殊形式，是其中一个独特的方面。这项工作的"原则和负责的人，是教会本身，经由她的结构和工作人员而为之"（家庭团体，69）。基本上来说，这项准备工作的主导人就是家庭、教会团体、尤其是堂区。在接下来的内容中，我们将会对这些在婚姻准备工作中肩负着主导作用的架构或个人进行详细的阐述。

> 对于婚姻准备工作参与的性质——特别是针对其必要性、内容等——更多地取决于未来夫妇的准备程度。同时也应考虑到其它各种情况，比如说，若所涉及的是准备工作的最后阶段，那么，为了当事人的益处和对婚姻有一个相称的准备，在准备工作的日程安排上就应有所变化。

### 2.1 家庭

首先，家庭，更确切地说，父母在其子女的婚前准备工作中占有极为特殊的地位。婚前准备是父母对其子女肩负的教育使命——人性教育和信仰教育——中的一部分。也是家庭蒙召在社会上和教会内所要履行之使命中的一项工作。

> 因此，在履行这项使命时，家庭应该在与教会团体保持共融的前提下进行，同时，在考虑到其子女和社会之福祉的情况下，家庭也应顾及到其它方面的诉求，诸如国家，它的职责就是为公益服务。

根据情况的不同——既取决于父母的条件，也有赖于准备结婚的子女所具备的条件，完成这项工作的必要性、特点等也有所不同。因此，就需要在子女生命的不同阶段：童年、青春期、青年……审视不同的形式。总之，针对父母在家庭中的职责，需再次提醒，这项准备工作应藉着教育和榜样贯彻到底，同时也需要指出父母的一些特殊责任：

－ 父母的首要责任在于从人性与信仰角度教育其子女。教宗若望保禄二世指出"家庭应该教育子女们生活，使他们每一个人都能依照天主的圣召，圆满达成他或她的任务"（家庭团体，53）。

— 为了使子女更好地选择未来，无论是决定度婚姻生活，还是选择其它圣召，恰当地指导他们和为他们提供建议，是父母的重大责任。在分辨天主召叫和接受天主所赋之使命的特殊时刻，父母的明智建议和忠告是极为必要的，同时，父母也应该避免，在选择职业或在物色配偶的事上，强迫自己的子女（参天主教教理，2230）。使年轻人了解婚姻圣召的意义——若所做的决定趋向这种生活——"很大程度上取决于父母和形成其家园的家庭生活"。[2]

— 在合适的时间，当子女已准备好以结婚为目的而确立严肃的恋爱关系时，父母应以更为独特的方式使他们了解婚姻之爱的深意。针对这一点，《天主教教理》具体地指出："关于夫妻之爱的高贵、任务和实行，应在家庭内，给年轻人适当和即时的指导，俾使他们能学习贞洁的品格，在适当年龄上，由庄重的订婚期过渡至婚姻生活"（天主教教理，1632）。

"此使徒工作，首先要在有关的家庭内实施，藉着在各方面附合天主法律而生活的生活见证，经由对子女的基督徒教育，帮助他们在信仰上成长，教育他们洁德、谋生的准备、保护他们勿陷入时常受到的意识型态和道德的危险。帮助他们逐步而又负责地进入教会和民间团体，帮助并指点他们选择圣召，家庭成员彼此互助在人性和基督徒方面一齐成长等等"（家庭团体，71）。

## 2.2  教会团体与堂区

在婚姻准备工作中的不同阶段，教会团体——普世教会、地方教会、堂区……——也应感到身负责任。所有信友都是这准备工作的责任人，只是以不同的形式而已：根据对教会使命参与的性质和与准备结婚之人的关系，而采取不同的形式。但是，现在我们只阐述主教使命中的一些方面，以及司铎和堂区在这种牧灵工作中所扮演的角色。

至于主教，作为教区牧灵工作的首要责任人，在婚姻准备这项工作中也肩负着首要的责任，但相对家庭来说，是以辅助

---

[2]  若望保禄二世，1979 年 10 月 1 日，弥撒讲道，6。

的形式来参与。司铎作为主教的协助者，也肩负着同样的责任。不管在哪种情况，都是行使他们藉圣秩圣事所领受的先知、司祭和君王的职务。在与普世教会的共融中，主教确保了其牧灵工作的真实性与有效性。对教义和对教会纪律的忠诚是婚前牧灵工作不可或缺的一个条件。这项牧灵工作中的一项重要因素就是教会关于天主对婚姻计划的训导，因为只有藉着在真理内的培育，才能对婚姻的准备工作有真正的助益。

这项训导工作的特点有：

− 完整性：因为它应包括针对婚姻的完整教义，至少包括其基本要素。

− 积极性：尤其是在展现出婚姻圣召的崇高性，以及活出这种圣召所需要的方法或途径。

− 严格性：须知：在天主恩宠——天主总是赐予那些谦卑地向祂祈求的人——的助佑下，都能克服所遇到的困难，即使那些貌似无法克服的困难。进而，这种对教会训导的忠诚，也能使司铎们在判断上设法一致，避免干扰信友们的良心（参家庭团体，73）。

在婚姻准备工作中，堂区占据着一个得天独厚的地位，它可以藉由不同形式的宣讲、要理讲授和有意识而积极的参与礼仪等，展开这项工作。无论是为了达到婚姻的有效性和有成效性，还是培育未来夫妇们的良心，最终的目的都是为了使他们能够硕果累累地实现他们的婚姻圣召。这项准备工作——尤其是根据接近婚期的程度——应该特别照顾到勿使任何事物阻碍婚姻的举行；可以通过特殊的课程、私人性的谈话等方式进行。还应该提醒的是，堂区主任——或在举行婚礼时代行其职的人——有责任证实结婚当事人为举行婚姻没有任何限制。

因此，婚前准备工作（婚前辅导）没有任何理由在其它地方进行，诸如家庭指导中心、大学、学校等。真正重要而必要的是培育未来的夫妇能够毫无任何阻碍地举行其婚姻（参法典1066）。

## 3. 婚前准备的不同阶段

针对婚前准备工作的阶段或时刻并没有严格的规定。

"事实上,根本无法确定,不管是当事人的年龄,还是持续时间。但是,针对准备工作的日程、工作方法,尤其是应传递的内容有所了解仍是有益的。可以分为远程准备、中程准备和近程准备。"[3]

### 3.1 远程准备

这个准备就是任何一个基督徒所接受的人性和基督信仰的培育。那些欲结婚的人就应该这样保持着基督徒的精神,并朝向成全不断进步(参法典 1063)。进而,应该通过各种途径,促进天主教教育的发展和陶成基督徒生活:也就是说,在家庭、学校、堂区……中的教育和培育;祈祷和勤领圣事等。说到底,就是设法使儿童以及青少年日渐有能力为了公益和真理而行使自己的自由。最终的目的就是要使他们符合天主对他们的计划。

如果通过"逐步的和延续的一种过程"(家庭团体,66)达至一种可以在真理内实现个人存在的教育,那么,这个远程准备便达到了它的目的。在这个培育过程中,不应缺乏针对洁德的教育。

如果以基督信仰教育了子女的话,那么以后会更容易地根据天主的计划度过恋爱期和活出其婚姻圣召。在这个教育过程中,基督徒生活风格——这是基督徒家庭应做的见证——扮演着一个不可替代的角色。当子女们看到其父母——无论是在困境中,还是在顺境中——始终保持着亲密无间,并满怀喜乐与慷慨为整个家庭的福祉而奋斗时,他们便从中为自己未来的婚姻生活领悟到了更好的道理。

"「远程的准备」从童年开始,在那明智的家庭训练中,导引儿女们去发现自己是有浓厚又复杂的心理的人,是具有能力和弱点的个性的人。这是灌输重视一切真正的人性价值的时期,无论是在人际关系和社会关系上;以此培育他的性格、控

---

[3] 宗座家庭委员会,《婚姻圣事的准备》,21。

制并善用一个人的性向、如何注视异性并和异性交往的方法等。同样需要的，尤其为教友们，是坚实的精神和教理的教育，阐明婚姻是一种真正的圣召和使命，但并不排除完全献身于天主、追随司铎或修会生活圣召"（家庭团体，66）。

## 3.2 中程准备

一般来说，这一阶段对应着青年时期，原则上是指向那些已决定要走婚姻之路的人。这是针对婚姻圣召之独特性进行特殊教育，对营造家庭生活与关系必要而基本的方面进行培育的阶段。

"中程准备阶段的最终结果在于明确地认识基督徒婚姻基本特性：单一性、忠贞、不可拆散性、生育，以及对圣事恩宠有效性的信仰意识——它是以夫妇作为其主体和基督新郎对教会之爱的圣事的施行人；此外，还包括时刻准备着在教育和社会领域活出家庭的本有使命。"[4]

这阶段的准备旨在使信友获得有关基督徒婚姻之意义和基督徒配偶及父母之职责方面的培育，从而"使婚姻圣事依正确的道德和精神的意向去举行和生活"（家庭团体，66）。

特别需要明确的是这阶段的准备决不可缺乏的内容：

— 婚姻作为达至圣德之圣召的意义。

— 夫妻之爱的尊严、作用和运作（参牧职宪章，49）。

— 负责任的父职所具有的意义与成就（参家庭团体，66）。

— 了解营造秩序井然的家庭生活所需的基本条件：诸如正确教育子女的方法、有条理的管理家庭……。

— 有效且有成效地举行婚姻所需的条件与准备（参家庭团体，66）。

针对这中程准备，《家庭团体》劝谕中提到，应在适当的时候，"根据不同的具体要求，与夫妻共同生活的准备相整合。这种准备要把婚姻视为是男女不断发展的人际关系，并且鼓励

---

[4] 宗座家庭委员会，《婚姻圣事的准备》，45。

那些有关的人，根据主要的医学和生物学的知识，研究夫妻「性」的本质和负责的父母性「生育调节」。也要使他们知道正确教育子女的方法，帮助他们获得为秩序井然的家庭生活的基本条件，例如固定的工作、足够的经济资源、有条理的管理以及管家的观念"（家庭团体，66）。

婚姻的中程准备工作应在青年人恋爱期间进行，说到底，目的就是要尽可能地使未来的夫妇们获得更好的要素，藉以判断和确定是否建立家庭。[5] 经验告诉我们，未来婚姻的"成就"很大程度上与准备婚姻的方式和是否认真对待恋爱有密切的关系。

相互尊重和努力帮助对方彼此敬重和认真对待恋爱，是判断这种交往是否是真正位际关系的标准之一。另一方面，只有这样他们的关系——从更高层次上来讲——才是对天主的爱的表达。正如圣施礼华神父所提醒的："恋爱应该是一个彼此加深感情、相互认识的机会。就像每所爱的学校一样，不是由占有的欲望所驱使，而是由交付、包容、尊重、专心等精神所启发。"[6]

恋人之间爱与情感的表达，当它是纯洁的时候，便有助于他们在爱内的成长与成熟。具体而言，努力践行洁德——一般来说，在恋爱期间与其他人单身生活拥有同样的特点——有助于未来的夫妇将其婚姻营造得有如是生命与爱的团体。这是一个牵涉到人所有维度的过程，然而，需要清楚地知道他们仍然不是夫妻。情感与爱的表达，只有奉行纯正意向所要求的，便是自然而正当的，且有助于促进和表达真诚的爱和对对方品行的倾慕。

梵二大公会议鼓励"未婚夫妻及夫妻，以圣洁的爱培育其婚约，并以专一的爱培育其婚姻"（牧职宪章，49）。但是，也应保持警醒，因为错误的交往方式——比如，婚前同居——不少次都将其视为助长爱情的方式而正常化。尤其是不应忘记男女间的自然吸引可能会因着罪恶导致的紊乱而变得错乱。

---

[5] 参：庇约十一世，《圣洁婚姻》通谕，52-53。
[6] 施礼华，《对话录》，105。

"有鉴于是要判断有关恋人在其交往中可能会遭遇的情爱所具有的伦理责任,那么就需要区分主动参与和激发或坦然接受,还是情感态度被动并抵制和意志上无兴致。应依被称为间接迷色的原则对其进行判断。"[7] 根据一些伦理学家的意见,在恋人之间——假定总是怀有非迷色的意向——若其情感的表达能够导致不完全的紊乱,并且主动地将其排除在外,那么将是一个小罪;若是有使其变成完全紊乱的危险,而仍继续同样的行为,那么将是一项大罪。

为了能够"以节制持守贞洁",需有天主的助佑。因此只有相恋的人准备好以纯正的态度交往,他们便不致于陷入不尊重和不道德的危险中。

"**已订婚者**被召以节制持守贞洁。他们受此考验,将发现彼此的敬重,并将学习在忠信与希望中,从天主那里彼此接纳。他们将把夫妻之爱特有的温存,保留到婚姻时。他们要彼此帮助在贞洁中成长"(天主教教理,2350)。

牧灵神学上经常推荐,且由经验得到证实的一项明智的举措就是恋爱期不宜过长;只要能够合理地确定已经寻获共同行走婚姻圣召之路的人就足够了。

教会始终拒绝所谓的"婚前同居"。这种类型的交往相反男人与女人的人格尊严,并有悖于性关系中彼此交托的属性,因为这种交托是全人交托的真实象征,始终是单一而不可拆散之婚姻领域所要求的。此外,在已领洗者之间,这样的交往方式也有悖于其结合蒙召所要表达的真理:他们的结合本应是表达基督对教会之永恒而忠贞的爱。

"它相反道德律:性行为应该只在婚姻内发生;婚外性行为常构成一个重罪,并被排除于圣事共融之外"(天主教教理,2390)。

同样,试婚也是教会所拒绝的:"现在有些人有结婚的意愿,却要求一种「**试婚的权利**」。不管这些从事过早的性关系者的意图如何坚定,「过早的性关系,不可能保证在一男一女的人际关系中的诚实和忠信,特别不可能保护他们免于幻想和任性」。肉体的结合,唯有在男女之间建立了决定性的生活团

---

[7] M. Zalba, *voz Noviago*, en Gran Enciplopedia Rialp, 70。

体之後，道德上才是合法的。人类的爱情不能容忍「试婚」。爱情要求在人与人之间全部的、决定性的给予"（天主教教理，2391）。

现如今，由于多种不同因素所造成的结果，逐渐蔓延着一种将婚前同居正常化的想法，诸如：对婚前恋爱阶段的肯定；有时候因恋人意志不可左右的一些原因致使恋爱期延长；宗教情感的颓废；放荡的风俗习惯等。如果性行为是一种真爱的表达，且已正式订立婚约，只是还不能举行婚姻，恋人之间彼此真正相爱，那么为什么这种性关系仍不合理呢？显然，只有婚姻才能为性行为达至其圆满意义提供恰当的空间。然而，又是什么原因使恋人之间的这种行为没有任何价值，且被定性为严重不道德的行为呢？

撇开传统上为从否定意义上判断婚前关系而提出的那些论证所做出的评价不看，有一点是明确的：从根本上来说，这样的关系（即婚前同居）有悖于性交托本身的属性，作为人对人的一种交托，始终是婚姻所要求的，只有婚姻能够确保这种交托所要表达的真理。如果性的运用不具完整性与排他性，且不发生在婚姻内，那么这种行为除了是不成熟的标记外，也是一种欺骗：身体的语言并未回应真理，也就是说，这种行为蒙召所要表达的内容。

"因此，婚外的性关系形成了一种严重的紊乱，因为它所表达的事实仍未存在，是一种在两个人的生命中找不到客观对应的语言，因为对天主教徒配偶来说，他们仍未形成需要社会以及宗教承认和保障的最终团体（即婚姻）"（人性之爱教育指南，95）。

"在这方面，有一些教会始终毫不犹疑地传下来的原则及准则，并视之为她的教训的一部份，虽然这些原则与世俗的意见及道德不符。这些原则及准则绝对不是出于某种文化型，而是出于对神律及人性的认识。因而不能视之为过时，或托词已产生一种新的文化场合"（人格[8]，5）。

"这个意见违背基督的道理，根据这端道理，所有性行为都

---

[8] 宗座信理部，《人格》宣言，中文译本名为《对某些性道德问题的宣言》，1975年12月29日。以下简称"人格"。

要在婚姻范围内进行。不拘那些实行婚前性交的意向多么坚决,事实上,这些性行为仍然不能真诚及忠实地保证男女间彼此的人际关系,特别是不能维护这些行为脱离幻想及变化无常。而实际上,这种关系是耶稣所愿意的永恒的行为,而且耶稣也恢复了它的原始要求,以两性的不同为起点"(人格,7)。

## 3.3 近程准备

本阶段的准备是以已有婚约,且在不久的将来很快就要结婚的人为对象。"应该是在婚礼举行前的几个月和几个星期内进行"(家庭团体,66)。可以说,近程准备的目的与内容,以某种方式,在教会法典所要求的"婚前调查"中得到了表达(参法典1063)。

  针对这一点,《婚姻礼典》中指出:"应乘机为准备结婚者,重温这些基本教理,并讲解有关婚姻和家庭的道理,以及婚姻圣事的意义和礼仪、经文、圣经选读等,使新郎新娘能自知地、有效地领受婚姻圣事。"

  不同地方的主教团(比如,西班牙和意大利主教团)也要求,在落实这些基本法规时,应核实是否存在婚姻无效限制、合意是否完整而自由、是否接纳教会有关婚姻的性质、目的和特质所做的教导、是否接受了适当的培育(或辅导)等。

尽管不能拒绝那些能够有效地结婚的人举行婚姻,但是无论是未婚夫妇,还是负责婚前准备工作的人,应设法使婚姻的举行既有效,又有成效。除了了解婚姻的属性、目的和特质,以及愿意真正地举行婚姻外,还需要结婚当事人在一些与将要完成之事相符的理由的推动下做出结婚的决定。愿意以无效的方式举行婚姻显然是对伦理秩序的一种严重违反。然而,即使没有怀着这样的意向而行事,也有一些其它原因能够妨碍当事人有成效地领受圣事,因为这些原因虽然不足以使婚姻无效,但仍会使结婚的这种决定变得扭曲。诸如,结婚时仍保持向婚外情开放的可能;或并不准备以负责任的态度来承担传承生命的义务;或为了夫妻之爱的其它理由而结婚等,就是这些情况。

婚前的准备工作应有助于未婚夫妇明确其结婚的理由,并在有必要的情况下,使这些理由得到净化。婚姻将在一个男人与一个女人之间开启持续终生的爱与生命的团体生活,并要求他们在各自的男性与女性上彼此而排他且完全的交托和相互接纳。由此所延伸出的：彼此寻求对方的福祉；以负责的态度活出婚姻之生育并教养子女的目的；无条件地忠贞不渝等，都是婚姻圣召走向圣德的核心内容。

除了深化有关婚姻与家庭——尤其是关于伦理义务——的教义外，未婚夫妇也应该准备好以有意识且积极地参与其婚姻典礼。这段时期是开始了解婚姻庆典的礼节，认识礼仪行为和祷词及读经意义的时间。

> 虽然礼仪庆祝对圣事标记的构造来说并不是绝对不可豁免的，但是它却是婚姻圣事一般庆典中的一部分，并从很大程度上有助于达至圣事的目的：圣化并加强结婚当事人对婚姻恩宠的信德，同时也有助于教会的建设。

为了使婚姻圣事的庆典有成效，还要求未婚夫妇在婚姻圣事的准备过程中，如果有必要，应领受告解圣事，尤其是在举行婚姻圣事过程中，还要领受圣体圣事。

> 因为婚姻圣事是"活人"的圣事，因此在举行婚姻圣事时，结婚当事人应没有大罪。这是婚姻圣事合法性的一个条件。如果意识到有大罪，那么为了合法地举行婚姻圣事，且能恢复恩宠，则需要矢发上等痛悔，并立志尽快领受告解圣事。如果是在婚姻庆典过程中想领受圣体圣事，那么需通过领受告解圣事才能恢复恩宠。

> 凡是没有领受坚振圣事者，应在举行婚姻圣事前先领受坚振圣事。领受坚振圣事也是合法地举行婚姻圣事所必需的一个条件，但是只有在"有重大困难时"，才可在未领受坚振的情况下，举行婚姻圣事。所谓的重大困难，比如，鉴于结婚当事人的情形，若可明智地认为他们仍未具备有成效地领受坚振所需要的条件。

此外，除了在举行婚姻之前需核实结婚当事人之自由身份外，《天主教法典》还规定了一些其它的要求：

– 为了使堂区主任(也包括教区教长，或由其所委托的执事或司铎)能够有效地证婚，则需要"确知无任何阻碍婚姻有效及合法举行之事"(法典1066)；

— 为此,"主教团应订立规则,指出如何查询未婚夫妻,发布结婚公告,或婚前必须调查事项的适当方法;堂区主任于慎重查考之后,才可证婚"(法典1067);

—"如不是证婚的堂区主任办理调查,应将调查结果以据实的文件,尽快通知该堂区主任"(法典1070);

—"有死亡危险时,如无法取得其他证明,除有相反指证外,只要结婚当事人承认,必要时得宣誓,自己领过洗,并无任何婚姻阻碍,则可为之证婚"(法典1068);

— 所有信友,若在举行婚姻之前,得知有无效限制存在,则有义务将事实呈报给堂区主任或教区教长。

所有这一切,在无削弱婚姻准备的权利-义务前提下,应毫无偏颇地协调信友结婚的基本权利与婚姻庆典的成效性。始终需要明智地使所涉及的所有不同因素彼此保持协调。

"虽然我人不该小看婚姻近准备的需要和义务——凡容易得到宽免时更是如此——不过这种准备应该常常如此安排和实行,就是如果没有这种准备,不得以之为举行婚礼的阻碍"(家庭团体,66)。

\* \* \* \* \* \*

**参考书目：**

若望保禄二世,《家庭团体》劝谕,66、70-76。

宗座家庭委员会,《婚姻圣事的准备》,1996 年 5 月 13 日。

宗座教育部,《有关人性之爱的教育指南》,1983 年 11 月 1 日。

F. ALARCÓN, *El matrimonio celebrado sin fe*, Almería 1988.

F.R. AZNAR GIL, *La preparación pastoral para la celebración del sacramento del matrimonio en la legislación particular española posconciliar*, Zaragoza 1981.

W. KASPER, *Teología del matrimonio*, Santander 1980.

A. LEONARD, *La moral sexual explicada a los jóvenes*, Madrid 1994.

T. RINCÓN PÉREZ, *Comentarios a los cn.* 1063-1072, en A. MARZOA, J. MIRAS, R.RODRÍGUEZ-OCAÑA (dir.), *Comentario exegético al Código de Derecho Canónico*, III, Pamplona 1997, 1102-1139.

A. SARMIENTO, *A missão da famflia cristã*, Braga 1985, 187-193.

A. SARMIENTO y M. ICETA, *¡Nos casamos! Curso de preparación al matrimonio*, Pamplona 2005.

# 第十二章
# 夫妻：婚姻盟约的主角

"婚姻盟约的主角是受过洗的一男一女；他们可自由结婚并能自由地表达他们的合意。所谓「自由的」就是：没有受到强迫；没有受到自然律或教会法的阻碍"（*天主教教理*，1625）。对结婚当事人来说，婚姻圣事的有效性首先取决于他们在结婚前是否已领受洗礼。领受过洗礼是领受其它圣事不可或缺的条件。此外，还有其它一些条件也是必需的：自由或不存在婚姻限制；对婚姻的认识以及举行婚姻的意愿。

因此，接下来我们就是从结婚当事人的角度，来分析婚姻圣事的举行，并且仅限于阐述针对其有效性所需要的条件，基本上来说，都是法律性的条件。针对这一点，须知：法律性的结构并非是婚姻的附加或次等要素。

## 1. 结婚的自由：不存在无效限制

婚姻权是人的一项基本权利，它包括缔结婚姻的权利和自由地选择自己配偶的权利。但是当人因其本身或主管当局的缘故而没有权力和没有能力缔结婚姻时，这项权利的行使便受到了限制。"凡不受法律禁止的人都可结婚"（*法典* 1058）。具体来说，根据教会现行法的规定，有下列情况者，无权结婚：1) 因自然律的缘故，结婚当事人因不能人道（或无能）、前婚关系和血亲关系等受到限制；2) 因教会主管当局或教会法的缘故，结婚当事人受年龄、信仰不同、圣秩、胁迫、杀害配偶和某些等级的血亲关系等受到限制。

从举行婚姻的角度来说，上述所言基本的差别就是：第一点，也就是由自然律而来的限制，因其作者是天主，故是不可豁免的；而其它的限制，即由教会法所制定的限制，则是可以豁免的。不管怎样，因是涉及到基本权利的约束性法律，故此，应从狭义上对其进行解释。

在教会的现行法当中,已经没有了限制(会使婚姻不合法)与无效限制(会使婚姻无效)的分法;而根据教会法典的规定,所有限制都是无效限制,会使婚姻变得无效。但是仍然保留了公开限制与秘密限制的分类(是根据是否可在外庭得到证实来区分的)(参法典1074),主要是为了在某些情况下可得到豁免(参法典1079-1082)。

在从总的角度了解了婚姻限制和教会权力的性质和范围之后,接下来我们将逐一阐述一下这些问题。有关教会针对婚姻限制的权力的规定,《天主教法典》中有两章对其进行了专论:"婚姻无效限制总论"(法典 1073-1082)和"婚姻无效限制分论"(法典 1083-1094)。其中首先是自然限制,然后是教会法规定的限制。

## 1.1 属于自然律的限制

有下列限制之一者,根据自然律,男人或女人便不能缔结婚姻:不能人道(或无能)、前婚关系或血亲。这些被称之为自然律的限制。

– 不能人道:可以被定义为,无论是男人,还是女人,缺乏以自然的方式完成夫妻行为的能力。

为了使这项限制使婚姻无效,必不可少的条件是:这种无能需是**婚前的**,意即:必需是在结婚之前就存在的;需是**永久的**,也就是说,通过一般而合法的措施是不可治愈的;需是**确定的**,因为"如对不能人道的限制怀疑,或为法理上的怀疑,或是事实上的怀疑,不应禁止结婚,而且怀疑持续时,不该宣布婚姻无效"(法典1084§2)。不能人道(或无能)可以是**绝对的**(在任何情况,对任何人均不能完成夫妻行为);也可以是**相对的**(只对个别人不能人道)。绝对不能人道使婚姻无效,而相对不能人道只在特定情况下才会使婚姻无效。

不应将无能与不育混为一谈。不育是指这种缺陷虽不妨碍以自然的方式完成夫妻行为,但却使人不能生育子女。不育并不使婚姻无效,也不是婚姻的限制。然而,将生育作为结婚的条件,如果不能生育,将拒绝婚姻合意,这是另外一回事。因此,也不能将缺乏精液或精子成活率较低视为不能人道,进而视为婚姻的无效限制。这项限制的关键在于是否能够正常地完成夫妻性行为，虽然这种行为本质上是指向生育的，但并不在于是否实际产生新生命。

- 凡受前婚关系约束者，即使婚姻未遂，仍不可再结新婚，否则婚姻无效(参法典1085)。这也是作为婚姻之基本特质的单一性和不可拆散性的结果。

若是既成已遂婚姻，这项限制则因配偶之一方去世而终止；若是既成未遂婚姻，则可藉由教会法所规定的方式得以解除婚姻关系，而使限制终止。不管在哪种情况，若欲缔结新婚，应"确知其（即前婚）无效或解除"(法典1085)。

> 当为了核实配偶是否死亡而存在困难时，教会法规定："1项 - 几时不能用教会或国家之真实可靠的文件证明一方配偶确已死亡，他方配偶总不得视为已解除婚姻之约束，除非教区主教发出推定死亡之宣告。2项 - 教区主教，只有经过适当之调查，并从见证人的言谈中，再从传闻或各种迹象中获得配偶死亡之常情确实性后，才得为1项之宣告。仅是配偶的无踪迹，即使长期的无音信，不足确定其死亡。3项 - 遇有不确定及复杂之案件时，主教应请示宗座"(法典1707)。

- 血亲的限制是指对同一家庭成员间结婚权利的限制。这项限制可以是来自于神律–自然律，也可以是由教会立法者根据文化–历史因素而制定的限制(参法典1091)这项限制的目的是为了维护家庭的尊严和由生物学而产生的家庭成员关系的独特性。

作为神律–自然律的限制，它将使直系血亲间，以及旁系血亲四亲等之间的婚姻无效。作为神律的限制，它是不可豁免的；因此，"如怀疑当事人是否有直系血亲的亲等，或旁系血亲的二亲等时，绝对不许结婚"(法典1091§4)。

## 1.2 属于教会法的限制及其豁免

根据现行的教会法，男方或女方有以下限制者，不能有效地缔结婚姻：年龄、信仰不同、圣秩、圣愿、胁迫、杀害配偶或在某些情况下的血亲限制。然而，根据我们上述已经说过的，这些限制是可以豁免的。

— 年龄："男未满十六岁，女未满十四岁者，不得结婚，违者结婚无效"（法典 1083§1）。

这项限制的理由是保证结婚当事人达至生物学上的成熟，这成熟为结婚来说是必不可少的（当然心理上的成熟也是必需的，这一点法典 1095 有所规定），在有正当理由的情况下，可由教长获得豁免。因同样的理由，主教团有权制定更高的结婚年龄。而主教团所制定的年龄限制只涉及到婚姻的合法性，而不关乎其有效性。

> 至于计算年龄的方法，教会法规定：1) "开始之日不应计算在期限内，但此期限之开始与一天的开始为同时，或法律另有明文规定者，除外"；2) "结束之日计入期限内"（法典 203）。不管怎样，教会法还提醒，"人灵牧者，务须晓喻青年人，不要在当地习俗所认可的适婚年龄之前结婚"（法典 1072）。

— 信仰不同："一方在天主教会受洗，或皈依天主教，另一方为未受洗者，二人之间的婚姻无效"（法典 1086）。需满足以下条件，才会出现这种限制：1) 结婚当事人之一方在天主教会受洗，或在其它基督宗教有效领洗后皈依天主教；2) 另一方为未受洗者，或不曾有效地领受洗礼。

> 至于洗礼的有效性，法典 849 有所论及；而当对其有效性存在疑问时，法典 845 和 869 则规定了相关的做法。

这项限制对应着保护信仰的权利与义务，这也是神律所要求的，同时也是每个人所拥有的结婚权的回应。因此，若没有相反信仰的危险，则可以得到豁免。只要满足下来条件，教长可豁免这项限制：1) "天主教一方应声明，确已准备避免失落信仰的危险，同时诚恳许诺，将尽力使所生子女接受天主教洗礼及教育"；2) "天主教一方应将所作许诺，适时通知对方，使其真正知道天主教一方的许诺与责任"；3) "应告知双方，有关婚姻的目的及基本特点，并且任何一方都不得排除此种目的和特点"（法典 1125）。另一方面，"主教团不但应订立方式，为使上述常要求的声明与许诺得到遵守，且应指定手续，使上述声明和许诺，在外庭得以证明，藉以通知非天主教一方"（法典 1126）。

— 圣秩：这项限制是基于教会要求神职人员独身的这条法律，藉以使神职人员"更易于专心契合于基督，更能自由地献身为天主及人类服务"（法典 277）。这项限制主要在于"领受过圣秩者，不得结婚，违者结婚无效"（法典 1087）。

虽然圣秩圣事赋予领受它的人神印，且不可磨灭，但这项限制则属于教会法范畴，因此是可以豁免的。这项豁免保留于罗马教宗（参法典 1078）。

"圣秩分为：主教、司铎及执事"（法典 1009§1）。在 1917 年版的教会法典中，这项限制是从副执事职开始的，当时这项圣秩也许诺独身，因此教会也将其定为婚姻的限制。

另一方面也需要指出，圣秩的限制约束所有领受了圣秩圣事的人，因此，也约束那些已婚，但在丧偶后身为鳏夫的执事。神职身份的丧失（参法典 290-293）本身并不免除独身的义务，除非声明所领圣秩无效（参法典 1708-1722）；因此，除此之外，仍存在圣秩的限制。

— 圣愿：存在这项限制的必要条件是：1) 已矢发终身贞洁愿；2) 需是公开圣愿，也就是说，由合法长上以教会之名接受的圣愿（参法典 1192）；3) 是在一献身生活会（即修会）内矢发的圣愿（在其它奉献生活团体或类似修会的团体内所发的愿并不构成这项限制）；4) 需是有效地矢发的圣愿。在满足上述条件下，所缔结的婚姻为无效。[1]

这项限制也可以得到豁免。若是在属宗座管辖的修会内矢发的圣愿，其豁免保留于罗马教宗（参法典 1078）。

在有死亡危险时，以下当局可豁免这项限制：1) 教区教长（参法典 1079§1）；2) 堂区主任或依法获得委托而证婚之神职人员；3) 法典 1116§2 所规定之参与婚礼的司铎或执事（参法典 1079§2）。

在有死亡的危险时，听告解司铎有权在内庭豁免隐秘的限制（参法典 1079§3）。

若修会会士为已领受圣秩者，还应考虑到上述有关圣秩之

---

[1] 有关献身生活会，参法典 573ss 和 607ss；关于使徒生活团，参法典 731-746；关于圣愿的有效性，参法典 1091ss。

限制的要求。

— 胁迫：作为婚姻限制，主要在于男子以结婚为目的，略拐或胁持女子，这样结婚是无效的；但女子脱离胁持，到达安全和自由的地方后，甘愿与他结婚者，则另当别论（参法典1089）。将其列为限制的目的在于保障结婚自由，毫无疑问，这是出于历史和统计学上的理由，只规定了女子受胁迫，而不是男子。结婚的意图是这项限制存在的必要条件，可以是胁迫前的或在胁持女子的过程中，或这些情形之后。

为了使这项限制成立，则必需：1) 男方是胁持者，而女方是被胁持者；2) 女方应是在相反其意愿下被略拐或被胁持；3) 无论是略拐还是胁持，都是以结婚为目的而完成的。

根据教会法的明确规定，当被略拐或被胁持的女子摆脱男方的胁持，到达安全和自由的地方后，这项限制便不复存在。这项限制是可以由教区教长获得豁免的。[2]

— 杀害配偶：有两个情况："§1. 企图与指定人结婚，而害死对方的或自己的配偶者，不得与之结婚，违者结婚无效。§2. 男女二人共同以有形或无形之手段，害死配偶者，彼此不得结婚，违者结婚无效"（法典1090）。

这项限制的目的在于捍卫婚姻的价值，尤其是婚姻的不可拆散性。为了使这项限制真正成立，则要求：1) 死亡是由当事人自己或藉由他人为之；2) 是当事人自己的配偶或欲与之结婚着的配偶；3) 应是为了结婚的目的而完成的杀害；4) 当配偶的死亡是由双方以有形或无形之手段共同完成时，这项限制也成立。

这项限制的豁免保留于罗马教宗（参法典1078）。

在有死亡的危险时，下列人士也有权豁免这项限制：1) 教区教长；2) 堂区主任或依法获得委托而证婚之神职人员；3) 法

---

[2] 应该知道，不应将"胁迫"这项限制与"恐惧"相混淆，虽然它们之间存在着一定的关联。"胁迫"是就客观和外在因素说的；而"恐惧"是就主体主管而内在问题所说的。

典1116§2所规定之参与婚礼的司铎或执事（参法典1079§2）。

— 在血亲限制之名下还可以纳入一系列的类似情况，其目的也是为了维护婚姻与家庭的尊严，确保其成员之间的相互关系以自然的方式发展。这些情况包括：姻亲、假姻亲和法亲。

1) 姻亲："姻亲来自有效的婚姻，有效未遂之婚姻亦同；又姻亲存在于夫与妻的血亲间，和妻与夫的血亲间"（法典109）。姻亲的限制只存在于直系姻亲，而旁系姻亲没有限制；因此，公公与儿媳妇、岳母与女婿、继母与继子等之间便存在限制。

教区教长可豁免这项限制。在特殊情况下（如死亡危险），这项限制的豁免可遵从上述有关杀害配偶的相关规定。

2) 假姻亲："假姻亲的限制，是由无效婚姻且在共同生活之后而产生，或是由明显或公开姘居而产生；由此种关系的男方同女方的血亲，或女方同男方的血亲，在直系一亲等以内者，不得结婚，违者结婚无效"（法典1093）。

为了使这项限制成立，需满足以下条件：1) "是由无效婚姻且在共同生活之后而产生"（无论已遂与否）；或是由明显或公开姘居而产生（比如，只以民法结婚，且有过共同生活）；2) 这项限制只发生在直系一亲等以内，由上述关系的男方同女方的血亲，或女方同男方的血亲之间。也就是说，比如，一男子与一女子存在假姻亲关系，此男子不得与女子的女儿或母亲结婚，他们之间存在的就是这种限制。

这项限制的豁免保留于教区教长。在特殊情况下，可依前面已论述的方式得到豁免。但是"如怀疑当事人是否有直系血亲的亲等，或旁系血亲的二亲等时"，不得豁免（法典1091§4）。

3) 法亲：法亲由依民法所完成的收养而产生的关系，"依国家法律规定而收养之子女，其身份与收养人之婚生子女同"（法典110）。"法亲由收养而产生，直系法亲或旁系法亲二亲等以内者，不得结婚，违者结婚无效"（法典1094）。

针对这项限制，应该明白：收养产生法亲关系，并产生所谓的"法亲"限制，但是这里所说的"收养"是依照国家法律所完成的收养(参法典 110)；另一方面，制定这项限制所及范围的是教会法。具体来说，这项限制存在于：a) 直系法亲(收养者与被收养者；以及被收养者之子女与收养者)；b) 旁系法亲二亲等以内(被收养者与收养者之子女)。

这项限制的豁免保留于教区教长，特殊情况下，也遵守上述所论之方法。

\* \* \* \* \* \*

针对现行法有关限制的豁免，可总结如下：

属于教会最高当局豁免的限制有：圣秩、在属宗座管辖的修会内矢发的贞洁永愿和杀害配偶(参法典 1078)。

教区教长可为其下属——无论居于何处——和事实上居住在其辖区内的人，豁免所有教会法所制定的限制，但保留于圣座的限制除外(圣秩、贞洁永愿和杀害配偶)。然而，在有死亡的危险时，除由圣秩而来的限制外，也可豁免后者(参法典 1079)。在死亡危险之外，每当为婚礼一切准备就绪，才发现婚姻存在限制，而如延期至获得有关主管的豁免时，可能引发重大损失，只要这些限制是隐秘的，此时，教区教长有权豁免(参法典 1080)。[3]

在有死亡的危险时，堂区主任有权豁免一切及每项属于教会法的限制，无论是公开的，还是隐秘的，但由圣秩而来的限制除外(参法典 1079)。当只能通过电报或电话告知教长时，便可视为不能往就教长。[4]

在有死亡的危险情况下，只要是隐秘的限制，听告解司铎也有权在内庭豁免(参法典 1079)。应该明白的是，这里所言的"隐秘"是指未被传播或扩散，而非专业意义上的隐秘。[5]

---

[3] 在非圣事性内庭所颁赐的豁免，应记录在案，并应保存于教区公署秘密档案内(参法典 1082)。

[4] 拥有同样权力豁免者，还有：1) 依法获得委托出席证婚之神职人员；2) 法典 1116§2 所规定之参与婚礼的司铎或执事，只要符合下列条件：- 很难找到法定证婚人，或很难往就证婚人；- 有死亡危险；或无死亡危险，只要衡量情势，预料一个月内找不到法定证婚人者(参法典 1116)。

[5] 在非圣事性内庭所颁赐的豁免，应记录在案，并应保存于教区公署秘密档案内。

## 2. 对婚姻的认识以及举行婚姻的意愿

除了自由缔结婚姻外，也就是没有任何自然律或婚姻法的限制，结婚当事人也应了解什么是结婚，以及毫无约束地愿意结婚。由于婚姻是由结婚当事人双方的合意产生的，那么无论是对婚姻的认识，还是所必需的意愿，以肯定的方式表达的话，可归结为婚姻的属性和婚姻合意必要条件；而以否定的方式来说，可归结为婚姻合意的异常或瑕疵。接下来我们就从这两方面进行阐述。此外，关于婚姻合意的性质和对象，我们已在前面进行了探讨，接下来的阐述可以说是从法律和伦理角度对已探讨过的内容的补充。

### 2.1 婚姻合意的特点

遵循着梵二大公会议的教导，教会指出"婚姻合意是意志的行为，使男女双方藉不可挽回的契约，彼此将自己相互交付并接受以成立婚姻"（法典 1057§2；牧职宪章，48）。这种合意首先应该是一个人性行为，意即：从心理学上来说是自由、圆满且负责任的行为；此外，这个行为是为了产生如此密切而又严格，被称为婚姻的结合。因此，这个行为又被称之为婚姻合意。

具体而言，学者们列出了婚姻合意所不可或缺的一些特点：

– **合法地表达**：这合意是"以语言"或"以同义的记号"（法典 1104§2）的形式，根据合法当局所做的规定（参法典 1057§1），外在地表达出来，使人认识的。在所做的规定当中，需要指出的是，法定仪式的必要性。

> 当出现不同语言时，教会法预见了翻译的角色，其职责在于在合意的外在表达中给予协助。为了合法地举行婚姻，采用翻译既不需要正当的理由，也不需要教长的许可。但是"堂区主任，除非确知翻译人可信任，否则不得（准予）结婚"（法典1106）。

– **真正的**：在举行婚姻时，结婚当事人合意的外在表达与内在意愿之间应存在一致性；当严肃而真正地愿意结婚时，才会存在这种内外一致性。始终假定这种一致性，除非有反证。与合意之真实性相反的是伪装，可分为完全伪装（拒绝婚姻本身)和部分伪装(拒绝婚姻的某项本质要素或特质)(参法典1101)。

在完全伪装中,对婚姻的拒绝可以是:1) 因为结婚当事人之一方或双方不愿意缔结婚姻;或者,2) 虽然愿意结婚,但意志上却不愿意承担责任,故不会产生婚姻,说到底,就是不愿意结婚。而在部分伪装中,虽然当事人愿意结婚,与此同时,意志上却以积极的行为,拒绝婚姻中的某项基本要素或特质,从而导致婚姻不能成立。

— **自由而深思熟虑的**:因为结婚的是有位格的人,又因为婚姻合意的对象也是相同,且在其配偶性中的人。

"合意应是每个立约人的自愿行为,不受暴力或外在重大威胁所迫使。任何人间的权力都不能取代这合意。如果缺少这分自由,婚姻也就无效"(天主教教理,1626)。

— **相互的**:是由结婚当事人双方彼此同时表达合意;因此也就要求当事人双方,亲自或通过代理人,同时在场(参法典1104§1)。这种相互性——连同所要求的同时同地——是婚姻关系的单一性所要求的(虽然是两个人结婚并表示合意,但合意却是唯一的,婚姻由此而产生),且关乎到合意的有效性。

现行教会法允许藉由"代理人"来表达合意。在这种情况下,婚姻的举行是在结婚当事人之一方或双方不在场,而藉由所委托的代理人来表达其合意所完成的。法典1105中规定了藉由代理人有效举行婚姻所需要的条件:1) 代理人必须持有与指定的人结婚的特别委托书;2) 代理人必须由委托人亲自指派,并由代理人亲自执行此项任务;3) 委托书须有委托人亲自签名,此外,尚须经发委托书处的堂区主任或教区教长签名,或由此二人中之一所委托的司铎签名;或至少由二位证人签名;或委托书依国家法律规定的正式文件完成;4) 如委托人不会写字,须在委托书内注明,并另请第三位证人签名,否则委托无效。

婚姻在代理人以委托人之名义表达合意之时产生,但是,"如委托人,在其代理人以其名义结婚前,已撤回委任,或突然神经错乱,虽然代理人或对方结婚人不知情,结婚亦为无效"(法典1105§4)。

— **绝对的**(或毫无条件的):意即:婚姻关系的产生不受制于任何环境或具体事实。从这种意义上,现行教会法规定"以未来之事为结婚条件者,结婚无效"(法典1102§1);这是为了避免教会旧法中所出现的困难,当时,将婚姻关系的存在和合一效果的追溯性从属于所要求之条件的核实(1917版法典1092)。

相反,教会允许以过去或现在之事为条件。也就是说,在表达婚姻合意时,使婚姻的有效性依附于事实上已经存在的事或条件,只是不为结婚当事人所知。婚姻及其效果在举行婚姻时已存在,但是过去或现在之事的条件"未经教区教长书面认可,不得擅自附加"(法典1102§3)。

## 2.2 婚姻合意的异常

如果说婚姻合意是婚姻的有效因,那么,更值得关注的问题就是合意的存在及其完整性,也就是说,是否付诸了合意,所付诸的合意是否满足应有的条件。现在我们就以如下顺序对这些问题进行阐述:1) 无合意能力;2) 缺乏合意;3) 合意的瑕疵。

– **无合意能力**:婚姻合意不仅仅只是一个意志的行为。为了使婚姻合意存在,只一个人性行为还不够。它固然是一个人性行为,但还不够,还需要它是一个特定的意志行为,即:因其是婚姻合意,故是以婚姻为其对象和名由。结婚便使这个意志行为获得了定性,藉着这个行为,结婚当事人以彼此权利与义务的名由,相互、永久且排他地相互授受自身,从而成为这个女人的丈夫及这个男人的妻子。[6]

《天主教法典》明确地规定:"下列人员无结婚能力:1 缺乏足够智力者;2 对应互相交付与接受婚姻的基本权利和义务,缺少辨别判断力的患者;3 由于心理因素,无法负起婚姻的基本义务者"(法典1095)。

婚姻合意能力包括以下三项要素:1) 充分运用理智;2) 对婚姻基本权利和义务的辨别判断力;3) 承担婚姻基本义务的能力。因此,缺乏上述三项要素之一者便无合意能力(有别于婚姻限制中的不能人道,即"无能")。

---

[6] 参:P.J. Viladrich, *Comentarios al c.*1095, *en Código de Derecho canónico*, ed. Anotada a cargo del Instituto Martín de Azpicueta, Pamplona 1987, 654。

1) 凡是在付诸合意时，不具备为了使合意的行为是人性行为而不可或缺的认知和自愿者，便被视为**缺乏足够智力**者。但是，一般来说，凡年满七周岁者，便推定拥有足够的理智完成人性行为，并为其行为负有伦理性的责任。因此，那些因某种大脑疾病或其它原因——诸如，吸毒——而缺乏理智的运用，且持续无此能力者，便是因缺乏足够的智力，而无能力缔结婚姻的人。

2) **辨别判断力**，就是为了使结婚当事人能够承担互相交付与接受"婚姻的基本权利和义务"，在理智和意志上，所应达到之足够的成熟程度。

因此，婚姻合意所要求的辨别判断力的最低限度，具体来说表现在：① 婚姻是一种永久的结合，也就是说，决定两人命运的一种稳固而持续终生的结合；而非一时兴起、偶然或临时的，无需对其不可拆散性有严格而准确的认识；② 一男一女：婚姻只存在于性别不同，一男一女之间；③ 指向生育：婚姻是为了繁衍后代；④ 藉性的合作而生育子女：只要结婚当事人知道，生育子女需要藉双方性器官合作而完成的行为，便足够了（参法典 1096）。

> 法律上推定从青春期开始，便达到了婚姻合意所要求的对此内容之了解的最低限度。此外，还要求这种了解或知识是明确而专业性的："不能假定其对此事无知"这种表述指出只需大概的认识便足够了，意即：以某种方式了解此事便足够了。

3) 由于心理因素，无法负起婚姻的基本义务：也就是说，当真正地使自己肩负起婚姻基本义务和成为其责任人时，缺乏对自我的必要控制。

有些学者表示，这些义务——表达了合意的对象——可以总结为："有关夫妻性行为或作为生育原则和肉身结合的性结合的义务；作为男女结合、彼此相互而不可分的福祉、生育并教养子女的途径及环境等表达的生命与爱的团体之义务；在夫妻团体怀抱中接纳和教养子女的义务。"[7] 作为婚姻的基本义务，应

---

[7] P.J. Viladrich, *Comentarios al c.*1095, 658.

该是相互的、排他的以及不可放弃的,因此,当不可能承担这些基本义务时,也是无合意能力。

应该明白,因心理性因素,无法承担起这些义务,与付诸合意所需要的足够运用理智力和辨别判断力是可共存的(可兼容的)。为了使无合意能力真正的存在,应该是在结婚当事人付诸合意时发生的。从这种意义上来说,当婚姻已成立后才出现的异常便是无关紧要的。此外,还应缺乏无能力与困难:只有真正的无能力才能使婚姻无效;不要忘记,只有不断地努力,甚至也包括克苦和牺牲,在婚姻生活中的忠贞和履行自己的义务才能成为可能。

– **缺乏合意**:只要结婚当事人不缺乏合意的能力,在双方交换合意时,便能促使婚姻成立。

教会法指出了一些彰显缺乏合意的"形象":无知、错误、伪装和条件。[8] 至于无知和条件,我们上述已经提到。接下来我们着重阐述另外几项。

1) **错误**:是理解上的一种缺陷,主要在于针对一特定对象作出了错误的判断。可以是有关人或人的特质产生的错误;也可以是关于婚姻本身或婚姻基本特质与圣事性尊严的错误。

关于人或人的特质而产生的错误:就是欲与某特定人结婚时,因错误而与另外一个不同的人结了婚。这种性质的错误使婚姻无效,因为事实上就没有婚姻合意,形成当事人婚姻合意对象的是另外一个在其配偶性内有位格的人,而非现在与其结婚的这个人。当错误是有关人的特质,而此特质是此人特有(几乎与其身份等同)时,那么也将导致缺乏合意。

对人特质的伴随错误和事先错误,仍能付诸真正的婚姻合意。但是当对某项特质——而这项特质是当事人直接而主要追求的——产生错误时,那么,这种错误将使婚姻无效(参法典1097)。

针对婚姻本身或其基本特质所产生的错误,实际上,等同

---

[8] 针对这一点,需要指出,并非所有的学者都将这些归为缺乏合意的范围内。至于这一点,可参:J. Fornés, *El acto jurídico-canónico*, en Ius Canonium, 49 (1985), 57ss。

于对婚姻本质的无知。在这种情况下，不存在婚姻合意，因为是结婚当事人针对一个实质上不同于婚姻的事实表示了合意。

需要明白，所产生的错误应是：① 有关婚姻基本特质（单一性和不可拆散性），或关于其圣事性尊严；② 积极地限定了意志，以致于意志上愿意一桩不具单一性和不可拆散性或不具圣事性的婚姻。简单的错误并不使婚姻和无效，也就是说，只是理解上的错误，哪怕是有关婚姻的基本特质或其圣事性尊严的错误，而没有对意志产生任何的限制。

不能将错误与法典1101所论及的内容相混淆，即："当事人之一方或双方，以意志的积极行为，排除婚姻，或婚姻的基本要素，或婚姻的基本特点。"在这种情况下，婚姻是无效的；然而，在针对限定意志的基本特质上所产生的错误中，问题的关键在于不愿意此特质，因此拒绝此特质；而在法典1101中此错误是被追求的，因为是以意志的积极行为排除，并拒绝这些特质的。

2) **伪装**：即在于结婚当事人外在地所表达的与内在意志上所愿意的不相符，这种不相符（或不一致）可以是**完全的**，或**部分的**。

在**完全伪装**中，外在所表达的合意并非意志内在所追求的：这种情况下，由于所愿意的是不结婚，因此，缺乏婚姻合意。在**部分伪装**中，外在所表达的合意虽为意志内在所愿意的，但意志上却拒绝婚姻的某项基本要素或特质。

可以说伪装合意的情况有："① 完全伪装（可以是拒绝婚姻，也可以是拒绝婚姻圣事）；② 部分伪装中拒绝（或排除）婚姻的基本要素，诸如子女（包括性的支配性）、或忠贞（其中也包括不恶意对待配偶）；③ 在部分伪装中，排除婚姻的基本特质，并有意（虽少见，但有可能）一夫多妻或一妻多夫（相反婚姻的单一性），或怀有离婚的意向（相反不可拆散性，这一点如今很常见）。"[9]

---

[9] M. Ferraboschi, *Elementa matrimonii, Un primo comment al canone* 1101 *del nuovo Codex*, en S. Ferrari (dir.), *Il nuovo Codice di Diritto canonico*, Bologna 1983, 290. 对这些情况的列举，也可以参：J. Hervada-P. Lombardía, *El*

在这些情况下，婚姻合意是无效的，因此也不能产生婚姻："当事人之一方或双方，以意志的积极行为，排除婚姻，或婚姻的基本要素，或婚姻的基本特点时，结婚无效"（法典1101§2）。另一方面，在伪装合意中也应在意向上区分：① 不结婚；② 结婚但不承担责任；③ 结婚但不履行（不实践婚姻）。在前两种情况下，婚姻合意是无效的，但第三种情况是有效的，但不合法。[10]

– **合意的瑕疵**：为了使婚姻成立，结婚当事人应拥有付诸合意的能力，并且事实上表达合意。然而，这还不够，还需要合意上不存在任何异常。使合意产生瑕疵，并使其失去效力，也就是说，使合意无效的有两种异常，即：畏惧和欺骗。

**1) 威胁和畏惧**："合意应是每个立约人的自愿行为，不受暴力或外在重大威胁所迫使"（天主教教理，1623）。当威胁（物理性的强迫）和畏惧（伦理性的强迫）成为结婚当事人一方或双方不能自由地付诸合意的原因时，便使合意产生瑕疵。在受到威胁时，通过物理性的强迫或强制，在没有接受或拒绝婚姻的选择下，迫不得已而付诸合意。在身受畏惧的情况下，因面对恶的威胁而产生畏惧，进而付诸合意。

因威胁和畏惧剥夺了人运用理智的能力，从而导致缺乏绝对的合意。然而，为了使婚姻无效，在合意上造成瑕疵的畏惧需满足以下条件：① 重大；② 来自于外在的原因；③ 为了摆脱这种畏惧，结婚当事人不得不选择结婚。

> 畏惧的严重性取决于所产生的恶（客观因素）以及受到威胁之人的自身条件（主观因素）。根据客观因素（即所产生的恶的重要性），畏惧可以是绝对重大或相对重大：绝对重大的畏惧即其本身，通常来说，便能使一个正常人感到恐惧或害怕；相对重大的畏惧即一般来说并不会使一个正常人感到害怕，但能够使一个人因其自身条件和特殊的环境而感到恐惧。"针对主观因素（本义上的畏惧，或精神上的惊愕、怕惧），在评判其

---

*Derecho del Pueblo de Dios*, III/1, *Derecho matrimonial*, Pamplona 1973, p.223ss; P.J. Viladrich, *Comentarios al c.*1101, en *Código de Derecho canónico*, 664。

[10] 参：P. Gaspari, *Tractatus canonicus de matrimonio* II, Typ. Pol. Vaticanis 1932, 36。

严重性时，需要考虑到受到威胁之人的个别特征或秉性，威胁的严峻性和对危险的直接领悟。"[11] 对合意的无效性来说，只需这种恶相对重大即可。在判断畏惧的严重性时，主要地还是取决于主观因素。

畏惧应是来自于外界原因、人为且自由的因素。这里所涉及的畏惧不应是由当事人内在而自然原因造成的（诸如，疾病、害怕等）。由外在原因而造成的畏惧也不一定是以获取婚姻合意的目的而为之。

此外，为了使婚姻无效，还要求所付诸的合意应是所承受之畏惧所产生的后果。这就假定畏惧应是先于合意的。对结婚当事人来说，结婚虽然是出于迫不得已，但这却是摆脱所面对的威胁唯一的出路。

2) **欺骗**：欺骗主要在于因第三方的欺骗行为而导致当事人针对某一具体目标——结婚当事人之另一方的一项特质——判断错误。为了使这种欺骗能够伤及婚姻合意，从而导致婚姻无效，则需要：① 对结婚当事人之另一方的某项特质真正地产生错误；② 无论是由于行为，还是出于疏忽，应是有意识且有意地引发错误；③ 其目的是为了获得婚姻合意，而不是出于其它目的；④ 应是与婚姻的性质、目的和特质有关的一项特质为目标，且"其本身能严重扰乱夫妻生活。"

"一人因争取其合意受蒙骗结婚，而蒙骗之点，正是对方的某种特性，其本身能严重扰乱夫妻生活者，则结婚无效"（法典 1098）。

这里所涉及的特质（或特性）所具有的重要性，应根据在结婚时所具有的客观意义来判断。在婚姻生活中实际所出现的困难或冲突，对判断这项特质的重要性来说，并没有任何意义。

\* \* \* \* \* \* \*

---

[11] P.J. Viladrich, *Comentarios al c.*1103, en *Código de Derecho canónico*, 668。

参考书目：

J.I. BAÑARES, *Comentarios a los cn.* 1083-1093, en A. MARZOA, J. MIRAS, RODRÍGUEZ-OCAÑA (dir.), *Comentario exegético al Código de Derecho Canónico*, III, Pamplona² 1997, 1161-1210.

E. CAPPELLINI, *Il matrimonio nel diritto canonico e concordatario*, en T. GOFFI (dir.), *Nuova Enciclopedia del matrimonio*, Brescia 1988, 281-374.

J. FORNÉS, *Comentarios a los cn.*1073-1082, en A. MARZOA, J. MIRAS, R. RODRÍGUEZ-OCAÑA (dir.), *Comentario exegético al Código de Derecho Canónico*, III, Pamplona² 1997, 1141-1160.

J.A. FUENTES (dir.), *Incapacidad consensual para las obligaciones matrimoniales*, Pamplona 1991.

P.J. VILADRICH, *Comentarios a los cn.*1095-1107, en A. MARZOA, J. MIRAS, R. RODRÍGUEZ-OCAÑA (dir.), *Comentario exegético al Código de Derecho Canónico*, III, Pamplona² 1997, 1211-1445.

V.V.A.A., *Gli impedimenti al matrimonio canonico. Scritti in memoria di Ermanno Graziani*, Città del Vaticano 1989.

# 第五部分

# 婚姻圣事的效果

　　婚姻的举行在当事人男、女之间产生一种特殊的关系，这种关系使他们二人在其配偶性中结合为一，而"成为一体"（玛19:6；创2:24），甚至，从此之后，作为结果，婚姻应成为"生活及恩爱的密切结合"（牧职宪章，48）。这些也是有效地举行婚姻后所产生的要求和结果：前者是在婚姻之"所是"层面上的要求；后者是在婚姻之"所应是"层面上的要求。此外，若是在两位已领洗者之间所举行的婚姻，它还将完成了一种转变，也就是婚姻作为受造的事实，在保持所有"自起初"所拥有之特点的同时，转而变成了新约的圣事，成了恩宠的标记与泉源。那么，这种新的幅度——圣事幅度——以何种方式反映在婚姻之"所是"和婚姻之"所应是"上面呢？这就是本部分在探讨婚姻圣事的效果时，所要回答的问题，而婚姻圣事的效果就是：婚姻关系和圣事的本有恩宠（参天主教教理，1638-1642）。

　　这是一个很重要的课题，因为它构成了基督徒婚姻灵修的基础，因此，婚姻也被视为是回应普世成圣之圣召的一种方式。

# 第十三章
# 婚姻关系

"身为人类救主及教会净配的基督，藉婚姻圣事，援助信友夫妻"，并将"由造物主所建立……的夫妻生活及恩爱的密切结合"提升并且纳入"基督的夫妇般的爱德之中"（参牧职宪章，48；家庭团体，13）。婚姻这种转变或升华的意义和结果就是这一章所要探讨的内容，而本章将分为两部分：第一部分阐述的是婚姻关系；而第二部分将会涉及夫妻之爱。

## 1. 婚姻关系：基督与教会之结合的真实再现

在满足所要求的条件和根据所规定的形式，男、女之间所缔结的婚姻将具有一定的性质和特点，而这些性质和特点与人的决定并无任何关联。自婚姻而诞生一个唯一而特殊的"团体"，这团体超越结婚当事人之间的"你"-"我"关系，而形成一个"我们"，一个"二合为一"（参致家庭书，7；10）。结婚当事人双方之间的"是"是如此的特殊而密切，以至使"二人成为一体"（创 2:24），并藉着身体而形成一个"人与人之间的共融"，也就是说，二人在其男性和女性、性别不同但互补的幅度内结合为一，甚至耶稣在论及这种"在肉身内的合一"时，总结说："他们不是两个，而是一体了"（玛 19:6）。

这种独特的"共融"便是婚姻关系，因其本身性质，这种关系是永久而排他的。这是有效婚姻所产生的第一个且直接的效果。同时，也形成了婚姻的本质。如果结婚当事人是基督徒的话，双方所缔结的婚姻盟约也被纳入天主对众人之间的爱的盟约当中，他们之间的婚姻关系也成了这种爱的"真实象征"。"因着圣事的标记，他们彼此的相归属，真正是基督与教会密切关系的肖像"（家庭团体，13）。

藉着所领受的洗礼，基督徒夫妇真实地分享了基督对教会之爱的奥迹。这是每件圣事的一个特点，然而，这种分享在婚姻圣事当中却有其独特性：它是通过婚姻关系来体现的。身体所表现出来的男性与女性，是夫妻在其之间，以及与基督对教会之爱的奥迹建立关系的本有而独特的方式。

> "夫妇参与救恩事件，或是夫妇二人，或是二者一齐。为此婚姻的首要和直接的效果(*res et sacramentum*)，不是超性恩宠本身，[1] 而是基督徒夫妇的结合，二个人基督化的融合，因为它表示基督降生的奥迹和他盟约的奥迹"（家庭团体，13）。

在基督–教会之间的婚姻盟约与婚姻圣事的婚姻盟约之间，存在着一种真实的、本质性和内在的关系。既不只是一种象征，也不只是一种简单的类比，而是一种真正的共融与参与。圣洗圣事，以最终而不可摧毁的方式，将夫妻二人——以配偶的身份——与基督的奥体结合在一起，并融合于其中。[2]

针对婚姻关系在婚姻圣事中的这种深刻转变，有时候神学上说，婚姻圣事赋予一个"类神印"。[3] 婚姻关系是如此不可拆散与持久，以致于绝无可能再结新婚。然而，藉着配偶之一方的去世，这种关系便荡然无存，故此，可以再结新婚。如果将婚姻圣事与圣洗、圣秩和坚振圣事——这些圣事会赋予一个不可磨灭的神印——相比较的话，应从类比的意义上来理解在婚姻圣事上所使用的"神印"一词："类神印"（或"准神印"）。这也是梵二文献以及《人类生命》通谕在引用《圣洁婚姻》通谕上的话时所要表达的意义："因此，信友夫妻，为满全本地位的任务及尊严，以特殊的圣事增强他们的神力。并使他们好似被祝圣了的一样……"（牧职宪章，48；参教会宪章，35；人类生命，25）。这里之所以说"好似被祝圣了的一样"，是因为这件圣事并不赋予神印；然而，不能因此便矮化所存在的事实，因着圣事，在基督徒夫妻身上产生了一种真正的"祝圣"，即：藉着他们彼此的结合，真正

---

[1] 神学上，在婚姻圣事的结构中分为三项要素：1) 圣事标记(*sacramentum tantum*)：即结婚当事人彼此的合意(matrimonio *in fieri*：这一点在第九章已经阐述过)；2) 圣事首要而直接的效果(*res et sacramentum*)：即婚姻关系 (matrimonio *in facto ese*)；3) 圣事的本有恩宠(*res tantum*)。

[2] 参：J.M. Scheeben, *Los misterios del cristianismo*, cit., 446; G. Leclerc. *Il Matrimonio sacramento: nuovo modo di essere nella Chiesa*, en A.M. Triaccia-G. Pianazzi (dir.), *Realtà e valori*, cit., 73-74。

[3] 参：P. Adnès, *El matrimonio*, cit., 217；G. Le Bras, *Mariage*, cit., 2214-2304。

地成了基督与教会之爱的奥迹的真实重现。

有时候，神学从教会学角度审视婚姻时，会将婚姻关系视为天主子民内的一项恩赐或神恩。在这种背景下，便指出了基督徒在教会内的一种存在方式(参格前7:7)：基督徒夫妇与基督对教会之爱的奥秘的关系，便成了他们作为夫妇而存在及其在教会内所担任之使命的理由。也是这种教会身份应效仿的模式(参弗5:25)。作为基督徒，他们已是唯一教会的成员；藉着婚姻圣事，他们也是"家庭教会"。婚姻在教会内引进了一个新的"族群"(*ordo*)，并制定在教会内、夫妇之间以及对孩子的权利和义务(参天主教教理，1631)。这种愿景同样也呈现在梵二文献当中："公教夫妇以婚姻圣事的效力，象征、并参与基督和教会之间的结合与笃爱的奥迹(参弗5:32)，彼此在夫妇生活中，在传生和教养儿女时，互相帮助成圣，在他们的身份及生活方式内，有天主子民中属于他们本有的恩宠"(教会宪章，11)。

总之，我们可以总结如下：

－ 可以以圆满的方式，从天主与其子民的盟约历史和从天主在基督内对其教会之爱的奥秘出发，来理解婚姻关系的性质。因此，祈祷和对婚姻圣事的经常默想便是婚姻灵修中的一条主要脉络。只有藉着圣神在婚姻的圣事礼仪庆典中和在日常生活中所赋予的恩宠，基督徒夫妇才能守护和揭示基督对教会的爱，而他们本身便藉着洗礼已融合于其中。

"婚姻圣事是人在爱中所订的盟约。爱只能在「天主的爱」中才能加深和持久，因为「天主的爱，借着所赐与我们的圣神，已倾注在我们心中了」(罗5:5)"(致家庭书，7)。

－ 夫妻的婚姻生活回应着他们藉由婚姻圣事应表达的真理，在其日常生活中，"他们彼此之间以及为他们的儿女"将"不断地记得"基督在十字架上所做的交付。当他们依照这种方式参与基督的救恩事件时，他们便由婚姻圣事得到扶持和力量。

"婚姻如其它的圣事一样，是救恩事件的纪念、实现和预报：「既是纪念，婚姻圣事给予夫妇圣宠和纪念天主伟大工程的责任，以及在儿女前做见证的义务。既为实现，给予夫妇圣宠和责任，使他们在彼此之间和对于儿女，能实现宽恕和救赎的爱的要求。既是预报，给予夫妇们圣宠和责任，为来日与基督相逢的希望而生活而作证」"(家庭团体，13)。

## 2. 由天主之爱所扶持的夫妻之爱

如果说圣事对于婚姻或婚姻关系来说具有决定性的作用的话，那么，对婚姻之爱(或夫妻之爱)来说，也具有同样的作用，这是必然的结果。

夫妻之爱或婚姻之爱的性质及特点有别于其它类型的爱。可以说，男女之间的爱之所以独特，是因为他们是不同且在性方面又互补、并有位格的人。因此，有三项相互交织的要素决定了这种爱的性质：1) 由婚姻盟约，也就是由婚姻的举行而诞生；2) 内在地是人性之爱；3) 具有性的幅度。这种爱"是唯一分享天主自己的生命和爱的奥迹"(家庭团体，29)的爱，是对天主之爱的一种特性而独特的参与。

作为婚姻关系——藉着圣事的举行——被纳入基督与教会之爱的共融中的结果，夫妻之爱便注定要成为救世主基督之爱的肖像和真实重现。基督有助于夫妻之爱，并使他们彼此相爱和了解基督是如何热爱他的教会。夫妻之爱是，并应成为基督对教会之爱的反映。

> 根据梵二大公会议的教导，基督"藉婚姻圣事，援助信友夫妻……真正的夫妻之爱归宗于天主圣爱，并为基督及教会的救世功能所驾驭与充实，使夫妻有效地归向天主，并在为人父母的崇高任务上，得到扶持和力量"(牧职宪章，48；参教会宪章，57)。

夫妻之爱在归宗于天主圣爱时并不丧失其所拥有的任何特点。被提升到救恩之新而超性的秩序中的不是别的，正是纯正的人性之爱。与此同时，在这夫妻之爱中也产生了一种真正的转变(本体性的转变)，变成了新的受造物，是一种超性的升华，而不单是赋予一种新意。因此，以人性的方式生活夫妻关系是为了以超性的方式——也就是说，作为基督与教会之爱的"标记"——活出这份爱所不可或缺的条件。

> "夫妇之爱包括一个整体，整个人格的因素都置于其间——包括身体和本能、感官和情感的力量、精神和意愿的渴望。它要求深切的人格合一，这种合一远超过一个身体的结合，导向成为一心一德；它要求在真正的彼此赠予中不可分散和忠贞；

并且通向生育(参人类生命,9)。一言以蔽之,这是所有自然的夫妇之爱的正常特征,但是有一种新的意义,不但净化并加强这些特征,而且提升它们使之成为真正基督宗教价值的表达"(家庭团体,13)。

此外,须知夫妻之爱归宗并转化为神圣之爱并不是暂时或过渡性的,正如婚姻关系被纳入基督与教会之爱的盟约中一样也不是暂时的。婚姻关系是如此持久而排他,就如基督与教会的结合。梵二大公会议教导说,基督"藉婚姻圣事,援助信友夫妻。基督常与夫妻相偕不离,一如基督爱了教会。并为教会舍身;同样,信友夫妻应互相献身,永久忠实地彼此亲爱"(牧职宪章,48)。

在基督对教会的爱中,基督徒夫妇应始终能找到其相互关系的模范与规则。基督之爱也应成为夫妻之爱的参照标杆,因为基督之爱是夫妻之爱的泉源。夫妻之爱是天主的创造与救赎之爱的恩赐与派生。天主之爱是使夫妻之爱有能力克服一切所遇到之困难的理由;也是夫妻之爱能够,且应该日益在天主之爱内成长,直至与其完全相似的原因。

《人类生命》通谕,然后是梵二大公会议文献(参牧职宪章,49)在阐述夫妻之爱所拥有的特点时,强调夫妻之爱是人性的、完整的、忠贞-排他的,以及有生育力的,这只不过是表达了一个"已刻在他们的心上"(罗 2:15)的事实而已。这样夫妇二人——每个人对对方来说——就以更为完整和彻底的方式,坦诚的交托自我:也在自身内肯定了自己作为人的真理等("爱就是承认另一个人的个人尊严和这人的独一无二之处。的确,作为一个人,每一个配偶都是天主在所有受造物中,特别为另一方所选择的"「致家庭书,19」)。然而,藉着圣事的举行以及将这自然事实(即人性之爱)纳入天主之爱内,夫妻之爱的这些特征应以"基督的风格"为参照。基督之爱的真理在《厄弗所书》中得到了圆满的表达:"基督爱了教会,并为她舍弃了自己"(弗 5:25)。"舍弃自己"就是要变成"坦诚的交付",并爱到底(参若 13:1)。这就是夫妻应反映出来的爱。

在原罪之后,纯然地活出夫妻之爱便成了"艰辛"的事情,有时候是很困难的。恶的经验也体现在男人与女人的关系上。其夫妻之爱经常受到分歧、魔鬼精神、不忠、嫉妒和冲突的威胁，甚至可能逐渐导致仇恨和决裂(参天主教教理，1606)。自私的诱惑也会以多种方式经常出现在生活中。以至于"没有恩宠的助佑，男女便不能实现他们生命的彼此结合，为了这种结合，天主才「在起初」创造了他们"(天主教教理，1608)。只有天主的助佑才能使他们有能力战胜自我，并通过坦诚的交付，在真理内，向"对方"开放自己。这正是在原罪之后，针对夫妻之爱，天主赋予婚姻圣事的职能之一，正如梵二大公会议所指出的："主耶稣曾以特宠及爱德治疗、玉成并升华这爱情"(牧职宪章，49)。

"治疗"夫妻之爱：因为夫妻之爱，本身虽然是好的事实，但因着罪恶带来的紊乱，需要恩宠的助佑才能以纯正的态度和真正符合人性的方式活出这爱情来。"玉成"它：除了巩固和加强夫妻之爱作为受造–人性的事实所具有的要求和特点外，还能为其提供一个新的方向和标准(以基督对教会的爱为标准)，使基督徒夫妇能圆满地活出这份爱。"升华"它：作为被纳入基督对教会之爱的奥迹内的结果，夫妻之爱便成了这种爱的表达和途径(参家庭团体，13)。

上述所言对婚姻的存在和婚姻灵修来说极具重要性。夫妻之爱的表达可以并且应该体现出超性之爱。夫妻之爱被提升到超性层面之后，仍保留这作为人性之爱所具有的一切特点，并形成了所有夫妻巩固、加强和重振其夫妻之爱的参照点。与此同时，也绝对体现了作为守护、巩固和提升夫妻之爱必需途径的不可或缺性。这也是夫妇们回应天主之爱的恰当方式：具体来说，就是要躲避有可能扰乱或使夫妻关系陷入危险的各种机会；遵从天主的诫命；践行能使自己真正控制自我的各种美德；忠于祈祷和勤领圣事。所有这些措施均可综括在践行婚姻洁德内。

可在多俾亚的祷词(多 8:4-9)和辣法天使给多俾亚的建议中(多 6:16-17)得到回应。圣施礼华神父解释说："在婚姻生活中，人的爱情，纯洁、诚挚、喜悦的爱情，缺少不了贞洁。贞洁引导夫妻尊重性的奥迹，并且使之有助于相互誓忠和专心献身。……夫妻的爱，只要有贞洁，他们的婚姻生活必然是真实的。丈夫妻子对自己都实事求是，毫不作伪。他们相互了解，促进结合。夫妻若把天主所赐予的性爱，加以本末倒置，那么他们的伉俪之情，必会破灭；他们再也不可能披肝沥胆，以诚相见了。"[4]

* * * * * * *

## 参考书目：

《天主教教理》，1638-1640。

F.GIL HELLÍN, *El lugar propio del amor conyugal en la estructura del matrimonio según la «Gaudium et spes»*, en «Anales Valentinos» 6 (1980),1-35.

S.D. KOZUL, *Evoluzione della dotrina circa l'essenza del matrimonio del CIC al Vaticano II*, Vicenza 1980.

G. LECLERC, *Il matrimonio sacramento: nuovo modo di essere nella Chiesa*, en A.M. TRIACCA-G. PIANAZZI (dir.), *Realtà e valori del sacramento del matrimonio*, Roma 1976, 73ss.

A. MIRALLES, *Amor y matrimonio en la «Gaudium et spes»*, en «Lateranum» 48 (1982), 295-354.

---

[4] 施礼华，《基督刚经过》，25。

# 第十四章
# 婚姻圣事的本有恩宠

除了产生婚姻关系外,婚姻圣事也是恩宠的有效标记和圣化夫妇的泉源。接下来我们将要阐述的内容就是:婚姻圣事本有恩宠的事实与特点是什么;这件圣事以何种方式成了圣化夫妇的泉源。

## 1. 婚姻圣事恩宠的事实与特点

婚姻圣事,对那些以相称的方式领受它的人来说,是产生恩宠的原因。这也是特利腾大公会议隆重钦定的当信道理。

"谁若说,婚姻不是真实及适当的福音法律七件圣事之一,由主基督所建立的,而是由人在教会中发明的,也不赐予恩宠:那么,这样的人,应予以绝罚"(邓辛格,1801)。

这端当信的道理并未明确更多,然而这是教会训导中常见的教导,也是神学上常常援引的内容。它肯定了所赋予的恩宠在于增加宠爱和为了履行婚姻使命获取必要助佑的权利。婚姻圣事的恩宠假定圣洗圣事(和坚振圣事)的恩宠(即:以圣洗和坚振圣事为前提),我们已经阐明:婚姻是圣洗圣召的具体化表现。

《圣洁婚姻》通谕指出:"这圣事为没有阻碍的人,不唯增进超性生命固有的本原——宠爱,而加赐其它恩惠,如:为善的默感、圣宠的幼苗、本性力量的加强与成全,使夫妻不唯在理智方面领悟有关婚姻的地位、宗旨和任务的一切,而且对这一切感到兴趣、坚强地固执之,有效地向往之,并以行事完成之。最后,这圣事又给夫妻以获得宠佑的权利,几时为克尽他们地位的任务需要这宠佑,便能得到"(41号)。

作为新约的圣事,婚姻不仅是不可见之事实的象征,也就是说,一个外在的礼节或行为,但在伦理或法律秩序上赋予了它特定的含义。首先它是基督的行为,藉此使男人和女人分享他天主性的生命;在其婚姻中,基督为他们提供特别的援助,并赐予他们恩宠。

− 增强宠爱：婚姻圣事增强宠爱和赐予恩惠并伴随着美德。这是所有圣事所共有的一项效果。当然这要求领受圣事的人有相称的准备和具备应有的条件，圣事才会产生恩宠：加强圣宠（在那些被称为"活人的圣事"中）或随着罪恶的消失而赐予圣宠（在那些被称为"死人的圣事"中）。

− 圣事本有恩宠：作为圣事，婚姻也产生恩宠。每件圣事也有其本有，且不同于其它圣事的独特恩宠。由于恩宠都是融入和参与基督对教会之爱的奥迹，婚姻圣事的恩宠便在于对此奥迹的特殊融合和参与。

特利腾大公会议在论及婚姻圣事的恩宠时说，这恩宠是为了完善夫妻的本性之爱，坚定其不可拆散的结合并圣化夫妻。[1]《天主教教理》几乎也以同样的话教导说："婚姻圣事本有的恩宠是为使夫妇间的爱情更趋完美，并且巩固他们那不可拆散的结合。藉着这恩宠，「他们彼此在夫妇生活中，在生育和教养儿女时，互相帮助成圣」"（天主教教理，1641）。

《天主教教理》遵循这梵二大公会议的教导（参牧职宪章，48），在取消了特利腾大公会议教导中的"本性之爱"中"本性"一词的同时，也丰富了它的教导，目的是为了避免对恩宠与人的本性之间的关系做毫无关联的解释。另一方面，也论到"夫妻之爱归宗于天主圣爱"（牧职宪章，48），其目的是为突出基督的救赎奥迹：基督徒夫妇在基督的行为内得到圣化。

婚姻圣事所赋予的恩宠其目的是为了使夫妇二人有能力依照基督与教会结合的模式活出他们之间的结合。这就意味着若想依照这种参与来塑造自己的生活的话，有赖于来自天主的不可或缺的助佑。现在就轮到夫妇们依照其所是及其所参与的事实来塑造其婚姻生活，意即：圣化自己及圣化藉着婚姻所建立的神圣事实。

然而，有些学者并不赞成这样解释这项圣事恩宠的性质及其与宠爱的关系。藉着神学上较为普遍的教导，可以说圣事恩宠是宠爱的一种固定特质，趋向婚姻的意义与目的。因此，它

---

[1] 参：邓辛格，1799。

是一个超性而永久的事实，也就是说，它是稳固的，并赋予夫妇"权利"藉以获得为了活出婚姻圣事之目的所必需的助佑。这项"权利"是稳固或永久的，而助佑（或宠佑）虽然是暂时的：当有需要时，便会赐予。

在解释如何赐予处于具体环境中的夫妇婚姻圣事的特有恩宠，学者们也没有统一的意见。所出现的分歧来自于对圣事恩宠之因果关系的不同理解。承认圣事的恩宠的原因，而不仅仅是条件或机会，主要的问题则在于它是物理原因，还是伦理原因。

主张工具因的学说认为"这在婚姻圣事中可以得到很好的解释。诞生于彼此合意的夫妻关系则是需要恩宠的理由"（P. Adnès, *El matrimonio*, p. 216）。在夫妻关系与恩宠之间所存在的是一种系统性的关系，而非并行关系。

在夫妻之间所形成的婚姻关系是赋予其圣事恩宠之宠佑的理由和渠道。基督与教会之间的结合，在基督徒的婚姻中，是一种真实的临在，而不只是象征性的临在。而基督与教会的结合是天主赋予人恩宠的泉源。在基督徒的婚姻中，基督与教会的结合藉着其夫妻关系而得以实现，同时也藉此而赋予基督徒夫妇圣事的恩宠。婚姻圣事赋予恩宠，是因为它重现了基督对教会之爱的奥迹；并藉着夫妻关系赋予夫妇恩宠，这是因为通过这种关系，使基督对教会之爱的奥迹呈现出来。

> 由于婚姻圣事是一件"活人的圣事"，因此，若想领受其恩宠，结婚当事人应以相称的准备举行婚姻，意即：灵魂上没有大罪。此外，根据一般的要求，若在举行婚姻时当事人没有相称的准备，那么领受恩宠的阻碍一旦消失，恩宠便会重新发挥神效。

## 2. 婚姻：夫妇彼此得以圣化的圣事

婚姻圣事对基督徒夫妇来说是恩宠的泉源，此外，也赋予了他们在教会内"安身立命"的理由，也就是说，使他们在天主的子民中拥有自己的神恩（参教会宪章，11；天主教教理，1641）。在分析了婚姻作为基督徒圣召的问题后，现在我们要探讨一下这个圣召的另一方面,与此同时,也与婚姻圣事的恩宠有相关:婚姻圣事作为成圣和夫妻彼此圣化的途径。

## 2.1 圣事恩宠与夫妻的圣化

每一件圣事都会使基督的圣德达至人的人性;也就是说,藉着圣德的力量沁入人内:肉身与灵魂,男性与女性。在婚姻当中,圣事性的圣化直至男人与女人——作为配偶,作为丈夫和妻子——的人性。圣事的效果就是夫妻生活——丈夫与妻子的位际关系,在这种关系中潜在的父职与母职是不可分的——已被提升到真正而客观的圣德幅度。人的肉体——性的语言——则是婚姻圣召达至圣德的根基与基础,是夫妻得以圣化的领域和质料。

针对这一点,圣施礼华神父满腹热情地写到:"……人性之爱和夫妻义务是圣召的一部分。……婚姻的建立是为了使结婚的人在婚姻内并通过婚姻得到圣化:基督徒夫妇拥有一项特殊的恩宠,是耶稣基督建立的圣事所赋予的。蒙召度婚姻生活的人,藉着天主的恩宠,在其身份内能够寻获为成为圣人、为了日益与耶稣基督相似和为了将周围所有的人带向基督所需要的一切。"[2]

婚姻圣事是基督徒夫妇得以圣化的泉源和原始途径。因此,可以说婚姻是夫妻二人相互圣化的圣事。这基本上意味着:1) 婚姻圣事赐予配偶中每个人为达至自圣洗中所领受之成圣圣召的圆满所需要的能力;2) 与此同时且与这种能力不可分地,也赐予为使另一方配偶及整个家庭得以圣化的工具和媒介。在个人成圣——说到底,成圣在于个人自由与天主恩宠之间的对话与关系——的使命中,丈夫与妻子应始终意识到其夫妻的身份,因此,也必促成自己配偶和整个家庭的成圣。

天主的启示利用"丈夫–妻子"和"身体–头"这样的类比来表达基督与教会结合的奥迹和性质。同样的类比,因其作为所表达之事实的标记和预像,也有助于揭示和光照有关婚姻的真理[3]

---

[2] 施礼华,《对话录》,91。
[3] 关于此,教宗若望保禄二世在《妇女的尊严与圣召》牧函中第 23 号这样说:

及配偶双方相互圣化的职责。因夫妻之爱的盟约,男人与女人——他们已不再是两个人,而是"一体"了(参玛19:6;创2:24)——在保持作为两个独立的人的同时,在配偶性当中,他们却是一个唯一整体。藉着这种相互的关系,他们从一定意义上成了一个主体。[4] 在他们之间建立了夫妻关系,藉着这种关系,在其配偶性中,二人成为一体,从此,丈夫属于妻子,妻子属于丈夫。藉着圣事,这"一体"便变成了"使教会成为主耶稣不可分的奥体的唯一结合的活形象"(家庭团体,19)。

作为结果,夫妻之间的相互关系反映出了婚姻的基本真理(进而,夫妻也应依照其基督徒圣召而善度其婚姻生活),同时,他们也与基督建立了共同关系,并以基督将自己交托于教会、爱教会的方式,活出他们之间的夫妻之爱。他们参与基督爱的奥迹的独特性便是使夫妻交往的方式真正成为达至圣德的质料与原因的理由;而相互性则是夫妻关系的本质特点。因着婚姻在夫妻之间所建立的关系,使女人以妻子的身份与其丈夫,使男人则以丈夫的身份与其妻子,彼此密切地结合在一起。以同样的方式,教会之所以是教会即在于她与基督的结合。这种意义是婚姻本身固有的,是夫妻二人所不能摧毁的。

基督对教会之爱的本质目的在于教会的圣化:"如同基督爱了教会,并为她舍弃了自己,以水洗,藉言语,来洁净她,圣化她"(弗5:25-26)。因此,由于婚姻圣事使夫妻二人成了基督之爱的参与者(或分享者),并使他们真正地成为此爱的标记和永久证人,夫妻二人之间的爱和相互关系本身便是神圣的且具有圣化能力;但是,从客观角度来说,只有当它们表达并反映出净配特征和配偶身份时,才真正地是神圣且具有圣化力的。若缺乏了这一条件,便不会达至圣德,甚至也不能说是真正的夫妻之爱。因此,配偶另一方的圣化,从对婚姻真理的忠贞来说,也

---

"在圣保禄的文字中(即弗5:25-32),夫妻关系的比喻同时移向造就整个「伟大奥秘」(「伟大圣事」)的两个方向。专属于夫妻的合约「阐释」基督与教会结合的配偶特征,进而这结合是一个「伟大圣事」,决定婚姻的圣事性,是男女两配偶间的神圣合约"。

[4] 参:若望保禄二世,1982年8月25日,周三公开接见讲话,2。

是夫妻之爱本身内在的要求,进而,也是个人生活的本有部分。

从生活层面来说,夫妻的职责(其中也包括个人的圣化)在于领悟其婚姻盟约(是对基督与教会婚姻盟约的参与)的神圣性和圣善性特征,以及依照他们所参与之事实来塑造他们的共同生活,就如是这事实的延续。此外,还应在对十字架之爱的背景下,践行何种超性与人性美德,这对跟随基督来说,也是不可或缺的条件。因此,婚姻盟约,在主观上,是由夫妻二人得到了圣化,然而,与此同时,也是夫妻二人得以圣化的泉源。此外,同样的方式也有助于他人的圣化,因为藉着夫妻二人对婚姻忠贞的可见见证,在其他夫妇和他人面前,他们俨然成了婚姻圣化能力和释放能力的可见而有效的标记。婚姻作为圣事,以明确的方式,召叫特定的男、女,来见证向夫妻之爱和生育之爱的开放。

所以,根据弗5,基督徒夫妇的整个存在,作为生命与爱的共融,应不断地肖似基督与教会之共融。基督徒夫妇藉由圣洗圣事所获得的本体性转变而成就的新受造物,自婚姻圣事开始,应以"二人成为一体"的方式生活出来。

## 2.2 "对私欲偏情的克制"作为婚姻圣事本有恩宠的一个幅度

基督徒夫妇应"善尽他们自己的本份,为达成个人的全德"。为此,藉着婚姻圣事,"他们被强化,好似被祝圣了的一样"(人类生命,25)。他们的圣化有赖于婚姻圣事的恩宠和天主藉此所赋予的特别助佑。婚姻圣事是赋予夫妇们的一项恩赐和使命。[5] 婚姻真理的实现便是这项恩赐与使命的目标。此外,在婚姻真理中,他们拥有达至个人圆满和全德的途径。乐观主义者应以乐观的态度面对夫妻相互关系可能会遇到的各种挫折,同时也应明白这项恩赐所具有的力量。

婚姻圣事是天主救赎大能的有效表达,并能使夫妻二人圆满地完成天主的计划。首先,这是因为圣事能使他们摆脱"心

---

[5] 参:若望保禄二世,1982年11月24日,周三公开接见讲话,3。

硬",他们曾因原罪而深陷其中,并难以正确理解婚姻的真理;其次,又因为圣事赋予他们恩宠,并使他们克服在履行使命是所遇到的阻碍。

藉着圣事,基督徒夫妇由临在于其内心的圣神获得助佑,而圣神则引导他们发现铭刻于人性内婚姻圣召的真理,推动他们依照天主的诫命而生活。基督徒夫妇藉由圣事也有能力活出他们之间的夫妻关系,犹如与天主创造之爱的合作,同时且不可分地藉着彼此坦诚的交付活出他们之间的位际交融。也就是说,他们有能力活出其婚姻中"合二为一"的真理。婚姻的"恩宠"便是导向这一目的,同时,也引导性的福祉与真理趋向天主之爱。

> 从根本而言,婚姻是"以圣事的形式表达这拯救的力量,也是一种劝谕,敦促人克制贪欲",因此,应以相称的方式践行洁德,否则,便不能获得对私欲偏情的克制(参牧职宪章,51)。

> 夫妇藉着由圣事而来的心灵的自由(对私欲偏情的克制与掌控),克制私欲偏情的效果之一就是婚姻的专一和不可拆散性,以及在婚姻生活中和男女相互关系的其他方面,男人在心中更深切体察到女人的尊严(女人也在心中更深切体察到男人的尊严)。[6]

当肯定婚姻的目的之一是"解决私欲偏情的措施"时,旨在说明婚姻圣事作为恩赐或特殊的恩宠,其使命在于管理激情的杂乱无序,建立人心的和谐与自由。在这种背景下,"解决私欲偏情的措施"便是婚姻圣事本有恩宠的一个幅度。

> "「婚姻」则表示伦理秩序,……我们可以说,婚姻是情爱(*eros*)与道德价值(*ethos*)相遇的场合,而且通过婚姻,两者在男人和女人的「心」和他们所有的相互关系中互相渗透。"[7]

> "从这种意义上来说,不仅可以,而且应该说婚姻圣事是解决私欲偏情的措施(或贪欲的补救)。而且……这种补救的幅度——婚姻恩宠本有的——具有一定的优先性。事实上,在夫妻之爱的身体语言中(一体),夫妻二人完成了其在基督与教会婚姻盟约中的融合:婚姻的圣事标记也是从身体作为位格的语言

---

[6] 参:若望保禄二世,1982 年 12 月 1 日,周三公开接见讲话,1。
[7] 同上,3。

出发而形成的。那么，男、女怎样处理私欲偏情呢？他们并没有在其含义的真理中解读和表达这种语言；因此，是将其虚假化，且不能成为基督与教会婚姻盟约的标记。以色列的背信弃义是一个极具先知性意义的主题。基督的恩宠，首先应成为解决这一问题的措施，从而使基督与教会婚姻盟约的奥迹在身体语言的真理中得以形成。这便是带有私欲偏情而结婚的男、女所应关注的问题。"[8]

从圣事角度对婚姻所做的探讨凸显出"历史性"的男、女虽然是"带有贪欲的人"，但更是蒙召"随圣神的引导"（迦 5:16）而生活和行事的人。尽管私欲偏情能够，在某些机会中，使人犯错误和犯罪，但在其内心始终铭刻着拥抱真理，放弃错误的召唤。因此，婚姻圣事是希望的泉源与理由，是促进基督徒夫妇的生活不断前进的力量。无论何种障碍与重读，他们所领受的恩宠终究会战胜的。这便是他们藉由婚姻圣事所参与和生活的基督对教会所表达的净配之爱！

若将"解决私欲偏情的措施"（或贪欲的补救）理解为在婚姻中对其本身便是邪恶的事物的容忍，便是错误的。婚姻作为一种制度本身便是好的事实，如果说"解决私欲偏情的措施"是婚姻的目的之一的话，旨在说明它不只是圣事和所赋予的恩宠的一项目的：解决私欲偏情更在于克制私欲偏情和践行圣德。

## 2.3　圣体和告解圣事与夫妻的圣化

圣体圣事是基督徒生活的圆满，是所有其它圣事的终向，同时也是教会一切事业的巅峰及其获取力量的泉源。基督徒的婚姻以及度婚姻生活者和基督徒家庭的圣化与圣体圣事有着内在而密切的联系。

基督徒的婚姻是对基督与教会之爱的盟约的参与和标记，而这爱的盟约是基督藉着十字架上所流的鲜血而建立的，并在感恩祭中得以实现和重现。尤其是在弗 5:22-33 中，保禄强调基督与教会之间的爱的盟约表现得有如婚姻，进而，十字架上的牺牲在感恩祭中以奥秘的方式真实地重现，并藉此拯救了众人，使基督与教会之间的婚姻盟约具体地在基督徒的婚姻中呈现出

---

[8]　C. Caffarra, *Ética general de la sexualidad*, cit., 109.

来。因此，基督徒的婚姻应成为新约牺牲的真实写照及其延续，进而，基督徒夫妇便会在圣体圣事的交托与奉献中，寻获内在地驱使并鼓励在他们的夫妻生活和家庭生活中彼此交托和奉献的力量。

由于基督徒夫妇对基督与教会之净配之爱的参与不只是意向性的，而且是真实的，那么，在他们的夫妻之爱中便充满着内在的活力，藉以引导基督徒夫妇，根据在圣体圣事中所呈现的基督之爱的风格，善度其婚姻生活。藉着圣体圣事，这种活力得到了强化：因此圣体圣事使人在基督内得到改变，从而使人活出基督的生命；并重现基督的行为，使人想基督所想、爱基督所爱，也就是说，赖基督的爱而生活。基督徒夫妇每次参与感恩祭时（在有相应准备的前提下），他们的爱便日益转变为"礼物"和"共融"，而这是圣体圣事最为典型的特点。

举行和参与感恩庆典是基督徒夫妇圣化及其使徒活力和传教热忱的基础与灵魂。这便是从实际角度他们首先应勤领圣体的理由；其次，再将每一天都转变成为领圣体后的延续与（为下次领圣体的）准备。这即是说，应始终将圣体圣事——弥撒圣祭——作为"内在生命的中心与根源"。[9]

同样，告解圣事在基督徒夫妇的圣化过程中也占有极重要的地位。这不只是对那些处于困难中或特殊情形中的夫妇来说是这样，对那些在其生活中努力完成天主之计划的人来说，也是如此，因为悔改与和好是仍处于旅途中的基督徒之生活的不同注释。因此，基督徒家庭的生活应始终与和好圣事紧密地连系在一起。

和好圣事对夫妻生活和家庭生活所具有的特殊含义在于促进夫妻之间以及家庭的共融，在有需要的时候，也会重建婚姻盟约和家庭共融。因为天主的宽恕，在赦免罪过的同时，也修复和重建人与天主自己，以及与他人的友谊；根据对罪恶真正属性的认识，罪恶的本质在于与天主之关系的破裂，进而与人关系的破裂。因此，根据不同的情况，在增进或重建与天主

---

[9] 参：施礼华，《基督刚经过》，86-87。

的盟约和共融时,也促进和重建了与自己,以及与他人的友谊与共融。夫妻之爱的成全与建设在和好圣事中"有了圣事的特性"(家庭团体,58)。

故此,基督徒夫妇应在其内心感受到领受告解圣事的"迫切性"。当出现以任何方式——无论是思想、言语,还是行为——严重破坏婚姻盟约与共融的时候,便有必要诉诸于和好圣事。即使是并未造成严重的破坏,领受告解圣事也是极为适宜的。因其当犯罪后的男、女藉着告解圣事获得了天主的宽恕之后,才能谈论他们之间彼此的宽恕和真正的和好。之所以这样,是因为自那时起将他们隔开的壁垒和间隙才能真正地完全消失。此外,夫妻中每个人,在和好圣事中,都会寻获特殊的恩宠,藉以给予和接受在基督徒家庭中经常需要活出的宽恕与和好。

"不要害怕冒险!天主的力量总是比你的困难强大得多!和好圣事的力量比世界上任何邪恶的力量都要强得多,教会的教父甚至把和好圣事称作「第二次领洗」,……力量最大,无与伦比的还是圣体圣事的力量。

"圣体圣事真的是最神奇的圣事。在此圣事内,耶稣把自己交给我们,作为食粮和饮料,是救恩力量的泉源。他把自己交给我们,使我们获得生命,且获得更丰富的生命(参若 10:10):这生命是在他内的生命,他第三日自死者中复活,藉着圣神的恩宠与我们分享这生命。自基督而来的生命,是给我们的生命。亲爱的夫妻、父母和家庭,这是为你而设的!耶稣不就是于最后晚餐时在家庭式的气氛中建立了圣体圣事吗?……父母们,再也没有其他力量和智慧,可以使你们用来教育子女和你们自己"(致家庭书,18)。

\* \* \* \* \* \* \*

**参考书目：**

《天主教教理》，1641-1642。

若望保禄二世，《家庭团体》劝谕，56-59；《致家庭书》牧函，26。

P. ADNÉS, *El matrimonio*, Barcelona 1979, 214-218.

G. BALDANZA, *La grazia del sacramento del matrimonio*, Roma 1993.

C. COLOMBO，*Il matrimonio, sacramento della Nuova Legge*, en《La Scuola Cattolica》91 (1963), 5-27.

F. MARINELLI, *Matrimonio ed Eucaristia*, en 《Lateranum》56 (1990) 117-142.

A. SARMIENTO, *El matrimonio, una vocación a la santidad*, en《Scripta Theologica》26 (1994), 999-1019.

# 第六部分

# 婚姻的特质

　　针对婚姻之"所是"的研究，在上一部分我们已经阐述了婚姻圣事的效果，那么接下来我们将要探讨婚姻的特质：婚姻有很多特征，但其中有些是针对为了使男、女之结合成为真正的婚姻来说，是绝对必需的。因此，这里所涉及的是婚姻的基本特质（或本质性特质）。

　　首先从理性层面出发对婚姻及其特质进行分析的话，我们知道，婚姻是一个根植于人性的事实。与此同时，也应明白，只有从启示的愿景——意即：从由信德光照的理性——出发，才能恰如其分地走进其内在的真理。总而言之，圣事性的事实决定了婚姻。这种圣事性考量的"必要性"针对婚姻的单一性和不可拆散性来说，是极为重要的。婚姻的这两项特质，不可能以自然的方式，无可辩驳地得到证明[1]（毫无疑问，不能认为单一性和不可拆散性只是圣事性婚姻的特征，而不是其它真正婚姻的特质。圣事性婚姻只是自然婚姻被提升到了圣事的尊位而已）。

　　本部分分为三章内容，其中从历史-神学角度，对婚姻的特质——单一性和不可拆散性——进行阐述。我们将阐明这些特质有什么意义，以及在历史中是如何被理解的。此外，我们也将从牧灵的角度，探讨一些涉及到单一性和不可拆散性的具体婚姻个案和特殊情形。

---

[1] 参：J.Auer y J. Ratzinger，*Los sacramentos de la Iglesia*, cit., 300。

在这些问题中，直接所涉及的是婚姻（具体来说，是夫妻关系），将会阐述作为婚姻特质的单一性和不可拆散性。而以间接的方式，将会从与夫妻之爱的关系角度，探讨这些特质。然后再看一下教会训导在近些年来，针对这些问题作何反应(参牧职宪章，49；人类生命，8-9；家庭团体，19-20；天主教教理，1644-1648)。而这些也是今日神学上普遍的观点。

# 第十五章
# 婚姻的单一性

　　了解单一性作为婚姻的特质所具有的意义则是本质的主要目的。为此，首先我们将要阐述这种单一性的意义与含义；其次将就圣经启示的信息进行分析；然后，再就相关的教会圣传内容进行探讨；最后，所涉及的是对单一性的"捍卫"和一些反对立场。

## 1. 单一性作为婚姻特质的意义与含义

　　单一性是婚姻的一项特质，因着这项特质，婚姻只能在一男与一女间成立。意图缔结一桩并非是一男一女的婚姻，将会使婚姻无效；凡是已婚者，只要双方配偶仍在世，便不能再婚。因此，这是婚姻的一项基本（或本质性的）特质。

　　夫妻之爱、夫妻的个人身份、配偶双方根本的平等与尊严，以及子女的福祉都要求夫妻共融是排他的。婚姻的单一性"植基于男女之间所有的自然的补充，……是深切的人性需要的果实和记号"（家庭团体，19）。随着基督的到来和将婚姻提升到圣事的尊位，婚姻便为赋予一种新的意义和含义。藉着圣事婚姻被纳入到天主对人的爱内，并在基督对教会的交付中达到了圆满，基督徒的婚姻，在其最深切的真理中，是这爱的有效标记与具体实现 然而 正如在天主的启示中所看到的（参弗5:25-33 ;欧2:21；耶3:6-13；依4-5等），这种结合和基督对教会之爱的基本特点之一便是不可分的单一性、排他性。基督为了他的教会而舍弃了自己，并爱她到底，与她结合在一起，惟独只爱教会。正如天主是唯一的天主，以绝对的忠信爱祂的子民一样，也只有在一个男人与一个女人之间才能建立真正的婚姻和存在真正的夫妻之爱。不可分的单一性是婚姻的一项基本特质，就圣事而言，也是其所代表之事实所要求的。

　　圣事使人性事实自内地得到了转变，直至夫妻的共融成为基督与教会之结合的宣告与实现（或者说是其真实的肖像）。婚姻将夫妻二人紧密地结合在一起，以致"二人成为一体"；同时，也将他们与基督密切地结合在一起，因此，夫妻的结合便成为对基督与教会之结合的参与，且反映了这种结合。

> "在主基督内，天主接纳了这种人性的需求，坚固它、净化它并提升它，藉婚配圣事而使之完美：在圣事中所倾注的圣神，给予基督徒夫妇爱的新共融的恩宠，就是使教会成为主耶稣不可分的奥体的唯一结合的活形象"（家庭团体，19）。

## 2. 圣经中有关婚姻单一性的教导

从圣经的角度来说，针对婚姻的单一性，并不是很难论证。然而，圣经上也明确地展现出这项特质并未被选民忠实地遵行，这就会使人认为一夫多妻，甚至婚姻单一性的破坏是天主所允许的。那么，接下来我们就从多个角度来阐述，圣经中的这些论述到底有什么意义。

### 2.1 一男一女

有关婚姻的单一性，圣经上较为重要的教导就是《创世纪》关于创造人的叙述（特别是创 2:24）和先知们论述婚姻盟约象征意义的章节。新约中较为重要的内容就是福音和保禄书信。

#### – 创世的叙述（创 2:24）

有关人的受造之叙述（参创 2:18-24）的意义是毫无疑问的：藉由婚姻，男人与女人"成为一体"（创 2:24），"这样，他们不是两个，而是一体了"（玛 19:6），是在配偶性中的"合二为一"。耶稣对创世纪中这一章节的解释，毫无疑义地是说从"起初"夫妻结合便具有排他性。耶稣的解释明显地有道德含义：婚姻本应如此，即：一个男人与一个女人的结合。

#### – 福音（谷 10:2-12）[1]

"有些法利塞人前来问耶稣：许不许丈夫休妻？意思是要试探他。耶稣回答他们说：「梅瑟吩咐了你们什么？」他们说：

---

[1] 对观福音部分请参：玛 5:32；19:9；路 16:18。

「梅瑟准许了写休书休妻。」耶稣对他们说：「这是为了你们的心硬，他才给你们写下了这条法令。但是，从创造之初，天主造了他们一男一女。为此，人要离开他的父母，依附自己的妻子，二人成为一体，以致他们再不是两个，而是一体了。所以，天主所结合的，人不可拆散。」回到家里，门徒又问他这事，耶稣对他们说：「谁若休自己的妻子而另娶，就是犯奸淫，辜负妻子；若妻子离弃自己的丈夫而另嫁，也是犯奸淫」(谷 10:2-12)。

这段经文也包括关于婚姻不可拆散性的内容。上述内容虽然正式而直接地所涉及的是婚姻的不可拆散性，但间接而明确地也涉及到了单一性：不可拆散的是在一体内的结合("二人成为一体")，也就是说，在其不可分之整体(单一性)内的夫妻共融。因此，在谴责休妻(离婚)时所强调的便是婚姻的整体性、单一性。针对由法利塞人就如何解释申 24:1-4 的内容所提出来的问题，耶稣明确地回复他们，并重申了天主自起初针对婚姻所持的计划。[2]

有关婚姻的单一性，主要的教导为：1) 天主针对婚姻的计划是婚姻为单一的，也就是说，是在一男一女之间所缔结的婚姻(一夫一妻)；2) 梅瑟允许休妻的命令是因为人的"心硬"：是由于人在理解天主原始计划上的困难；3) 有关婚姻之单一性的神圣计划仍然有效(梅瑟的命令已经失效)：耶稣所面对的对象是"历史性"的人，也就是说，是所有当时聆听耶稣讲话的人以及所有世代的人。因此，人除了缔结一夫一妻制的婚姻外，没有其它形式的婚姻可言。

作为结论，耶稣强调，凡是休妻而另娶的人，就是犯奸淫；若妻子离弃自己的丈夫后而另嫁，也是犯奸淫。休妻的做法并不能使婚姻关系消失，它是永久的，因此，便不能再结新婚。新的结合(即再婚)除了是非法的之外，还是无效的，换言之，根本不存在真正的婚姻关系。

— **保禄书信**(格前 7:2-10 和罗 7:1-3)

---

[2] 参 :P. Dacquino, *Inseparabilità e monogamia*, Torino-Leumann 1988, 51-66;112-125。

圣保禄明确论及婚姻之单一性的章节有：弗5；格前7和罗7。其内容延续了主耶稣关于同一主题的教导。接下来我们着重看一下另外两个章节：格前7和罗7。

"就如有丈夫的女人，当丈夫还活着的时候，是受法律束缚的；如果丈夫死了，她就不再因丈夫而受法律的束缚。所以，当丈夫活着的时候，她若依附别的男人，便称为淫妇；但如果丈夫死了，按法律她是自由的；她若依附别的男人，便不是淫妇"（罗7:2-3）。

"……男人当各有自己的妻子，女人当各有自己的丈夫。……至于那些已经结婚的，我命令——其实不是我，而是主命令：妻子不可离开丈夫；若是离开了，就应该持身不嫁，或是仍与丈夫和好；丈夫也不可离弃妻子"（格前7:2, 10-11）。

上述两部书信中不同的章节，内容上相互补充。在答复不同人针对婚姻与守贞所提出的具体问题的同时，格前不只是在有关妻子的教导上重申《罗马人书》的主要思想，而且也肯定了有关丈夫的教导。在其他方面二者也形成了互补：1) 妻子藉着休书行为离弃丈夫后，再与另外一个男人结合；2) 丈夫休妻后，而再娶；3) 彼此离异后，再无缔结新婚。

圣保禄的明确教导是，在上述这些情况中，无论是妻子，还是丈夫，均不可再婚。如果夫妻二人已经离异，唯一的可能就是彼此和好，或者保持离异而不再婚。理由是：婚姻是唯一的，这种单一性，只要配偶仍然活着，便使得双方不可再婚。这也是主耶稣所教导的，保禄宗徒所做的，无非是针对耶稣所教导的内容进行再次提醒而已。

## 2.2　旧约中对一夫多妻的"准许"

上述所阐述的圣经章节明确地展示出，单一性"自起初"便是婚姻的一项特质。然而，天主的选民并未忠实地遵行这项特质。为以色列附近民族所践行的一夫多妻的恶行，也被以色列所接纳。

这种做法甚至在圣祖时代成了很正常的事情。旧约论及亚巴郎时说他既有妻子，又有妾（参创16:1-4）；而厄撒乌共娶了三个妻子(参创 28:9);雅各伯除了娶了两姐妹为妻外,还有两个妾(参创 29:15-28;30:1-13)……。而在民长和列王时代,更是毫无限制:基德红"有很多妻子"(民 8:30);达味在赫贝龙期间已有六个妻子(参撒下 3:2-5),在耶路撒冷又纳了十个嫔妃(参撒下 15:16);而撒罗满——如果计算正确的话——"他有七百个各地公主为妻妾,另外还有三百妃子"(列上 11:1-3);勒哈贝罕则有十八个妻子和六十个妾(参编下 11:18-21),等等。

正如在所引用的章节中所看到的,除了一夫多妻的做法外,还有一些破坏婚姻单一性的其它形式。根据梅瑟法律的推断,重婚(一夫二妻)是最为常见的现象。比如:"一人如有两妻,……在他将自己的产业分给他的儿子的那一天,不能将爱妻的儿子视作长子"(申 21:15-17);也不可同时娶两姐妹为妻(参肋 18:18)。重婚的案例,除了雅各伯之外,还有厄耳卡纳(参撒上 1:2);约阿士(参编下 24:3)等。纳妾也是一夫多妻的一种派生形式。很多时候是与一夫多妻一起出现的(诸如上述提到的雅各伯、达味、撒罗满和勒哈贝罕)。

在以色列民族中从流亡期(约在公元前 538 年)开始便逐渐地放弃了一夫多妻的做法,特别由如下几点可以得到解释:1) 先知们的指责,虽然并未以明确的方式对一夫多妻制进行批判(参**天主教教理**,1610),但开始针对抛弃糟糠之妻的做法进行宣讲和谴责(参欧 2:14-16;耶 3:1-5;米 2:9 等);2) 智慧文学著作对一夫一妻制爱情的赞扬(参箴 5:18;11:16;德 4:10;7:19;智 8:2)。就这样,尽管书中所论的忠贞并未达至婚姻固有的不可拆散性,但一夫一妻制的婚姻已呈现得有如理想状态(参德 25:1-2;26:13-18)。最富表达力的见证就是《雅歌》这部书(参歌 2:2-3;8:6-7 等);3) 从忠信而排他的夫妻之爱的形象下来审视天主与其子民的盟约(参欧 1-3;耶 2-3;31;依 54:4-8;62:4-5;则 16:62;23)。

《天主教教理》这样总结这些理由:"先知们在夫妇专一和忠贞的爱情的形象下,看到天主与以色列所订立的盟约,于是准备选民的良知,加深他们了解婚姻的专一性和不可拆散性。卢德传和多俾亚传,以感人的记载,见证了婚姻的崇高意义、夫妻之间的忠贞与恩爱。圣传时常在雅歌一书里,看到人类爱情的独特表达,而至视之为是天主之爱的反映——那「猛如死亡」之爱,「洪流也不能熄灭」之爱的反映(歌 8:6-7)"(天主教教理,1611)。

毫无疑问，由多种原因促成了一夫多妻制在以色列民族中的存在。其中经常提到的有政治层面（诸如，藉着政治联姻而加强与其他民族的盟约关系）、宗教层面（多子多孙被视为是天主的祝福；参创 16:10；撒上 2:5；咏 113:9 等）等原因。但是真正的原因应该归咎于罪恶。

圣经毫无疑问地突出了这一点：罪恶导致了男-女关系的紊乱，即"心硬"（玛 19:8），并促成了奸淫乱象，而这则让"起初"有关婚姻之单一性的教义变得模糊不清。因此，一夫多妻制的根由便在于罪恶。除了原始堕落的记述（参创 3）之外，在其它很多地方——虽然是以间接的方式——也肯定了这一点：拉默客——第一个娶了两个妻子的人（参创 4:19）——是弑兄后被天主所诅咒的加因（参创 4:11）之后代中的典型人物；洪水灭世的惩罚不能说与当时的乱性恶习及腐败没有关系。

> "每个人在他周遭或在他自己内，都会经验到邪恶。这经验也会在男女关系上感觉到。……我们沉痛地看到的这混乱现象，根据信仰，并非来自男女的**本性**，也不是来自男女关系的本质，而是来自**罪恶**。原罪使人与天主决裂后，第一个后果就是破坏了男女之间原先的共融"（天主教教理，1606-1607）。

然而，相反婚姻单一性的问题并不是因为在以色列子民中存在一夫多妻的习俗而提出来的，而是因为圣经会使人认为一夫多妻制是天主所允许的。天主是否豁免了这自"起初"的规定，以及许可践行一夫多妻呢？

对这个问题的答复，学者们并没有统一意见。不乏有学者认为旧约中有关一夫多妻的立法是天主的一种真正许可，至少对某些情况来说是这样。天主因重大理由，比如，为了重新垦殖洪水之后的大地，中止执行祂自"起初"针对婚姻所制定的某些法律；而不是严格意义上的豁免。[3] 然而，较普遍的答复是：在解释相关圣经章节时，应注意到天主的宽容（*synkatábasis*）。离异现象的存在是减少因心硬而造成家庭恶行的一种方式。天主走近祂的子民并迎合他们，旨在教育他们，并使他们按照自己

---

[3]　参：P.Adnès，*El matrimonio*, 142。

制定的计划走向祂。正如圣保禄所言，旧约计划是天主的宽容时代(参罗 3:25)和启蒙时期(参迦 3:24)。"天主的宽容"并不意味着批准了一夫多妻制，而是容忍。[4]

## 3. 教会圣传中的婚姻单一性

教会教义和神学反省都不断地强调婚姻的单一性。教父们、教会训导，以及神学，基于圣经的教导，在不同的时期都重申了这一点。

### 3.1 教父时代

教父们——圣传中最具权威的声音(参天主的启示教义宪章，8)——异口同声地肯定并强调，单一性是婚姻的一项基本特质，并且是由基督重新恢复的。教父们的这种思想基本上都是基于圣经的教导，特别是创 2:24 和上述我们已经引用过的章节(参谷 10:2-12 及其它对观部分；罗 7；格前 7)。

论证婚姻之单一性运用最多的是：1) 是天主自"起初"之计划所要求的(戴尔都良、圣热罗尼莫)；2) 由主耶稣所承认的(亚历山大里亚的克莱孟，+216 年)；3) 婚姻，作为基督与教会之结合的象征，也这样要求(圣奥思定)。总而言之，很可能是由于那个时代一夫多妻制已被国家法律所禁止，因此教会们有关婚姻之单一性的论证很少。

在论证婚姻的单一性时，经常被引用，且作为代表性人物的就是圣犹思定[5]、亚历山大里亚的克莱孟[6]、戴尔都良[7]、圣热罗尼莫[8]和圣奥思定[9]。

"拥有同一希望、同一渴望、同一纪律和同一个主的两个

---

[4] 应该说对一夫多妻做法的容许并不是一项真正的法律，根据犹太经师派的解释，而是一种"法律性运用"。有关其解释，请参：A. Díez Macho, *Indisolubilidad del matrimonio*, 142。
[5] 参：犹思定，《护教书》, 1,5。
[6] 参：亚历山大里亚的克莱孟，*Stromata* II，74,2。
[7] 参：戴尔都良，*Ad uxorem*, 1,2。
[8] 参：热罗尼莫，*Ad Jovinianum*, 1,14。
[9] 参：奥思定，《论婚姻的益处》, 1,18。

信友(婚姻中的男、女)之间拥有的是什么样的关系啊！两个兄弟姐妹,致力于同样的服务:无论是在精神上,还是在肉身上,都没有分歧。他们是一体,且拥有同一精神。一起祈祷,同床共枕,共同守斋。彼此教导、互相鼓励、彼此担待。同在天主的教会内,共享天主的婚宴,同忧同难同喜乐。互不隐瞒,共享一切,从不相互推诿……。"[10]

教父们如此坚定地宣扬婚姻的单一性,甚至有些教父不建议第二次的婚姻(但是,有时候这种态度的理由并不是很清楚,或许是因为相对婚姻而言,更加推崇守贞)。尽管如此,也没有任何人声明第二次以及以后的婚姻是无效或非法的。这一点也是基于圣经的教导(参格前 7:9-39;罗 7:2;弟前 5:14),这也是教父们反对异端时所坚持的思想。

在西方教会,只有戴尔都良是一个例外,他认为第二次的婚姻应受到绝对的谴责。在东方教会所呈现的更多的是反对第二次的婚姻。尽管并不摈弃这种做法,也不将其视为无效,但通常都认为第二次的婚姻是随从肉欲,因此应受到基督徒的谴责。[11]

## 3.2　教会训导

教会训导也经常强调并重申婚姻单一性的教义(通常来说,并不直接就这个问题本身进行阐述,而是在涉及到奸淫和离异的问题时,顺带表达阐述相关教义)。在特利腾大公会议之前,较为重要的教会训导有:教宗尼古拉斯一世、[12] 依诺森三世[13] 和里昂第二届大公会议。[14]

正如拉辛格曾经写到:"至少从教宗尼古拉斯一世开始,针

---

[10] 戴尔都良,*Ad uxorem*, 2,9。中文为本书译者所译——译者注。
[11] 持类似态度的有:奥利振,尤其是圣巴西略(参书函,188,4)和尼撒的圣额我略(参 *Oratio* 37,8)。亚塔纳高拉(Atenágoras)甚至强调说第二次的婚姻是"正儿八经的犯奸淫"(*Legatio* 33)。
[12] 参:尼古拉斯一世,致保加利亚人的覆文《对你们的询问》(*Ad consulta vestra*);邓辛格,643。
[13] 参:依诺森三世,《我们在主内欢乐》(*Gaudemus in Domino*)书信,邓辛格,778。
[14] 参:里昂第二届大公会议,弥额尔八世皇帝(Miguel Paleólogo)的信仰宣示,邓辛格,860。

对一夫一妻制是否属于「婚姻的属性」这个问题，所给的答案和教导都是肯定的，尤其是依据基督在玛 19:3-9 中，针对婚姻之不可拆散性——其中引述了创 2:24 的内容——所做的教导。"[15]

在十六世纪，新教改教者们，根据旧约中的习俗，为一夫多妻制进行辩护，面对这种错误主张，特利腾大公会议隆重地钦定并宣布：婚姻的单一性教义属于教会当信的道理。大公会议的文献中强调了不同内容：1) 禁止基督徒同时拥有多个妻子，意即：婚姻是一夫一妻的；2) 这项禁令属于神律；3) 此教导是基于圣经的启示，至少是含蓄的启示。

"谁若说，准许基督徒同时有多位妻子，且无任何神律予以禁止(参玛 19:4-9)：那么，这样的人，应予以绝罚。"[16] 同样的教导也可见于同文献的前言，其中这样说："......为此人应该离开自己的父母，依附自己的妻子，且二人是在一个血肉中(参创 2:23-24，玛 19:5；弗 5:31)。主基督更清楚地教导说，藉此连系只由两人交合与结合，当他指着最后那些犹如天主所发出的言语说：「如此，他们不是两个，而是一体了」(玛 19:6)，立即肯定这由亚当在好久以前所宣告的连系之确定性，说：「天主所结合的，人不可拆散」(玛 19:6；谷 10:9)。"[17]

从那以后，一般来说，教会训导便只限于重申特利腾大公会议的教导，只是根据不同的情况，所教导的侧重点不同而已。然而，随着教宗庇约十一世的《圣洁婚姻》通谕，教会训导从内容结构上，便逐渐从对婚姻结合的阐述，转移到夫妻之爱上面。《圣洁婚姻》特别强调单一性，作为婚姻的一项特质，是夫妻结合的忠贞及其圣德所要求的。[18] 梵二大公会议的《牧职宪章》也从夫妻之爱出发来阐述这一点：婚姻的单一性是由夫妻之爱的性质、夫妻二人的人格尊严以及子女的福祉所要求的(参牧职宪章，48)。宗座信理部的《生命的礼物》训令也强调，这种特质是子女——作为有位格的人——的福祉及权利、夫妻的忠贞，

---

[15] J.Auer y J. Ratzinger, *Los sacramentos de la Iglesia*, cit., 301。
[16] 特利腾大公会议，第二十四场会议，论婚姻圣事的法典，1563 年 11 月 11 日；邓辛格，1802。
[17] 同上，邓辛格，1797-1798。
[18] 参：庇约十一世，《圣洁婚姻》通谕，20。

以及二人的父性与母性（或父职与母职）所要求的。[19]而《天主教教理》中则收录了《牧职宪章》的教导（参天主教教理，1644-1645）。

## 3.3　单一性：人学上的"要求"

根据圣经和教会传统上的教导，神学反省也不断地从人学角度对婚姻的单一性进行了论证：单一性是夫妻的身份和子女的尊严所要求的一项特质。单一性属于婚姻的本质，同时也是自然律所要求的特质。[20]

从人的灵-肉结合和不可能将人类的性仅归于生物学功能（性是肉体性的表达形式）也能推论出婚姻的单一性，这也是婚姻中男女藉以结合在一起的夫妻之爱契约真理的一种要求。若夫妻并未将其男性和女性（是男、女不同而又相互补充的幅度）完全而完整地投入在这种关系中时，便没有真正的夫妻之爱。对夫妻之爱来说，完整性是本质性的，而其首要的条件就是单一性或排他性。应从配偶性角度来理解这种完整性；因此所要求的是在配偶性中完全的交托，而不是其它方面的交托。此外，也只能从要求的角度来理解这种完整性：婚姻盟约和夫妻之爱的真理要求这种完整性。

> "夫妻之爱，就其本质而言，要求两人以整个生命结合为一，组成家庭（团体），而且不可拆散：「这样，他们不是两个，而是一体了」（玛 19:6）"（天主教教理，1644）。

根据《天主教教理》所强调的，婚姻的单一性也由夫妇所享有的位格尊严的平等所确认和肯定（参天主教教理，1645；牧职宪章，49；家庭团体，19）。因其所拥有的男性和女性，男人与女人是不同的；但是作为有位格的人，从根本和本质上来说，又是平等的，因此他们之间的相互关系应平等地发展和成长。若将其结合在一起的关系不是排他而专一的，便不能平等发展。夫妻之爱——其泉源便是基督-新郎对教会-新娘的爱——应始终是赠与和交托：这也是对配偶之尊严和个体性的肯定。当保禄宗徒

---

[19] 宗座信理部，《生命的礼物》训令，II-1,1987 年 1 月 22 日。
[20] 参：J.Auer y J. Ratzinger，*Los sacramentos de la Iglesia*, cit., 303。多玛斯·阿奎那，《补编》, q.65, a.1。

劝诫说:"你们作妻子的,应当服从自己的丈夫,如同服从主一样,因为丈夫是妻子的头"(弗 5:22-23)时,是在强调夫妇二人应怀著敬畏基督的心,互相顺从(参弗 5:21)。"然而,在基督和教会的关系中,顺从是单指教会方面而言,在夫妻关系中,「顺从」却不是单方面的,而是互相的"(妇女的尊严与圣召,24)。

另一方面,虽然传承生命在婚姻之外也可以发生,但子女的人格尊严却只有在婚姻的单一性中才能得到恰当的维护。由于子女的位格身份,生育子女必然也包括教养子女,而这一点在婚姻的单一性背景之外却存在着极大的困难。学者们经常在婚姻的"目的"之背景下来论证这一点。根据论述婚姻的目的时所采用的经典语言,单一性并不是"首要的自然权利"所要求的,而是"次要的自然权利"所要求的,后者作为措施或途径,有助于达至首要目的(生育并教养子女),为达至次要目的(婚姻的其它目的),也是必需的。[21]

## 4. "忠贞"与相反婚姻单一性的"决裂"或恶行

作为位际共融,婚姻蒙召不断地日渐成长和发展。婚姻的举行是夫妻共同生活的开始,其目的就是要达至与基督和教会的结合完全相似。夫妻间的共融以及他们与基督的共融应在日常生活中体现出来。这就是夫妻之爱及其结合的动态发展(婚姻所具有的动态性)。因此,夫妻应勉励远离一切可能危害其共融的事物,具体来说,就是可能危及夫妻共融的任何形式的"决裂";尤其是——且首要地——应该致力于日复一日地加强并坚定他们的夫妻之爱和彼此的忠贞。

### 4.1 "忠贞"有如婚姻单一性的深化

夫妻的共融——由"你"-"我"的关系所转化成的"我们",从一定意义上来说,是对圣三内"我们"的参与(参致家庭书,7-8)——应该是夫妻生活中体现出来。夫妇二人蒙召"日复一日地忠于他们彼此互相赠予的婚约,在共融中不断成长"(家庭团体,19)。基督

---

[21] 参:多玛斯·阿奎那,《补编》,q.65, a.1。根据圣多玛斯的思想,这里所说的"首要""次要",是从婚姻目的的秩序上而言,而非从其必要性所说。

徒夫妇应始终勉励达至与天主圣三的"我们"更大强度的肖似。"在天主圣三的互相契合与天主义子们在真理及爱德内的互相契合之间,暗示某种类似点"(牧职宪章,24),而基督徒夫妇始终能够以更大程度反映出这种"类似"。也始终能够使夫妻之爱根深地植根于基督对教会的爱内,进而也始终有可能更忠贞地反映他们所分享的天主之爱。

> "对天主爱的唯一衡量就是没有衡量,因为我们一方面永远感激他为我们所做的一切,另一方面,天主对我们——祂的受造物——显出毫不计较、毫无底限的爱的特色。"[22]

应每天构建"合二为一":有时候会因一方为另一方所做的事情会感受到喜乐,而有的时候也会出现困难,因为"事实"并不总是满足期望。很多时候,活出这种合一需要经历容忍和宽恕。这是一个很艰辛的历程,需要不断地重新开始。两个人不知疲倦地携手共进,并承认对方是天主的一份恩赐,这始终是天主的恩宠,其中也包括着夫妇二人对天主的回应与合作。在这种情况,就需要他们始终努力保持"分享他们整个生活的计划,即他们之所有及他们之所是"的意愿(家庭团体,19);保持题目当初自由而自愿的决定,正是这决定才使他们变成了丈夫和妻子。不断更新结婚时之意愿的"必要性"——从生活及伦理层面而言——便在于此。只有这样,他们才能意识到其婚姻虽藉着他们彼此的"是"而开始,但已植根于天主的奥迹内。这是一个爱的奥迹,是首要的诫命,但更是一份恩赐。

激励夫妇在真理与爱内善度其婚姻生活的乐观主义和安全感便根植于这种意识内。诚然,很多时候所要求的甚至是一种英雄气概,因为除此之外没有什么方式可以回应婚姻——作为成圣的圣召——本身所具有的要求。藉着圣事的举行,圣神在人心内所赋予的恩惠,"是一项生活的命令,同时也是一种鼓励,使他们每一天能进步,达到在各方面彼此更合一的地步——如肉体的、性格的、心灵的、理念和意愿的、心灵的合一——如此向教会和世界启示,由基督的恩宠所给予的爱的新共融"(家庭团体,19)。

---

[22] 施礼华,《天主之友》,232。

在这种藉着祈祷和圣事生活所保持的努力中，夫妇应保持警醒，以免他们所建立的共融陷入"幻灭"当中，这也是真正的爱所具有的特点。换而言之，应时常注意，切勿为第三者打开"爱恋"之门，采取一切必要的措施，避免对个人配偶的"不爱"。说到底，也就是要始终保持初恋的热火。为此夫妻二人每日应"以初恋的热情"热爱对方才能达到此目的。须知，若有爱的话，困难也能加深彼此的爱。

"我不厌其烦地告诉受天主召叫而成家的人，敦请他们时刻相亲相爱，以初恋时的热情相亲相爱。谁若以为生活忧患开始之际，便是婚姻爱情正寝之时，那就是不懂得什么叫婚姻。婚姻，是一件圣事，是一个理想，是一个圣召。正是在危急存亡之秋，爱情才会成长茁壮，春华而秋实，忧患困苦的激流淹没不了真正的爱情，因为对同甘苦，共患难的人，慷慨牺牲，舍己助人的精神，只会把他们团结得更紧密。正如圣经上说：「物质精神重重困难，扑灭不了爱火。Aqae multae, non potuerrunt extinguere caritatem.」（歌 8:7）"[23]

以现实主义的眼光，这是对婚姻圣召意义的信念——"……婚姻是一条神圣的道路"——和经验的成果，在接触了很多努力以忠贞善度其婚姻生活的夫妇后，圣施礼华为了使他们在其婚姻生活中得到幸福，这样劝诫他们：

"若要保持新婚时的魅力与美妙，夫妻双方都应该天天努力更新他们的爱情。要这样做，必需通过牺牲，常常笑容可掬，富于创意机智。……

"一个结了婚的女性，应当把心思集中在丈夫和孩子们身上，就如一个结了婚的男人，应当把心思集中在妻子和孩子们身上一样。要成功地做到这一点，是需要花许多时间与精力的。任何反其道而行之的做法，都是不好的，都是不能容忍的。……

"我劝他们要彼此相爱；要认识到：在他们一生中，意见不合和种种困难是常会出现的，只要本着天赋的善良去处理，这些问题甚至会有助于加深他们的恩爱。

"人人都有他自己的个性、他的个人志趣、他的情绪、他的脾气，以及他的缺点。然而，我们每人的性格也有可爱之处，

---

[23] 施礼华，《对话录》，91。

由于这个原因，还有其他许多原因，每一个人都是可爱的。只要人人力求纠正自己的缺点，不看重别人的缺点，大家便容易愉快相处。这就是说，只要心中有爱，就能消除和克服一切引至疏离或纠纷之动机。另一方面，若是丈夫和妻子，把彼此间的小分歧，加以戏剧化，渲染扩大，互相指责对方的缺点和错误，那么和谐便难体会，彼此的爱情也会有被扼杀的危险。

"夫妻在婚姻圣事中领受了特殊的圣宠，会常助他们度好的婚姻生活。圣宠使他们在婚姻生活中，能够活出人性及基督徒的德行：即互谅互解、性情善良、忍耐包涵、宽恕体谅、细致优雅、互相体贴周到。最重要的，是不断努力、不要神经紧张、不要骄傲、不为个人的嗜好及癖好屈服。为了能做到这些，丈夫和妻子必须在内修生活上不断成长，向圣家学习：学习圣家生活的圣善修养，在实践基督徒家庭的德行时，一心为了超性的目的，同时，也为了人的缘故，精益求精。我再重说一遍：天主的圣宠是不会缺少的。

"谁若说他受不了这、也受不了那，他心灵不平安，他只不过夸大其辞，意在为自己找借口罢了！我们应当求天主赐给我们力量，以能克服我们的任性，实行自我控制。当我们控制不了脾气时，我们就失去了对事态的控制：话越讲越凶，越讲越狠，结果盛气凌人，出口伤人，尽管并不是有心的，已大伤感情了。

"我们都该学习把嘴闭起来，直到能说正面的、积极的话为止。当丈夫脾气发作之际，正是妻子要耐住性子之时；反之亦然。若是双方都真心相爱，并时有加深恩爱的愿望，那么夫妻双双暴跳如雷的情景，将会是罕见的了。

……

"我们往往对自己的事太认真。所以，人人皆难免有时发火生气。当然，在某些情况下，发火生气是会出现。但在多数情况下，往往是我们缺乏涵养，缺乏克己自制精神的表现。重要的是，要能够开怀一笑，主动恢复家庭和谐气氛，向对方表明，发火生气并毁不了相互的真情实爱。一言以蔽之，夫妻的生活，应当彼此相爱、爱护子女。因为，这样做，就是热爱天主。"[24]

---

[24] 施礼华，《对话录》，107-108。

## 4.2 相反婚姻单一性的"决裂"或罪行

一夫多妻和通奸相反婚姻的单一性和排他性，以及夫妻之爱。从一定意义上来说，任何形式的淫荡行为，诸如，自慰、同性性行为……都相反夫妻忠贞。然而，我们在这里只谈论一下一夫多妻和通奸。

此外，也应该明白，"决裂"一词在此并不是指婚姻的解除，也就是说，并不是在肯定因着夫妻一方或双方有一夫多妻和通奸行为，真实而有效的婚姻关系便不复存在，而是从道德角度所说的决裂。指的是夫妻相反婚姻单一性所完成的各种形式的行为：这些行为显然是罪过。

### - 一夫多妻

一夫多妻（或一妻多夫）夫妻不忠和破坏夫妻合一的第一种形式。这些行为并不符合道德律，并且从根本上有悖于夫妻共融（参天主教教理，2387）。主要原因有：1) 首先，一夫多妻直接否认天主从创世之初所启示的计划（参家庭团体，19；牧职宪章，47）。男人与女人，藉着婚姻而"成为一体"（参玛 19:5；创 2:24），他们所缔结的婚姻盟约由天主得到了确认（参牧职宪章，48），并始终保持合一。2) 其次，也违反婚姻中男女位格尊严的平等（参牧职宪章，49；天主教教理，1645），以及相反夫妻之爱本质，因为在婚姻中，男女以爱所做的彼此给予是全部的，因而是专一的、排他的。3) 最后，也违反——作为婚姻目的之——子女的福祉，至少会严重地影响此目的。因为虽然一夫多妻也能够传承生命，但是毫无疑问的是在教育子女上（这是父母共有的使命）存在诸多不宜之处。

> 传统上一贯强调单一性作为婚姻的一项特质，是自然律所要求的。然而，也有些学者承认一夫多妻虽并不如一夫一妻那样完美，但同时也认为这并不违反自然律。它只是天主的成文律中的一项禁令。不过，这并不是神学上的主流且一致的观点。[25]

---

[25] 这种观点的代表性人物，可以列举的有 J. Gerson（+1429 年）、Cayetano（+1534 年）等。

在基督徒的婚姻中，一夫多妻也有悖于婚姻单一性及夫妻之爱最根本的理由：天主对其盟约的信实和基督对教会的爱。它相反基督对教会之爱的奥迹，而基督徒婚姻则是这爱的参与者，同时也相反其生命藉由婚姻所获得的新意。"婚姻圣事使男女二人进入基督对教会的信实"（天主教教理，2365）。

- **通奸**

夫妻不忠的另一种形式就是通奸。[26] 通常将其定义为男女之间的性关系，且其中至少一人已婚。这是相反婚姻最严重的威胁之一。圣经中明确地谴责了通奸的行为。

虽然通常都侧重于丈夫的外在行为及其权利，但旧约也指出了内在地贪恋近人之妻的罪恶及严重性（参出 20:17；申 5:21）。圣经上教导，通奸严重地危及婚姻的稳定性，是违反天主针对婚姻之计划的严重罪过。同时也指出犯有此罪行的人应受到不同的惩罚——至少在某些情况下——甚至死刑的惩罚（参申 22:22-24）。

> 论及通奸及其惩罚的背景有多种：1) 有时候会得到明确而直接的惩罚（参出 20:14；肋 18:20；申 5:18）：违反天主十诫中第六诫："不可奸淫"；2) 受到已婚女性的引诱（参箴 6:24-34）；3) 提醒通奸的严重性及其后果（参德 23:22-26）；4) 有时候呈现得有如一种背叛和罪过，类似于崇拜偶像（参先知书）。[27] 随着天主启示的不断发展，先知们经常借用婚姻的形象来启示天主与其子民的爱的盟约和天主的信实，并逐渐地明白通奸的性质：是相反婚姻盟约单一性的严重罪行，同时，也危及于盟约中的夫妇。

新约延续了旧约的脉络，确认并重申了通奸之罪的严重性；尤其是彰显了基督对那些悔改者所表达的爱。

耶稣明确地谴责了这种罪过，并将其列入能够污秽人的罪过之中（参玛 15:19；谷 7:21-22）。此外也指出了"内心的奸淫"和"身体上的奸淫"："你们一向听说过：『不可奸淫!』我却对你们说：凡注视妇女，有意贪恋她的，他已在心里奸淫了她"（玛 5:27-28）。

---

[26] 有关这个词的来源及含义，请参：若望保禄二世，1980 年 10 月 1 日公开接见讲话，5。

[27] 参：若望保禄二世，1980 年 8 月 27 日公开接见讲话，2-5。

与此同时，福音也明确地见证了耶稣仁慈宽恕的态度，这有别于旧约，旧约更多地是强调了惩罚。但这并未减弱这种罪行的严重性及其恶劣性。一方面，并未过多强调法律方面的重要性；而另一方面，则突出了基督对那些诚心悔改的人所施与的救赎行为(参若 8:1-11)。[28]

新约的其他著作，尤其是保禄书信，也明确地指出了通奸罪的恶劣性，因为这是拒绝天国的罪过(参格前 6:19)，并违反肉身所享有的尊严：藉由圣洗肉身成了"圣神的宫殿"(参格前 6:19)和被天主所祝福的"瓦器"(参格后 4:7)。此外，也有悖于夫妻间唯一而排他的爱，这种爱藉着天主的计划已被注定参与和表达基督对教会的爱(参弗 5:25-33)。

教会自始便一直谴责通奸，并阐明了它的严重性。教宗们、中世纪伟大的神学家、之后的学者们，以及教会训导在这个问题上的立场是一贯且一致的。在教会初世纪，通奸被认为是拒绝与教会共融的严重罪行之一(其它的罪行还有，诸如崇拜偶像、杀人等)。是应受到绝罚的罪行，而犯罪的人应行公开的忏悔和补赎。近代的教会训导一再重申，通奸与夫妻之爱所要求的忠贞无法调和(参牧职宪章，49)，同时也导致夫妻之爱的决裂。[29]

圣经与圣传以不容置疑的方式强调了通奸的严重性。客观而言，其本身便是相反洁德和义德的严重罪行。循着圣经与圣传的教导，教会训导在谴责通奸之时，不予任何文化特权地重申了这种罪行的伦理严重性。教会还提出这是一项不可更改且永远有效的教义，因为它包含在天主的启示当中，并根植于男人和女人所共有的人性内。因此，毫无例外地，即使在配偶的同意下，这种罪行仍然是严重的。从客观上来说，它始终是严重的罪行且极为恶劣。

《天主教教理》对奸淫的伦理严重性做了很好的总结："通奸是一种不义。犯这罪的人使自己的承诺落空。通奸损害婚姻

---

[28] 这一点可见于若望保禄二世所做的解释：《妇女的尊严与圣召》牧函，14。
[29] 参：圣部，1967 年 3 月 4 日之法令，50；邓辛格，2150。

盟约的记号，伤害另一方配偶的权利，侵害婚姻制度，违反婚姻赖以建立的合约。通奸危及人的后代及孩子的幸福，他们需要父母的稳定结合"（天主教教理，2381）。

这也是神学上从人格、性以及夫妻之爱和结合的福祉和子女的福祉出发，传统上所采用的论据。通奸是一项有悖于身体尊严的罪行，且会使其丧失所拥有配偶性含义。

有些学者，特别是自上世纪七十年代，在颁布《人类生命》通谕的时期之后，为了给非婚姻性关系——至少在某些情况下——正名所主张的"理由"是毫无价值的。应该说，这种推理方式是以人类学和道德上的性概念为基础的，而这种概念是错误的：并未恰如其分地评价人类肉体性的价值，并不视人类的性拥有内在的特别意义，而这种意义是独立于人的意愿的。因此，有些行为内在地便是恶的，目的并不能因措施而变得合理：比如，通奸。即使配偶同意，也不能使通奸变得合理合法，因为夫妇的权利-义务根植于他们藉着合意所完成的对自身的相互授受，而不取决于人的决定（参牧职宪章，48）。

\* \* \* \* \* \*

## 参考书目：

《天主教教理》，1644-1645；2364-2365；2380-2381；2387。

若望保禄二世，《家庭团体》劝谕，19；《致家庭书》牧函，8-11。

P. DACQUINO, *Storia del matrimonio cristiano alla luce della Bibbia, Il: Inseparabilità e monogamia*, Torino-Leumann 1988.

A. DÍEZ MACHO, *Indisolubilidad del matrimonio y divorcio en la Biblia*, Madrid 1978.

J. HERVADA, *Reflexiones en torno a la unidad e indisolubilidad del matrimonio*, VV.AA., *Studi in onore di Pietro Agostino d'Avack*, II, Milano 1976, 737-762.

A. FERNÁNDEZ, *Teología Moral*, II, Burgos 1993, 222-234.

# 第十六章
# 不可拆散的共融

单一性与不可拆散性是婚姻的两种不同特质。一个是指彼此的交付和接纳是排他的；而另一个则是指这种交付和加纳是持续终生的。然而，二者彼此肯定和相互作用；因为说到底二者是同一事实的两个不同方面。不可拆散的是"二人成为一体"(参创 2:24；玛 19:6)，也就是说，在不可拆散的结合中所形成的夫妻共融(参家庭团体，19)。不可拆散性指是的婚姻的永久性：婚姻一旦成立，便不能解除。那么，接下来我们就来看一下婚姻的不可拆散性。

鉴于可以从两种背景下来阐述这项特质：从夫妻本身和从夫妻之外来看，那么就需要分别从上述两个角度出发进行阐述。从第一种角度来说，传统上所采用的表达是"内在的不可拆散性"；而第二种情况下，则是婚姻的"外在不可拆散性"。

在这一章当中，我们着重探讨一下婚姻的内在不可拆散性，首先从明确地意义和含义开始；然后再从圣经的教导出发进行阐述；再次，就是教会传统和教会训导对圣经上这些教导的理解；之后，就是人类学上对婚姻不可拆散性的解释；最后，就是阐述一下夫妻本身在"捍卫"这项婚姻特质时，所应采取的立场和做法。

## 1. 婚姻之不可拆散性的意义与含义

不可拆散性属于婚姻的本质。当强调说，男、女藉由婚姻而"成为一体"(参创 2:24；玛 19:6)时，旨在说明二人所形成的这种"一体"是如此强烈，而至包括夫妻二人的整个位格，意即性别不同且相互补充的两个人；因此，也必然包括永久性。这种单一性其本身的性质也要求不可拆散性。不可将不可拆散性视为婚姻外在的、强加于婚姻的一个条件；它是婚姻真理不可或缺的一项要求。只有这样才有可能将婚姻作为一个生命和爱的团体来生活。

婚姻合意是位际间的彼此交托，从而产生夫妻之爱，夫妇双方的位格尊严和子女的福祉也要求婚姻是排他的（仅一男一女的）和不可拆散的，即：终生的。不可拆散性是夫妻共融的本质幅度，而夫妻共融一旦建立，便是不可解除的。即使夫妻二人的意愿也不能摧毁由他们所缔结的婚姻关系。从这种意义上来说，婚姻内在地便是不可拆散的。

> "这一密切的结合，亦即二人的互相赠予，一如子女的幸福，都要求夫妻必须彼此忠实，并需要一个不可拆散的结合"（牧职宪章，48）。

在基督徒的婚姻中，这种不可拆散性"藉婚姻圣事所赋予的在耶稣基督内的共融，得以坚强、净化和圆满，并且透过共同的信仰生活和一起领受感恩（圣体）圣事而不断加深"（天主教教理，1644）。基督徒的婚姻中并不存在"两种"不可拆散性（一种是自然婚姻中的，一种是婚姻圣事中的不可拆散性）。在这里值得再次提醒：圣事性并不在基督徒的婚姻中引入一项强加的幅度，或与自然事实并行的幅度。而是与自然婚姻同样的事实，随着被纳入基督对教会之爱的奥迹内，这项特质在圣事内得到了确认和坚定。

婚姻藉着圣事获得了一些新的意义和含义，这些新意对应着其藉由圣事获得的转变和事实。婚姻之不可拆散性的根本缘由和深层含义即在于基督对教会那绝对无条件且不可更改的忠贞（基督徒的婚姻真实而明确地分享了这种忠贞）："婚姻圣事赋予夫妇能力，去重现（*representar*）这分忠贞，并为之作证"（天主教教理，1647）。正如在基督身上其人性与天主性是不可分割的一样，藉由婚姻在夫妻之间所形成的这种结合也是不可分的。婚姻藉由圣事以可见的方式彰显了基督对教会的爱。圣事性与不可拆散性之间存在着如此深刻的关系，以至不可拆散性承认圣事性，与此同时，圣事性则是不可拆散性的最根本的基础。故此，不可拆散性是婚姻的一项内在、普遍而永久的特质，而不只是道德要求和法律规定。

> "因着婚姻的圣事力量,夫妇们以最深刻的不可分离的方式所结合。因着圣事的标记,他们彼此的相归属,真正是基督与教会密切关系的肖像"(家庭团体,13)。

不可拆散性所具有的含义藉着圣事而达至圆满,且使基督对教会的爱成了婚姻中夫妻之爱和彼此忠贞的泉源和规范。在圣事中,基督徒夫妇获得了为活出不可拆散性之要求所需要的自由,并摆脱了"心硬"。圣事性赋予了不可拆散性不再是永不可达到之"理想"的理由。因为耶稣基督藉婚姻圣事,援助基督徒夫妇和陪伴他们(参牧职宪章,48),并赋予他们为克服困难和以忠贞彼此对待所需要的一切助佑。

> "他(耶稣)来恢复受造界被罪恶所扰乱的原有秩序,亲自赋予人力量和恩宠,好能在天主国的新幅度中度婚姻生活。夫妇是藉着追随基督、牺牲自我和背负自己的十字架,才能「领悟」婚姻的本义,并在基督的助佑下,把它生活出来。基督徒婚姻的恩宠是基督十字架所产生的果实,十字架是整个基督徒生活的泉源"(天主教教理,1615)。因此,"那些虽然遭受不少困难,能维护且发展不可拆散性的价值的无数夫妇"是值得赞扬和鼓励的(家庭团体,20)。

在神学研究的历史中,针对婚姻之不可拆散性教义,圣奥思定做出了重要的贡献。在他所阐述的婚姻的三项福祉中(子女、忠贞和圣事),只有圣事的福祉是基督徒婚姻所特有的;这项福祉在于它使婚姻的不可拆散性更加强烈,除非配偶中一方死亡,永远不能解除。[1] 圣事使婚姻中的夫妻关系所具有的不可拆散性变得如此强烈,以至使其他关系都为非法,甚至根本不能存在(即无效)。圣奥思定教导说,基督与教会结合的象征意义即是基督徒婚姻不可拆散性的基础。[2]

不可拆散性的根本理由在于婚姻的圣事性,除此之外,二者之间存在着一种相互的因果关系。不可拆散性是婚姻一项深刻而又奥秘的幅度,它彰显了天主之爱的奥迹。

---

[1] 参:奥思定,《论婚姻的益处》,15。
[2] 同上。

## 2. 圣经启示

在圣经当中，有关婚姻不可拆散性的论述是非常明确的。与此同时，在圣经中也毫无疑问地论到了一些法律性规定，来规范离异现象（参申 24:1-4）；此外，主耶稣的一些话好像也为这种可能打开了方便之门，至少在某些情况下（参玛 5:32；19:9）。接下来我们就逐一对这些章节进行阐述。

### 2.1 有关不可拆散性的教导

- 旧约

正如前面已经阐述过的，婚姻在天主的原始计划中就是不可拆散的。婚姻的不可拆散性属于造物主天主的计划："为此人应离开自己的父母，依附自己的妻子，二人成为一体"（创 2:24）。圣经明确地谈到这是一种密切、完全且持久的结合；而不是一种暂时的、外在的结合。"成为一体"就是要建立一种本身便具有不可拆散性的共融。

之后，尤其是随着先知们的宣讲，婚姻的忠贞呈现得有如是天主对其盟约之信实的肖像（参出 34:16）。而通奸则成了以色列子民对天主不忠的象征（参欧 4:2；耶 3:6；则 23 等）。尽管罪恶导致人变得"心硬"，致使梅瑟不得不准许"休妻"（参申 24:1），但离异（或离婚）始终被认为是婚姻不可拆散性原始法律的一个例外。[3]《申命纪》中所论及的休书（参申 24:1-4）并不是离婚的"许可证"，而只是对离婚后再婚的禁令。仅是后期的犹太教将圣经的这一段落解释为这是赐予以色列——作为天主的选民——的一项特权。[4]

- 新约

在新约中对婚姻之不可拆散性的肯定也是明确而直接的。婚姻的这项特质也是属于天主对婚姻的原始计划；与此同时，

---

[3] 参：A. Díez Macho, *Indisolubilidad del matrimonio y divorcio en la Biblia*, 170-171。

[4] 参：J. Bonsirven, *Le divorce dans le Nouveau Testment*, Paris 1948, 15。

对休妻或离异的许可也得以废除。论及这一问题的主要圣经内容都在福音和保禄书信中。

福音中的内容主要是在论述不可拆散性的教导中(参玛 5:32；谷 10:2-12；路 16:18)，但也有一些不同之处。但这些章节的共同背景是：在论述新约与旧约的不同，以及对旧约的纠正之背景下，重申婚姻的不可拆散性。最显著的不同之处是：马尔谷福音是从一般的意义上论及离异的不合法性；而玛窦福音则是从"允许"离婚之理由的角度来看这个问题的；但是最大的不同之处就是玛 5:32 和玛 19:9 中允许"离婚"的条款："除了姘居外"，这一点我们在后面会做详细阐述。保禄书信中重要的章节则是格前 7:10-11 和罗 7:2-3。

– 玛 19:3-9

"有些法利塞人来到他跟前，试探他说：「许不许人为了任何缘故，休自己的妻子？」他回答说：「你们没有念过：那创造者自起初就造了他们一男一女；且说：『为此，人要离开父亲和母亲，依附自己的妻子，两人成为一体』的话吗？这样，他们不是两个，而是一体了。为此，凡天主所结合的，人不可拆散。」他们对他说：「那么，为什么梅瑟还吩咐人下休书休妻呢？」耶稣对他们说：「梅瑟为了你们的心硬，才准许你们休妻，但起初并不是这样。如今我对你们说：无论谁休妻，除非因为姘居，而另娶一个，他就是犯奸淫；凡娶被休的，也是犯奸淫」"(玛 19:3-9)。

这里直接而正式地论及了婚姻的不可拆散性问题。针对如何解释梅瑟法律允许休妻(参申 24:1-4)的问题，耶稣并没有陷入法利塞人所呈现的诡辩中，而是藉着提醒他们天主对婚姻的原始计划，对他们进行了答复。按照天主的计划，婚姻本是不可拆散的，因此，一切相反天主计划的做法都应废除("起初并不是这样"；所以"凡天主所结合的，人不可拆散")。

婚姻本是不可拆散的，故此，凡是在休妻后，而另娶的；或是娶被休的女人者，都是犯奸淫。之所以说是犯奸淫，是因为前婚并没有因着休妻而得以解除，其夫妻关系仍然存在。耶稣以绝对的方式确认了自"起初"的不可拆散性。因此不可拆散性是一切婚姻的一项特质，而不单是基督徒婚姻的特质。相对梅瑟法律对休妻的规定，耶稣的态度是如此彻底和决绝，以至连门徒们都觉得不可思议（参玛 19:10；谷 10:10）。但是，耶稣并没有因此而弱化他的态度和主张，而是一而再地重申婚姻的不可拆散性，并且将其教导作为最终的教义。

在路 16:18 中，婚姻的不可拆散性以同样的态度得以肯定："凡休妻而另娶的，是犯奸淫；那娶人所休的妻子的，也是犯奸淫。"学者们一致认为路加福音中的这个片段是玛 5:32；19:9 和谷 10:11-12 的总结：毫无疑义且以绝对的方式肯定了婚姻是不可拆散的。之所以说的犯奸淫，是因为离异或休妻并不解除其婚姻关系。

"耶稣在宣讲时，明确指出男女结合的原义，一如造物主自起初所愿意的那样。梅瑟准许人们休妻，是对人的心硬作出让步。男女之间的婚姻结合是不可拆散的：是天主亲自制定的：「凡天主所结合的，人不可拆散」（玛 19:6）。对婚约的不可拆散性这种明确的坚持，曾使人感到困惑，并且看来好像是一项不能实现的要求。可是，耶稣没有加给夫妇一项不能承受的重担，比梅瑟法律更沉重的担子"（天主教教理，1614-1615）。

- **保禄书信**

其主要章节就是罗 7:2-3 和格前 7:10-11，在前面论述婚姻的单一性时，已经阐述过了。

针对格林多信友所提出来的问题（参格前 7:10-11），保禄宗徒说是主基督的教导，而不是他的：1) 妻子不可离开丈夫，若是离开了，有两种出路：一是不可再嫁；一是与丈夫重修旧好；2) 丈夫也不可离弃自己的妻子：若是离弃了，也不可再婚（保禄宗徒在此虽未明确说不可再婚，但是这一点会毫无困难地推论出来，正如在同一章节当中所呈现出来的，参格前 7:4-5。丈夫与妻子享有同样的权利与义务）。对圣保禄而言，禁止离婚并不是教会引进的禁令，而是主的命令（同样的教导在罗 7:2-3 中得到了重申）。

保禄宗徒说禁止离婚是主的命令，其理由就是根据天主在起初的计划，男人与女人在婚姻中结合而"成为一体"。这种"一体"性（即单一性）——婚姻盟约——是基督与教会绝对不可拆散之结合的标记，与此同时，夫妻所形成的结合也参与了基督与教会的结合（参弗 5:22ss）。

## 2.2 "离婚"的条款（玛 5:32；19:9）

在玛窦福音中，无论是在与法利塞人针对梅瑟允许休妻的问题所进行的讨论中，还是在"山中圣训"中，在论到新约法律相对梅瑟法律而言所具有的圣德与高级性时（参玛 5:20-48），都映射出婚姻的不可拆散性所面对的严重困难。

玛 5:31-32 这样说：[5]

> "又说过『谁若休妻，就该给她休书』。我却给你们说：除了姘居外，凡休自己的妻子的，便是叫她受奸污；并且谁若娶被休的妇人，就是犯奸淫。"

针对福音中这一节的内容，有一个疑问就是：我们面对的是否是婚姻不可拆散性一般法律的一个例外。总的来说，对这个问题的答复由两种：一是天主教会的立场，始终强调所涉及的插入语——"除了姘居外"（玛 5:32）和"除非因为姘居"（玛 19:9）——不应解释为婚姻不可拆散性之法律的一个例外。另一个是新教和东正教所做的答复，他们认为这的确是婚姻不可拆散性的一种真正例外：在男方或女方有姘居的情况下，可以离婚。[6]

> 对某些天主教学者来说，所涉及的插入语的确构成了不可拆散性教义的一个例外。不可拆散性虽是普遍的法律，但在某些具体情况下，也存在离婚的可能性。有些学者则指出这是一些"严重性紊乱"的情况许可离婚的例外，这便是"姘居"一词做

---

[5] 类似的内容就是玛 19:9："如今我对你们说：无论谁休妻，除非因为姘居，而另娶一个，他就是犯奸淫；凡娶被休的，也是犯奸淫"。

[6] 有关东正教学者针对这个问题的立场，可参 C. Vogel, Application du principe de l'«Économie» en matière de divorce dans le Droit oriental, en «Reveu de Droit Canonique» 32 (1982), 81-110; C. Pujol, El divorcio en las Iglesias ortodoxas orientales, en VV.AA., El vínculo matrimonial ¿Divorcio o indisolubilidad?, Madrid 1978, 371-433。有关新教学者的立场，可参：J. Feiner-L. Vischer, Nuevo libro de la fe Cristiana. Ensayo de formulación actual, Barcelona 1977, 646-655。

蕴含的意义。[7]还有些学者认为在通奸的情况下，可以解除婚姻关系：圣玛窦的这些话是指向皈依基督的犹太人，这种许可有助于他，活出基督徒婚姻的要求。根据这种假设，不可拆散性虽是婚姻的一项特质，但是天主的计划也一定预见，在某些困难的情况下，是可以更改的。那么，在福音中便存在不可拆散性一般法律的一个例外，其特殊情况就是通奸。因此，耶稣只是在拒绝人们所引进的过于自由的行为。[8]还有些学者倾向将这些插入语解释为因某些基督徒的"心硬"而给予的特许。

但是，这些解释既没有圣经依据，与圣经上有关婚姻不可拆散性的教导也不相符。事实上，上述所引用的圣经章节明确地追溯至天主在"起初"的计划，藉以肯定婚姻的不可拆散性，并且得到了耶稣的再次确认，此外，还明确地废除了有关许可休妻的梅瑟法律。另一方面，如果耶稣并没有超越梅瑟法律，并使其得以完善的话，那么耶稣所做的只是附和夏玛依（Shammai）学派的严格解释而已。然而，耶稣在回答这个问题的时候，恰恰避免了那些法利塞人所提出的诡辩。

天主教会认为，不能将这些条款解释为婚姻不可拆散性的例外；这样一来，所出现的问题是：这些条款的意义是什么呢？该如何给予正确解释呢？

主要的答复仅限于解释每个插入语的具体意思。具体来说，1)"除了"（parektòs）和"除非"（mè）到底是什么意思；2)"姘居"（porneía）是什么意思；3) 有人说，所涉及的是"分居"，而不是离婚，这个问题该如何解释。一致的观点强调，这些条款所涉及的并不是婚姻不可拆散性法律的一个例外。具体的解释如下：

– 介词"除了"（parektòs）和"除非"（mè）

对一些学者来说，针对由这些条款对婚姻的不可拆散性所引起的困难，其解决方法在于要呈现出这些介词（"除了"与"除非"）拥有不同的含义：禁止性(玛 19:9)和包含性(玛 5:32)。

介词"除非"应理解为一种否定：意思是说"绝对不"、"即

---

[7] 这种立场是基于"姘居"（porneía）这个词所包含意义中的一种。然而大部分学者都将这个词理解为"通奸"。参：H. Crouzel, Le sens de «porneía» dans les incises matthéennes, en «Nouvelle Reveu Thélogique» 110, (1988), 903-910。
[8] 这种解释在新教学者之间是较为普遍的，比如：R. Fuchs, Le désir et la tendresse, Genève 1979, 62-68。

使……也不……"。因此，福音中的这句话是意思是："如今我对你们说：无论谁休妻，**即使**因为姘居，而另娶一个，他就是犯奸淫；凡娶被休的，也是犯奸淫"（玛 19:9）。而"除了"应该从包含性的意义上来理解：意味着"甚至"、"包括……在内"，从这种意义上来说，圣经的话便是："我却给你们说：**包括**姘居**在内**，凡休自己的妻子的，便是叫她受奸污；并且谁若娶被休的妇人，就是犯奸淫"（玛 5:32）。

而另有一些学者则倾向赋予这个介词一种主观性的"排除性"含义。那么，在这种意义上来说，福音中的意思是：除了通奸之外，或我不是说通奸的情况。

这种解释虽在语言学上有无可厚非的理由，但越来越不被人采纳。事实上，很难赋予玛 5:32 内容中的介词"除非"一种包含性意义。同样，也很难说"除了"和"除非"有排除性的含义——也就是说，"我不是说"，尤其是玛 19:9，因为若是这种意义的话，耶稣就没有必要回答所提出的问题了。

### -"姘居"（*porneía*）一词的含义

有些学者认为通过明确"姘居"一词的含义，便可解决所面对的难题。他们认为"姘居"并不意味着"通奸"，因为在玛 19:9，以及其他地方，这个词是指"*moicheia*"，而 *moicheia* 事实上有多种含义，但都是指对性的违犯。

> 对这些学者来说，"姘居"一词指的是非法结合：同居（非婚姻性的结合）或乱伦性的结合（在法律所禁止的亲属间的婚姻结合：参肋 18）。根据这种解释，福音中的意思就是"除了在同居或乱伦性的结合情况下"。无论在哪种情况，除了明确婚姻的不可拆散性教义之外，很明确的一点是这类结合不能被视为不可拆散的，因为其本身就不是真正的婚姻。[9]

针对将"姘居"解释为乱伦性的结合，主要的论证理由有：1) 在同一节当中——论到离异——在指奸淫时，所采用的词是"*moicheia*"，而非"*porneía*"（姘居）；2) 同一个词"*porneía*"也被运用在格前 5:1 中，借指与其父亲的妻子所缔结的婚姻，显然这种

---

[9] 在这种意义上，可参：A. Díez Macho, *Indisolubilidad del matrimonio y divorcio en la Biblia*, Madrid 1978, 252-253。

情况便是肋 18:8 中所谴责的乱伦性的结合；3) 同样的结论也可见于耶路撒冷会议所做的规定，即：信教的外邦人应该诫绝奸淫（*porneía*）（参宗 15:20,29；21:25）。

若这样理解插入语中"姘居"的含义的话，在肯定婚姻不可拆散性的同时，也指出同居和乱伦性结合并不具有这种不可拆散性。在这种情况下，便应予以解除，且有自由另结新婚。这样一来，先前的结合并不是真正的婚姻，故此可以解除。这是圣史玛窦对耶稣之宣讲的一个补充性插入。

- **所涉条款被认为是"分居"的可能性，而不是"离婚"**

有些学者认为耶稣对法利塞人的回复是指"分居"，而不是"离婚"。这样的话，福音中这个章节的意思就是：夫妇在通奸的情况下，可以分居，但是并不能再婚："如今我对你们说：无论谁休妻（在有通奸的情况下可以这样做），而另娶一个（这是被禁止的），他就是犯奸淫。"那个插入语只是限定"无论谁休妻"这句话，而不是"而另娶一个"这句话。[10]

但是这种解释并没有很好地说明玛 19:9 中的插入语如何只是限定前半部分，而不是整个句子。另外，法利塞人所提的问题是针对离婚，而非分居。另一方面，在犹太人中，并不存在分居的概念：根据后期的犹太教对申 24 所做的解释，下休书的结果就是可以再婚。

## 3. 教会传统中的婚姻不可拆散性

撇开解决玛窦福音中插入语所带来的"困难"不说，有一点是非常明确的：教会从未将通奸视为解除婚姻关系的一项理由，婚姻是不可拆散的。婚姻之不可拆散性教义是天主针对婚姻之计划的一部分，并且包括在启示当中。

---

[10] 这是比较传统而经典的立场，其主张者有：圣热罗尼莫（《论玛窦福音 19:9》）和圣多玛斯·阿奎那（《补编》，q.62, a.5），除此之外，很多的现代学者也支持这种解释。

## 3.1 前五个世纪中的一致性

可以说，教会传统中最初的证据——无论是在东方教会，还是在西方教会——都一致地卫护婚姻的不可拆散性和谴责离婚。[11] 根据圣经，只要夫妇双方仍然在世，婚姻结合便不可解除。即使是通奸的情况，配偶中无辜的一方也不能再婚。一旦缔结婚姻，夫妇只有分居的可能；但绝不能离婚并再结新婚。

应该明白，大部分的教父是在解释玛 5:32 和玛 19:9 中的插入语时，提出的这种理论。一般而言，都会从更为矛盾的意义上对其进行解读，也就是说，倾向于离婚和在通奸的情况下再婚的可能。然而，教父们始终将其解释为"分居"：这是解释插入语的唯一可能性。他们认为婚姻的不可拆散性是耶稣在圣经中所教导的。圣奥思定是第一位从基督与教会之结合出发，来阐述婚姻的不可拆散性的教父：基督徒的婚姻之所以是不可拆散性的，是因为它是基督对教会之忠贞而不可拆散之爱的奥迹的"肖像"。[12]

然而，也有些教父的著作，其解释不甚明晰，仍需要进一步的明确；甚至有一位被称为盎博罗西亚斯特（Ambrosiaster）的作家，在其对格前 7:10-11 的解释中，明确维护因通奸而分居后再结新婚的可能性。[13] 因此，不乏有些学者便认为，在教会初世纪，针对婚姻的不可拆散性，教父们的立场并不完全是一致的，甚至有些教父还教导离婚的可能。

尽管如此，这些学者为坚持其反对婚姻不可拆散性的立场而引用的教父著作，以及他们所得到的结论，并不足以说明教父们并不是一致地捍卫婚姻的不可拆散性。的确，我们不能对这些著作中所呈现出来的困难——因为其字面内容貌似相反婚姻的不可拆散性——视若无睹。但是，很显然，通过与这些教父

---

[11] 参：T. Rincón, *La doctrina de la indisolubilidad del matrimonio en el primer milenio*, en «Ius Canonium» 13 (1973) 91-136。另参：P. Adnès, *El matrimonio*, cit., 83; J.Auer y J. Ratzinger，*Los sacramentos de la Iglesia*, cit., 307。

[12] 参：P. Adnès, *El matrimonio*, cit., 88。

[13] 盎博罗西亚斯特（Ambrosiaster），*Commentarium in Epistolam ad Corintos Primam*。其著作主要集中于公元 366-383 年，此作者一度被当作是圣盎博罗削（Ambrosio）。

的其他著作的对比和参照其他教父的解释，其内容的意思并不与婚姻不可拆散性的教义相悖。所涉及的只是"牧灵关怀"或容忍的情况。

另一方面，那些从教父中有疑问的著作出发，予以否认教父们一致卫护婚姻不可拆散性的学者，并未正确地对待在教父的研究中所采用的一系列不可或缺的方法论原则。

> 应该对有疑问的内容进行严谨的分析："很多时候是，教父们慢慢地逐渐发掘出了真正的教义；有时候我们面对的是对具体而原始的情况的运用，对此情况他们很容易地给予相反所宣示之真正教义的解决方案；而有时候则是牧者们的「失误」，甚至可以将其解释为教父或牧者们的真正「错误」：错误也是有历史的。然而，这种错误的解释有助于发现教会圣统所具有的特殊权力和教会随着时间的流逝而逐渐意识到这些权力的意义。"[14]

总之，教父们普遍坚持婚姻是不可拆散的。有疑问的著作或内容是少数的，且是两可的（取决于如何来解释）。教会们在教义上的权威是通过他们的明确教导和是否与其针对某端具体教义的宣认保持一致来判断；而不是根据其偶然的见证或言词。

## 3.2 第六世纪后，东、西方教会的教义与实践

从那些年之后，有关婚姻之不可拆散性的见证通常都是一致的。但是，直到八世纪末，便出现一些具有法律特征的著作，形成了一种例外，并在一些情况下允许婚姻的决裂和解除。只有到了第九世纪后，针对婚姻的不可拆散性，才在教义和法律上形成了完全的统一。

不管怎样，在论到第九世纪后对婚姻不可拆散性的实践和教义时，应该区分东、西方教会。接下来我们就分别对其进行阐述。

### – 西方教会

为了认识这一时期在西方教会内遵行的是何种教义及如何

---

[14] A. Fernández, *Teología moral*, cit., 307。

实践，需要特别地分析一下地方教会会议的规定、法律性的汇集、教宗们的法令以及教宗写给个别主教的信函。在这些文献中将会获得教会在婚姻不可拆散性这个问题上的教导和纪律。

1) 在地区会议或主教会议上所制定的法典当中，针对婚姻之不可拆散性的教义是一致的：婚姻是不可解除的。当配偶双方仍活在世上时，不准许再结新婚；即使对无辜或无过错的一方来说，也是如此。这种教义的基础便是圣经和圣传。[15]

然而，有些会议的决议中允许离婚。相反圣经教导，且由教会的一些当局许可的这些离婚实践的存在，也可由奥利振的著作得到证实。[16]

但是，这只是一些出于牧灵容忍的个案。这些"特批"的目的是为了避免导致促成相反不可拆散性的罪行盛行的不堪局面。其次，这些为了避免更大的恶而给予批准的实践或惯例，也被一些地区主教会议和法典汇集所采纳，自此以后，便作为牧灵准则被收录的法典汇集当中。另一方面，也不要忘记民法的离婚性特征。此外，教会当时所处的时代是正是向"野蛮人"展开福传的时候，而当地的法律是允许离婚的。

不管怎样，仍需要提醒的是，很多时候法典想要表达的意义并不十分明确；而有的时候，采纳和传递这些法典的会议的价值也存在争议（会议的正统性问题）。比较明确的是自第八世纪末开始，再没有任何一次会议准许当配偶另一方仍在世时，可行再婚。

2) 法典汇集是由个别作者对源自不同会议的最终决议所做的汇编（尤其是第一个千年中的决议），其目的就是弥补普世教会立法的空白。根据其适用范围，通常会分为普世性的汇集（适用普世教会）和地方性的汇集（适用于地方教会）。因此，法典汇集的价值是不一样的：其价值取决于实施它的教会主管当局。普世性的法典汇集享有更大的权威。

---

[15] 在这种意义上，第五世纪之前的会议可以列举的有艾威剌会议（Elvira，305年）和亚耳会议（Arlés，314年）。第五世纪后的会议有：迦太基第十一届地区会议（407年）、米勒维地区会议（Milevi，416年）、宗徒典籍（Los Cánones apóstolicos，420-423年）、第十一届托雷多会议（681年）等。

[16] 参：奥利振，《玛窦福音讲道集》，14,23。

有关不可拆散性的主题，可以证实的是在普世性的法典汇集里面不存在任何离婚性的条文。然而，在地方性的法典汇集里面有一些离婚的条款，一直持续到十二世纪中期的《戈拉奇诺汇编》(Decreto di Graciano)。[17]

总而言之，为了对这些汇集有一个正确的解释，切勿忘记这些著作的性质。很多时候仅限于收录决议，而且此类汇集并未获得任何形式的核准。另一方面，应始终留意其"地方性"特征；更为重要的是，直到十二世纪仍未清楚地厘定无效婚姻与解除婚姻关系之间的区别。很多时候虽呈现的是解除婚姻，但实际上只不过是声明婚姻无效，因为存在着无效限制，因此事实上并未缔结婚姻。

3) 法令集是对"教宗就一些有关纪律性的问题而写给个别教长的信函、或对某些重要的教义性事务的答复、或针对出现在地方教会中之问题解决方案"[18] 的统称。其中有很多是涉及到婚姻的问题，并且始终明确宣称婚姻的不可拆散性。[19]

> 这端教义很多时候也得到了教宗的确认，尤其是面对一些国王以及其他重要人物意图解除其婚姻，而另结新婚时，教宗所采取的反对立场，并重申婚姻的不可拆散性。一个典型的个案就是教宗尼古拉斯一世面对罗塔利奥一世(Lotario I)国王意图与其妻子离婚，而与其姘妇结婚时，所采取的反对立场。面对国王的诉求，教宗一而再地重申"天主所结合的，人不可拆散"。国家法律应屈服于福音之律。

- 东方教会

在初世纪，有关婚姻之不可拆散性的教义，在东、西方教会中都是一样的。但是，从第六世纪后，便不再是同一立场了。自那以后，东方教会便正式接受离婚，当然只要配偶双方同意。[20]

---

[17] 参：A. García y García, *La indisolubilidad matrimonial en el primer milenio*, cit., 145。
[18] A. Fernández, *Teología moral*, cit., 348.
[19] 参：A. García y García, *La indisolubilidad matrimonial en el primer milenio*, cit., 144。
[20] 参：J.Auer y J. Ratzinger，*Los sacramentos de la Iglesia*, cit., 310。

或许是由于对国家权力的屈服,东方教会便采纳了国家立法,先是犹斯狄尼亚诺(Justiniano, 527-561 年)皇帝,单号是其继承者;最终由于"五个案例,特别是在证实女方通奸后或其行为有公开恶表之虞"便接受了离婚。[21] 其次,东方教会的教会法学和神学都相信在圣经和教父们的著作中有论据支持这种理论:也就是说,当没有任何其它方法解决令人棘手的情况时,教会有权解除婚姻。但是,很久之后在教会的立法中才接受这种理论。君士坦丁堡会议(920 年)正式接纳了这种教义。第一次正式授权发生在第十一世纪。[22] 但是,在这些案例中,我们所面对的是对婚姻的外在解除(这个问题我们在下一章会进行讨论)。

## 4. 特利腾大公会议针对婚姻之不可拆散性的教导

特利腾大公会议在第二十四场会议之最后决议的序言和其中的第 5、6 和 7 号法典中有关婚姻的主题内论到了婚姻的不可拆散性。[23] 大公会议是针对新教有关婚姻的主张而颁布的这个文献。当时新教认为婚姻是纯世俗的事实,因此支持并推动婚姻的世俗化,进而,也接受了有国家当局所批准的离婚。另一方面,在强调婚姻的人性契约之幅度的同时,便使离婚的可能完全取决于夫妻的个人决定。他们将这种可能的合法性归咎于圣经。针对这些学说,大公会议在确立了婚姻的圣事性之后,隆重地谴责了离婚的实践:具体来说,就是"由于异端,或困难的同住,或故意的不临在"[24] 而离婚的可能。在所有这些情况中,婚姻都是不可拆散的。

但是,特利腾大公会议在肯定——即使是在通奸的情况下——婚姻的不可拆散性时,并不只是针对新教的异端思想,同时也考虑到了东方教会的情况,大公会议无意谴责东方教会的离婚实践。因此,采用了一种表达方式,既能达到谴责新教主张

---

[21] 参:P. Adnès, *El matrimonio*, cit., 89。
[22] 参:J.Auer y J. Ratzinger,*Los sacramentos de la Iglesia*, cit., 310。
[23] 参:邓辛格,1799、1805-1807。
[24] 邓辛格,1805。

的目的，又不能伤及东方教会的情感。[25] 此外，大公会议的与会教长们一致肯定婚姻因其自身性质便是不可拆散的；但在解释玛 5:31 和 19:9 中的插入语时，并未达至一致意见。大公会议也无意谴责某些教父的观点为异端，尤其是圣盎博罗削（因为当时将盎博罗西亚斯特当成了圣盎博罗削）。因此，根据学者们的共同意见，被大公会议文献所肯定的有：1) 在通奸的情况下，婚姻即使因配偶双方的同意仍是不可拆散的；2) 教会在宣布此种教义时是不可错误的。

本次大公会议有关婚姻圣事部分中的第 7 号法典内容是：

"谁若说，教会做错了，当她（教会）过去及现在按福音与宗徒的教义教导（参玛 5:32；19:9；谷 10:11-12；路 16:18；格前 7:11），婚姻的锁链不能由于某一方配偶的通奸而被解除，且双方，就连没有给通奸之原因无辜的一方，不能在另一方配偶尚活着时，缔结另一婚姻；且那离弃通奸之妻子另娶他人的男方，以及那离弃通奸之丈夫另嫁他人的女方，是犯通奸之罪：那么，这样的人，应予以绝罚"（邓辛格，1807）。

婚姻的不可拆散性教义并不是因其本身而被厘定的，而是在谴责新教立场时间接地获得了确立：新教立场主张，若在通奸的情况下，教会教导婚姻的不可拆散性，便陷入错误中。

"在如今的神学家中，较为一致的意见是：这里所涉及的是一项信仰的真理，但仍不能将其定义为信条。"[26] 学者们通常将这端教义定性为"信仰的真理"，或至少是"信仰的惯例"。

不管怎样，"天主教学者之间的这些争论并不能解除对不可拆散性这端信仰真理的疑问：也就是说更加明确地确立是否可以将其称之为「信条」或只是应该相信的真理，哪怕不称之为信条"。[27]

沿着这样的教导思路，梵蒂冈第二届大公会议——虽然是将

---

[25] 参：A. Fernández, *Teología moral*, cit., 382；P. Adnès, *El matrimonio*, cit., 189。
[26] A. Fernández, *Teología moral*, cit., 383。针对这一点，教宗庇约十一世在其《圣洁婚姻》通谕中这样说："假使教会过去和现在所讲的这些道理未曾错误；假使婚姻链锁即使为了通奸亦不得拆散的道理，绝对正确，然则他们所举理论比较微弱的其它理由更不足道了"（圣洁婚姻，93）。
[27] L. Bressan, *La indisolubilidad del matrimonio en el Concilio de Trento*, cit., 237。

重点放在了夫妻之爱上——再次重申（婚姻）这种"密切结合"，"这以互相忠实所标明的爱，尤其为圣事所祝圣的爱，使二人心灵肉体，在顺境和逆境中，忠贞不贰，全无奸淫和离异的危机"（牧职宪章，49）。这是教会训导多次所强调的一点，因为"教会的基本责任是坚决地重申婚姻不可拆散的道理"（家庭团体，20）。

## 5. 婚姻的不可拆散性：人类学上的要求

"这一密切的结合，亦即二人的互相赠予，一如子女的幸福，都要求夫妻必须彼此忠实，并需要一个不可拆散的结合"（牧职宪章，48）。不可拆散性是婚姻的一项特质，也是位际主义原则——夫妻团体的基本原则——的首要结果，根据这种原则，对方（配偶中另一方和子女）的"你"应是因其本身而被爱，是爱的直接对象。

但是，现如今，"与一个人一辈子结合在一起，似乎是太难，甚至视为不可能"（天主教教理，1648；家庭团体，20）。在这种思想观念的影响下，最终得到的结果就是：真正的人格和成熟在于不为过去"所牵连"，更不为将来"所困"。拥有错误观念的人，面对如此基本的价值观，诸如忠贞，便缺乏敏感度。

忠贞是自由的最好体现，是真正的爱的一种要求。"夫妇的爱情应是决定性的，不能是「直到另行通知为止」的临时措施"（天主教教理，1646）。夫妻之爱是由人指向人，体现在对配偶性的授受，应该是无条件且永久的。如果缺乏了忠贞，便不是真正的爱。教宗若望保禄二世指出："对永久承诺的惧怕将使夫妻之间彼此的爱变成每个人对各自的爱，两种并行的爱，最终将导致决裂。"[28] 人的位格——夫妻以及子女的福祉——要求这种不可拆散性。

– **夫妻的福祉**

如果不是"直到永久"，那么婚姻中的相互授受自身便不是完全的。由于完全性（或完整性）是夫妻交托的本质特征，那么，

---

[28] 若望保禄二世，1979 年 10 月 7 日讲话，4。

若不具备这一点的话，这种交托便不是真实的。藉着婚姻，结婚的男、女便成为一体，在配偶性中"合二为一"，而这种结合是丈夫完全属于这个女人，相反亦然。但是，由于配偶性（意即：作为性别不同，在人性上又相互补充的两种幅度的男性和女性）与男人和女人的人性是不可分的，并持续终生，同时，人的灵－肉"完整的结合"也将持续，故此，不可拆散性便必然地构成了夫妻相互授受自身的排他性。

> "就其本质而言，人的献身必须是持久且义无反顾的。婚姻必须至死不渝，这是人作为礼物的精义所在：一个人把自己给予另一个人"（致家庭书，11）。"假如不是整个人的自我奉献的标记和果实，整个肉体的奉献是种欺骗；整个人的自我奉献也包括时间的幅度：假如一个人有所保留，或是对将来可能作其他的决定，由于这一事实，他或她就没有完全的奉献"（家庭团体，11）。

不可拆散性（或永久性）是单一性在时间内的圆满。当由持久的意愿和忠贞的承诺，当夫妻彼此毫无条件的相互授受自身时，在这种夫妻交托中才有真理，在这种情况，同样也有"终身不渝"。忠贞不渝的决定并不是后加于夫妻在婚姻内的相互授受自身中的，就好像是夫妻之爱的结果，相反，是这种相互授受自身本身所要求的。没有忠贞便没有真爱。没有忠贞，在婚姻内便没有不可拆散性：不可拆散性是这种忠贞的客观表达形式。在婚姻当中，爱、忠贞与不可拆散性是同一事实——婚姻之爱——相互补充、彼此完善的不同方面。不可拆散性先于法律或诫命、先于社会性要求，首先是婚姻交托的内在要求。

> "婚姻的不可拆散性，并不是教会心血来潮的主意，也不仅是一条成文的教会法。它是自然律和神律的准则，完全符合我们的本性，符合超性的圣宠。因此，在绝大多数情况下，不可拆散性是保证已婚夫妻幸福，保证他们子女精神安定是不可缺少的条件。"[29]

但是需要正确地理解这一点，婚姻本身要求和趋向不可拆散性。因其本身属性和从夫妻共融本身根源上来说，婚姻蒙召

---

[29] 施礼华，《对话录》，97。

持续终生。这也是在现实生活中,即使婚姻并未曾如此时,仍然是真实婚姻的理由。不应将婚姻之"所是"和"本应是"与具体婚姻之事实混为一谈。

### – 子女的福祉

在引用梵二大会会议之教导的同时,《家庭团体》劝谕也论证说,根植于夫妇相互授受自身的不可拆散性也是由子女的福祉所要求的(参家庭团体,20)。这一点也被用来论证婚姻的单一性:婚姻本应是不可拆散的,否则的话,很难以切当的方式确保子女的教育。子女的位格身份也要求婚姻的不可拆散性,因为这是其人格发展所需要的相称背景。事实上,只有不可拆散的婚姻,"颇有利于多年抚养与教育子女的工作;这沉重而冗长的任务,只有父母的通力合作,才可愉快胜任"。[30]

很多时候,学者们在肯定不可拆散性是婚姻"首要目的"——生育并教养子女——所要求的一项特质时,也采用此种论证。[31]

## 6. 不可拆散性:恩赐与见证

无论什么因素——初期的立法、世俗化的环境、对自由的错误观念等——对不可拆散性施以干预,最终的结果都是其不可拆散性始终屹立不摇,且超越时空。也有些人将其看做是美好而又令人向往,但实际上又无法达到的理想。

然而,根据人类历史中众多世代的人所给出的见证,事实恰相反,并不是不可达到的理想。虽然很多时候会遇到困难,每个人还是能够做到忠贞不渝的。这并不是一种只能启发某些获享特权之夫妇的一种"理想"。

婚姻是基督徒一种成圣的圣召。因此,不可拆散性便很明显地是天主的一份恩赐:也就是说,既是天主的一种召叫,也是一份恩赐,是对基督与教会不可拆散之结合的真实参与,因

---

[30] 庇约十一世,《圣洁婚姻》通谕,37。
[31] 参:多玛斯·阿奎那,《补编》,q.67, a.2。另参:A. Fernández, *Teología moral*, cit., 418-419。

此，便能够使夫妇彼此忠贞地结合在一起，直到永远。

"基督更新造物主刻划在男人和女人心中的最初计划，并且在婚姻圣事的举行中给予「一颗新的心」：这样夫妇们不但能克服「心硬」（玛 19:8），而且更能分享基督圆满的和最后的爱，他是降生成人的新而永久的盟约。就像主耶稣是「忠信的见证」（默 3:14），天主恩许的「阿们」（参格后 1:20），天主爱其子民无条件忠诚的最高表现；那么基督徒夫妇也被召真正分享，使基督与他爱到底的（参若 13:1）净配教会，相连结的不能变更的不可拆散性"（家庭团体，20）。

谁也没有权利——无论是夫妇本人，还是其他人——降低不可拆散性的要求，或无视恩宠——治愈和升华——的力量。这也是婚姻圣召中的一部分。当天主召叫一个人履行某项具体使命时（在这种情况下，就是婚姻生活），天主总会使他留意其历史坐标——时间、地点、个人性格、秉性等，在这些因素中他都会对所领受的圣召做出具体回应。因此，个人的努力也是忠于圣召——婚姻的忠贞——的一部分，毫无疑问，很多时候为了克服困难，活出婚姻不可拆散性的要求，甚至也会要求有英雄主义精神。

凡是战胜经常伤及夫妻共融的自私，热爱真理、信赖天主的恩宠的人，都能获至夫妻忠贞；同时，也能够意识到"凡真心爱他自己的伴侣的人，不但是为了从他所接受的一切而爱他，而是爱他的本身，自愿地把自己献给他。……忠贞可能有时是困难的，但常是可能的，任何人都不容否认那是可贵而可称扬的。历代以来许多夫妇的榜样，不但证明忠贞不贰是和婚姻本性相称的，也是深厚而久长的幸福之原因"（人类生命，9）。

尽管夫妻会经历许多困难时刻，度着望不到边际的平庸生活，但他们不应陷入灰心丧志的泥潭中，或为其生活找借口。他们应该明白并意识到，他们所领受的恩赐也是对纠正的邀请：一种在其忠贞之路上改变其生活状态的力量、来自天主的力量。他们是时候且有能力达到爱的巅峰。因此，正确对待那些处于困境中之夫妇的态度就是告诉他们真相：将天主对不可拆散性之计划的要求明确地呈现给他们。只有这样才能帮助他们，理解和包容将是爱德的体现。

捍卫婚姻的不可拆散性是开展新福传工作中的关键问题之一。这是每个基督徒的职责，每个基督徒都应根据其参与教会使命的不同方式，以及根据他们参与教会使命所处的不同情形，来为婚姻的不可拆散性做见证。毫无疑问，在这项职责中一个不可替代的角色首先就是夫妻本人，他们既要向内——在其婚姻生活内——开展这项使命，也要向外——面对其他夫妇——做见证。首先就是要藉着在自己婚姻内夫妇之间的彼此忠贞来完成这项使命；其次，藉着语言，宣讲教会有关婚姻不可拆散性的教义。

在这项传教工作中，特别值得肯定和鼓励的是那些"虽然遭受不少困难，但能维护且发展不可拆散性的价值的无数夫妇：他们以谦虚而又勇敢的心，完成他们在世界做「标记」的角色——微小而宝贵的标记，有时也受到诱惑，但是常又重振——是天主和耶稣爱每一个人忠实可靠的爱的标记"（家庭团体，20）。

在论到那些因其丈夫的不忠而遭受不义对待的妇女时（同样针对那些因其妻子的背叛而遭受不义的丈夫来说，也是一样），圣施礼华神父这样说："与丈夫分居的女性，若是有孩子受她们抚养，她们应想到：孩子还是继续要母爱的关怀的，尤其是目前分居的境况下，更为需要，好能弥补破裂家庭的缺陷。她们必须尽最大努力去认识：婚姻是不可拆散性——尽管对她们而言，意味着牺牲——是绝大多数家庭团结完整的保证，并能提高她们爱护子女的崇高意义，防止子女被无辜抛弃。"[32]

针对这样的情形，若望保禄二世也同样教导说："可是也必须承认，那些为配偶所遗弃，因着信德的坚强和基督徒的希望，没有再婚的夫妇们的见证价值：这些夫妇也对忠贞做了真正的见证，今日世界正需要这种忠贞。因此，他们应该受到教会的牧人和信友的鼓励和帮助"（家庭团体，20）。

\* \* \* \* \* \* \*

---

[32] 施礼华，《对话录》，97。

**参考书目：**

《天主教教理》，1646-1648；2364-2365；2382-2386。

若望保禄二世，《家庭团体》劝谕，20。

L. BRESSAN, *La indisolubilidad del matrimonio en el Concilio de Trento*, en VV.AA., *El vínculo matrimonial, ¿Divorcio o indisolubilidad?*, Madrid 1978, 219-238.

C. BURKE, *La indisolubilidad matrimonial y la defensa de las personas*, en «Scriptura Theologica» 22 (1990), 145-J56.

H. CROUZEL, *La indisolubilidad del matrimonio en los Padres de la Iglesia*，en VV.AA., *El vínculo matrimonial, ¿Divorcio o indisolubilidad?*, Madrid 1978, 61-116.

A. DÍEZ MACHO, *Indisolubilidad y divorcio en la Biblia*, Madrid 1978.

W. KASPER, *Teología del matrimonio cristiano*, Santander 1980, 65-100.

# 第十七章
# 婚姻的"外在"不可拆散性

无论婚姻生活遭到怎样的损坏,夫妻关系也不能因夫妻双方的决定而得以解除,这种不可拆散性超越当事人的意愿(这就是我们在上一章当中已经探讨过的内在不可拆散性)。不过,婚姻是否可以,至少在某些情况下,由夫妻外在的相关部门或权力得以解除呢?婚姻是神圣的,而基督徒的婚姻更是圣事。国家以及民事当局没有权力解除婚姻关系。那么,教会是否也没有权力解除婚姻关系呢?接下来我们就探讨有关婚姻的外在不可拆散性这个问题。

在探讨这个问题之前,首先需要区分"事实"与"法律"。也就是说,时至今日,教会是如何做的(这是事实),如果在过去教会并未曾解除过任何一桩婚姻,那么是否可以在未来这样做呢(可以做的或"法律"上该如何做)。在考虑了这两个问题后,首先将会分析教会"解除"基督徒之婚姻的权力;然后,再阐述一下教会针对未领洗者的婚姻所享有的权力。

## 1. 已领洗者之婚姻的不可拆散性

教会在伯多禄的形象下由基督领受了"钥匙的权力",[1] 作为对其性质和作用的理解,教会便意识到自己拥有一种特殊的权力来审断有关婚姻的案件;具体来说,就是有关婚姻不可拆散性的案件。中世纪末对婚姻之圣事性的反思对此做出了很大的贡献。其结果便是:坚信教宗针对婚姻关系享有特定的权力,甚至在某些情况下,教宗也可以解除圣事性的婚姻。[2] 但是,在涉及

---

[1] 玛 16:18-19:"我再给你说:你是伯多禄(磐石),在这磐石上,我要建立我的教会,阴间的门决不能战胜她。我要将天国的钥匙交给你:凡你在地上所束缚的,在天上也要被束缚;凡你在地上所释放的,在天上也要被释放"。
[2] 这种权力传统上被称为"伯多禄特权",是教宗,作为伯多禄的继承人,所享有的权力。

这个问题的时候,需要区分既成已遂婚姻和既成未遂婚姻。[3]

## 1.1 既成已遂婚姻的"绝对"不可拆散性

关于已领洗者的婚姻,一旦已遂,教会的教义与法律明确地规定:"除了死亡,任何人间权力,或因任何原因,都不能解除"(法典1141)。这也是神律对婚姻的规定。教会一贯的惯例已证实和说明,这些婚姻是完全而绝对不可拆散的(无论是夫妻的个人意愿,还是教会当局,都不能解除其婚姻关系)。教会这样宣称,也藉着实践这样确认这项教义的。

> 教会从未解除过任何一桩已领洗者且已遂的婚姻,即使是婚姻当事人面对着严重的困难,比如,教宗尼古拉斯一世反对罗塔利奥一世(Lotario I)国王意图解除婚姻的做法,或教宗克莱孟七世和保禄三世对亨利八世国王离婚意图的反对等。

> 教宗良十三世在其《天主智慧的奥秘》通谕中对教会的这些干预做了一个详细而严谨的总结:"就这一点而言,后世都将满怀钦佩来研究这些依据充分而又严谨的文献,它们分别是由以下教宗颁布的:教宗尼古拉斯一世反对罗塔利奥一世;教宗乌尔班二世(Urbano II)和帕斯卡二世(Pascual II)反对腓力一世(Felipe I)法国国王;教宗雷定三世(Celestino III)和依诺森三世反对亚丰索(Alfonso de León)与高卢伯爵腓力二世;教宗克莱孟七世和保禄三世反对亨利八世;最后是被囚的至尊教宗庇约七世反对因其帝国之大而自负的拿破仑一世。"[4]

历代教宗从未解除过既成已遂的婚姻。此外,他们也经常强调他们没有权力解除这样的婚姻。因此,这样的教导至少应被当做"正统道理"予以接受。所以神学上也表达说教会这样做并没有错误,同时也没有权力不这样做,否则,教会在信仰与

---

[3] "既成"即指圣事性的婚姻,也就是说,配偶双方都是已领过洗的基督徒,不管他们是在结婚之前已领洗,还是在结婚之后才领洗,只要双方都是已经领过洗的,他们的婚姻便是圣事性婚姻。"已遂"是指在圣事性的婚姻中(也就是"既成"的婚姻)配偶双方已发生过或已完成夫妻行为(性行为、夫妻媾合的行为)。法典1061§1这样规定说:"两个领过洗的有效婚姻,如尚未遂,仅称既成婚姻;如夫妻二人依人道已发生本身适于生育子女的夫妻行为时,则称既成已遂婚姻;此种夫妻行为正是婚姻本质所要求的,并藉此夫妻二人成为一体"。

[4] 良十三世,《天主智慧的奥秘》通谕,19。

习惯上将会出现严重的缺陷。站在另一个角度来说，这也是不可能发生的，因为教会是以圣神作为保证的。

如果说基督徒的婚姻已变成了天主对人爱的盟约的真实象征的话，那么，这项盟约并不是因为人的不忠而终止，因此婚姻之爱的盟约也不会终止或失效。当婚姻藉由夫妻（媾合）行为而达至已遂时，这项爱的盟约便成了绝对不可拆散的了。因为自此之后将圆满地代表和呈现基督与教会所完成的结合。

"已遂"虽不是婚姻圣事标记的"同本质"要素，但对其完整性和圆满地表达圣事的含义来说，则是重要的因素。因此，圣多玛斯教导说，这种结合既包括精神的结合（即合意），也包括身体的结合（"已遂"）；[5] 这种结合象征着基督藉着其降生成人的奥迹与教会所完成的结合。"已遂"与婚姻成立的时刻（即表达合意之时）无关，而是与圣事性的尊严和意义，以及与婚姻关系解除的可能性有关。总而言之，无论对此有怎样的解释，毫无疑问的是："已遂"为婚姻的圣事性含义增添了一项新的幅度，并决定性的落在了不可拆散性上。

  针对这一点，教宗庇约十一世在《圣洁婚姻》通谕中这样教导："倘吾人有意对天主这种意旨的内在理由，敬谨地加以追究，则这理由在信友婚姻的奥秘意义里不难找到；而这奥秘意义在信友既遂婚姻里实现得最充份最完全。一如吾人自始援引过的，保禄宗徒在致厄弗所人书中，曾经指出，信友的婚姻将基督与教会的结合表现得极其完全，他说：「这圣事是伟大的，我是指基督和教会说的」（弗 5:32）。基督生活一天，教会在基督内生活一天，他们间的结合便永不能分离。圣奥斯定对这点曾滔滔雄辩说：「在基督和教会中间，这点是永存不变的：双方皆永远生活，永不为任何离异所分散」。"[6]

  教宗若望保禄二世在论到"已遂"的含义时也强调："婚姻的举行有别于婚姻的「已遂」，若没有这种「已遂」，婚姻仍未在其圆满的事实上得以完成。这一点意在说明，婚姻虽然从

---

5 多玛斯·阿奎那，《补编》，q.66, a.2："在婚姻还未遂时，婚姻象征着基督与人灵在恩宠内的结合，这种结合会因相反的状态——意即：罪恶——而破裂。而既成已遂的婚姻则代表着基督与教会所完成的结合，基督的位格与人性结合时，这种结合是绝对不可拆散的"。

6 庇约十一世，《圣洁婚姻》通谕，36。

法律意义上得以成立，但仍未完成（既成未遂），相应的事实是婚姻仍未在圆满的意义上成立。事实上，「我愿意……接受你作我合法的妻子／丈夫」这句话不单只是指一个具体的事实，而且也只有通过夫妻性结合才能完成的事实。"[7]

## 1.2 既成已遂婚姻的不可拆散性：已有定论的问题？

在现实中，主要地是在牧灵学家和教会法学家当中，提出了是否可以——甚至"适宜"——重新审视教会在这一点上的惯例与教义。面对基督徒夫妇们所处的"新情形"，以及由人类科学和相关的神学对人及婚姻之圣事性新的认识，便提出了是否应该重新审视教会在这个问题上的惯例和教义。

时至今日，所有人都接受的教会一贯的教导和惯例是既成已遂的婚姻是不能解除的。但是，应该强调的一点是：不曾解除和从未打算解除是一回事，而将来不能这样做则是另一回事。圣事性婚姻一旦已遂，教会是否就在任何情况下都不能解除呢？

那么，坚持教会可以且应该以其它方式行事的这种立场，则有不同的解释来支持其观点。基本上有以下几点：1) 对圣事性与"已遂"概念新的理解；2) 将不可拆散性仅视为一种理想；3) 对教会之代行权新的解释。

**1) 对"圣事性与「已遂」"概念新的理解**：事实上，这种意见并不是说教会应该重新审视对既成已遂婚姻之不可拆散性的教义和惯例。除此之外，教会不能以其它的方式行事。而是对"圣事"和"已遂"的概念提出了新的理解，并认为实际上有不少被认为是既成已遂的婚姻是可以拆散的。

－ 对圣事的举行来说，则需要结婚当事人在信仰上达至一定的成熟。鉴于在已领洗者身上婚姻与圣事不可分的这种关系，如果当事人没有达至这种必要的成熟，那么所举行的婚姻既不是圣事，且是无效的。[8]

---

[7] 若望保禄二世，1993 年 1 月 5 日讲话，2。
[8] 持这种观点是学者，诸如：L. de Naurois, *Le mariage des baptisés de l'Église*

作为对这种观点的回应,对已领洗者有效地举行婚姻来说,信仰固然必不可少,但除此之外,也应该说,当已领洗者结婚时,若他们真正地愿意结婚,那么在他们结婚的决定中也切实地已包括了圣事的意向。这是结婚当事人藉由洗礼已融合于基督的必然结果。

有可能出现的是:结婚当事人并没有教会本有的信德(婚姻是一件教会信德的圣事);但是,只要他们并未明确而正式地拒绝的话,对圣事的信德便始终存在,且为婚姻的成立来说足够了。另一方面,这种观点是以一种外在的方式来理解婚姻的圣事性的,意即:婚姻与其应反映的事实——基督与教会的结合——是一种外在的关系,而不是对基督与教会之爱的奥迹的参与。[9] 说到底,就是将圣事与夫妻行为等同。但是,夫妻应根据基督与教会之结合的风格和模式来经营其生活是一回事,而圣事性在其结婚之时便已成立则是另一回事。客观上,圣事已因结婚当事人身为已领洗者,且愿意真正地结婚这一事实而得以成立。

- 此外,这种观念还声称:也应重新审视"已遂"的概念,因为只以身体上的意义来理解的话,仍不足以使婚姻作为生命与爱的团体达至完整,也不能圆满地象征藉圣事所表达的基督徒盟约,也不能达至婚姻的个人价值的实现。应该对"已遂"有一个完整的概念:除了身体性或生理性的意义之外,还应包括夫妻在生命与爱的团体中结合的其它方面(心理、情感、精神与宗教等方面)的含义。因此,所需要的并不单是本身适于生育子女的夫妻行为,而且还应有全人的相遇。还强调说,从梵二大公会议的教导出发,很难理解随着夫妻首次性行为的完成婚姻便达至已遂。因此,这种立场便提出应重新审视既成已遂婚姻的概念,并将其分为已开启的婚姻和祝圣的婚姻:前者意指藉由婚姻合意而开始的婚姻;而后者则是指藉由共同生活而祝圣的婚姻,也就是说,夫妻之爱已在人性上和信仰上达至一定成全

---

*catholique qui n'ont pas la foi*, en «Revue de Droit Canonique» 30 (1980), 151-174; J. Goitia, *Fe y sacramento*: AA.VV., *Nuevos planteamientos sobre el matrimonio cristiano*, Bilbao 1978, 131-161。

[9] 参:弥安道 著,宋伟光 译,《婚姻——神学与生活》,94 页。

状态的婚姻。

对此立场应该回应说：藉着对"已遂"的这种理解，婚姻等同于夫妻之爱：在夫妻关系与婚姻的存在之间没有区别，因此，应该说婚姻并不会随着夫妻二人同居共处而"相互隶属"。另一方面，从位格主义（或位际主义）意义上对"已遂"的理解并不意味着应从心理和主观角度来解释这个概念（虽然对这方面的考量是应该的）。"最起码的合理性、意向性和正常性便足以将一个行为从其内容上和完成上定义为人性行为：之所以说是人性的，是因为意识到其所为和明白自己的行为；之所以说是人性的，是因为未伤及到配偶另一方的人格自由；之所以说是人性的，是因为尊重行为本身所具有的自然秩序，客观上并未违反它。"[10]

总而言之，这种理论类似我们所说的"宣布（或声明）婚姻无效"，而并不是解除婚姻关系。

**2) 不可拆散性：一种"理想"？** 另有一些学者对玛 5:31-32 所做的解释使他们认为，耶稣已明白地呈现出他是婚姻不可拆散性的支持者，这种教导所提出的只是一种完美的理想，而不是一种具有约束性的法则或要求。其依据是玛 5:31-32 是在对旧约进行纠正的背景下说出来的，耶稣所说的并不是诫命。耶稣在这里所做的是呈现一个远超越经师和法利塞人行事为人的理想。耶稣所提出的这种绝对理想（"天主所结合的，人不可拆散"），与其说是一种生活纲领，倒不如说它形成了一种邀请，即：邀请人走成全的道路。虽然，之后的"事实"或许会朝着另一个方向发展，但它是应趋向的目的。故此，耶稣所提出的并不是一条具有约束力的法律，不可拆散性只是一种理想而已。在具体的个案中，教会可以解除婚姻关系，并允许和接纳后续的结合为真实的婚姻。这也是处理那些已无法实现不可拆散性之理想的特殊"情况"的一种解决措施。

---

[10] J.I. Bañares, *Comentario ad c.*1061: A. Marzoa, J. Miras y R. Rodríguez-Ocaña (dir.), *Comentario exegético al Código de Derecho Canónico*, III, Pamplona 1997, 1093。

针对这种立场，我们的回应是：耶稣并不只是在山中圣训的背景下讲论婚姻的不可拆散性，也不只是做一些"建议"性的教导。从福音中有关婚姻不可拆散性的教导可以明确地推论出耶稣所提出的并不是一个有关合法性或纯道德性的问题。所呈现的是婚姻的一项要求和对所有人自"起初"就具有约束性及有效的法则。门徒们是这样理解的，耶稣并未做任何纠正（参玛19:10-12）。在格前 7 中，保禄宗徒则区分了其个人"意见"与"主的命令"。"主的命令"是"妻子不可离开丈夫；若是离开了，就应该持身不嫁，或是仍与丈夫和好；丈夫也不可离弃妻子"（格前 7:10-11）。这是法律，没有任何例外。

**3) 对"钥匙的权力"之新解**：鉴于天主以其绝对的权力可以解除既成已遂的婚姻，教会因其由基督所领受的代行权也可以这样做。尤其是因为并不能证实天主没有将此权力通传给教会，相反，福音上明确地说"凡你在地上所束缚的，在天上也要被束缚"（玛 16:19）；这种权力既没有因婚姻关系的性质而拒绝，也没有因耶稣的明确意愿而得到否认。此外，既然教会能够解除既成未遂婚姻，因此，也并没有任何理由不能解除其它的婚姻。这种权力包括在那被称为"钥匙的权力"之内。教会因着救恩计划的原则（即以人灵益处为最高原则）可以解除既成已遂的婚姻。这样做所涉及的是一项较小的恶，是处理那些已被摧毁了的婚姻的一种措施，且应该是解决那些确实严重的问题的一种极端措施。

这种论证缺乏坚实的基础。其中"容忍"是一回事，而某特定处事方式的合法性和有效性则是另一回事，除此之外，这种理论与教会针对此问题的一贯教导和圣经都不相符。

对这种理论所做的回应和反对意见，可以列举的有以下几点：① 首先，相对婚姻的圣事性和已遂来说，这是一个过于外在的概念，并将其视为完全处于婚姻事实之外的准则；相反，这是构成同一且唯一之事实的相互补充的因素。② 教会蒙召在面对这些困难情形时所应给予的包容和仁慈，应在始终忠于真理的基础上来实施。只有这样才可以说，教会所做的（在这种情况下，就是对那些处于困难境遇中的夫妇表示关怀和照顾）才是出于真爱。事实上，教会也宣认"钥匙的权力"并不能解除既成已遂的婚姻。这便保证了天主针对婚姻的计划保持不变，同时，即使已领洗者也不能只缔结非圣事性的婚姻，一旦达至已遂，教会便不能解除其婚姻。

> "因此，**婚姻关系**由天主亲自建立的，于是受过洗的人之间的既成已遂婚姻，是永不可拆散的。这关系是由夫妇自由的人性行动和圆房所产生的，从此不能废止，而且形成由天主的忠信所保证的一项盟约。教会没有权力违反天主上智的这个安排"（天主教教理，1640）。

## 1.3 既成未遂婚姻的不可拆散性

不可拆散性是所有真正婚姻的一项特质，但在各种情况中其坚实性与稳定性并非都是一样的。如果满足一定的条件，即使是在已领洗者之间所举行的圣事性婚姻，但只要仍未遂，便可由教宗藉其职务之权得以解除。[11] 然而，因所涉及的是一项代行权，是以基督的名义行使此权的，此权的行使要求应有正当的理由。这种理由可以是一方配偶的离弃；有严重分歧且已无修好的希望等。这是一项涉及到有效性（即：是否给予解除婚姻）的条件。

前面我们已经提到，从十二世纪末，教会法学家一致主张并强调：婚姻是藉由婚姻合意而成立的；既成已遂婚姻便享有绝对的不可拆散性。然而，面对神学家和教会法学家之间的争论，即：针对已遂的含义并未达成一致，并且针对是否可以将婚姻的形成分为不同的时刻也存有争议，教宗克莱孟八世（1592-1603）便任命了一个委员会，在这个委员会所呈递的意见书中，一致认为教宗享有特别的权力，藉以可以解除已领洗者所缔结的未遂婚姻（即既成未遂婚姻）。[12] 自此以后，教宗们便毫不迟疑地行使这项权力。[13] 由于所涉及的是教会生活中一般

---

[11] 参：庇约十二世，1941年10月3日，对罗马圣轮法院的讲话，14。
[12] 这个委员会是由八位枢机主教组成，其中包含后来的保禄五世（1605-1621）和博敏（San Roberto Belarmino, +1621）枢机主教，此外还有罗马圣轮法院的四位法官。
[13] 参：本笃十四世，«Dei miseratione»宗座宪章，1741年12月3日；宗座圣礼部，《准则》，1929年3月27日；圣部，«Quam singulari»法令，1942年

纪律上的一个问题，因此教会这样做并没有陷入错误当中。在其它情况下，便没有主的助佑。

> 在现行法律中这样规定："双方已领洗者的未遂婚姻，或一方已领洗，另一方未领洗的未遂婚姻，有正当原因时，教宗可以解除；惟必须双方或一方申请，即使双方不同意，亦可解除"（法典 1142）。

另一个不同的情况就是既成未遂，但因配偶之一方进入修会而解除婚姻，也就是说，因矢发隆重圣愿（永愿）而依法解除婚姻。现行的教会法典并未收录这项原则。毫无疑问，特利腾大公会议因这种情况的困难而考虑到了这种案例。[14]

## 2. 因"信仰特恩"而"解除"婚姻

作为基督的代表，教宗可以在某些情况下，解除未领洗者的婚姻，那怕是已遂婚姻。教会宣认并坚信自己享有解除此类婚姻的特殊权力。但是，在确定此权力的性质与运用范围时需区分两种情况，这两种情况虽有关联，但却是不同的："保禄特权"与"信仰特恩"。

### 2.1 "保禄特权"的运用

从第十二世纪开始，解除非基督徒所缔结的婚姻便成了教会的一贯做法。之所以称之为"保禄特权"，是因为它是以格前7:15 为基础的。这是耶稣有关婚姻之不可拆散性教导中的一个例外（参谷 10:2-12）。然而，这种做法早在第四世纪就由盎博罗西亚斯特（Ambrosiaster）开始发展。[15] 之后，尤其是随着戈拉奇诺（Graciano）[16] 和隆巴多（P. Lombardo）[17] 的推动，这种做法便被引入教会的立法当中。直到十二世纪末，教宗依诺森三世便正式

---

6 月 12 日。

[14] 特利腾大公会议，《论婚姻圣事的教义法典》，6："谁若说，有效未遂婚姻，不能被某一方配偶的隆重宣发终身愿所解除：那么，这样的人，应予以绝罚"（邓辛格，1806）。

[15] 盎博罗西亚斯特（Ambrosiaster），《格前 7:15 释义》。

[16] 戈拉奇诺（Graciano），*Decreto* C 28 q.2 a.2。

[17] 隆巴多（P. Lombardo, +1160），*IV Sent.*，d.39 C5。

地认可和批准这种惯例，并赋予了法律的效力。[18]

"1项 – 双方未领洗者所缔婚姻，一方于领洗后，为了保护信仰，可用保禄特权解除之。其步骤是：只要未领洗一方离去，而领洗一方另结新婚，则前婚立即解除。2项 – 如未领洗一方不愿和领洗一方同居，或和睦相处却有辱于造物主，即得视为离异；但领洗之一方领洗后，给对方制造离异的适当原因者，除外"（法典1143）。

这项特权的运用赋予已领洗且另结新婚的一方权力，使其藉另结新婚之事实而解除其前婚关系。因此，事实上，这并非是教宗的一项真正的权力，而是赋予已接受洗礼之一方解除其婚姻的一种可能或权力。诚然，若罗马教宗拥有解除某些婚姻的职权，那么，教宗同样可以使这项特权拥有法律效力，并规定当事人在未领洗之前所缔结的婚姻，在领洗后因其再结新婚，在满足所需条件下，而得以解除。这样，至少间接地指出了是教宗确立了行使这项特权所应遵循的法律。根据学者们一致的意见，这是为了更大的益处——即信仰的益处——而赋予的一项权力。相对非圣事性的婚姻而言，信仰享有优先性。教宗享有这项权力是一端确实的真理，可以将其定性为正统道理。

在现行教会法典1144-1147中明确了运用保禄特权的条件和步骤。"1项 – 为使领洗一方有效地另结新婚，常应征询未领洗一方：1是否愿意领洗；2至少是否愿意同领洗一方和平相处，而不有辱于造物主"（法典1144）。这种询问关乎到运用保禄特权的有效性，但是，当不可能或这样做的话无益，那么便可以将其豁免，甚至省略掉。这种征询"通常"应由教长来做（这只是为了其合法性，而非有效性），否定的答复可以是明确的，或着是沉默不语（参法典1145）。

保禄特权同样适用于："如未领洗一方，无论被询问与否，起初保持和睦共处，而不有辱于造物主，后来无正当理由而离异"（法典1146）：也就是说，不愿再同居共处，或不愿意在不辱造物主的情况下同居共处。

---

[18] 依诺森三世，《如何你更》（Quanto te magis）书函，1199年5月1日，邓辛格，768；《我们在主内欢乐》（Gaudemus in Domino）书函，1201年初，邓辛格，777-779。

## 2.2 由罗马教宗明确解除婚姻关系

与保禄特权相关是便是被称为"信仰特恩"或"信仰优先"的特权。从第十七世纪开始，面对由美洲的皈依(十六世纪)和教会在东方的发展(十六至十七世纪)而引起的新问题，[19] 解除未领洗者的婚姻的做法得到了进一步的发展，意即：解除那些愿意皈依而仍未领洗者的婚姻，但是其中任何一方都不愿意彼此分开，也就是说，为和睦共处或不辱造物主设置了障碍。因此，这并不是保禄特权的一种演变。

> "如一位未领洗者同时拥有多个未领洗的妻妾，在其接受天主教洗礼后，很难与正妻生活下去时，可以从其妻妾中选留其一，而遣散其他。上述规定，为拥有多名教外丈夫的未领洗女子，亦可适用"(法典 1148)。

不同于保禄特权，在这种情况下，准许已领洗的一方在其妻妾或在其多位丈夫之间选择一位。所涉及的是依法解除非圣事性的婚姻；这种解除是建立在教宗职权的基础上的(不管怎样，值得提醒的是：无论是在一夫多妻中，还是在一妻多夫情况下，很难说有真正的婚姻存在)。同样，如果一个未领洗者，于领受天主教洗礼后，因被掳或受迫害，导致无法与未领洗配偶恢复同居生活时，此已领洗者有权与另一个天主教友另结新婚，即使对方在此期间已经领洗(只要他们于领洗后再无发生夫妻行为)，仍然可以这样做(参法典 1149)。

无论在哪种情况，教宗都能解除已遂的自然婚姻。教会在解除这些婚姻时常意识到自己享有这样的特殊权力。[20] 梵二大公会议的教导和现行的《天主教法典》都与这些教导保持了一致。总而言之，关于"信仰特恩"应注意两点：1) 在教会内一致

---

[19] 这些情况可以总结为：1) 在外教人文化中盛行的一夫多妻制和离婚现象；2) 黑人和印第安人因奴隶买卖而与其原配分开后，所缔结之新婚被合法的必要性。

[20] 教宗所颁布的法律性文件毫无疑问地呈现出了这一点。可以引用的文件有：保禄三世，《神性劝告的高贵》(*Altitudo divini consilii*)宗座宪章，1537 年 6 月 1 日，邓辛格，1497；庇约五世，《罗马教宗的》(*Romani Ponteficis*)宗座宪章，邓辛格，1983；额我略八世，《对人民与民族》(*Populis ac nationibus*)宗座宪章，1585 年 1 月 25 日，邓辛格，1988。

接纳这种惯例；2) 但针对解除婚姻的这种权力所具有之性质的解释，却没有一致的意见(是保禄特权针对新形势在运用上的一种演变，还是为了信仰的益处和人灵的得救而具有的一种特殊的权力？)。

因同样的权力和正当的理由，在教会中现行的惯例还有：1) 天主教徒与外教人(未领洗者)的婚姻，如若其中任何一方决定与另一个天主教徒结婚，教宗也可解除其婚姻；[21] 2) 天主教徒与未领洗者的婚姻(在豁免信仰不同限制后所举行的婚姻)，如若天主教一方意欲与一个已领洗者(无论是天主教徒与否)缔结新婚，在这种情况下，教宗也可以解除其婚姻关系。[22]

\* \* \* \* \* \* \*

## 参考书目：

J.L. ACEBAL, *El proceso de disolución del vínculo en favor de la fe*, en «La Ciencia Tomista» 103 (1976), 3ss.

P. ADNÈS, *El matrimonio cristiano*, Barcelona 1969, 191-211.

J.I. BAÑARES, *Comentarios al cn.* 1056, en A. MARZOA, J. MIRAS, R. RODRÍGUEZ-OCAÑA (dir.), *Comentario exegético al Código de Derecho Canónico*, III, Pamplona 1997, 1045-1057.

A. MOLINA MELIA, *La disolución del matrimonio inconsumado. Antecedentes históricos y Derecho vigente*, Salamanca 1987.

U. NAVARRETE, *El privilegio de la fe: Constituciones pastorales del siglo XVI. Evolución posterior de la práctica de la iglesia en la disolución del matrimonio de infieles*, en VV.AA., *El vínculo matrimonial. ¿Divorcio o indilubilidad?*, Madrid 1978, 287-295.

---

[21] 宗座信理部，《维护信德而解散婚姻束缚》训令，1973年12月6日。
[22] 同上，《为准备以信仰优先解除婚姻的程序》训令，2001年4月30日。

# 第七部分

# 对某些特殊情形之伦理与牧灵考量

忠实地活出婚姻的福音精神总是需要付出努力，并为了克服相反善与真理的各种倾向做斗争。很多时候，尤其是在世俗主义的社会里，这些困难是由享乐主义和唯物主义精神引起的，而这种精神有悖于天主对婚姻的计划。即使是在天主教领域内，将从宗教与民法角度来说都不正常的婚姻状况"正常化"的意图日渐强烈（参家庭团体，79）。

为此，只有在真理内的爱德才能战胜邪恶，怀着这种信念，所有夫妇以及所有能够且应该帮助他们活出婚姻福音精神的人，应努力践行婚姻之不可拆散性的教义。因为凡是真正关爱那些处于这种情形中的人者，从来不会以非人的方式将其视为"问题"。故此，需要以细心分辨各种不同的情形开始，要区别主观因素与客观因素。只有通过对相关因素的恰当评估，才能完成分析和正确地解决问题。只有这样，相关利益人才能感受到理解和包容，哪怕忠于真理会要求对其情形做出否定的判断。但是，需要再次强调：这种最大的爱德和包容并不能削弱对真理的宣讲，因为这是在宣扬救恩。

主要应关注可能出现的非正常情形，当然切望这些情形不要出现。不管怎样，应该为那些处于这种情形中的人提供帮助，藉一切方式使其重建与婚姻的福音原则相符的生活。这就是这一部分的主要内容：指出藉以正确评价夫妻分居和其它特殊情况的原则。同样，也会指出牧灵关怀应持守的准则。

# 第十八章
# 夫妻分居

藉着婚姻的举行,在夫妻间便开启了一种生命与爱的共融,而其性质与特质则要求二人共同生活,即双方都享有同居共处的权利与义务(参玛 19:5；法典 1151),这也是婚姻之律。然而,也可能会出现一些原因,使夫妻分居变为合法的。那么,这些原因都有哪些呢？夫妻分居的程序如何进行？

对这些问题的考量,首先会涉及到夫妻分居的伦理性；然后就是在落实分居时应遵守一定的准则,然而很多时候国家的法律并不承认教会所做之裁决的效力。

## 1. 夫妻分居的伦理性

夫妻分居可定义为婚姻权利及义务的中止,或者,夫妻同居共处和生命之团体的决裂,与此同时,仍保留着婚姻关系。因此,夫妻双方便不能再结新婚。这种情况,对婚姻本身来说,虽不是所渴求的,但对某些——无论是对配偶双方来说,还是对子女来说——特别严重的情况来说,则是一种解决措施。

> "在某些情况下,为了种种原因,婚姻的同居生活实际上成为不可能。在这样的情况下,教会准许夫妻分居,即终止同居生活。但夫妻在天主前仍是丈夫和妻子；他们不可与另一人结婚"(天主教教理,1649)。

根据其为终生分居,还是一定时期的分居,分居可分为永久分居和暂时分居。根据所涉及的是所有方面、权利和义务,抑或是其中的一部分,也可分为完全分居,或是不完全分居。

教会有权审理婚姻案件：在夫妻分居的案件中,就是由教会来判断分居的理由或原因是否合法。这一点可由圣经,也就是,由福音(参玛 5:31；19:9)和保禄书信中推论出来："至于那些已经结婚的,我命令——其实不是我,而是主命令：妻子不可离开丈夫；若是离开了,就应该持身不嫁,或是仍与丈夫和好；丈夫也不可离弃妻子"（格前 7:10-11）。面对新教的立场，特利腾大公会议明确地声明："谁若说，教会做错了，当她（教会）决定能准许夫妻因许多理由，在特定或不特定的期间，分居（分房）或分住：那么，这样的人，应予以绝罚。"[1]

为了能够合法地分居，应该具有正当的理由；此外，还应根据教会所制定的程序进行（参天主教教理，2383）。作为夫妻分居合理和正当的理由，可以指出的有：配偶中一方犯有通奸；对配偶之另一方或子女的心灵或身体造成重大危险；夫妻之一方恶意或有过错地抛弃家庭。

《天主教法典》中的 1151-1155 制定了教会的惯常做法。

## 1.1 永久分居

通奸是促成夫妻分居原因中的首要理由。圣经当中也提到了这种原因（参玛 5:32；19:9）。通奸是一种不义，犯通奸的人在破坏婚姻许诺和侵犯对方配偶权利的同时，也丧失其一切婚姻权利（参天主教教理，2381）。故此，能够导致永久而完全的分居。

> 为了使配偶中无过错方有权利打破夫妻的同居共处，所犯的通奸须是：**正式的**，意即明白自己所为；**已遂的**：已完成性行为或身体的结合，仅其它形式的不忠行为还不足以使对方有权分居；**伦理上是确定的**：至少应达至伦理确定性（或常情确定性）；**并未在配偶之另一方的同意下**犯通奸，或者说，无过错方不能是造成通奸的原因，比如说，抛弃对方，或多次拒绝对方同房的要求等；**并未得到宽恕**：因为若无过错方若宽恕了对方，便意味着放弃了分居的权利（这种宽恕可以是明确的，也可以是含蓄或沉默不语的[2]）；**非相互的**：意即并不是双方彼此都犯通奸。

虽然无辜的一方可以主动地提出夫妻分居，但是仍需要向教会主管当局申请分居。应在六个月有效期内向教会提出申请（参法典 1152）。无辜一方没有义务重建夫妻生活；但仍可以这样

---

[1] 特利腾大公会议，《论婚姻圣事的教义与法典》，8；邓辛格，1808。
[2] "无辜之配偶，于获悉对方通奸后，仍自愿与其共度夫妻生活者，即被视为默然宽恕；而且，如持续六个月的夫妻生活，从未向教会或国家当局提出控告者，推定其为宽恕"（法典 1152§2）。

做。在某些情况下可能会出现这种义务,但也只是伦理上的义务,一种爱德义务。

从牧灵角度来说,所建议的方式是推动无过错的一方不要请求分居,而要给予宽恕。"教会当局于斟酌各项情由后,应设法引导无辜配偶宽恕对方,使不致永久分居"(法典1152§3)。

"在如此困难的情况下,较好的解决方法就是:如可能的话,彼此和好。基督徒团体应帮助这些人以基督徒精神生活,忠于他们的婚姻关系,因为那是不可拆散的"(天主教教理,1649)。

## 1.2　暂时分居

若配偶中一方给对方或子女的心灵或身体造成重大危险,这也是促成分居的一个理由。或者出于其它原因而使共同生活不堪忍受时,也是可以分居的原因。不过,这些都是促成短暂分居的原因,也就是说,夫妻可以分居直至这些原因消失为止。

促成分居的原因一旦消失,即应恢复同居;但教会当局另有规定者除外。不管怎样,分居的权利仍是可以放弃的,只要神律并无要求分居,总是值得鼓励放弃分居的。此外,也有爱德上的义务努力促成中止分居的原因,并力求重建夫妻生活。关于暂时分居的原因,应该区分没有同居共处的事实与婚姻权利和义务的中止,其中包括不再同居共处。也应该区分有过错地和无过错地对心灵或身体造成重大危险。

只要导致危险,哪怕并未造成任何伤害,便足以促成分居的权利。显然,因无意而造成的困难和不幸的遭遇也应成为以更明确的方式见证夫妻互助——这也是婚姻目的之一——的理由。因此,由婚姻许诺而来的身体上的结合应成为最深刻的相互交付与彼此接纳的真实反映。

夫妻暂时的分居也应申请教会主管当局,并在当局的主导下完成。然而,若有过错一方对自己或子女造成重大危险的情况紧急,有权利分居的一方也可主动离去,实施分居。

## 2. 夫妻分居与诉诸于国家法院

现行教会法在论到夫妻分居时,也指出:"于教会判决不发生国家法律效力之地区,或预见国家法律判决不违反神律时,配偶居留地之教区主教,斟酌特别情形,得准许向国家法庭起诉"(法典 1692§2)。教区主教在慎重斟酌后方可给予批准,这是为了避免国家法律的判决违反神律,从而给涉案夫妻带来伤害和给其他信友造成恶表的危险。

然而,问题是国家法律并未预见分居的可能,而只涉及到离婚。这样的话,国家法律藉着离婚的判决,将会宣布其婚姻关系得以解除,虽然这种判决只具备民事效力,但事实上将会为双方的修合带来很大的困难,进一步也会导致当事人以民法再次结婚。不管怎样,从实际角度来说,应按照以下原则进行:

— 如果国家法律既预见了分居,也涉及到了离婚,那么信友便不能申请离婚。在这种情况下,只有分居是合法的。民法上的离婚除了为重建夫妻生活——造成分居的原因一旦中止,夫妻双方有义务恢复夫妻生活——造成困难外,申请离婚也会造成很大的恶表。

— 如果国家法律只预见了离婚的可能,那么只有在极端必要性的情况下,且在满足一系列条件后(伦理学家们强调,从伦理角度,需在双果原则下,有积极的理由才可申请离婚),才能合法地申请民事离婚。

> 教会训导指出,"如果民法离婚,是保障某些合法权利唯一可行的方法,比如子女的照顾或继承产业的维护,则可以容忍,而不构成伦理的过失"(天主教教理,2383)。

具体来说,只有同时满足以下这些条件,便可合法地依民法进行离婚诉讼:1) 按照教会法,在获得了分居判决后,而没有其它方法在民法上获得分居效力;2) 有不再缔结新婚的明确意愿(依民法离婚后的再婚仍然是无效的,因为民法离婚并不能解除其原有婚姻关系);3) 欲藉民法离婚所应达至的国法效果与因离婚所造成的恶果——尤其是所产生的恶表——之间应有一定的比例(即双果原则:利应大于弊)。

因此，应设法采取正当的措施，避免走到依民法离婚的地步。无论如何，始终应采取相应的措施来避免产生任何恶表。除此之外，最好的办法就是坦诚地接纳婚姻不可拆散性的教义，并阐明这是获得分居福祉的唯一途径。夫妻分居这种措施对既成已遂婚姻来说，是唯一的一种可能。

＊　＊　＊　＊　＊　＊　＊

## 参考书目：

J. CARRERAS, *Comentarios al cn.*1692, en A. MARZOA, J. MIRAS, R. RODRÍGUEZ OCAÑA (dir.), *Comentario exegético al Código de Derecho Canónico*, III, Pamplona 1997, 1967-1970.

C. DE DIEGO LORA, *Nuevas consideraciones sobre la ejecución civil del matrimonio canónico y de la dispensa pontificia del matrimonio rato y consumado*, en «Ius Canonium» 31 (1991), 533-566.

J. ESCRIVA IVARS, *Comentarios a los cn.*1151-1155, En A. MARZOA, J. MIRAS, R. RODRÍGUEZ OCAÑA (dir.) *Comentario exegético al Código de Derecho Canónico*, III, Pamplona 1997, 1576-1602.

# 第十九章
# 对特殊情形的伦理判断

对那些由婚姻危机和男女关系的不同"特殊情形"所带来的问题的考量和牧灵解决方法，应始终自婚姻关系之不可拆散性原则吸取灵感。由婚姻所产生的关系，以某种方式，可以归结为纯粹的喜爱或同居共处。

在上一章我们探讨了夫妻分居的问题，那么在这一章当中，我们将探讨其它的一些特殊情形：离婚者的情况；只依民法结婚的天主教徒所处的情形；以及被称为"试婚"和"自由结合"的相关问题。

## 1. 已经依民法离婚的天主教徒

对已经依照民法离婚的天主教徒所处之情形的伦理考量要求区分两种情况：离婚后并未再婚与离婚后又依民法再婚。

### 1.1 依民法离婚后并未再婚的天主教徒

若是离婚意图打破由夫妻双方自由地接受并共同生活直到离世的婚姻许诺，那么便是严重地违反自然律。也是一种违反救恩盟约的罪行，因为圣事性婚姻是救恩盟约的有效标记(参天主教教理，2384)。如果再考虑到离婚对夫妻双方及其子女，以及对社会所产生的后果，这种罪行的严重性及不道德性更趋恶劣。

> 《天主教教理》指出："离婚是不道德的，也是因为它把错乱引进家庭及社会中。这种错乱产生严重伤害：配偶被遗弃，孩子因父母分离受到精神伤害，且多次是父母彼此争夺的对象；离婚的效果有传染性，成了社会真正的灾祸"(天主教教理，2385)。

总而言之，在对这些情形(离婚、分居等)进行考量时，需要正确地区分有过错方与无辜的一方(即：不得不承受离婚或分居的一方)。在这个原则的基础上，还应遵循如下的一般准则：

– **无辜一方**：尽管会有很多困难，但仍保持着对婚姻不可拆散性教义和婚姻盟约的忠贞，这样的人极堪称赞与钦佩。这是天主对人之忠信和基督对教会之爱的活的见证。对这些人领受圣事来说，并不存在任何障碍。

> "教会的团体越发应该支持这样的人。尊重他们，关心他们、了解并实际帮助他们，使他们在困难的情况中保持忠信；帮助他们培养基督之爱中所包含的宽恕，并且准备恢复他们先前的夫妻生活"（家庭团体，83）。

– **有过错方**：意即导致分居或离婚的一方。也应以极大的包容和理解对待这样的人。但是，为了使他们能够领受圣事，他们应表达出应有的悔改和做相应的补赎。并且立志尽可能避免一切可能的非正常状况。

应始终在真理内行事，因为没有真理，便不会有真正的爱德。无论是对夫妻生活来讲，还是会欲向这些人展开的牧灵关怀也好，这项原则始终是有效的。[1] 对基督和对人的爱也要求如此。

## 1.2 依民法离婚后而再婚的天主教徒

依民法离婚后再婚与离婚后未婚所处的情形是截然不同的。"离婚而重新结婚，虽为民法所承认，但使婚姻关系的破裂更加严重：重婚的配偶因此而处于公开及连续通奸的状态下"（天主教教理，2384）。福音上的教导是非常明确的："谁若休自己的妻子而另娶，就是犯奸淫，辜负妻子；若妻子离弃自己的丈夫而另嫁，也是犯奸淫"（谷 10:11-12）。教会无论是从教义上，还是从惯例上，都是这样看待离婚后而再婚所处的情形的。

针对这一点，有些人便提出问题说，是否存在某些原因可以使这种情形正常化与合理化，进而处于这种情形中的人可以在某些情况下能够正常地领受圣事呢。之所以出现这样的问题，或许是因为缺乏培育，有不少人在依民法再婚后，仍决定重新度基督徒的生活，并要求领受圣事。甚至有时候有些牧者向他

---

[1] 参：若望保禄二世，1980 年 10 月 25 日公开接见讲话，11。

们提供这样的解决方法,这与教会的教义是不相符的。

诚然,作为教会使命的继续者,牧者们的选立就是要引导万民获享救恩,"尤其是已领洗者,她(教会)不能对那些已有圣事的婚姻束缚,而企图有第二次婚姻者撒手不管"(家庭团体,84)。相反,牧者们要尽量设法让他们应用教会救恩的方法(即圣事)。同时,也应意识到自己身负严重的职责不知疲倦地为其提供这种获得救恩的方法和途径。其中首要的就是遵行基督有关婚姻不可拆散性的法律。牧者们不应允许那些离婚后而再婚的人——就好像他们并未处于伦理上严重混乱的情形中一样——领受圣事。

无论如何,因着对真理的爱和牧灵爱德——只有这样才能有效地开展牧灵工作——需要仔细分辨不同的情形。不管是从客观上来说,还是从主观上来说,并非所有情形都是一样的。主要地可分为四种情形:1)"那些曾真诚地设法挽救他们第一次婚姻而不合理地遭到遗弃者";2)"那些由于他们自己严重的错误而毁灭了教会合法婚姻者";3)"那些为了儿女的养育而再婚的";4)那些"主观地相信他们先前无法挽救的婚姻,从来就没有效"的人(参家庭团体,84)。

教会始终向所有并未违反婚姻不可拆散性教义和有成效地领受圣事之教义的人保持开放。"这样做,教会是对基督和其真理表示忠诚。同时,对这些子女,表露她慈母般的关怀,特别是对那些不是由于自己的错,而被其合法的配偶所遗弃的人"(家庭团体,84)。[2]

至于领受**告解圣事**:对此由于需要对自己的罪过真心痛悔并立志不再犯罪,因此,离婚者在真心痛悔后,应诚心准备度一个不再与婚姻不可拆散性相悖的生活。此外,当有严重的理由致使无法实现分居,如若他们能够做到完全的禁欲,犹如兄妹般地生活在一起,那么便可允许他们领受告解圣事,并给予罪赦。

---

[2] 教会针对这个问题的主要训导文献有:宗座信理部,《关于离婚而再婚信友领受圣体圣事》牧函,1994年9月14日。

至于圣体圣事，"教会重申她根据圣经而订的规则，不能许可离婚而又再婚的人领受圣体"。这是因为"他们的生活地位和情形，客观地与基督和教会的爱的结合相悖，而此爱的结合正是在圣体圣事中表达并实现"。此外，"假如让这些人领受圣体，必然使信友们对教会的婚姻不可拆散的道理，引向错误和混乱"（家庭团体，84）。

"那些经常与另一个而并不是他合法妻子或丈夫的人同居的教友也不能领受圣体圣事。假设他认为可以的话，那么主教和告解司铎，因事情的严重性及对人灵和教会的益处（哥前11:27-29），就有责任告诫他们，这种良心的判断是公开相反于教义的（参法典978§2）。同时在他们对所托付给他们的教友讲道时，也应该提醒这些教友。"[3]

因同样的理由，也应避免"为离婚而再婚的人举行任何仪式"（家庭团体，84）。

要明白并不是教会拒绝他们领受圣事，而是他们所处的客观情形不允许他们领受圣事。但是，不管是教会牧者，还是信友团体，都应帮助那些离婚的人，"密切注意叫他们不要自视为脱离了教会"（家庭团体，84）。

"凡是诚心准备度一个不再与婚姻不可拆散性相悖的生活的人，可以得到告解圣事中与天主的和好，而有领受圣体的可能。这是说，为了严重的理由，例如为了儿女的教养，男女双方无法分开，他们假如「完全禁欲，即没有夫妻行为而生活在一起时」，可以给予罪赦。"[4]

这种可能性并不违背婚姻不可拆散性教义和为领受告解与

---

[3] 同上，6。

[4] 若望保禄二世，1980 年 10 月 25 日，第六届世界主教会议闭幕礼教宗讲道词：宗教公报 72(1980)，1082 页。宗座信理部，在其《关于离婚而再婚信友领受圣体圣事》牧函中第 6 号，强调说："这并不意味着教会不关心这些教友的境况，相反，他们并没有被排除在教会共融之外。教会力求在牧灵工作上陪伴他们并邀请他们在不相悖于天主诫命的情况下来参与教会的生活，而对于这些诫命，教会并没有豁免的权利（参天主教教理，1640）。另一方面，也应该使这些教友明了，不要使他们认为他们对教会生活的参与仅限于领受圣体与否这个问题上。应该帮助这些教友，使他们加强他们对在弥撒当中参与基督祭献、神领圣体、祈祷、默想天主圣言、善行和正义事业等价值的认识和理解（参家庭团体，84）"。

圣体圣事所要求的条件。所应做的就是要排除阻止其领受圣事的一切障碍。他们应该承认其第二次结合并不是婚姻，并且设法度一个不再与婚姻不可拆散性相背的生活。为了使离婚而再婚的人能够重新领受圣事，应同时满足以下四个条件：1) 设法度一个不再与婚姻不可拆散性相背的生活；2) 诚心许诺完全禁欲；3) 无法履行分居的义务；4) 不会出现恶表，也就是说，其他信友并未觉得被误导并认为教会实际上已经放弃了其信仰与道德的基本立场。[5]显然，最后一个条件在那些小团体当中很难做到，因为几乎所有人都了解他们非正常的处境。

至于所谓的"善意"的情况，也就是说，那些虽以教会法定仪式缔结过婚姻，但伦理上十分确定其婚姻是无效的，只是无法在外庭得以证实的人，教会现行法律规定，凡是处于这种境遇中的人，不能再缔结新婚，如若依民法结婚，便不能再领受圣事。[6] 这是公共福祉的一项明确要求。

## 2. 只依民法结婚的天主教徒

所谓的民法婚姻，其前驱是在十六世纪，随着新教改革学说的不断散播而出现的。其主张为：婚姻是纯粹的世俗事务，因此也只有国家当局才有权对其进行规范。

> 这种理论很快也在一切天主教国家开始传播。于是，在十六世纪的法国，国家权力也呈现出反对教会对婚姻的管辖，并主张说应由国家来规范相关问题，诸如设立婚姻限制、确定举行婚姻的有效条件等。之后，这些学说也开始在其它国家，诸如奥地利、意大利等国，开始传播。提出设立或豁免婚姻限

---

[5] 参：T. Rincón, *Las cuestiones matrimoniale abordadas por Juan Pablo II en el discurso de clausura de la V Asemblea del Sínodo de los Obispos*, en «Ius Canonium» 21 (1981), 651-653。

[6] 参：宗座信理部，《此圣部》(*Haec Sacra Congregatio*)信函，5，1973 年 4 月 11 日。其中强调，这并不是一个悬而未决、任由个人良心基于其对前婚存在与否和对新婚价值的信念而自行决定的问题。宗座信理部，在其《关于离婚而再婚信友领受圣体圣事》牧函中第 8 号，强调说："因此，个人良心对自己婚姻状况的判断不仅仅涉及到人与天主的直接关系，就好像教会的中介作用可以忽略一样，同时也涉及到那些对良心有约束作用的法律。如果不承认这一点，那么实际上就意味着对婚姻在教会内存在是一种现实的否认，言外之意也就否认了婚姻是一件圣事"。

制是国家当局的职责；只有经过国家授权，教会才能为之。而后，进一步便是强制举行民法婚姻（或世俗婚姻）。1792年法国宪法议会强调，只有民法婚姻才是所要求的唯一形式。虽然并未禁止宗教仪式或庆典，但并不承认其任何法定效力。从那以后，民法婚姻便逐渐得到了众多国家法律上的接纳和承认。

民法婚姻是在一种完全敌视教会的背景下出现的。然而，现如今在很多国家，因着与教会的关系，这种敌意已经荡然无存。另一方面，也应该承认，国家在其公共福祉的要求内，也有权对婚姻进行立法。那么，这种权力是否可以强制或要求天主教徒举行所谓的民法婚姻呢？这种纯民法婚姻的伦理性如何评价？一个天主教徒被邀出席并为这样的婚姻证婚，该如何正确地行事？

## 2.1 民法婚姻对天主教徒的约束性

有两个前提条件应该注意：

- 如果一个国家的民法婚姻是必需的，那么天主教徒可以（并应该）遵行这种形式。但是不能从所谓的"民法婚姻"（或世俗婚姻：意即上述已经阐述过的那种意义）的意义上完成这种形式。

- "他们的情形（即：只依民法结婚的人）当然与没有任何束缚而同居在一起的人不同"（家庭团体，82）。他们以这种形式结婚至少还有某种承诺，度着一种有正式界限和相当固定的生活，"即使在这些依民法结婚的教友心里，可能有未来离婚的想法"（家庭团体，82）；但是，这种情形也不是教会所能接受的，因为它与教会的信仰并不相符；故此，他们也不能领受圣事。

"牧灵工作的目标是要使这些人了解，在生活的选择和他们所服膺的信仰之间，必须一致，并且尽量设法引导他们，根据基督宗教的原则使他们的情况正常化"（家庭团体，82）。说到底，就是要按照教会的法定仪式举行婚姻，或者分开。

也可能会出现仅依民法结婚的人，将会自由地分开，然后再与他人按照教会的要求结婚。的确，他们仍可自由地在教会内结婚（天主教徒的纯民法婚姻是无效的，因此，并不会产生婚姻关系）。但是，在这种情况下，教会需谨慎行事，以免使"体验婚姻"或"试婚"现象得到蔓延，因为有可能会发生有些人藉民法婚姻达到在按照教会法定仪式结婚之前"试婚"的目的。

## 2.2 对纯民法婚姻庆典的参与

对那些愿意度一个与其信仰完全相符的生活的人来说，尤其是当在那些与其有血缘和亲戚关系的人中，有人只是依民法结婚，而邀请他们参加婚礼时，他们所面对的问题就是：从伦理上来说，参与这样的婚姻强调是否合法。

作为根本的准则，千万不能忘记的是：按照基督信仰生活从来就不是容易的事情。跟随基督的第一步就是每天时刻准备着背负十字架，哪怕是不理解。基督徒藉着洗礼蒙召所要达至的圣德，很多时候，也要求逆潮流而行之，不与世俗价值同流合污。教会自始便是如此发展而来的。总之，很多时候都会有很多藉口参与这样的民法婚姻庆典。但是，要明白：不参与这样的庆典并不意味着是对当事人的拒绝或与其决裂；而只是依照自己的良心行事而已。这是尊重个人自由和宗教信念，同样，他们（即结婚的人）也可以尊重他们的选择。

然而，也可能会出现，有正当的理由参与这样的活动。这样一来，它便是一种实际上的协作（或质料性的协作），在满足一定的条件时，是合法的。而这些条件，简单来说，有以下几点：1) 绝对拒绝这种婚姻，并设法使其明白，对这种婚姻庆典的参与并不意味着赞同这种婚姻；2) 要避免因参与这种婚姻庆典而给他人带来的恶表（并不只是那些纯朴的人和受过很少教育的人），因为可能会使人认为，参与这种庆典表示认同这种婚姻；3) 应设法避免使这种参与成为犯罪的近机会，而这些近机会表现在是否会因民法婚姻庆典的美妙而赞同这种婚姻。

关键在于如何认定理由是否正当：应是重大理由，而其重大性取决于恶表的危险性（当事人社会地位的重要性、可能之恶表所波及的人数等）；恶表行为的严重性；对所协助之情形的接纳可能性，等等。也应考量可能产生和应该产生之好的结果，诸如，因与其保持良好的友情关系，会有助于结婚当事人对其行事方式的反省……。

总而言之，应始终保持一个信念：基督徒依照坚定的信仰行事并维护天主的权利，而非个人的利益，会极大地安慰那些处于困境和不被理解的人。

## 3. 所谓的"试婚"

"试婚"这种表达描述的是结婚当事人一方或双方并未付诸真正的婚姻合意，因为在将其婚姻置于考验或体验之下（因此也被称之为"体验婚姻"）时，实际上是将其合意置于一个未来条件之下（婚姻是无效的）；或因排除婚姻的不可拆散性而完成的是部分合意（婚姻也是无效的）。从伦理角度来说，也具有其严重性，那么其结果也是严重不道德的。

凡是试婚的人，若想领受圣事，其不可或缺的条件便是首先要使其情形合法化。在领受告解圣事之后方可领受圣体圣事。

> "第一个不正常的例子是所谓的「**试婚**」，今日许多人喜欢视之为正当，认为它有某种价值。可是人的理性叫人看出试婚是不能接受的，因为以人作「试验」是不可思议的事，人性的尊严要求自我奉献的爱，不得受任何时间或任何环境的限制。
>
> "教会方面，由于自信仰所引申的理由，不能容忍这种结合。首先因为在性关系中肉体的给予，是整个人的给予的实在象征；况且这种给与，在今世没有基督所赐的爱德的助力，是无法真正地完成的。第二，两个领过洗者的婚姻，实在是基督和教会结合的象征，那不是暂时的，或是「试验的」结合，而是忠贞不渝的结合。因此，在两个已领洗者之间，只能有不可解散的婚姻"（家庭团体，80）。

## 4. 自由结合

为了有效地处理和对待处于这种结合中的人，需要仔细分辨其情形和造成这种结合的原因。可能会有多种不同的原因：缺乏培育、经济困难、享乐主义、错误的自由观念等。只有这样才能更好地理解处于这种情形中的人，并使他们积极地接受真理。

"自由结合"是指没有任何民法或宗教方面所公开承认的约束而有的结合（亲密的性结合）。

> "自由结合包括各种状况：姘居、根本拒绝婚姻本身、不能长期承诺受约束。这些情况都侵害婚姻的尊严；摧毁家庭的观念；削弱忠信的意识。它相反道德律：性行为应该只在婚姻内发生；婚外性行为常构成一个重罪，并被排除于圣事共融之外"（天主教教理，2390）。

> "不管这些从事过早的性关系者的意图如何坚定，「过早的性关系，不可能保证在一男一女的人际关系中的诚实和忠信，特别不可能保护他们免于幻想和任性」。肉体的结合，唯有在男女之间建立了决定性的生活团体之后，道德上才是合法的。人类的爱情不能容忍「试婚」。爱情要求在人与人之间全部的、决定性的给予"（天主教教理，2391）。

这种结合会带来严重的宗教性和伦理性后果：比如，会使婚姻丧失宗教性意义、缺乏圣事的恩宠、严重的恶表等。所造成的社会性后果也是非常严重的，比如，摧毁家庭的概念、扭曲忠贞的含义、对子女心理上可能有的害处、强化自私等。显然，处于这种情形中的人是不能领受圣事的。正如在论到"试婚"时所阐述的，这里只提出两种选择：分居，或者，依照教会法定仪式举行婚姻，而将其情况合法化。

当以这种结合而生活在一起的人，为其子女向教会要求领洗而走近教会时，便是使这种情形得到合法化的一个极好机会。那么就应设法帮助他们——通过适当的培育和要理讲授——以使他们明了婚姻圣事的人性与超性的富饶。无论如何，在对待为其子女要求洗礼一事上，既要避免无差别主义，又要避免法律严厉主义。通常的做法是为其子女授洗。

\* \* \* \* \* \*

**参考书目：**

《天主教教理》，1649-1651；2382-2386；2391。

若望保禄二世，《家庭团体》劝谕，80-84。

T. RINCÓN，*Las cuestiones matrimoniale abordadas por Juan Pablo II en el discurso de clausura de la V Asemblea del Sínodo de los Obispos*, en «Ius Canonium» 21, (1981), 651-653。

J. TOMKO, *De dissolutione matrimonii in favorem fidei eiusque fundamento theologico*, en «Perid» 64 (1975), 99-139.

# 第八部分

# 婚姻的目的或其存在的理由

在前面的章节中我们已经探讨了婚姻的基本特质，那么接下来我们将阐述一下婚姻的目的。婚姻存在的理由是什么？我们将从客观角度分析这个问题，也就是说，婚姻这种事实作为由天主所设立的制度都有哪些目的。其中也会涉及到主观目的；而这类目的很大程度上决定了婚姻存在的伦理性。

这个主题首先藉由一个导论开始，其中将会描述婚姻目的这个问题在不同时期是如何提出的，然后将直接阐述这些目的：首先是与夫妻本身有关的目的，然后是与其它（诸如教会和社会）相关的目的。正如在论到婚姻的特质时一样，在这里直接地所探讨的是婚姻的目的；而间接地也会考虑到夫妻之爱及夫妻行为的目的。

# 第二十章
# 婚姻的双重目的

问到婚姻的目的，其实也就是问婚姻为什么存在或其存在的理由是什么。"目的"一词可以理解为"结果"（＝终点；目标），或"趋势"（倾向、趋向……）。在这里我们取用其第二个含义，也就是说，婚姻的最终原因（或目的因），因为原因决定了其性质。

天主的启示和教会圣传非常明确并经常强调，婚姻本质上是趋向夫妻的福祉和生育并教养子女的。神学在此基础上便确立了其架构，其中的基本点有：1) 婚姻与夫妻之爱，以及夫妻行为，其本质上，是指向生育并教养子女的；2) 婚姻与夫妻之爱，以及夫妻行为，其本质上，是指向夫妻的福祉及彼此互助的。总而言之，夫妻互助与生育并教养子女是婚姻所趋向的双重目的。

但是，从未以同样的方式解释这些目的的内容或范围，以及二者相互关联的方式。至于第一点，意即：每项目的的实现，将在下面的几章中分别进行阐述。其中我们会阐述在历史中为了解释这些目的之间的关系所提出的不同理论。然后会探讨在婚姻生活中如何整合这些目的所藉助的方式。

> 总之，若想恰当地了解婚姻存在的理由，需要明白夫妻在以感恩和圆满的信德回应天主藉着婚姻圣事赐予他们的恩宠时，便能在圣德的真实道路上平安到达目的地，并在其生活的具体境遇中为福音做真实的见证。在这条夫妻与家庭圣德的道路上，圣体圣事与告解圣事扮演着基本的角色。此外，基督徒夫妇，为了了解天主所要求其达至的圣德之路，以及能够完成所领受的使命，需要在其婚姻生活的特别领域，或者其夫妻共融的生活及对生命的服务领域，对其良心进行正确的培育。从这种意义上来说，为了能够实现天主对其生活的计划，勤领告解圣事则扮演着极为重要的角色。

# 1. 对婚姻目的的不同解释

神学针对婚姻目的的研究主要的贡献在于圣多玛斯,他明确了婚姻的性质。然而,针对这个问题,圣奥思定早已有研究,只是着眼点与范围不同而已:他主要地维护婚姻的伦理价值。圣多玛斯的解释比较传统,直到上个世纪,针对婚姻目的才有了新的解释,而这次则是从现象学和存在角度阐述的。

## 1.1 婚姻的"福祉"

在论到婚姻时,圣奥思定的兴趣主要是捍卫婚姻的善,因为他当时面对的是诺斯底派和摩尼派异端思想的侵扰。奥思定是在道德和婚姻价值观的愿景中展开其反省的,而不是针对婚姻的目的。对圣奥思定而言,婚姻本身是好的事务,因为它从结构上来说会带来子女、忠贞和圣事的益处或福祉。"婚姻的各种价值或善,可以归纳为三点:子女、忠信和圣事。"[1]

**子女**的福祉包括生育和教养子女。是婚姻的构成因素和婚姻的荣耀。然而,并不是婚姻的成因(或有效因),因为是在不生育的情况,还是在由夫妻双方同意而自由决定完全禁欲的情况(比如圣若瑟与圣玛利亚的婚姻),婚姻仍然成立。反对生育、避孕、堕胎等完全违反子女的福祉。

**忠贞**的福祉则是指对夫妻之爱的承诺和夫妻关系中彼此交付的忠贞。这一点来自于婚姻合意,既包括内在性(活出这种承诺的意向),也包括生活的事实。是一切婚姻均不可或缺的一项要素;但是在基督徒婚姻中,藉着教会的新郎—基督所赋予的恩宠,而获得了更丰富的意义和绝对高贵的尊严。通奸和以任何方式削弱夫妻之爱的行为都是相反忠贞的福祉的。

**圣事**的福祉则映射出婚姻所具有的象征价值。"圣事"一词在这里并不拥有中世纪神学所论及的词源性含义,圣奥思定藉"圣事"所表达的是不同的含义,他藉此来指婚姻所具有的神圣性幅度,在基督徒的婚姻中,这种意义即在于婚姻是基督与教会之不可拆散结合的象征。因此,也意味着婚姻的单一性和不可拆散性。与此相反的则是离婚。

---

[1] 奥思定,《论婚姻的益处》,24,32。

根据圣奥思定，这些是婚姻的本质性福祉或价值，但是并非都在同一层面行事，并且在它们之间存在着一定的等级秩序。同时，还明确地指出忠贞的福祉是不可或缺的：即使在婚姻中并未产生子女，婚姻仍保留其价值。甚至圣奥思定还强调，从某种意义上来说，因其象征所蕴含的意义，圣事的福祉更为重要。如此一来，即使是极度渴望拥有子女，也不能违反这项福祉。[2]

尽管这些福祉，至少从主观上来说，可以作为婚姻的目的而存在，但圣奥思定并无意从这种意义上来阐述它们。他无意解释婚姻的性质与目的，而只是强调说婚姻是好的，应受到尊崇。圣奥思定所论及的婚姻的福祉，严格来说，并不是婚姻的目的，只是从某种意义上来说，福祉与目的之间是可相互转换的。

婚姻的福祉这种表述在婚姻神学的研究上有着很大的影响。在翡冷翠大公会议[3]和《圣洁婚姻》通谕[4]中都可找到其回响，在梵二大公会议的《牧职宪章》当中也可发现其影子。

## 1.2 婚姻的"目的"

在十二世纪上半叶，神学家与教会法学家们一致强调需要区分婚姻的双重目的。

> –"在原罪之前，婚姻唯一的目的就是繁衍后代，并将其作为义务……；因此，也是诫命的内容，是一项职责。从原罪到诺厄及其子女，既是职责又是一种解决措施，自此之后，便成了解决私欲偏情不可或缺的镇静剂。而如今，大地已充满人类，已不再是诫命，而成了大赦，是颁赐给人类软弱性的大赦：满足和平复私欲偏情成了婚姻存在的唯一理由，是一种解决措施。"[5] 在这种背景下，便无需谈论婚姻目的的等级顺序；即使

---

[2] 参：P. Adnès, *El matrimonio*, cit., 78-80。
[3] 参：翡冷翠大公会议，《论与亚美尼亚人合一》诏书，1439年11月22日；邓辛格，1327："婚姻的善有三。第一是生育子女，并教导他们恭敬天主。第二是忠信，这是夫妻应互相保守的。第三是婚姻的不可分性，因为它表达基督与教会不可分的合一……"。
[4] 参：庇约十一世，《圣洁婚姻》通谕，11-44。
[5] P. Adnès, *El matrimonio*, cit., 106。

论及的话，也是生育子女占据首位。

— 圣维克托的休格（Hugo de San Víctor, +1141）和圣文都辣的意见则有所不同。正如同时代的其他学者，二者都主张婚姻有双重目的，这双重目的对应着婚姻的双重设立：原罪之前和原罪之后。但是，二者是从不同意义上论述的，不只是相对神学家和法学家们普遍意见而言，而是二者之间也相互不同。

事实上，休格将精神的结合和夫妻之爱视为婚姻的主要原因或目的；而繁衍生命——在原罪之后扮演着解决私欲偏情的角色——作为目的，是对前者的一种补充，而不是婚姻首要和主要的目的。[6] 跟休格一样，圣文都辣也认为婚姻中精神的结合具有极大的重要性，同时，他还主张身体的结合也是婚姻不可或缺的部分。总之，他明确地强调，子女是婚姻的主要原因。[7]

圣多玛斯从因果关系角度来分析这个问题，意在明确婚姻的属性和本质，并藉此来探讨婚姻的目的。他强调，婚姻的目的中，有些是本质性的，而有些则是非本质性的。若没有本质性的目的，婚姻便不存在，这些目的就是生育子女和夫妻互助。而非本质性的目的则是结婚当事人在结婚时个人所持的目的，即使没有这些目的，婚姻仍然成立。与此同时，婚姻的本质目的也可分为主要目的和次要目的。主要目的是生育并教养子女；而次要目的则是彼此忠贞和圣事。忠贞或互助是由男女形成的婚姻结合（自然婚姻）的一项特有的目的；而圣事则是已领洗者所缔结之婚姻（圣事性婚姻）特有的一项目的。

"信友的婚姻虽然还有其他的目的，也就是说，表达基督与教会的结合，因着这项目的，我们才说「圣事」是婚姻的福祉。这样，婚姻的首要目的（生育并教养子女），是从人作为动物来讲的；第二个目的（彼此忠贞），是从当事人作为人的角度来说的；而第三个目的（圣事），则是从当事人作为基督徒来说的。"[8]

在婚姻的这些不同目的之间存在着一种关系，一种秩序（或次序）。生育的目的是婚姻的本质要素和首要的目的。围绕着这

---

[6] 参：圣维克托的休格（Hugo de San Víctor, +1141），《论至圣童贞玛利亚》，1。

[7] 参：圣文都辣，*In IV Sent.*, d.28 a.un.q.6 ad5。

[8] 多玛斯·阿奎那，《补编》，q.65 a.1。

项目的，其它的目的得以组织和排序。⁹但是，并不能说次要的目的是为首要目的服务的；其本身是有价值的，并不能使其为达至主要目的的途径。总之，需要明白，在圣多玛斯的神学中，所用词汇并非是单一意思的(很多时候是类比)，婚姻目的的排序或等级次序也并非狭义或字面意思的。"福祉"和"目的"这些词，很多时候，彼此是可以互换的。另一方面，他把主要目的从其它目的中区别出来，但并未将其对立起来。

从十六世纪开始，随着对圣多玛斯著作的阐释，婚姻目的的这种学说便逐渐为大家所接受。尽管如此，"首要目的"、"次要目的"这样的词汇或表达，直到二十世纪为止，仍并未被教会的训导文献所采纳。第一次对它的使用是在 1917 年版的《天主教法典》(第 1013 条)中。从那以后直到梵二大公会议，这种表达经常被采用，主要是强调婚姻的生育子女这项目的。但是，也经常强调："当婚姻趋向夫妻圆满的成全时，才会达至其圆满的意义。"¹⁰

## 1.3 现象学和存在性愿景

因不同的原因，尤其是从二十世纪三十年代开始，便出现了一种相反首要目的–次要目的这种表达和婚姻目的等级次序这种理论的学说。

> 这种新的学说由，从现象学和存在性角度，对夫妻之爱的分析出发，意在突出婚姻的单一性所具有的价值，而其本质要素则在于生命圆满的共融，其中也包括夫妻的福祉。通过这种结合，应实现夫妻个人的位格目的或个人的成全，以及生物学性的目的，也就是说，生育并教养子女。这种理论的结果就是：夫妻行为的目的就是夫妻二人的结合，而不是生育。如果说生育是婚姻的目的，那么应该理解为它也只是次要的目的：这根本就不是目的，只是一个效果而已。总之，这就是 H. Doms

---

9 参：P. Adnès, *El matrimonio*, cit., 110。
10 A. Fernández, *Teología moral*, cit., 457。从这种意义上来说，教宗庇约十一世在其《圣洁婚姻》通谕中也特别强调："夫妻互相帮助，促进内修，彼此鼓励，成全自己，根据罗马要理，可以正确地称为婚姻的首要原因及理由，只要不把婚姻严格地看作专门生育并教养子女的组织，而只广泛地视为男女二人毕生同居共处的社团"(24 号)。

的立场。

针对这种解释,早在《圣洁婚姻》通谕中已有影射,[11] 宗座信理部和教宗庇约十二世也进行过干预。教会训导的这些干预或教导旨在重申婚姻首要-次要目的,以及次要目的对主要目的的屈从这种教义。与此同时,也提醒要避免将生育和夫妻结合仅列为或视为纯生物学或生理层面。因此,在这些回应中便突出了位际主义的幅度,而后的教会训导,诸如,梵二大公会议、教宗保禄六世和若望保禄二世,都是在这种愿景下阐述婚姻的目的。

> 有些学者欲藉着客观目的与主观目的的区别,来回应现象学理论。从客观角度来说,婚姻的首要目的——婚姻所独有的,因其本质所趋向的目的——是唯一的,即:生育并教养子女。而次要目的——旨在补充和完善首要目的——则是互助。但是,从主观角度来说,没有什么可阻止夫妻的互助和相互完善成为首要而主要的目的。这些学者认为,藉着这种区别便能保证生育并教养子女的客观性和本体首要性,哪怕结婚当事人结婚的主观理由有多种多样。因为"主张子女既是婚姻的首要(客观而自然的)目的,也是它次要(主观、心理上的)目的,两种并不矛盾。这是一个根据圣多玛斯的理论而得出了断言,只是圣多玛斯以不同的词汇表达出了而已"。[12]

## 1.4 梵二教导中,婚姻的"福祉"与"目的"

梵二大公会议,从牧灵的角度出发,在论及婚姻时,并没有涉及有关婚姻的目的及其彼此之间的关系这个问题。然而,却广泛地论到了生育并教养子女、夫妻之爱,以及夫妻的成全等问题。并且一再指出,婚姻与夫妻之爱,本质上是指向生育的。婚姻并不等同与夫妻之爱,虽然婚姻与爱有直接的关系,但是夫妻之爱,其本身的特质,便是向生育开放的。因此,夫妻之爱与向生育开放不但不相互矛盾,而且彼此相互表达,确保婚姻关系的真实性。二者是婚姻本身性质必然流露。

梵二大公会议并未采用首要目的与次要目的这种表达,也

---

[11] 参:庇约十一世,《圣洁婚姻》通谕,45s。
[12] P. Adnès, *El matrimonio*, cit., 148.

未涉及婚姻之目的的等级次序；也无意涉足这些问题，而只是肯定婚姻有不同的目的，并且这些目的与夫妻之爱密切相关（参牧职宪章，48；50）。梵二大公会议克服和超越了婚姻目的这种理论，并且毫无区别地论述婚姻的福祉与目的（参牧职宪章，48；51）。然而，大公会议对此问题和用词的沉默不语并不表示对婚姻之目的的教义及其等级排序的摒弃。大公会议明确地澄清了这一点；宗座信理部也指出了这一点；更甚，教宗若望保禄二世这样教导：

"根据传统的用语，爱作为超卓的「力量」，在婚姻目的之范围内，协调个人的和丈夫与妻子的行动。虽然在论述这个课题的过程中，大公会议宪章和这份通谕都没有采用传统用语，却讨论了传统用语所述说的。……根据这个更新了的方向，有关婚姻目的（和它们的等次）之传统教导得到确认，同时从夫妇的内修生活、婚姻与家庭灵修的角度获得深化。"[13]

梵二大公会议所做的就是在能够整合个人价值与婚姻建制性价值——即：夫妻之爱的价值和人的价值——的背景下展开对婚姻的反省。与此同时，大公会议也以坚决的态度肯定了二者之间密切的结合。二者都是婚姻和夫妻之爱内在所要求的，并构成了这些事实的圆满意义。

《人类生命》通谕虽然是从夫妻行为的意义与价值角度展开的讨论，但对这种结合的考量在其中也占有基本的地位。夫妻行为的结合与生育幅度反映了人类的性所具有的深层含义，并铭刻在夫妻行为本身的真理当中。夫妻行为中的这双重幅度是不可分的，任何人都不能将其打破。在这部通谕当中，同样也未出现首要与次要目的这种表达，也未论及婚姻目的之间的等级次序。在论及婚姻的目的时，这部通谕采用了"指定"和"意义"等表述，并强烈地突出结合的意义和生育的意义统一性：生育与结合是夫妻行为的两个本质幅度，并且是不可分的。

按照同一思路，《天主教教理》毫无区别地将"福祉"与"目的"结合在一起。同时，也指出这是以任何方式都不能分开的一

---

[13] 若望保禄二世，1984年10月10日，周三公开接见讲话，3。

些意义与价值。

> "藉着夫妻的结合,婚姻的双重目的得以实现:夫妻的幸福及生命的传递。婚姻的这双重意义及价值,不能分开,同时既不歪曲夫妻的灵性生活,也不危及婚姻的幸福,及家庭的未来。男女夫妻之爱,因此置于忠贞与生育的双重要求之下"(天主教教理,2363)。[14]

## 2. "福祉"与"目的"在婚姻生活中的连系与整合

婚姻指向一定的目的,而在这些目的之间存在着相互的关系。这是由天主启示明确呈现出的一项永恒真理。与此不同的是对婚姻目的之存在与相互关联之方式所做的神学反思:这种反思是多样而可变的,正如上述所看到的。不管怎样,婚姻目的之间的相互关系这个主题并不单单是学院所研究的问题;对婚姻灵修和伦理来说,也是一个具有决定意义的问题。事实上,这个问题决定着夫妻之间应该藉以交往的方式,从而能够回应天主针对婚姻——生命与爱的团体——的计划。

在这个问题中,关键点在于婚姻不同目的之间的整合,特别是当它们之间出现矛盾和不可调和时:是否可以"牺牲"其中的某项目的而使其它目的得以保存或实现。针对这一点,当涉及到夫妻行为之结合意义与生育意义不可分性时,我们再行探讨;现在我们仅指出正确解决这个问题的主要教义性原则。

– 在婚姻的不同目的之间,或婚姻目的的不同幅度之间客观上并不存在任何矛盾。尽管每项目的都有其本意和存在的理由——并不只是为了其它目的而存在的,但他们彼此之间都是密切相连的,是不可能分开的。说到底,是同一目的的不同幅度而已。所有目的都回应了天主对婚姻之本质及其存在之理由的计划。

> 所出现的冲突也只是表面而主观的,因为人缺乏对天主之计划完全的认识,在按照天主的计划生活时也会遇到很大的困难。作为原罪的后果,这些不足和困难也是人生命中的一部分,因此,在按照天主计划生活时,应努力克服它。以另一种方式

---

[14] 参:天主教教理,2333;2366。这也是若望保禄二世所坚持的一贯教导。

而行事，则是违反天主的法律。

— 夫妇们也应该明白，婚姻的目的——作为天主之计划的表达——也指出了应遵循的道德规范。因此，同时也是夫妻在其生活中为整合这些目的所需要之天主的助佑的保证。婚姻圣事的效果之一就是按照天主的计划善度婚姻生活所需要的圣事性恩宠。从这种愿景来说，生活中可能会遇到的困难便构成了希望的理由，藉以来勉励履行自己的责任。

— 只有通过践行洁德，才能在生活中整合婚姻的不同目的和促进夫妻间彼此的关系。藉着这项美德，夫妻有能力在其人性——作为男人和女人——的内在结合中，整合其婚姻和夫妻之爱所拥有的价值和意义；有能力以完全而无限制的方式彼此相互授受自身。

人类的性并不是，犹如在动物身上，自动而本性的。夫妻对其拥有真正的主权，且有能力使其得到发展、中断，或扭曲其价值和意义。然而，因着罪恶在自己内和在与他人的关系中所造成的混乱，这种主权行使起来便极为艰辛。根据其目的所具有的意义，尊重和引导性时，便要求依照铭刻在其内的道德价值进行。这便是洁德的任务。洁德——作为人人都需要的一项美德——在已婚者身上，于其婚姻内，在配偶双方每个人的统一中，整合婚姻的不同目的时，发挥着极为特殊的作用。

婚姻的不同目的也形成了夫妻的职责，这些职责之间不可分地连系在一起。婚姻中性与夫妻之爱的正确秩序要求夫妻二人不能为夫妻行为的生育幅度设置任何障碍。与此同时，这种正确的秩序也要求始终确保结合的幅度。婚姻是一个涵盖整个男人和整个女人——而不单是其身体，而且也包括其灵魂和心智——的团体。因此，在婚姻中人与人的本体结合中，既要求生物性的结合，也要求精神层面的结合。

在这种意义上，宗座家庭委员会在对由梵二大公会议所宣称的普世成圣之圣召的教义做出回应的同时，也突出了夫妻结合与传承生命实为婚姻圣德的本有职责，并强调：

"1. 所有信友都应恰当地认识到自己修德成圣的召唤。每位信友都被邀请去追随基督,每人要按自己的身分度圆满的信友生活和成全的爱德。

"2. 爱德是圣德的灵魂。爱德既是圣神灌注人心的恩赐,就其性质而论,接受并提升人性的爱,使它能作出彻底的献身。爱德使人更易于付出牺牲,纾缓心灵上的挣扎,使人更乐于自我奉献。

"3. 世人不能纯靠己力而达致完全的自献。他们靠着圣神的恩宠才能作到。实际上是基督为人揭示了婚姻的原来面目,使人摆脱自己的心硬,好能充分实现婚姻的生活。

"4. 信友在修德成圣的路上,同时体验到人性的软弱,和上主的关怀和仁慈。因此,修练基督徒美德——也包括夫妻贞洁之德——的关键,在于那使人领悟天主仁慈的信德,以及那让人虚心领受天主宽恕的忏悔精神。

"5. 夫妻在婚姻生活和男女结合中彻底献出自身,而此种结合为信友夫妻更为圣事的圣宠所圣化。他们这种结合和传授生命的行为,属夫妻圣德的固有任务。"[15]

\* \* \* \* \* \* \*

---

[15] 宗座家庭委员会,《听告解者指南——有关婚姻生活上某些伦理问题》(简称:"听告解者指南",下同),1997年2月12日。

## 参考书目：

R.B. ARJONILLO, *Sobre el amor conyugal y los fines del matrimonio*, Pamplona 1999.

A. FAVALE, *Fini del matrimonio nel magistero del Concilio Vaticano II*, en M.TRIACCA-G.PIANAZZI (dir.), *Realtà e valori del sacramento del matrimonio*, Roma 1976, 173-210.

A. FERNÁNDEZ, *Teología Moral*, II, Burgos 1993, 453-462.

J.L. ILLANES, *Amor conyugal y finalismo matrimonial*, en A. SARMIENTO (dir.), *Cuestiones fundamentales sobre matrimonio y familia*, Pamplona 1980, 471-480.

P. LANGA, *San Agustín y el progreso de la teología matrimonial*, Toledo 1984.

A. MATTHEEUWS, *Unión y procreación. Evolución de la doctrina de los fines del matrimonio*, Madrid 1990.

G. F. PALA. *Valori e fini del matrimonio nel magisterio degli ultimi cinquant'anni*, Cagliari 1973.

# 第二十一章
# 婚姻指向夫妻的福祉

"藉着夫妻的结合，婚姻的双重目的得以实现：夫妻的幸福及生命的传递"（天主教教理，2363）。在上一章当中，我们分析了在不同时代对婚姻目的这一主题的探讨，那么接下来，我们就逐一地对婚姻的目的进行阐述。

我们首先从夫妻的福祉（或幸福）开始，因为《天主教教理》也是这样阐述的；此外，在婚姻中，一切最终都是指向生育并教养子女的（参牧职宪章，48）。另一方面，尊重这项目的，也是夫妻相互授受自身之真理的表现，因此，也是其走向圣德之圣召不可放弃的要求。

本章分为三部分：夫妻的福祉——作为婚姻的目的——所具有的性质及范围；这项目的的实现过程中的夫妻行为；所谓的"不完整的行为"和"补充性的行为"所具有的伦理性；最后再探讨一下违反这项目的的一些行为或"伤害"。

## 1. 夫妻的福祉，作为婚姻的目的，所具有的性质及范围

在探讨这个问题时，应该明白，无论是在所采用的词汇上，还是在表示这项目的的各种表达形式所带来的影响上，在学者们之间并没有统一意见。但是，不管怎样，至少在基本脉络上，仍能确定这一福祉的性质及所包括的范围，这对理解婚姻的事实与圣召来说是不可或缺的。

### 1.1　性质

设立婚姻的理由或原因之一就是为了达至夫妻的福祉。根据天主自"起初"的计划，婚姻本质上便是指向这项目的的。因此，婚姻的基本特质就是单一性和不可拆散性。此外，藉着圣

事，婚姻结合又被提升到恩宠的秩序上，在保持其所有要求及特点的同时，婚姻也变成了基督与教会之结合的真实肖像。

夫妻的福祉，作为婚姻的目的，既不等同于夫妻之爱，也不等同于互助。这两点是同一事实的不同幅度，它们之间彼此密切相连。夫妻之爱是互助的表达，且能促进彼此互助。二者都是为了实现夫妻的福祉。互助的最完美表达就是夫妻的忠贞，在基督徒夫妇身上，忠贞就是"进入基督对教会的信实"（天主教教理，2365）。

可以从双重意义上来理解互助。从广义上来说，它是指婚姻就是生活和实现一个生命与爱的团体。在这种位际交融中——包括为了繁衍后代所需要的相互完整性——便实现了婚姻生活。从狭义上来说，互助是指福祉的互通和为了彼此的成全而相互授受自身，这一点只能在婚姻团体中才能实现。因此，这是一种由相互授受自身而来帮助，需在日常生活中，既富于情感，而又以实际的方式来完成。

> 婚姻，作为"合二为一"，注定要服务于"对方"的位格实现。但是，由于关系是"相互的"，也就是说，"作为配偶中另一方的福祉是相互的，婚姻的目的就是要使夫妻双方作为配偶而相互补充，彼此服务和相互帮助。互助之名便来自于此"。[1]

夫妻福祉中的互助是婚姻内在的一项目的，并具有本身的价值与意义。其"存在的理由"并不是作为达至其它目的和价值——比如，生育——的途径，而是与其它目的结合在一起的一项目的，因此，若破坏其中任何一项目的，其它目的也将荡然无存。互助并不是生育，其存在的理由也不是为生育服务，而是内在地与生育密切相连，尊重这种关系则是在婚姻中寻求夫妻福祉的判断标准之一。

这是圣经与神学上的明确教导；性的人类学研究结果也导向这一结论。

---

[1] P. J. Viladrich, *Agonía del matrimonio*, 173。

## 一 圣经、圣传与教会训导

从圣经中可以推论出男、女之间性的不同即相互补充性，内在地便指向夫妻的互助。婚姻是天主藉以实现铭刻在男人与女人之人性内的相互补充性所愿意的方式之一。根据前面我们已经阐述过的内容，便知这就是创世记述以及耶稣就此而展开的论述（参创 2:18-25；玛 19:3-9）所表达的明确意义。夫妻互助是天主所愿意的一项目的，这目的根植于人性本身。

教父们在阐释婚姻时，更多地将侧重点放在婚姻的伦理价值上；在这种背景下，尤其会侧重于生育价值。[2] 同时，也肯定婚姻"自起初"便指向互助和夫妻的福祉。

> 在东方教会，比如，可以提及的有亚历山大里亚的克莱孟和金口圣若望。在西方教会，最具代表性的就是圣奥思定。然而，在对婚姻指向夫妻的福祉或互助展开论证方面，则并没有太多突出表现。

教会训导明确地肯定婚姻就是为了传承生命（生育并教养子女），同时，也宣称互助也极具重要性。

教会训导甚至在采用"次要目的"这种表达是，也旨在强调评估这项目的所具有的必要性。在理论上和教会纪律上，以及夫妇们在其相互关系和生活中，都不能视"次要目的就好像不存在一样，或好像它就不是一项由（婚姻）本质的制定者所制定的目的一样"[3] 行事。夫妻的福祉和向传承生命开放——根据古典的表达就是次要目的和首要目的——密切地交织在一起，彼此"不能分开，同时既不歪曲夫妻的灵性生活，也不危及婚姻的幸福，及家庭的未来"（天主教教理，2363）。

此外，夫妇们也应该清楚地意识到，这种互助始终能够且应该不断成长：基督徒夫妇应在其生活中重现基督向教会所做

---

[2] 为了正确地理解教父们有关婚姻及其目的的主张，切勿忽略了其著作的历史、文化和学说等背景。很多时候，大部分教父可分为支持或反对婚姻的两种立场。一般而言，都是以柏拉图哲学思想为依据，将重点放在婚姻的伦理价值上。

[3] 庇约十二世，1941 年 10 月 3 日讲话，《宗座公报》33 (1941)，425。

的交付，甚至为她而钉死在十字架上。

梵二大公会议在这种意义上教导说："男女二人因婚姻的契约「已非两个，而是一体」（玛 19:6），通过人格的契合及通力合作、互相辅助、彼此服务，表现着并日益充份地达成其为一体的意义"（牧职宪章，48）。

– **性与夫妻之爱的性质**

在神学家中，圣维克托的休格和圣文都辣特别强调夫妻的福祉才是婚姻存在的理由。[4] 然而，系统而深刻地涉及这一问题的神学家则是圣多玛斯，他认为互助是婚姻本质上所要求的目的之一，虽然它屈于生育目的之下，但它并不单是为了达到生育目的一种途径，而是它拥有自身存在的理由和价值。[5]藉着婚姻，作为夫妻的男、女，以在婚姻和家庭生活中彼此相辅相成的许诺，建立了一个生命与爱的团体。在这一点上，圣多玛斯的阐述堪为经典。[6]

从生物学和人类学对婚姻赖以建立的性的研究，也能推论出婚姻指向互助和夫妻的福祉这种结论。人类的性并不只是在女性生育期才有活力这种事实也指出，除了生育的意义之外，性也铭刻在其它幅度，具有其它不可分人性含义：结合的幅度与意义（因为性行为是两个人的相遇，而非两个性的相遇，结合的幅度也是人类学上的一项要求）。

夫妻的福祉与互助，作为婚姻的目的，是建立在人类的性所具有的位格身份和婚姻建立在两性的不同与互补性之基础上这个事实上的。事实上，经验已经证实，并不是每次的夫妻行为都产生新的生命。因此，尽管也有不孕的时候，但夫妻行为仍能表达和加强夫妻的结合，同时也能确保夫妻行为的紧密结

---

[4] 对圣维克托的休格来说，以增进对天主的爱为目的的互助是婚姻的主要目的，因此，婚姻合意本身并不赋予夫妻行为的权利与义务，唯一所求的就是在彼此相爱中的共同生活。圣文都辣则是中世纪另一位极力赞扬夫妻之爱的神学家。参：P. Adnès, *El matrimonio*, 107-109。

[5] 参：多玛斯·阿奎那，《补编》, q.41, a.1；q.49, a.2。P. Adnès, *El matrimonio*, 110。

[6] 参：P. Adnès, *El matrimonio*, 110。

构(参人类生命，11-12)。

梵二大公会议的文献也肯定并强调了婚姻的这种目的："婚姻并不只是为传生而设立的。二人间所有盟约的不可拆散性和子女的幸福，要求夫妻依照正确秩序，表现并促进他们的爱，而使之臻于成熟"(牧职宪章，50)。

文献中直接提到应促进夫妻之爱，然而并未将夫妻之爱等同于生育或夫妻的福祉，更没有将其等同于婚姻的目的。然而，毫无疑问的是在大公会议的意向中，夫妻关系所表达的这种爱使男、女在其配偶性中"合二为一"("已非两个，而是一体")，自本质上，便是指向互助和夫妻的福祉的。

## 1.2 范围

我们刚刚说到，可以从狭义，也可以从广义上来理解互助。在这两种理解中，这种互助的范围是由夫妻藉由婚姻契约在二者之间所建立之关系的综合。"二人成为一体"要求他们在由夫妻之爱所推动的生活与事业上表达出其彼此的忠贞。

可以将"互助"描述为由其婚姻盟约本质所要求的夫妻之间应有的财物(福祉)共通，从而建立相辅相成的婚姻和家庭生活，并在此基础上达至个人位格的实现与成全。因此，夫妻藉以共通——这既是权利，又是义务——的财物或福祉既包括物质、伦理和精神的福祉，也包括超性的福祉。除了狭义上的夫妻权利和义务外，还应该保持夫妻彼此的忠贞；在物质上或身体上，以及精神上的相互成全；尽力在物质和精神上共同照顾子女。对各自权利和义务的履行也会使其践行人性美德和超性美德，而这些美德的价值和重要性也会使夫妻双方领悟和明白这也是其婚姻圣召的一部分：这些形成了他们回应普世成圣之圣召的质料和领域。

传统上指出互助的范围为：1) 夫妻同居；2) 忠贞。

– **夫妻同居**：这是在婚姻中所建立之夫妻团体的结果，这种同居并不只是物理性的或身体上的同居，而且还有更多更深刻的内涵："这假定在夫妻之间有一个真实的「共通–合一」。也就是说，在个人层面分享夫妻的各个方面，共通面对命运，一切事物皆为共有。"[7] 这便要求两人必需生活在一起。对圣经上内容的解释也始终如此："为此人应离开自己的父母，依附自己的妻子"（创 2:24；玛 19:5）；"于那些已经结婚的，我命令——其实不是我，而是主命令：妻子不可离开丈夫……"（格前 7:10）。

因此，需要区分因双方同意藉正当理——比如，工作的原因——由而做的分居（伦理上并不具任何否定的价值），与狭义上的分居，这种分居是杜绝夫妻同居的权利-义务。没有正当的理由，没有对方的同意，是不允许夫妻长时间分居的。否则的话，将是对作为婚姻目的的互助严重的侵犯。然而，在有些原因和情况下，可以合法的分居。

**- 彼此忠贞**：意味着精神和身体上亲密而坚定的结合。这是在婚姻中"合二为一"的结果。在圣经当中，这种忠贞被描述为夫妻之间相互爱慕和彼此服从，且应在物质与精神——藉忍耐、牺牲的精神和劳苦——彼此互助中表现出来（参弗 5:25；哥 3:19；铎 2:1-3；伯前 3:1ss）。

忠贞远胜于杜绝通奸或任何形式的对可能影响夫妻之爱的第三者的亲密；尤其是要求夫妻双方有义务彼此圣化在一起，彼此相爱，相互尊重，"无论是好是坏、是富贵是贫贱、是健康是疾病、是成功是失败"（婚姻礼典）。这就要求时刻准备着为了克服可能出现的相反忠贞的困难——尤其是自私——而斗争。在这时候，对配偶任何一种情感和关注的表现都具有很深的含义，因为它明确地表达出了向对方的完全交付。

"坠入爱河的人总是希望看着自己所爱的人，并把注意力全部投入到她身上；当她不在眼前时，还是会不断地想着她；爱情就以这种方式存在，并不断地成长着。相反，如果所有的精力和思想被其它事物占据，对配偶的关注远不及对其它利益的关注，那么爱情就会逐渐窒息。同样，如果爱情使相爱的人不断更深刻地认识和了解对方，共同分享彼此间的兴趣爱好，了解对方的思想和内在的生活，那么爱情的火焰就会愈加强烈。相反，如果无视配偶的想法及其在生活中所遇到的困难，忽略他的快乐或忧伤，那么他们之间的爱就会逐渐凋零，直至

---

[7] J. Fornés，*Comentario al cn.*1134, en A. Marzoa, J. Miras, R. Rodríguez Ocaña (dir.), *Comentario exegético al Código de Derecho Canónico*, cit., 1527.

消失。

　　婚姻的圣召性的意义告诉我们,应该如何把夫妻之爱放置在比他们所从事的职业、文化、物质生活等更高的位置上来培养。对其它任何事物的关照都应该屈从于对夫妻之共融的关照这一更为超越的利益。与夫妻之爱相反的是：外在的暴力、伦理上的伤害、侮辱、谩骂等行为。这些行为本身就是相反义德和相反第五诫的,如果是发生在配偶身上,那将是一条非常严重的罪恶。"[8]

在彼此的成全和精神需求上的相互帮助要求夫妻双方积极地努力促进其属灵生活(伦理和宗教生活)的成长；从消极方面来说,切勿给对方在精神层面造成任何伤害,并避免在生活中冷眼相对,特别是嫉妒,因为它会对夫妻生活造成严重的伤害。首先需要做的就是不以任何方式给别人立恶表；但是,应通过各种方式和途径,积极地促进和鼓励圣善的基督徒生活：生活见证、合宜的交流、为对方祈祷,等等。

　　总之,这种互助具体表现在努力在夫妻生活中彼此圣化对方："基督化的夫妇与父母,应该遵循着他们自己的道路,以忠实的爱情,在全部生命过程中,靠着圣宠的助佑,彼此扶助"(教会宪章,41)。

在尊重夫妻双方每个人的自由和对天主之召叫所做之回应的独特性的前提下,若望保禄二世特别强调了"公共祈祷"在属灵层面上所发挥的互助作用。

　　"祈祷中的共融,一方面是圣洗和婚配圣事所给共融的后果,同时也是要求。主耶稣许下的临在,能特别地应用在教友家庭的成员中：「我实在告诉你们,若你们中二人,在同心合意,无论为什么事祈祷,我在天之父,必要给他们成就,因为那里有两个或三个人,因我的名聚在一起,我就在他们中间」(玛 18:19ss)。家庭祈祷的主要对象是家庭生活本身,在不同环境中的家庭生活,被视为天主的召叫,并当作儿女答覆天主召叫的生活。喜乐和忧苦、希望和沮丧、诞生和生日的庆祝、父母的结婚纪念、出门、离别和回家、重要的和远大的决定、亲人的死亡等,这一切都是家庭历史中,天主爱的干预的标记。这一切应该作为感恩、祈求、把家庭完全托付在天父之手的适

---

[8]　弥安道 著,宋伟光 译,《婚姻——神学与生活》,118-119 页。

切时刻。基督徒家庭(家庭教会)的尊位和责任,惟有在天父不停的助佑下才能达成,假如谦逊而又诚恳地祈求的话,此助佑一定会得到"(家庭团体,59)。

在物质需求上的帮助便于夫妻彼此共同改善物质方面的生活:家园的维护和改善;对身心健康的关注;家庭事务、休闲娱乐等。"人如果因自己的过失而忽略了对方的物质需要,以至于给对方造成严重的伤害,就会构成一条严重的罪过。相反,日常生活中,在物质生活上的彼此照顾,是夫妻之爱的一种完美表达。因为夫妻之爱关注的是全人的发展,既有精神的需求,也有物质的需求。"[9]

> "根据民俗和夫妻处境的差异,他们在婚姻生活中,对物质需求方面的照顾方式也不尽相同,但他们承担的责任和义务是一样的。在物质生活方面,《天主教法典》第1135条的规定同样适用:「夫妻双方,对夫妇生活的结合,有同等的权利和义务」。"[10]

爱、忠贞与正义之间的这种特殊关系在基督徒夫妇身上获得特殊深度和意义。藉由圣事,其婚姻便成了基督与教会之神秘结合的真实肖像。因此,他们之间的彼此关系应该以可见的方式展现出来,也就是说,应使基督对教会的爱与交付变得有形可见。这便是保禄宗徒所推崇的爱:"你们作丈夫的,应该爱妻子,如同基督爱了教会,并为她舍弃了自己"(弗5:25;参哥3:19);同样,"作妻子的,应该服从丈夫,如在主内所当行的"(哥3:18)。基督徒夫妇间互助的一项基本组成部分就是彼此圣化。

## 2. 夫妻福祉实现过程中的夫妻行为

夫妻之爱并不是婚姻的一切,而是婚姻的决定性因素;以至在夫妻生活中应占据中心地位,因为这是"婚姻和家庭团体的基础和灵魂"(家庭团体,18)。藉着夫妻之爱,夫妻的成全与福祉便不可分地连系在一起。在阐述了夫妻之爱在婚姻中的"地位"后,接下来我们就从与夫妻行为的关系角度对此进行分析,因

---

9 弥安道 著,宋伟光 译,《婚姻——神学与生活》,114页。
10 同上。

为正如梵二大公会议所指,"这爱情因着婚姻的本有行为而得到表现并完成"(牧职宪章,49)。

从何种意义上,或换而言之,什么样的行为才是实现夫妻福祉的夫妻行为呢?

## 2.1 夫妻行为的伦理性

夫妻行为是婚姻生活中独有而本有的行为,有时也用婚姻结合、婚姻的运用、夫妻性结合等来表达。可以将其描述为婚姻中男、女的性关系或性相遇。这是夫妻藉以表达"一体"的典型方式,从而达至认识彼此作为夫妇的特殊身份,其"本身适于生育子女,……此种夫妻行为正是婚姻本质所要求的"(法典1061§1)。

这种行为道德上不但是正确的,也就是说,不但不蕴含任何罪恶性,而且,在满足必需的条件时,还是神圣的,是夫妻得以圣化的泉源,意即:从超性上来说,是有功劳的。这是婚姻作为成圣之路这种教义的直接结果。

> 圣施礼华神父强调:"我愿向已婚夫妇们保证,他们无须害怕彼此流露爱情。恰恰相反,这种互示爱情的倾向,正是他们家庭生活的渊源。吾主期待于他们的,是要他们彼此尊重,相互誓忠;在他们一言一行中,要保持高尚细腻的修养,淳厚质朴的自然,不骄不燥的谦虚。我还要告诫他们:只要夫妇关系向繁衍子女开放,把子女迎入世界,他们的爱便会永存常在。"[11]

这种行为本身应适于生育子女,哪怕有时并不遂夫妻的意愿,事实上并未达至生育的目的(参人类生命,11)。

> 传统上也描述说,除了在合法的夫妻之间完成外,夫妻行为还要求"三点:1) 男性生殖器进入女性阴道;2) 并在其内射精;3) 女方对所接获之精液在阴道内的保留。这三点中若缺乏任何一点,夫妻行为便不存在,而其本身,本质上来说,是适于生育的"。[12]

然而,宗座信理部在其所做的一个答复中,澄清了理解上

---

[11] 施礼华,《基督刚经过》,25。
[12] A. Royo Marín, *Teología moral para seglares*, II, Madrid 1958, 653.

述第二和第三点的正确意义,其中这样说:"为了完成夫妻行为,并不必然要求射出在睾丸中所形成的精液。"[13] 只要夫妻之间,男性生殖器进入女性阴道并射精,并足有完成并使夫妻行为成立,而所射精液质量则无关紧要。从这种意义上来说,1983年版教会法典将"没有能力完成夫妻行为"规定为婚姻的无效限制,而非"不能生育"。

无论如何,只有夫妻的具体行为符合最终的超性目的,夫妻的福祉或成全才能实现;作为基督徒夫妇,为达至此目的,也有赖于圣事恩宠的助佑。因此,基督徒夫妇在努力达至其福祉与成全时,应在其相互关系中,尊重婚姻的主要目的,因为只有这样次要目的才能保持其正确的秩序,进而才能有助于达至婚姻本有的善。

只有保持其相应的秩序,夫妻行为才有助于达至夫妻的福祉。只有夫妻性关系切实地表达彼此相互授受自身时,这一点才能实现;而相互授受自身,作为婚姻的基本要素,则要求:1) 向父性(父职)或母性(母职)开放的态度(如果没有这种态度,便意味着并未将对方看作有位格的人;也不会有完全的交付;更不会准备共享生活);2) 尊重对方(应避免将对方视为满足个人欲望或快乐的对象);3) 对个人本性欲望的控制(只有这样,才能有将自己交付给对方所需要的自由):这便是洁德之所以成为夫妻之爱真理的必要因素的理由之一。

因此,夫妻需要满足一定的条件,若没有这些条件,所讨论的夫妻行为不但从伦理上不符合原则,而且也不能真正地定性为夫妻行为(为此,事实上,仅有正确的意向与环境还不够,还需要这个行为本身是善的,其完成过程也应是好的)。这些条件包括:

— 当夫妻不违反铭刻在夫妻行为属性中的目的与意义时,也就是说,尊重其结合幅度与生育幅度,其行为便是正常的。

更值得期盼的是,夫妻在完成其行为时,以现时的意愿,使其主观意向与夫妻关系客观秩序完全相符。当然,这只是最理想的状态,不过,只要不拒绝或违反婚姻结合的性质与真理,

---

[13] 宗座信理部,1977 年 5 月 13 日法令:《宗座公报》69,(1977),426。

*便足够了。*

作为以最亲密的方式结合在一起的人，夫妻双方应意识到他们并不是两个在性关系中相遇的纯物体。这种结合的位格特征要求应以人道且符合人格尊严的方式，在应有的尊重和廉耻的前提下，完成夫妻结合的行为。因此，便要求配偶中的每一方在完成性行为的过程中都应顾及对方的福祉。若只是寻求个人的满足，那么久而久之便会引发心理和身体上的不适，彼此产生距离感，婚姻关系紧张，等等。

在日常生活中关注对方，当有需求夫妻行为时，便无需以言语来表达；也就是说，只要一个暗示或含蓄的表达便足够了。同样的关注也会激发对方的渴望，且不会产生不悦。配偶双方切勿忘记婚姻中的这些义务也是其成圣圣召的一部分。

- 除了有一个纯正的目的外（即：不违反夫妻行为本身的性质），夫妻也应以相应的方式完成夫妻行为。换而言之，在尊重夫妻结合之意义的环境下完成行为。根据学者们的意见，这些环境包括：1) 人；2) 方式；3) 时间，等。

因人的缘故，在配偶中一方无能的情况下，所完成的夫妻行为仍是合法的，意即：这个行为只是与女性生殖器外在的接触，而没有进入女方阴道（实际上并没有产生夫妻行为）。当这种无能持续的时候，这种行为仍然是合法的。只要这种无能是确定而永久的，那么在这种情况下仍意图完成性结合，便是严重邪恶的。另一方面，根据学者们的共同意见，如果夫妻没有办法以其它的方式结合，那么可以不完全进入阴道的方式完成，因为这的确是个夫妻行为，且并不妨碍生育。此外，因其它的一些原因这种行为也可能成为不道德的，比如，配偶中一方患有严重的传染性疾病，而其传染的渠道就是性行为，那么，便不鼓励发生夫妻行为，同时，患病的一方有义务将病情告知另一方。

只要相称地并符合夫妻行为之性质、目的和意义，有关时间、方式和地点便没有任何不合伦理性。但是，若是在能引起恶表的时间和地点，在能够给健康或生命带来严重危险的情况下，完成这种行为，那么，显然是严重不道德的事情。[14]

---

[14] 参：多玛斯·阿奎那，《补编》，q.64 a.1。

— 若要使这种行为具有功劳，除了上述所说的须是好的行为、正直的目的和相称的环境外，还要求夫妻双方必需处于恩宠状态。[15]

## 2.2 夫妻关系中享乐的善性

在论到婚姻的善或福祉时，也涉及到了在夫妻关系中对享乐的追求。

针对这一点，可以说有关对享乐的伦理考量，它取决于产生惬意之行为的伦理条件：产生惬意或享乐的行为伦理上应是好的，是可追求的，且是一个伦理上正直的行为或活动的一部分。[16] 除此之外，产生惬意之行为与此活动是不可分的。因此，应该摒弃那种认为应蔑视或容忍在以正当方式完成的夫妻行为中所产生的惬意或快感的立场。

这种惬意或快感是天主所安排的，藉以有助于人完成高尚的行为或事工。在夫妻关系中，这种惬意是为了使夫妇发掘和展示身体的相互性。因此，在任何时候都不可不尊重人，永远不要将人物体化或工具化，否则便是将人非自然化或非人道化。若是只将这种惬意当做最终目的来寻求，或将其作为一个能避免夫妻行为本身之目的的行为所产生的后果来追求，便是非人化。若想使一个行为伦理上正确，仅此行为是好的或善的——意即：仅指向符合人性的善——还不够，还需要以好的方式来完成。应该始终追求纯正的善，即：符合人的理性本质的善，那么，有用之善和愉悦人心的善便指向纯正的善。只有这样追求善才不会是自私的，并有助于位际间的相互授受。

> "圣多玛斯·阿奎那论述道：「天主给实行人类生命各项职能的正当行为，以相应的快感满足。因此，这样的快感满足也是好事」（神学大全Ⅰ-Ⅱ，q.31和q.141）。但是，如果有人颠倒事物的正当次序，本末倒置，把单纯追求快感满足作为目的，而抛弃它所依附而藉以存在的目的，即那个正当的行为，那么他便是颠倒了自然本性的正常次序，把自然本性的正当行为贬为

---

[15] 同上，q.41 a.4。
[16] 参：同上，《神学大全》，1-2 q.31 a.1-2; q.33 a.4; q.34 a.4。

罪行，或是贬为导致罪行的诱因。"[17]

## 2.3 夫妻行为的"义务–权利"

作为婚姻性质所表达出的效果，在夫妻之间会产生对夫妻行为义务与权利。这种权利–义务是相互或彼此的，且是永久与排他的。这也是婚姻性质所要求的。

– 对已婚者来说，夫妻行为是一项义务。在传统表达中，称之为夫妻的本分，圣保禄也强调："丈夫对妻子该尽他应尽的义务，妻子对丈夫也是如此。妻子对自己的身体没有主权，而是丈夫有；同样，丈夫对自己的身体也没有主权，而是妻子有。你们切不要彼此亏负，除非两相情愿，暂时分房，为专务祈祷；但事后仍要归到一处，免得撒殚因你们不能节制，而诱惑你们"（格前 7:3-5）。

履行夫妻行为的职责是一项属于义德和爱的义务。在结婚时，男、女便许下以夫妻的方式相互爱慕的诺言。当正当、严肃而合理地要求这种行为时，拒绝这种行为本身便是严重地违反这项伦理义务。若因着拒绝而置对方于犯罪或不忠的机会中，这种拒绝的伦理性将更趋严重。

当所要求的行为是真正的夫妻行为时，这种要求便是**正当的**。只有这样的行为才是在婚姻中所许诺的行为，只有这种行为在婚姻中才有权利。因此，对任何形式的手淫或其它任何相反夫妻交托本身性质的行为，并未赋予任何权利。面对这种不符合伦理的要求，并没有任何义务接受它，相反，应该拒绝它，但有质料性的合作（身体上的合作）时，则除外。若存在完成这种行为的真正意愿时，便是**严肃的**；相反，若毫无困难并很快地放弃这种请求时，便不是严肃的。当除了以真正人道的方式来完成外，也存在正当的理由——以否定的方式来说的话，就是不会伤害人格尊严——要求时，便是**合理的**。

若是出现通奸，这种义务便得以中止，配偶中无辜或无过错的一方便可以拒绝夫妻行为。犯通奸的一方没有义务将所犯

---

[17] 施礼华,《基督刚经过》, 25。

通奸之罪告知另一方配偶，也无义务主动放弃夫妻行为。

若要求夫妻行为的配偶严重地忽略了其夫妻义务时，被要求的一方也没有义务接受夫妻行为的要求。抑或，正如上述所言，所提要求并不是正当或合理的（比如，在怀孕期间、在吸毒后、暴力威胁等）；或未经慎重考虑，也就是说，没有注意到身体和心理健康状况等（比如，在刚生完孩子之后的几天）；或如果发生夫妻行为，将会对可能的子女或配偶本身造成严重的后果（比如，有产生病患儿的危险；或有致使对方染上艾滋病的危险等）。总之，始终需要以谨慎而明智的态度审视这些原因；应听取他人的建议，因为过于主观地采取决定总是存在严重危险的。事实上，寻求一位有经验和学识的听告解司铎的帮助是较为明智的做法。

- 夫妻行为也是一项权利，同等的隶属于夫妻双方。这是由婚姻之属性和目的而来的权利。教会法典也承认这项权利："夫妻双方，对夫妇生活的结合，有同等的权利和义务"（法典1135）。同时没有行使权利的义务，但是，因其它的理由可以有这种义务（比如，与配偶和好，促进忠贞，避免某些危险等）。因同样的理由，当有某种传染病时，也有义务避免行使这项权利，直至传染的危险消失为止。在这种情况下，若欲发生夫妻行为，应事先告知对方因此行为可能发生的危险，只要当对方自由地接纳请求，便可合法地为之。

另一方面，如果夫妻双方同意，可自由地决定暂时或终生终止行使这项权利，这是一项可以放弃行使的权利。但是，若这样做，需有正当的理由。因为正如梵二大公会议所提醒的："以合乎人道方式而完成的这种行为，表现并培育夫妻的互相赠予，使二人以愉快感激的心情彼此充实"（牧职宪章，49）。保禄宗徒也给出了同样的建议（参格前 7:5）。

## 3. 所谓的"不完整的行为"和"补充性的行为"之伦理性

夫妻间除了夫妻行为外，也可以有其它或多或少地与夫妻行为相关的行为，通常都称之为"不完整的行为"和"补充性的行为"。"不完整的行为"是指在夫妻行为之外，由夫妻所完成的与夫妻行为没有关系的行为，也就是说，藉着这些行为，夫妻欲准备彼此的性结合或使性结合更加圆满。而"补充性的行为"则是为了准备或完善夫妻欲发生的夫妻结合。无论哪种行为，都是为了表达夫妻之爱，并促进夫妻的福祉和行为。

从客观上来说，这些行为的伦理性可表达为：

– **不完整的行为**：夫妻间坦诚的，伦理上是好的行为，比如，接吻、拥抱等，虽然这些行为有性的诉求，但不至于无法克制；此外，还需是以纯正的目的为之，比如，是为了表达彼此的爱慕。

> 因此，正如学者们所确定的一般原则，"(已婚者)针对已经过去的合法行为或未来的行为的想象和渴望是合法的，哪怕是由性需求所引起的。在任何不完整的行为中唯一所应避免的就是不能自已(射精)的近机会，因为无论是对已婚者，还是对未婚者来说，射精都是不合法的。更好说，若是已婚者，更为严重，因为这除了违反洁德外，对配偶也是一种侵犯，对婚姻圣事也是一种侮辱；然而，为了重大的理由，可以容忍这种危险。但是，赞同一个非自愿的射精从来都不是合法的"。[18]

– **补充性的行为**：作为总的原则，伦理上是纯正而合法的：1) 为正确行使夫妻行为来说，一切必要而适宜的（凡是符合婚姻之性质与目的的）；2) 一切准备、实现和完善这项行为的；3) 一切有助于表达、滋养和加强夫妻之爱的，同时符合夫妻行为之性质客观准则的。若想使夫妻行为是好的、圣善的，所有因其本质而指向其目的的也应是好的和圣善的。否则的话，便不能被视为对夫妻行为的自然补充。[19]

## 4. 违反夫妻福祉的"罪行"

对互助和作为婚姻目的之夫妻福祉，以及夫妻行为所具有之职能的考量，藉由对违反这一目的的行为的研究而得到进一步补充。对夫妻的成全来说，违反婚姻目的的这些行为也形成

---

[18] J. Mausbach y G. Ermecke, *Teología Moral Católica*, cit., 332-333; A. Royo Marín, *Teología Moral para seglares*, cit., 663.
[19] 同上，337。

了一种障碍。我们称之为对夫妻互助及其福祉的触犯或伤害，或者，违反夫妻福祉的"罪行"。

我们前面已经探讨过通奸和离婚的恶劣性，毫无疑问，这些是有违夫妻互助和彼此忠贞的严重恶行；同样，不履行夫妻同居与彼此忠贞的义务，以及对夫妻行为的忽略也是对夫妻福祉的触犯。在这一部分中，我们将集中分析一下由夫妻针对婚姻特有行为而违反夫妻福祉的罪行。在这些行为中，我们要区分在完成夫妻行为过程中所犯的罪行或伤害与在夫妻行为之外所犯的罪行。

（这种分析应藉由有悖于传承生命的罪行而得到完善。因为同一夫妻行为拥有生育和结合这两种不可分的幅度，那么对其中任何一项幅度的违反或触犯，便是违反这两项幅度。）

## 4.1　在完成夫妻行为过程中

– **交媾中断**（或，**敖难淫行**：onanismo）：是指中断夫妻媾合或性结合，而使夫妻行为无法达至"已遂"（也就是在男性射精之前便中断夫妻结合，而在女性阴道之外完成射精）。[20] "敖难淫行"这个称谓源自于创 38:9。

教会的一贯教导和传统始终将这种做法视为严重的邪恶的。它有违性的正确秩序和婚姻的目的，因为性与婚姻目的本质上指向夫妻的结合和忠贞，以及生命的传承。此外，这种做法假定对性有一种外在而矮化的观念，并与身体的位格尊严无法调和。故此，不能以任何理由将其合理化。教会训导当局不止一次地谴责这种敖难淫行。同时，也间接地谴责和宣告藉由工业技术摧毁夫妻行为中生育作用的行为在伦理上的严重性；同样，也谴责自慰是本质上严重的错乱行为（参天主教教理，2352）。宗座信理部和宗座圣赦院也多次直接而明确地谴责了这种行为。

---

[20] 从广义上来说，有时候，将在夫妻性结合中采用预防（怀孕）措施，或女性避孕环等措施，也称之为交媾中断。而在本节内容中，我们只从狭义上来探讨这个问题。针对其广义上的问题，我们将在后面涉及到违反夫妻行为之生育幅度的行为时，再行探讨。

交媾中断的做法所具有的严重伦理性也表现在给夫妻所带来的有害结果。事实上，将夫妻行为非自然化——这是在性交托中的自私与不诚的表现——很多时候是夫妻间产生分歧、缺乏相互尊重，以及不忠的原因。这也是夫妻之爱的淡化不可避免地造成的结果。

关于听告解司铎如何面对有敖难淫行的夫妇，圣赦院（1986年3月10日：邓辛格，3185-3187）提醒司铎不能任由夫妇处于对这种罪行的无知当中。教宗庇约十一世在其《圣洁婚姻》通谕中也提醒听告解司铎："千万别让委托于他们照料的信友，对这条极其严重的神法有所误会"（58号）。

– 在夫妻行为中，男性没有任何的摄入并射精这种做法有悖于夫妻行为的本质。事实上这并不是夫妻行为，相反，有损于彼此的忠贞，在伦理上，与敖难淫行同样是恶劣的。

然而，不应将这类行为归于不完全进入或有一定进入（指男性器官进入女性阴道）的性行为。因为根据学者们共同的意见，后者伦理上是好的行为，只是夫妻无法以任何其它的方式结合在一起而已。在这种情况下，它的确是夫妻行为，因此，夫妻便有权利行使此行为。

但是，如果以不愿怀孕为目的，而故意不完全进入，其伦理性则截然相反，因为这显然是罪行，虽然有些学者将其定义为小罪。[21] 由于夫妻行为中其结合与生育幅度是不可分的，因此，这种做法也无助于夫妻的福祉和成全。

– 在有所保留的结合中，夫妻的结合虽是完全的，但藉着自我控制而避免性高潮和射精。

针对这种行为的伦理性，学者们之间存在着分歧。有些学者认为这并不是不道德的，因为夫妻"有能力避免发生射精"。只是一个不完整的行为，在已婚者之间伦理上是合法的。但另有些学者严重怀疑这种结合的合法性，因为存在着夫妇无法完全控制自己的危险，这样的话便有犯罪的近机会。[22]

不管怎样，针对这种形式的结合，圣部曾提醒听告解司铎，

---

[21] 参：邓辛格，3660-3662。
[22] 参：J. Mausbach y G. Ermecke, *Teología Moral Católica*, cit., 338。

"在关怀灵魂与指导良心时,在主动询问或被问及此事情时,绝不要冒昧地说话,好像从基督的法律而言并无反对「保留的拥抱」(即有所保留的结合)的理由"。[23]

— 在夫妻行为中想象和渴望与自己配偶不同的人发生性关系,也是非法的,并触犯了夫妻的忠贞。说到底,这是一种内心的奸淫,因此,伦理上也是恶的行为。

## 4.2　在夫妻行为之外

任何迷色、淫荡之罪都是对夫妻彼此忠贞的背叛。自其建立婚姻开始,夫妻间的任何性行为已不再是个人的,因为他们已"成为一体"了。他们不再是个人身体的主人了。因此,除了违反洁德之外,还相反义德。这里我们仅限于讨论由夫妻二人,在有关夫妻行为上,对忠贞的触犯。

— **鸡奸**(或变态性行为:*sodomía*):从狭义上来说,鸡奸就是同性之间身体的结合。同样,不同性别的人之间,未以本质所要求的秩序或方式而完成的性结合,广义上也被称之为鸡奸或变态性行为。因此,夫妻之间若以这种方式结合的话,也是鸡奸行为。从伦理上来说,其严重性更甚于交媾中断或敖难淫行,因为这是严重有悖于婚姻本质及其目的、性与夫妻结合的行为(参玛 11:23s;伯后 2:6ss;罗 1:24ss,等)。

根据行为是否完成,可以是已遂或未遂,因此,其伦理性也各有不同。

— **自慰**(或手淫):"所谓手淫的意思是故意刺激生殖器官,从而得到性的快感"(天主教教理,2352)。自慰就是在夫妻行为之外对生殖器官的完全运用。因此,这是对性功能直接而不相称的使用,客观上是严重的错乱行为。

手淫是一个本质上严重不合法的行为,是"已婚者或丧偶者,由男人或女人,或双方同意下各自对性器官的完全运用;不管是仅由触摸,还是中断夫妻行为而为之。但始终是一个相

---

[23] 参:圣部,劝导文件,1952 年 6 月 30 日;邓辛格,3907。

反本质，内在地便是恶的行为"。[24] 这种行为"缺乏法律名义，且相反自然律和道德律，即使是为了一个本身正当且不可摒弃的目的，也是如此"。[25]

"「无论其动机为何，在正规的夫妻关系以外，故意使用性功能，都违反其目的」。手淫是在性关系以外寻求性的享受，而「性关系为了道德的要求，是应在真正相爱的情况下，实践彼此交付及人类生育的完整意义」"（天主教教理，2352）。

\* \* \* \* \* \* \*

## 参考书目：

《天主教教理》，1646-1647；2364-2365。

J. FORNÉS, *Comentarios a los cn.* 1134-1135, en A. MARZOA, J. MIRAS, R. RODRÍGUEZ-OCAÑA (dir.), *Comentario exegético al Código de Derecho Canónico*, III, Pamplona² 1997, 1524-1531.

S. GRYGIEL, *Le don d'Ève et le chant d'Adam*, en «Communio» 18 (1993) 57ss.

F. GIL HELLÍN, *El matrimonio y la vida conyugal*, Valencia 1995.

A. MATTHEUWS, *Unión y procreación. Evolución de la doctrina de los fines del matrimonio*, Madrid 1990. - *Les «dons» du mariage*, Bruxelles 1996, 291-316.

---

[24] 庇约十二世，1956 年 5 月 19 日讲话，16。
[25] 同上，17。

# 第二十二章
# 传承生命

梵二大公会议教导说:"婚姻制度及夫妻之爱,本质上便是为生育并教养子女的"(牧职宪章,48)。因此,在论到生育——作为婚姻的目的——时,应从如下两个幅度来考虑:1) 生育子女 2) 教养子女。

在这一章当中,我们先探讨一下这两种幅度中的第一种,意即:夫妻传承人类生命的使命。首先阐述婚姻和夫妻行为向生育开放的重要性;然后,将探讨夫妻传承生命的责任这个主题;之后是有关夫妻在履行这项使命时可能会犯的罪行,以及是与此相关且极具实际意义的问题:在夫妻关系中与配偶另一方协助犯罪所具有的伦理性;再次,从伦理角度上来探讨一下人工生育所具有的价值;最后,有关在这一章以及前一章当中所涉主题,对良心进行培育所具有的实用性;其中也包括,作为附录,将陈列出宗座家庭委员会(1997年2月12日)为听告解司铎所提供的有关夫妻行为伦理的指南。

## 1. 向生育开放

说婚姻是以生育为目的的,旨在强调,婚姻本质上便是指向传承生命的。天主"自起初"设立婚姻时便是这样计划的,教会及圣传由天主的启示,也是这样理解的,而神学上从对性的人类学研究的结果也是这样的。虽然对婚姻目的的研究所使用的词源表达及其系统化很晚才被纳入教会的训导语言中,但事实上教会训导自始便从生育的角度来审视婚姻以及人类的性。从本体与客观角度来说,婚姻的主要与首要目的就是生育并教养子女。

诚然,婚姻也是围绕着一个双重目的而设立的:夫妻的福祉,这个一个有关夫妻尊严的目的,夫妻作为有位格的人组成了家庭团体;向生育开放,它涉及到人的存在。伦理上来说,二者是不可分的,这一点我们将在后面详述。但是,婚姻——作为运用性的领域——所具有的首要及独有的价值,便根植于它从本质上便是指向产生生命的。若是从性的角度来看的话,其价值更为无可估量,因为人类的性"是人对天主创世工程的参与,是神性之爱与人性之爱的创造力融合的媒介,或者说,是惟属天主之行为的领域:将人的生育行为提升到神圣的创造秩序"。[1]

为了阐述婚姻如何指向生育,主要的论证如下:1) 从天主的启示出发;2) 从性及夫妻之爱的本质来看。

## 1.1 天主的启示

立足于圣经,教父们和教会训导当局多次宣称生育子女,"自起初",就是婚姻的一项目的或婚姻存在的理由。同样,神学研究的结果也强调婚姻本质上便是指向子女或生育的。

— 圣经上有关创造人的章节明确地指出,生育子女是婚姻是一项内在目的。男、女的受造是为了,通过其在婚姻内的结合,确保人类在大地上的繁衍。"生育繁殖"明确地表达了婚姻的这项目的。这项目的并未因着原罪而改变。即使洪水灭世后,天主自起初的祝福依然继续:"天主降福诺厄和他的儿子们说:「你们要生育繁殖,在地上滋生繁衍」"(创 9:1, 7)。

> 很多关键点都是建立在这种祝福的基础上,尤其是在旧约中:1) 众多后裔的许诺呈现得有如天主针对忠信的一项礼物(参出 23:26;申 7:14-15;等);2) 后裔繁多被视为是承受对亚巴郎所做之许诺的标记与保证(参创 15:5);3) 不育被视为一种耻辱和诅咒(参创 11:30;16:2;25:21;29:31;撒上 1:5-8;撒下 18:18;路 1:7;等);4) 同样的意义也可见于肋未法律,其目的是为了确保其已去世的兄长拥有后裔,"免得他的名由以色列中消灭"(参申 25:5-10;创 38:11;等)。[2]

— 这也是教父们的教导。在论到婚姻的伦理价值时,教父们经常强调,婚姻是由天主为了人类的繁衍而设立的。这也是

---

[1] A. Rodríguez Luño- A. López Mondéjar, *La fecundación «in vitro»*, Madrid 1986, 126.

[2] 参:A. Fernández, *Teología moral*, cit., 474-476。

天主愿意婚姻存在的主要理由。

这里只需提及，诸如，亚历山大里亚的克莱孟、纳祥的圣额我略、圣盎博罗削等，便足够了。[3] 其他的教父，诸如尼撒的圣额我略和金口圣若望，都认为天主自"起初"设立婚姻，是为了生育子女，但是因着原罪，性不再指向婚姻与生育。圣奥思定针对婚姻所做的反省与神学上的进步，以决定的方式，影响了神学后续的反省。对圣奥思定而言，婚姻本质上具有三种福祉：忠贞、子女和圣事，其中，子女占据首位。

圣多玛斯也是围绕着生育的职能展开了他对婚姻目的的论述。婚姻因本质而指向生育子女，并因此而存在其它的婚姻目的(根据已经阐述过的，其它的目的也有各自的价值，因此，不能仅将其理解为达至生育目的的途径)。

— 教会训导也经常强调婚姻是指向生育的。正如在前一章当中所指出的，教会不只是捍卫婚姻本质上与客观上便是指向生育的，而且还强调这一目的相较婚姻的其它目的而言所具有的优先性。这也是梵二大公会议延续之前的训导，再次重申的一项教义：

"婚姻与夫妻之爱本质上便是指向生育并教养子女的目标的。诚然，子女是婚姻极其卓越的成果，而且为父母本身，亦大有裨益。天主既然说过：「独自一人，不好」(创 2:18)，又说「自初便造了他们一男一女」(玛 19:4)；故天主的圣意，是要人特别于其造化工程有份，并将其造化工程通传于人。于是，天主便祝福男女说：「你们要生育繁殖」(创 1:28)。所以，真正的夫妻之爱以及出自夫妻之爱的整个家庭生活方式，其目标就是夫妻们，在不轻视婚姻其它宗旨的条件下，毅然地准备和造物主及救主的圣爱合作，因为祂就是通过夫妻，来扩展并充实自己的家庭"(牧职宪章，50)。

## 1.2　性与夫妻之爱的本质

婚姻内在地且本质上便是指向生育子女的目标的。婚姻指向生育也是人类的性——这是婚姻的基础——所具有之本质的一项要求。

---

[3] 参：P. Adnès, *El matrimonio*, 71, 74-75。

> "婚姻是建立在男人与女人在性方面的不同性与互补性上；这种不同性，无论从本质上来说，还是从形态学和生理学上来说，都是指向繁衍后代的。毫无疑问，生育繁殖是性、婚姻和性行为的理想，虽然并非总是能够达到这种结果。男、女之间的相互吸引，以及彼此之间的性结合，本质上便是以生育子女为目的的。"[4]

婚姻趋向生育子女，因为性指向婚姻，生育是性所拥有之意义中的一个幅度，是性之语言所要表达的客观意义。因此，这种对生育的趋向是本质性的，无论是在缔结婚姻时，还是在之后的婚姻生活中，都应尊重它。在缔结婚姻时，若拒绝生育子女，那么婚姻将是无效的，婚姻也不会成立的。[5] 而在婚姻生活中，若不遵守有关生育的规定，那么夫妻关系，在处于非人道化的情况下，将不能被视为夫妻之爱的表达。

夫妻之爱本质上也是指向这项目的的。夫妻之爱的内在真理不可或缺地取决于是否向生育开放。在其最深处，无论从天主的角度来考虑，还是从人的角度来考虑，爱都是一份恩赐或一份礼物。作为礼物，为了使外在的语言表达内在的真理，夫妇应保持向生育开放。只有这样，彼此所做的交托才是无偿而毫不保留的；也只有这样，夫妻之爱在夫妻身上才不会涸竭（参《家庭团体》，14）。无论从生物学角度来说，还是从情感角度来说，只有向生育开放，夫妻之爱和夫妻行为才能达至圆满。不应将婚姻对生育的趋向等同于生育的事实和夫妻想拥有子女的主观意向。从伦理角度来说，向生育的这种开放取决于在夫妻行为中是否尊重和保持向生命开放，这也是夫妻行为本质所要求的。

夫妻之爱对生育的趋向也是近代教会训导在阐述婚姻指向生命时主要论及的方面。[6]

> "生育是一个恩赐，是**婚姻的一个目的**，因为夫妻的爱自然地倾向于生育。孩子不是夫妇之爱的外在附加品，而是从夫

---

[4] P. Adnès, *El matrimonio*, 145。
[5] 需要区分夫妻对生育——作为婚姻的目的——的义务-权利与对此义务-权利的行使。在婚姻合意中拒绝交付义务-权利将使婚姻无效。
[6] 参：梵二《牧职宪章》，50；保禄六世，《人类生命》通谕，12；若望保禄二世，《家庭团体》劝谕，28-35；《致家庭书》牧函，12,16。

妇彼此交付的核心而来的结晶与实现"（天主教教理，2366）。

在婚姻的目的、夫妻之爱与夫妻行为之间存在着一种不可拆散的统一性。婚姻的目的并非只是藉由夫妻之爱的行为才能实现。针对这一点我们还会在后面详述，但现在对婚姻伦理来说，应做两点重要提示：

— 不应将婚姻指向生育理解为，就好像婚姻只有生育这一项目的似的。同样，也不能说婚姻中的性只有可能的时候才是指向生育的（即使在女性生理安全期也是指向生育的）。无法拥有子女的婚姻和夫妻生活，不丧失其生育的价值；凡因严重而正当的理由，不想生育子女，但夫妻仍尊重夫妻之爱的生育性自然律，这样的婚姻也不失其价值。正如将在后面会看到的，指向生育——即准备成为父亲或母亲——是一回事；而夫妻行为产生生育子女的事实则是另一回事。

> 婚姻的不育不应成为夫妻达至成全和实现其价值的障碍，也不应为此而贬低夫妻结合和夫妻之爱的价值。首先，传承生命并不是婚姻的唯一目的，即使在婚姻中无法拥有子女，其生育的价值依然存在（参牧职宪章，50）。其次，根据梵二大公会议的教导，夫妻之爱的行为在很大程度上有助于促成夫妻彼此的成全和个人价值的实现（参牧职宪章，49）。因此，教会在这种意义上看到那些因年长而无法拥有子女的婚姻，其夫妇关系是多么的圣善。

— 应在所有及每次的夫妻行为中，而不只是在夫妻生活的综合中，保有婚姻的生育目的（参人类生命，4）。这些行为的结构从其各个层面——解剖学、生理学、生物学和心理学——来说，都是指向传承生命的。这是夫妻行为本质上所趋向的目的，因为它所表达的爱，本质上，有别于其它任何一种爱。这是教会明确的教导："任何婚姻行为本质上必须对生育保持开放"（天主教教理，2366）。[7]

---

[7] 参：庇约十一世，《圣洁婚姻》劝谕，57；保禄六世，《人类生命》通谕，11；若望保禄二世，《家庭团体》劝谕，32。

## 2. 夫妻行为对生育的开放

直到上个世纪三十年代，夫妻行为始终被视为是与生育连系在一起的行为。然而，在那些年，随着医学——很显著地降低了婴幼儿的死亡率——和自然科学，尤其是生物学——使人能够对性有所控制——的不断发展，连同新马尔萨斯人口论主张的逐渐传播，对生育以及对性生活的观念和态度造成了很大的变化。人工与药物避孕的工业产品出现的事实，连同受新马尔萨斯人口论思想的影响而日渐传播的"反生命观念"，最终将避孕呈现的有如是好的且可追求的事。之后，生殖技术的发展，很多时候，也使无性生殖成为可能。在有关婚姻生活的夫妻性关系中（采用避孕药的做法），同样的观念也充斥在一些天主教神学家当中。在此值得指出的还有人工受孕或生殖。

但是，无论是藉着工业技术使性摆脱生育，还是不通过性关系而寻求生育子女，都是与人类的性之本质不相符的，更甚，这有悖于夫妻行为的真理与本质。教会训导也始终强调这一点，同时，这也是对性之本质和夫妻性行为研究所得出的结论。

> "避孕严重违反婚姻的贞洁；违反传授生命（婚姻的生育意义）的善，也违反夫妻的彼此授受（婚姻的结合意义）；它损害真正的爱，并否认天主在传授人类生命上的至高角色。"[8]

教会训导当局的这种教导应被视为确定而不可更改的教义，这一点我们在后面还会详述。接下来我们就看一下这种教导的理由。

### 2.1 结合意义与生育意义的不可分性

在夫妻行为中铭刻着两种含义或职能，这两种含义对应着婚姻的双重目的：结合与生育。二者可藉由人工的方式而分开，在生物学上也是可分开的：从生物学上来说，生育的职能与性行为是分开的（比如，女性生理安全期）；以人工的方式，也是可以分开的，比如，无性生殖。另一方面，由于性活动并不是自动的，而是——应该是——在意志控制之下的，所以人有权力运

---

[8] 宗座家庭委员会，《听告解者指南：有关婚姻生活上某些伦理问题》，2:4。

用性、中止性活动,等等。

现在面对的问题是:在伦理上,二者是否也是可分的呢?这个是针对人类的性所进行的研究的核心问题,并在《人类生命》通谕和《生命的礼物》两部训导文献中得到了广泛而深入地阐述。两部文献都给出了明确的答复:在夫妻行为的福祉与意义之间存在着密切的结合,其本质上不允许将结合与生育这两种不同的意义或幅度分开的(参生命的礼物,II,4;人类生命,12)。

夫妻关系中福祉与意义的不可分性也是夫妻行为——作为夫妻之爱的表达——本体真理所要求的,同时,也指出了人类的性所拥有的结合与生育两种幅度的不可拆散性的特点。《人类生命》通谕中还指出,这是"夫妇性行为亲密结构"。因此,这种不可拆散性是夫妻行为的客观特征。

在人类的性与夫妻行为当中,结合与生育这两种意义,因天主的计划,而不可分地结合在一起。二者彼此关联,相互辉映,直至若缺了其中任何一个幅度,便不再说人类的性的运用,性结合也不再是真正的夫妻性行为。从根本而言,二者本体上构成了一个整体。对性的人类学和神学上的研究和夫妻之爱都要求在夫妻的性关系中应遵守两种含义不可分的原则。这两种含义的不可分性是判断夫妻性行为真理的一个标准。这是一种伦理必要性:是本应如此的一个事实。

"教会多次讲这端道理,是建于天主所定的不可分的关系上,而不能随意切断夫妇性行为的两种意义:结合的意义和生育的意义"(人类生命,12)。

"意义"一词指夫妻行为在其客观幅度(即夫妻行为本身所欲表达的内容)上应趋向的目标。因此同样也指出了确定这种行为在其主观幅度中之真理(即夫妻藉着夫妻行为所欲表达的内容)的标准。这双重意义的一致性便回应了夫妻行为的真理和夫妻应遵守的准则。位格中的各方面也形成了夫妻行为客观真理的一部分。夫妻行为的伦理准则与在真理中对身体语言的解读一致。不向生命开放的夫妻行为,或强加给对方的夫妻行为,本身便揭示出无法真正表达夫妻之爱。当将这两种意义分开时,便贬低了夫妻的属灵生命,且有损于婚姻的福祉及家庭的未来。

在这些年当中,不管是在《人类生命》通谕颁布之前,还是之后,不少次出现了反对这两种意义不可分性的呼声。企图以各种论证——这些论证都列举在这部通谕中——来支持夫妻行为中这两种含义的可分性,藉以否认二者必要的连系。然而,所有这些论证都是彼此密切相关的,并在根本上反映出了一种对有位格的人错误而矮化的概念。这种主张常用的一些论证有如下几点:

1) 性的新概念——更具位格主义特点——使人对婚姻与夫妻行为的价值提出了新的等级秩序,那么,为什么不能在某些情况下,为了爱而放弃向生育的开放呢?[9]

2) 人毫无疑问地能够控制自己及其身体,那么,为什么不能将这种能力扩展至对性的控制,并根据传统的"双果原则"和"整体原则",将两种意义分开呢?如此,便能负责任地活出其结合的幅度与负责任的父职。[10]

3) 既然在性的结合功能与生育功能之间已存在着一种自然的分离,那么,为什么不能以人为的方式使二者分开呢?说到底,无非就是创造性地将生育合理化,并将其在个人的成全计划中得以整合。如果在身体的其它领域运用技术是合法的,那么,为什么不能将其也运用在与性相关的事务中?为什么人工避孕就不能合法呢?拒绝避孕便是将大自然所赐与天主圣意直接的表达等同的结果。[11]

4) 结合意义与生育意义的不可分性理论基于一种已被克服且相反对性的位际主义观的生物学主义。结合幅度是本意上的"位际性"的,而生育则是"自然性"的和生物性的。[12]因此,需要将性"位格化"和"人性化"。

但是,如果细心研究的话,就会发现,这些相反教会训导

---

[9] 参:López Azpitarte, *Moral del amor y la sexualidad*, cit., 429。
[10] 同上,cit., 432;另参:B. Häring, *The inseparability of the unitive-procreative functions of the Marital act*, en Ch. Chrran (ed.),*Contraception: Authority and Dissent*, New York 1969, 183-185。
[11] 参:B. Häring, *Pastoral Erwägungen zur Bischofssynode über die Ehe und Familie*, en «Theologie der Gegenwart» 24 (1981), 71-80。
[12] 参:López Azpitarte, *Moral del amor y la sexualidad*, cit., 432。

的论证反映了一种对性的外在性生物学观念。事实上，在这种背景下，位格（或人，以及所有属人的）完全将由文化来定义（康德主张将由自由来定义），恰好与宿命论的本性（自然的）相反。从而出现了本性与自由的相悖性（早在笛卡尔思想中已经出现了这种主张）。人的超然性自由观念也将得出同样的结论，根据拉内（K. Rahner）的定义，位格将依据其自由而得以实现，这自由完全不同于现世，身体只不过现世的一个因素而已。

## 2.2 结合意义与生育意义不可分性原则的"合理性"

夫妻行为中结合意义与生育意义不可分性"原则"，在教会训导中的表达和阐述非常明确且毫无歧义。但其合理性或思辨性则是另一回事，针对这一点，在学者中并没有统一意见。

不管怎样，如若像教会一贯教导的那样，来理解人类的性与生命的本质的话，就会发现从神学-人类学角度所做的论证，能够明确而清晰地展现出这两种意义之不可分性原则的合理性。（针对这一点，应该知道，这端教义的价值和对其应表现的服从，并不在于理性的推理和论证，而在于"圣神的光照，而教会牧者特别享有此种光照，为他们能解释真理"「人类生命，28」。）

— 结合与生育意义不可分性的人类学基础在于人的灵-肉实质性的结合，以及对性作为位格的构成幅度的理解。不可将生育的幅度理解为"自然"幅度，而将结合幅度理解为"位格"幅度。[13] 两种意义之间的连系是不可拆散的，因为有位格的人灵与肉之间的结合也是不可拆散性。

作为肉体性的表达形式，性也分享了人的位格身份（人要么是男人，要么是女人）；因此它也表达位格，并且是沟通的渠道。所以，夫妻行为——作为人类的性的语言——即不能自动完成，也不能被迫完成。为了使其成为位际关系的表达，夫妻行为应该是一个自由的行为，整个人（位格）都参与其中。这便是夫妻行为应向生育保持开放的理由。向传承生命开放是夫妻共融整

---

[13] 参：C. Caffarra, *Ética general de la sexualidad*, cit., 35。

体性与位际性特征的一项要求。

经验也告诉我们，所有的人性行为既是身体的，也是精神的。只有一个主体，就是有位格的人。因此，爱并不只是一个属于施发爱之主体的主观性事实。所以生育也不单是一个生物性过程的结果：生育行为不能与精神幅度孤立或分开，它既是身体性的，也是精神性的行为。如果不是这样，那么位格的统一性或整体性便不复存在。

生育子女要求爱，同时，爱也意味着向生育开放。二者相互辉映，一旦分开，都将毁灭。爱与夫妻行为的内在真理必然地取决于向生育的开放，无论是从夫妻角度来看，还是从子女——夫妻结合的结果——角度来看，都是如此。从夫妻角度来说，因为二者的结合真正地表达了无偿而毫无保留的位际关系；如若不尊重向生育开放的话，也就是说，在生育方面并未完全交托，那么，便不能真正地表达这种关系。从子女角度来说，因为其位格身份要求他们是在一种爱与无偿交托的背景下出现的：只有这样他们才会被当做恩赐而被接受，因其本身而得到肯定。但这只有在单一而不可拆散的婚姻本有之性结合——真正符合人道、忠贞而排他、完整而向生命开放——中，才会如此。

— 从神学角度来说，应该知道：从最根本之真理而言，夫妻之爱是对天主创造性的爱的参与；因此，本质性便是一种礼物、恩赐或赠予。

之所以说是对天主创造性的爱的参与，是因为根据其本质和内在的动态性，它既是夫妻间的位际共融，又是在生育并教养新生命上与天主的合作。在人的整个受孕过程中，天主创造性的能力与人的合作神秘而真实地结合在一起。因此，与其说是夫妻行为的生育与生育幅度，倒不如说是偕同创造与偕同创造的幅度，意即"提供由天主神圣而自由的决定所确立的必要而充分的条件，从而使天主能够创造人类精神和一个新的位格存在"。[14] 这就使婚姻本有的性行为本质上便要求结合与生育这两种幅度同时而不可分地存在，因为只有这样，它才是天主创造

---

[14] C. Caffarra, *Ética general de la sexualidad*, cit., 59。

性的爱的"标记"。

因此，它也是一份恩赐，因为如若不保持结合与生育这两种幅度的不可分性的话，便不能反映天主之爱的本质（夫妻之爱是对天主之爱的参与），也不再是天主之爱的标记。天主的爱本质上便是忠贞（或忠信）和具有生育力的。"恩赐"（交托）的逻辑决定了夫妻行为之"道"（*ethos* 即：应遵守之道德）。

## 2.3　结合与生育意义的不可分性原则的"权威"

这是一项真正而不可更改的原则。其目的旨在指出夫妻在其婚姻关系中应当遵行的操守。针对这一领域——即信仰与伦理——的问题，其裁定与正确的解释均属教会训导当局（参人类生命，19；家庭团体，33）。教会不厌其烦地教导并重申万古常新的有关婚姻和传授人类生命的训诲和规范（参家庭团体，29；天主教教理，2366）。

这项原则是铭刻在生命、爱以及人性尊严的结构中的，更进一步来说，它来自于天主的法律。教会所做的只不过是声明和澄清铭刻在人之本性，且由天主启示得到确认的自然律和神律（参人类生命，11, 18-20）；因此，它是属于由天主启示的伦理秩序（参人类生命，10-11）的原则，所以也是一项决定性的准则（参教会宪章，25）。教会作为信仰宝库的保管者和解释者（参人类生命，18），不能放弃教导这项原则，而应以谦卑与坚定宣扬它（参人类生命，19）。（作为一项属于自然律，并建基于与虔诚寻求真理之人类理性完全一致的准则，它适用于每个人，无论是基督徒与否。）

遵循着梵二大公会议与教会训导先前的教导，《人类生命》通谕宣称夫妻之爱——及其独特行为：夫妻行为——应完全是人性的、完整的、排他和向生命开放的。这是一项毫无例外的准则。任何情况——无论是个人的，还是社会的——都不能使一个有违夫妻之爱真理的行为成为正直的：无论是为了确保夫妻之爱（即义务上出现冲突的时候），还是因为如果不允许避孕的话，很肯能会使许多基督徒远离信仰生活，甚至放弃与教会的共融。避孕，顾名思义，就是要避免怀孕，它会直接伤害夫妻间的位际关系。在伦理上是一种严重的失序,因为生育与位际间的彼此交托是婚姻与夫妻之爱的基本福祉。

因此,结合与生育意义的不可分性原则,对基督徒的良心来说,是具有约束力的准则,因此应以内在与宗教性认同来接受它。因其是真实训导的表达,也就是说,是一项由教会最高权威确定的教义,那么,便应"以敬重的心情"接受它(参教会宪章,25)。

## 3. 夫妻传承生命的责任

婚姻、夫妻之爱及其独特行为,因其特征及本质,都趋向传承生命。夫妻行为以自然的方式导向生育和父职与母职。但是,生育以及父职和母职,作为夫妻彼此交托的结果,并不是自动与本能的。传承生命除了与女性生理周期有关外,为了使其符合人性尊严,还应是有意识的、自由的。显然,父职与母职,作为一个有意识而自由的决定的结果,仍是不够的,还应是负责任的。那么,为了使传承生命成为负责任的,还需要那些必要因素呢?

### 3.1 父母:造物主天主之爱的合作者

藉着传承生命。夫妻实现了造物主最初的祝福,并在历史中,将人身上的天主的肖像传递给人(参家庭团体,28)。这种使命是不可替代的,因为天主只将通传生命的祝福赐给了夫妇(参创1:28)。

在这项使命中,夫妻的职责在于成为天主行动的合作者(参家庭团体,28;牧职宪章,50),因为在每个人存在之初都有天主的创造行为(人的灵魂是由天主直接创造的),那么夫妻之爱便是用来通传生命的;因此,在这项行动中,夫妇便不能恣意妄为(参人类生命,10);另一方面,在与传承生命的合作中,性与夫妻之爱拥有特殊的尊严(参牧职宪章,50)。

"父母应视他们的使命为一项荣誉和责任,因为他们与上主合作造生一个新人,一个按照天主的肖像和模样而造成,又被基督救赎并预定获得永福生命的人。「天主把祂的肖像传给新的受造物，正是在这与天主合作者的角色上，我们看到已婚夫妇的伟大，他们准备『与造物主及救主的爱合作，因为祂就是通过夫妻，日日扩展并充实自己的家庭』」。"[15]

作为造物主天主之爱的合作者，在传承生命的过程中，需要以负责（人性责任与基督徒责任）的态度进行，意即：要意识到自己身为天主的工具之身份，作为人，应自由（即有意识而自愿地）而负责任地（即客观上摆正自己的位置）与天主合作。为此则需要：1) 首先正确地认识人类的性所拥有的意义与结构 2) 其次，完全尊重性与婚姻本有之人格、道德等价值，并藉着践行洁德而控制自我（参牧职宪章，51；人类生命，10）。（在与天主合作的第一步便在于在传承生命中不违反天主的计划。最好的做法是在情感与实际上，与天主的计划保持一致。）

因此，"负责的父职（及母职）"这种表达指出了夫妻，在传承生命上，与天主合作时，应有的符合人性的特殊方式。不同于低级生物，在低级生物身上，传承生命的本能行为，但是人有能力认识并自由地接纳天主针对传承人类生命所制定的法律。在这种背景下，负责便是指，藉着天主的恩宠，努力有意识而自愿地履行天主所赋予的这项使命。说到底，真正的责任更在于忠于天主的计划，或者说，遵行正确的伦理秩序。

父母职务中的责任与针对传承生命中的两个时刻所做的正确回应连系在一起，这两个时刻就是：1) 是否孕育新生命的决定；2) 落实决定过程中所采取的措施。

## 3.2 决定传承生命的责任

在决定传承生命时，夫妇通常会面对两个选择：按照天主的计划行事，或者，首先寻求满足私意，以及受享乐主义观念的影响而害怕拥有子女，故此而贪求个人的安逸。在第一种情况下，夫妻将努力了解和忠信地遵从天主的法律，甚至不少次还要求逆流而上。在第二种情况下，人将渴望拥有更多，并以

---

[15] 宗座家庭委员会，《听告解者指南：有关婚姻生活上某些伦理问题》，2，2。

不给生活添乱为其消极的态度寻找藉口，不只是在决定是否传承生命时，而且在为落实其决定而选择所需要的措施时，也是如此。

对基督徒夫妇来说，正确的决定就是慷慨地回应天主的计划。作为所领受之圣事以及婚姻圣召之意义的结果，夫妻所做的决定应建基在对天主的信赖上。凡是并未在对天主的爱内获得启发的行事方式，都会对基督徒生活的本质，以及对作为成圣途径的婚姻带来伤害。

决定传承生命——作为对天主就个人圣召之计划的完全忠信——的责任，首先要求忠于正确的伦理秩序。在人的意愿之上，有一项客观的原则，它指出了夫妻的行事准则。

"对调和夫妻之爱及负责的传生人类，其实际行动的道德性，并不仅以个人的诚意及其动机的估价为标准，而应以人性尊严及其行为的性质为客观的取决标准；在真正夫妻之爱的交织中，要尊重互相授与及传生人类的整个意义"（牧职宪章，51）。

对由天主所制定的这种客观伦理秩序——其忠实的阐释者便是正直的良心——的忠诚奉行，要求基督徒夫妇适切地了解在价值的正确等级中，他们对天主、对自己、对家庭及社会的各种义务（参人类生命，10）。因此，负责的生育也要求夫妇认识并尊重生理的机能，理性和意志对其功能的实施有必要的控制。

婚姻与夫妻之爱本质人便指向生育。因此，"在这样满全天主委托的使命的夫妻中，尤其值得提出者，是通过二人共同及明智的决定，毅然接受妥善教养更多子女的夫妻们"（牧职宪章，50）。然而，也可能会出现，对天主之计划的忠信——了解自己对天主、对自己、对家庭及社会的各种义务——要求夫妇担负起不再传生子女的责任。那么，"负责的父母就是或者以明智的考虑和以慷慨之心，决定接受较多的子女，或者因严正的理由并遵守道德律，暂时或不定期的避免再增添子女"（人类生命，10）。

在考虑到这些因素之后，夫妻在决定传承生命时所做的判断便会有以下这些基本特点：1) 在考虑到应确保关于夫妻本人、子女、教会和社会不同福祉的同时，是明智而慷慨思虑之后的结果，而不是因自私的理由所做的决定；2) 由夫妻亲自共同完成：谁也不能替代他们做出这种决定；任何人也不能将此决定强加给他们，夫妻中的任何一方也不能将此决定强加于对方；3) 是客观的，也就是说，遵从天主的法律；只是意向纯正还不够，也不能恣意妄为；4) 夫妻在做这项决定时，应遵从受到过培育的正直良心。在良心的培育中，一项必不可少的要素就是忠于教会对这个问题所做的训导。

> "教会近期的文献，称这种父母职为「负责任的」生育，意在强调夫妻对他们传授生命之使命的意识和慷慨——这使命本身有永恒的价值，并为提醒他们作为教育者角色。当然，已婚夫妻有责任，在寻求适当的指导后，在信仰的精神下，对他们家庭成员的多少，作出深思熟虑的决定，并在尊重夫妻生活的伦理标准下，决定实现这计划的具体方式。"[16]

## 3.3　调节生育和短暂禁欲的合法性

作为忠于天主之计划——"你们要生育繁殖"（创 1:28）——的结果，正常而自然的做法就是夫妻慷慨地接纳天主所愿意赐予他们的子女。真正的爱本质上便是富于生育力的。为了使不再生育子女的决定符合婚姻的本质，必不可少的一点就是要有正当的理由。否则的话，将有悖于婚姻的福祉，甚至这种对婚姻福祉的触犯会严重地违背伦理秩序。

但是"为了正当的理由，夫妻可以计划子女出生的相隔时间。他们应查证自己的意愿，不是出于自私，而是出于慷慨，此慷慨符合负责的生育计划"（天主教教理，2368）。甚至也有些理由，只要这些理由或情况一直持续，便使不再生育子女的决定完全符合天主的计划。

> "因严正的理由，诸如不少次在医学、优生学、经济与社会等方面的条件，可以长时间地免除这项积极而具有约束力的义务（即夫妻行为），甚至在婚姻整个持续期间。"[17]

---

[16] 宗座家庭委员会，《听告解者指南：有关婚姻生活上某些伦理问题》，2:3。
[17] 庇约十二世，1951 年 10 月 20 日讲话，36；另参：保禄六世，《人类生命》通谕，10。

促成做出这种决定的理由或原因有很多种。正如上述所提到的,教会训导解释说,这些理由或原因可以是身体的、经济的、医学的、心理的、社会的,等等(参人类生命,10;16);诸如,若再怀孕将会对母亲的生命带来严重的危险;遗传严重疾病的危险;或胎儿有严重畸形的危险等。然而,始终应是正当而重大的理由,也就是说,理由的严重性应与欲将放弃之子女的福祉有一定的相当性。

在评估这些理由的严重性时,需要注意的一项重要因素就是决定不再生育子女的**时间**。诚然,决定短期内不再生育子女,与无限期地不再生育,所需要之理由的严重性并不相同。在第二种情况中,所需要的理由或原因显然要严重得多。

一方面,那些评估起来比较简单,且容易陷入主观主义的理由或原因,主要是身体性和医学性的,比如,畸形。判断起来比较困难的主要是经济性、心理性、社会性等类型的理由,尤其是在一个充斥着消费主义与享乐主义精神的社会中,愈发困难做出正确的判断。另一方面,如若夫妻决定暂时或不定期的避免再增添子女,只要他们准备好经常再次审视之前基于负责的态度所做之决定依据的理由或原因是否仍然存在,那么,他们所做的决定便是负责任的生育。因此,在多数情况下,一种比较明智的行事方式就是向有经验且良心正直的人请求建议。在任何情况下,都应记得寻求建议的目的就是为了帮助夫妇做出正确的决定,因为只有他们才能做此类决定。由于对这些原则的真实阐释的使命委托给了教会,明智的态度便要求不应理睬那些与教会训导在这些问题上所做之教导不符的指示。

然而,负责任的父职在做决定时,所依据的理由仅是严肃而重大的——即符合天主的计划——还不够。还需要在落实时采取**正确的措施**:符合性与夫妻行为的本质。这些措施就是:**绝对的禁欲**和**定期(暂时)的禁欲**,或运用女性生理周期。

> "教会指示夫妇们可以利用生殖能力中本有的自然周期,只在不孕期中有夫妇行为,而这样节制生育并不违反我们所说的伦理原则"(人类生命,16)。

无论是绝对的禁欲，还是暂时的禁欲，显然都是合法，且符合正确伦理秩序的态度。虽然夫妻行为本身是好且神圣的，但是夫妇们为了纯正的目的和严正的理由，仍可放弃它们。有些严肃而重大的理由，可以使夫妻完全完全克制夫妻行为，或仅在不孕期履行夫妻行为。

"夫妇藉以亲密而圣洁地相合的行为，并藉此而传授人生命的行为，如最近大公会议所说，那是「正当而且高贵的」(牧职宪章，50-51)；即使并不是因为夫妇的本意，而他们预知不能生育，但为了表示并坚固他们的结合，夫妇的行为仍然是合法的"（人类生命，11）。

夫妻的这种行事方式反映了合法地利用铭刻在女性身上的自然规律这种负责的态度。由于有些正当的理由使人可以不欲再生育，那么，夫妻以这种方式行事时，无非是在"承认自己不是人类生命的主人，而是造物主所定计划中的执行者"（人类生命，13）。这正体现出夫妇是造物主负责任的合作者，并在客观准则的光照下，以受过培育的正直良心的判断，来阐释天主针对传承生命的计划。并不是天主的圣意是夫妇采取暂时的禁欲措施，而是揭示天主计划的那些严正理由使他们采取这种措施。

从这种意义上来说，暂时的禁欲表达并指出，当有严正的理由使夫妻暂时延缓，或不定期的避免再生育子女时，采取禁欲的夫妻关系是尊重夫妻行为的本质与目的的。这里始终会涉及到洁德的，以至若没有这项美德，便不可能恰当地活出禁欲（参牧职宪章，51）。因此，实施禁欲便要求诉诸于自然措施与超性措施：服从天主的诫命、践行美德、忠于祈祷与圣事……，除了有相应的知识和针对特殊情况而践行克修外，还需要对良心进行适当的教导和培育。

为了认识和了解不孕期，首先应对所谓的自然措施有所认识。"这些方法尊重夫妇的身体，鼓励他们之间的恩爱，并有助于他们学习真正的自由"（天主教教理，2370）。因此，在这种情况下的夫妻性结合既保持着向位际交托（结合意义）和生命（生育意义）开放，又尊重婚姻的各种福祉：夫妻的福祉、已有和待产子女的福祉、社会及教会的福祉。正是基于此，教会呼吁医务人员、专家、婚姻辅导员、教育者等要负起应有的责任,帮助夫妇了解和运用自然措施。教宗若望保禄二世,在同样的意义上,提醒牧者们应对家庭所做的一项重要训导就是"家庭的自然计划",[18] 可以将其定义为夫妻的一种义务–权利,藉此他们可以藉着爱,因正当的理由并通过伦理上正确的措施,来决定子女们的数目和生育子女的时间。

## 3.4 避孕与定期禁欲在伦理和人学意义上的不同

避孕的目的就是要使生育成为不可能,并阻止性——及在性的运用中——潜在的生育能力。可以藉多种方式或不同行为,直接中断已开始的生殖过程,或在行夫妇性行为前,或在进行过程中,或在该行为自然结果的发展中,采取措施已到达不能生育的目的(参人类生命,14)。此外,在无正当理由的情况下,仅在女性生理不孕期发生夫妻行为,也是一种避孕的观念。

不乏有学者将避孕分为藉人工方法、药物、医疗等手段采取的避孕,与在无正当理由下仅在女性生理不孕期发生夫妻行为所完成的避孕。同时,他们也认为,若与定期禁欲相比较的话,在第一种情况中,伦理上是有差异的,可以说是真正的避孕。但第二种情况中并非如此,在这种情况下,伦理上与定期禁欲没有多大区别。理由是两种行事方式都是为了同一目的(不生育),并采用了同样的措施(只在女性不孕期发生夫妻关系)。根据这种思辨方式,只有那些并未尊重夫妻行为生物学结构的方法才是真正的避孕。

然而,应该说,虽然在这两种行事方式中,夫妻行为,从生物学上来说,是一样的,但是在二者之间(避孕与定期禁欲),从伦理上与人学意义上来说,存在着本质的区别:这反映了"二种对人的位格和人的性相对立的观念"(家庭团体,32)。

— 在定期禁欲中,夫妇承认天主为生命的主人和主宰,他们自己作为受造物行事,性是对天主创造力的一种参与。在严肃而重大的理由中,他们会发现对天主之计划的忠贞要求他们

---

[18] 参:若望保禄二世,1983年9月24日讲话,3。

决定不再生育子女。因此，并不是由他们来决定是否生育。另一方面，在这种情况下，夫妻行为"即使并不是因为夫妇的本意，而他们预知不能生育，但为了表示并坚固他们的结合，夫妇的行为仍然是合法的"（人类生命，11）。

> "如果尊重生育的规则而享用夫妇爱情的恩惠，那是承认自己不是人类生命的主人，而是造物主所定计划中的执行者"（人类生命，13）。

此外，定期禁欲不应是任何相反生命之态度的表达，也不是贬低性观念的结果。首先，因为生育并不是一种恶，而是一种善，但是由于严正的理由或原因，而不能渴求这项善。如此以来，既然是善，夫妻便时刻准备着接受有可能因他们所完成的夫妻行为——虽然他们是以不再生育的意向而完成的这项行为——而来的子女。其次，由于性是人之位格存在和表达的一种形式，因此被视为是人格尊严本身所要求的一项善或福祉：因此应遵行夫妻行为中结合意义与生育意义不可分性原则。

- 在避孕行为中，人替代了天主在生命发源中的地位（人自己决定生命是否应诞生），性被视为纯粹是人的一种能力。

> "当施行避孕时，夫妻在其夫妻行为中褫夺了其潜在的生育能力，是在僭越唯独属于天主的一项权力：最终决定一个有位格的人来到世上的权力。他们自行裁定成为天主创造能力的非合作者，和人类生命泉源的最终仲裁者。在这种愿景下，避孕客观上应被视为严重非法的，不能因任何理由得以合理化。相反的意见或态度便是认为在人类生活中这种境遇是合法的，这是不再承认天主为天主。"[19]

- 因此，在避孕与定期禁欲之间存在着本质性的区别，是一种无可反驳的区别。在定期禁欲中，虽然主要所寻求的一种已经规避了生育作用的行为，但仍然保持着生育的意义，是向生育开放的（生育之所以不能成为事实，是因为有些并非出于夫妻本意的生理性原因导致它不能成为可能）。相反，在避孕的情况中，所追求的行为——这是其目的——故意地使其不再具有生育的意义，因此，所欲完成的结合客观上已使其结合意义落空，

---

[19] 若望保禄二世，1983年9月17日讲话，1。

并丧失了其表达夫妻之爱的意义：在这种情况下，无论如何已不再表达藉着性所完成的相互交托和对位格的圆满肯定。在定期禁欲中，夫妻行为之所以不能产生生育，是因为有严正的理由使他们无法追求生育的福祉或善，但是这种善从来未被视为是一种恶。但在避孕中却并未如此：之所以不愿意生育，是因为它被视为一种恶：避孕是一个阻止生育的行为。[20]

> 宗座家庭委员会这种总结这种区别："然而，一些已婚夫妻基本上随时准备接纳生命的恩赐，却为了负责任的生育的严正理由，只在不会成孕的时期进行房事，他们的行为与避孕行为有天壤之别。这从人类学和伦理学的观点而论，也是一样，因为这是基于对人和性很不同的观念。"[21]

当夫妻行为中结合意义与生育意义不可分的连系，藉由一些不同于仅诉诸于女性不孕期的手段或措施，而被遭到破坏时，避孕与定期禁欲之间的这种本质性区别便是显而易见的。

## 4. 相反夫妻行为向生命开放的罪行

凡是夫妻单独地或与第三者所完成的性行为，以及认同的思想和愿望，诸如自慰、通奸、内心淫荡的罪过等，都是违反夫妻行为福祉，因此也是违反生育意义的罪行。另一方面，鉴于夫妻行为中结合意义与生育意义之间不可分的连系，违反了其中结合意义者，同样也违反向生命开放的幅度。

接下来我们主要探讨一下直接破坏夫妻行为中生育意义，进而，也违反夫妻行为的本质及目的的罪行，但无意详细列出所有的避孕措施。《人类生命》通谕指出，"为节制生育绝对不可以直接中断已开始的生殖进行，尤其是直接的堕胎，虽则是为了医疗缘故也不可作。同样，教会训导曾多次声明过，无论男人或女人，暂时的或永久的直接绝育，都是禁止的。此外，在行夫妇性行为前，或在举行时，或在该行为自然结果的发展中，禁作任何阻止生育的行为，无论是以此行为作为目的，或作为手段，都不可以"（人类生命，14），并强调，这些内在地便是不道

---

[20] C. Caffarra, *Ética general de la sexualidad*, cit., 79-85.
[21] 宗座家庭委员会，《听告解者指南：有关婚姻生活上某些伦理问题》，2:6。

德的做法。

— 直接故意而设法完成的堕胎——也就是藉由医疗手段、工具、化学产品，等，在出生之前将胚胎摧毁或杀害——直接地触犯和违反了夫妻行为和婚姻向生育开放的原则。这是"滔天的罪行"(牧职宪章，51)，任何理由都不能使其成为合理的。由于这是直接地导致无辜者死亡，因此始终是严重不道德的(参生命的福音，57)。

以下这些避孕措施，属于同一伦理性质：**宫内避孕器**，旨在避免使受精卵在子宫内着床；大部分的**避孕药**，在其所有效果中，如果有必要，都是藉着堕胎而实现避孕的；[22] 还有**事后避孕药**，等等。

> "采用有堕胎效果的方法——即阻止刚受精的胚胎着床或在怀孕初期导致胎儿排出体外——(相较纯避孕而言)涉及一个特殊和更严重的邪恶"(听告解者指南，2:5)。

> "人们对于实施避孕和堕胎的心态，存在着密切的关联，而且这关联也愈来愈明显。一些化学产品、避孕器、疫苗等「避孕措施」，那么随便地到处分发，但其实际上的作用就是在新生命发育最初期的一种堕胎措施，这些行为，实在令人忧心，更可证明避孕和堕胎的关联心态"(生命的福音，13)。[23]

— 在论到敖难的罪行时，我们已经提到直接中断已开始的生殖进程。这是严重不道德的行为，因为它阻止生育并将夫妻行为的目的非自然化。

— 绝育在阻止射精和排卵(在结扎绝育的情况下)或排精(若切除输精管)时，达到不能受孕的目的。绝育可以是永久的或暂时的；也可以是器官性的(涉及生育官能)或机能性的(涉及生育官能的职能)；可以是可逆的或不可逆的(在于是否可以恢复生育)。在直接而故意为之的情况下，始终是严重不道德的；

---

[22] 市场上的大部分避孕药，为了最大程度地确保不会怀孕，都旨在：1) 阻止排卵；2) 如果已经排卵，作为第二个效果，将阻止受精(即阻止精子与卵子结合)；3) 第三个效果是阻止受精卵着床(等同于堕胎效果)。

[23] 关于堕胎之罪行的严重性，正如《天主教教理》中所指出的："教会对于这违反生命的罪行，按法典施予绝罚"(2271 条)。"凡设法堕胎而既遂者，应受自科绝罚"(法典 1398)。

根据相反生育福祉的程度，其严重性更趋恶劣。

– 正如《人类生命》通谕所指出的，其它行为，诸如，在行夫妇性行为前，或在进行过程中，或在该行为自然结果的发展中，无论是作为目的，或作为手段而阻止生育的行为。这些行为中，常用的措施有：使用**子宫帽**，旨在阻止精子进入子宫；**避孕套**（或预防措施）：避免精子在阴道内存留；**冲洗阴道**（或阴道淋浴）：其目的是将已抵达阴道内的精子清理出去；毓婷；避孕疫苗等。所有这些措施都是严重不道德的。

这些措施或做法的不合法性不允许有任何例外，因为为了得善果而去作恶，从来都不是合法的，哪怕是为了极重大的理由（参罗 3:8）。即使是为了维护或推动个人、家庭或社会的福祉，意志上也不能藉积极的行为求一件本身就违反伦理秩序且与人格尊严不相称的事物。上述这些措施并非因其是人为的就是非法的，而是因为它们并未尊重人类的性之本质：直接违反性行为——因其本质而指向生育——的意义与目的。

> "也不能赞成有意不要生育的夫妇性行为，即使他们的理由是：两害之间权其轻；或者这些不育的行为，与先前所作或将来要作的能生育的行为是一个整体，因此共同成为唯一而同一个合乎道德的善行。（……）因此，凡认为一个自愿不能生育的夫妇行为——本身就是不正当的行为——可以和生育的夫妇生活的整体成为正当的，是完全错误的想法"（人类生命，14）。

> "教会一向主张：避孕——即故意使夫妻结合不能生育的行为——本质上是邪恶的事。这教导应被视为确定和不会更改的。避孕严重违反婚姻的贞洁；违反传授生命（婚姻的生育意义）的善，也违反夫妻的彼此授受（婚姻的结合意义）；它损害真正的爱，并否认天主在传授人类生命上的至高角色"（听告解者指南，2:4）。

在某些情况下，若将其作为医疗手段，而求助于上述中某种方法或人工措施，可以是合法的。比如，必要的外科手术，可能会造成暂时或永久的不育；或者，使用有改善排卵周期作用的药物，但始终是医疗手段，而不是为了避孕。

对这些措施的运用之所以合理，是因为这是负责任地对个人自由运用和对身体的掌控，藉以治疗身体上患病的机体。

> "教会却以为，为了治疗器官的病症而必需用的方法，是可以利用的，即使预料对生育会产生阻碍，只要这一阻碍不是因某种动机而直接指向的"（人类生命，15）。

因同样的理由，比如，为了便于夫妻行为达到其自然目的所实行的手术——医学的、外科的，等等——也是合法的。

> "道德良知「并无禁止使用某些人工方法，方便这种自然行为或确保这种自然行为达致其正当目的」。如果科技方法有便于婚姻行为或有助于达成自然目的，在道德上是可以接纳的。另一方面，如果这方法有意取代婚姻行为，则属不道德了"（生命的礼物，III，6）。

## 5. 在夫妻关系中与配偶另一方协助犯罪所具有的伦理性

婚姻关系中夫妻本有行为本身是纯正而神圣的，但是，如果在不具备其伦理纯正性所要求的条件下完成这些行为，便缺乏了应有的美善，并构成一项真正的罪行。在上一节当中，以及在论到履行夫妻行为时有违夫妻福祉的罪行时，已经看到了这些可能的罪行。但也有可能夫妇本身就是这种内在便是恶的行为的责任人，因为夫妻二人一致同意，并有意完成不道德的行为。

然而，还有一种可能就是：配偶中只有一方是不道德行为的过错方，而另一方只是协助对方的罪行。因为虽然夫妻行为，从物理上来说，是夫妻二人共同完成的唯一行为，但在其完成过程中则是两个人的行为：施行行为的是两个主体；因此便可能会发生同一而唯一的行为对应着两个人的伦理性截然不同的行为。那么，在另一方配偶的罪恶行为中所给予的合作或协助拥有怎样的伦理性呢？

— 根据协助作恶的基本原则，**形式上的合作**（或正式的合作），意即：内在或外在地赞同罪恶的行为（罪行或罪过），这种合作内在始终是恶的。这样便是犯了一个双重罪过：违反义德和违反洁德。因此，在任何时候，形式上的合作都是不合法的。

－ 相反，**质料上的合作**和**被动的合作**在某些情况下是合法的。质料上的合作是指配偶中无辜一方除了不赞同对方的罪行外，还以合宜的方式表达了其不赞同这种行事方式的态度。而被动的合作是指配偶中无辜的一方不是——甚至间接地或含蓄地——对方所完成之恶行的肇事者。

然而，为了使这种质料上和被动的合作成为合法的，还需要有相当的理由或原因。针对这一点，学者们通常指出：避免家庭严重的失序；防止另一方配偶犯奸淫；避免无法克制自己的近危险。同样也承认，如果这些危险极为严重，配偶中无辜一方可以主动进行夫妻行为，哪怕明知对方将违反正确的伦理秩序。

"与故意令交合行为变成不育的配偶串同犯罪的情况，具有特殊困难之处。首先，我们必须区别出真正的串同行为，以及配偶一方施加强迫或不合理的苛求，而另一方根本无法抗拒的情况。这种串同若同时符合以下三个条件便可以是许可的：

(1) 串同配偶的行动本身并不是不许可的；

(2) 有相当严重的理由存在，迫使他要串同配偶的罪恶行为；

(3) 正设法帮助配偶停止作这种行为（忍耐地，以祈祷，爱德和对话；但不一定要在当时，亦无须在每一次机会上）"（听告解者指南，3:13）。

－ 针对如下从伦理合法性角度将要阐述之内容，在有相当理由或原因情况下，便可实施：

(1) 与丈夫的敖难罪行施以质料上和被动的合作；[24]

(2) 当另一方配偶以永久或暂时绝育时，也可施以同样的合

---

[24] 宗座圣赦院，答复（1916年4月3日）："如果丈夫运用婚姻时愿意犯敖难淫行的罪，……如果妻子不配合他的错乱意志，就处于死亡或极严重不利的威胁之下，在此情形下，按照可靠的神学家之主张，她能合法地与其丈夫同房：因为从她的角度，她实行许可的事物和行为，却出于那使她无罪的严重原因而容许丈夫的罪，因为在如此大的不利之下，爱不要求她阻止本应藉着爱阻止的行为"（邓辛格，3634）。

作(当采用具有堕胎作用的措施时，应慎重斟酌对恶行的合作；若所采用的措施直接且肯定致使堕胎的话，便不可给予合作）；25

(3) 在相当严重的情况下，当配偶之一方欲在夫妻结合中使用工具时(比如，避孕套)。

但是，对对方的爱与爱德始终要求应以明确的方式积极表达其不赞同此种行事方式的态度。此外，应尽力以合宜的方式，藉自然和超性的措施完成善行。因此，仅是"任其所为"还远远不够。26

有些学者认为，如若在夫妻结合中采用预防措施，那么不应被动而质料性地给予合作。27 这种立场貌似仍需斟酌。

首先，宗座圣教院的答复(1916 年 4 月 3 日，邓辛格，3638-3640)说，在这种情况下，妻子"应积极反抗，如同处女面对侵犯者一样"，但这并不意味着应绝对而无限地反抗：她的确被迫做出反抗，也就是说，表达其不赞同的立场，并使其丈夫妥善行事，但是若所涉及的善大于所应避免的恶时，仍可以被动而质料性地给予合作。

另一方面，某些伦理学家对在敖难罪行中合作与在运用预防措施情况下所给予的合作之间所做的根本区别，也不适宜：他们论证说，在敖难罪行中，夫妻结合是以自然的方式开始的，因此，并不是自始便是不道德的，这不同于采用预防措施的情况。但是，正如圣多玛斯所言，在人性行为中，既应考虑到所欲追求的目的，也应注意所采用的措施或方法，和使用措施的方式，以及落实时的秩序28：一个行为的伦理性首先取决于其意向或计划，然后是对计划的落实。因此，敖难行为从一开始内在地便是不合法的，而不是只在中断夫妻行为时才是恶的，

---

25　参：宗座家庭委员会，《听告解者指南：有关婚姻生活上某些伦理问题》，3:14；若望保禄二世，《生命的福音》通谕，74："从道德立场来看，正式与邪恶合作常是不正当的。当一件行为，不论以其性质或在具体情况中所表现的形式来说，若能被界定为直接参与一件反对无辜生命的行为，或是同意主犯者之不道德的意向，那就是与邪恶合作"。

26　圣部答复(1853 年 4 月 19 日)中说到，当丈夫欲在婚姻中采用预防措施时(如避孕套)，妻子即使是以被动的方式，也不可给予合作，因为将是协助一个内在不合法的行为；相反，妻子应明确表达其相反和不赞同的立场，并尽力说服对方切勿如此行事。

27　参：A. Royo Marín, *Teología moral para seglares*, II, cit., 695。

28　参：多玛斯·阿奎那，《神学大全》，1-2q. 12a.4。

而质料上的合作是在夫妻行为之始所开始的。对所完成之罪行的了解程度也决定了有不同的评断：在采用预防措施时，这种了解的确定的，而在其它情况下，其明显性会弱些；但在自一开始便欲褫夺生育潜能的情况下，而给予合作，伦理上则会更严重。

当另一方配偶欲完成鸡奸式结合[29]，或当妻子服用直接而明确地有堕胎作用的药物或采用有此功效的机械性工具时，便不可付诸质料性和被动的合作。在第一种情况中，并没有或者说根本不是夫妻行为，而是对生育官能的一种内在失序地运用；而在第二种情况中，只要没有发生堕胎的可能，便可给予合作，因为堕胎这种罪行是永远不可给予完全的合作的。

## 6. 子女犹如恩赐：对不同形式人工受孕的伦理评断

婚姻与夫妻之爱虽本质上指向生育，但若想以负责任的精神善度夫妻生活，夫妻应以"每次婚姻行为都应保持向生命开放"的方式行事(参人类生命，11)。即使并不是因为夫妇的本意，而他们预知不能生育，仍负有同样的责任。因此，在保持夫妻行为中结合与生育这两种本质意义后，"夫妇性行为完全保存了互惠真正的爱情之意义，以及人被召作父母的最高职务"(人类生命，12)。

然而，根据这种责任，夫妇是否可以在生殖进程中求助于技术性干预，而这些干预恰是为了达至生育子女的目的？这种行事方式是否也尊重了夫妻行为中的两种意义，以及夫妻之爱和行为的价值呢？

随着生物技术与医学技术无可比拟的发展，对生殖过程的技术性干预也是多种多样。我们在这里仅限于阐述一下被称为**人工受孕**或**"试管"婴儿**和**人工授精**。鉴于现如今已具备了人工

---

[29] 宗座圣赦院，答复(1916年4月3日)："但是，如果丈夫愿意同她一起犯索多玛人的罪，因为这索多玛人之罪的性交对于夫妻双方而言都是违反本性，且按照一切教师的判断是严重的恶，因此，不能藉着任何理由，包括避免死亡，让妻子合法地跟随不洁的丈夫而行"(邓辛格，3634)。

受孕和传授生命的条件，那么，当夫妻无法以其它方式达到拥有子女的目的时，是否可以求助于这些技术呢？

在生殖过程中的技术干预基于三个阶段：1) 在一开始（精子的产生与卵子的获取）；2) 在中间过程中（培植受精卵）；3) 进程结尾（将受精卵移植到子宫内直至其出生）。针对上述所提出之问题的答复是，无论是在生殖过程中哪个阶段施以干预，只要是服务于人，且只是一种辅助，道德上便是许可的。

这些技术并不因为是人工的而就被拒绝，而是因为违反人格的基本福祉才会拒绝。从这种意义上来说，在那些于生殖过程中具有辅助性的技术与替代性技术之间，存在这本质性的区别。辅助性的技术尊重性的尊严与身体的位格身份，而替代性技术所遵从的是对性的一种矮化观念，这种观念认为性只是人的一项幅度而已，而不是对天主创造力的参与和合作。

因此，当妻子或丈夫由于身体的缺陷或丈夫的精子生命力孱弱，而无法与卵子结合形成受精卵，或出现类似情况时，医生可藉由物理措施帮助其达至精子与卵子结合的目的。

在生殖过程中所施以的技术性干预，除了尊重性的尊严和父母传承生命的使命外，也应尊重可能将诞生之生命的位格尊严。针对将要诞生的生命唯一应有的态度就是将其作为恩赐（礼物）来接受，同样，这也指出了在传承生命中采用这些技术性干预时应有的伦理态度。接下来我们分别对这两点——子女犹如一份恩赐和技术性干预——进行阐述。

## 6.1 子女的恩赐

"我赖上主获得了一个人"（创 4:1）。在每个人的起源中，连同父母的生育，都会有天主对灵魂的一个创造行为。在传承生命的使命中，父母只是工具，天主才是生命的主人。每个人都是因天主的一个唯一而独有的召叫才得以存在于世。

> "人之存在并不只是符合生物律，也直接地符合天主的创造旨意"，"确实，惟有天主是人类受造时「肖像和模样」的来

源。生育就是创造的延续"(致家庭书，9)。[30]

诚然，子女是父母彼此授受自身的永久证人，是父母活的结晶(参家庭团体，14；生命的礼物，II-1)。从某种意义上，可以说父母在子女身上活着。与此同时，子女更是天主的一份恩赐，一个祝福：是婚姻最珍贵、最卓越的礼物(参牧职宪章，50；家庭团体，14)。

子女是天主爱的恩赐。"「天主喜爱每一个人，是为人的本身」，……天主从一开始便「决意」创造人类，每一个受孕行动、每一个人的诞生，都是天主的意愿"(致家庭书，9)。这种爱揭示了天主创造人是为了使他分享超性的生命这种意愿。

> 这便是圣经、圣传与教会训导一贯教导人性的尊严和生命的神圣性及不可侵犯性的理由。"人的生命是神圣的，因为生命从一开始就含有『天主的创造行动』，并永远与其唯一的终向造物主，保持一种特殊的关系"(生命的福音，53)。

除此之外，在评断于人类生命的传承过程中所施以的干预时，还应考虑到两种结果。

－ 藉着天主的爱，始终能够协调父母对子女的爱。这便是在肯定父母在传承生命中是天主的合作者时所欲表达的意思。从这种意义上来说，父母应爱其子女——作为受造物——如同天主爱他一样，也就是说，天主爱人是因人之本身，这爱是无偿的、无条件的。只有将子女当做恩赐来接纳，才会以这种爱来爱他。夫妻之爱的行为是传承生命最为适当的场所，这也是被召将要诞生之子女位格身份的道德和人学上的一个要求。

> "人类的生殖需具天主丰沛之爱的夫妇亲密合作；生命的恩赐必须在婚姻中透过固定而专一的夫妻行为，依据规限他们个人和婚配的律例予以实践"(生命的礼物，序言，5)。

－ 并不存在一种生育子女(即：要孩子)的权利。作为人，子女永远不能被当作达到某种目的的工具；子女并不是一种有用的善或工具性的善。也不能将子女视为控制的对象或私产。如若认为对拥有自己享有真正的权利，便有悖于人格尊严及其

---

[30] 参：庇约十二世，《人类的》通谕，1950 年 8 月 12 日。

本性。婚姻并不赋予父母生育子女的权利，而至少赋予他们施行夫妻行为——这种行为本质上指向生育——的权利：这项权利在行使时应始终尊重可能受孕之胎儿的位格尊严（参生命的礼物，II-8）。

然而，尊重子女的人格尊严与天主铭刻在人类的性中的秩序，无论以任何方式，都不排除在传承生命中求助于技术的可能性。正如上述已经提到，只要尊重人的尊严和性的本质，以及与人工生殖技术相关的基本价值，采用一些医学、外科、药物等手段，伦理上是合法的。

藉以战胜不育之拥有子女的渴望与夫妻之爱是好的，且是自然的；它表达了铭刻在夫妻之爱中的父职与母职的圣召（参生命的礼物，II-8）。另一方面，也应理解和正确评估无法生育对他们所带来的痛苦。夫妇有权求合法地助于能够克胜不育的药物；与此同时，也应明白无论什么原因造成的身体的不育，尽管是一个沉重的考验，但并不是一种绝对的恶。如若处于这种境遇中，他们应该铭记：他们蒙召"与基督的十字架结合，这是一切属灵生育的泉源。他们可以显示他们的慷慨，去认养被遗弃的儿童，或者去完成对别人的一些很费精神的服务"（天主教教理，2379）。

## 6.2　人工授精

人工授精（或人工受孕）就是借用技术手段将男性精液注入女性阴道内（狭义的人工授精）。同时也是指以技术手段帮助已经以自然方式进入并停留在女性阴道内的精子与卵子相遇（广义的人工授精）。因此，需要明确所涉及的哪一种人工授精，因为二者之间有着本质的区别，并不只是技术性的，而且也是伦理性的区别：在第一种情况中，所采用的技术取代了自然方法（或性行为）；而第二种情况，技术手段旨在帮助继续以及由性行为开始的生殖进程。

根据精液停留的"地方"，授精可以分为子宫内、子宫颈或阴道。可以藉由丈夫的精子完成，在这种情况下，被称之为"同体人工授精"；或藉由配偶之外的不同捐献者的精子完成，这种情况被称之为"异体人工授精"。精子可以是新鲜的或来自于精子库（冷藏的精子）。

**– 广义的人工授精**：同体人工授精就是藉用技术手段帮助已由夫妻性行为开始的生殖进程达至其怀孕的目的，在伦理上并不会有什么不宜。

这种做法尊重人格尊严，无论是夫妻的尊严，还是可能将要诞生之子女的尊严。这是帮助其本性继续自然进程。这样做的同时，也保证了夫妻行为继续成为人类生育相称的唯一场所（参*生命的礼物*，II-5）。

**– 狭义的人工授精**：无论是同体授精，还是异体授精，都是有违人格尊严的。这两种手段都应拒绝，因为它们故意地破坏了夫妻行为的本质与目的。

同体人工授精——意即：藉用技术手段将事先由丈夫身上取出的精液注入其妻子的阴道内，以达怀孕的目的——是不道德的，是伦理上不许可的行为。这是因为这种受孕的方式中断了生育进程的整体性，说到底，将要诞生的子女并不是夫妻行为的自然结果。这样所得的子女是一系列行为的产品：父母提供材料：精子与卵子，再藉技术使之结合而产生新的生命。如若是以自慰的方式获取精液，其伦理性的邪恶更趋严重。

> 有些学者对上述所做的评断持有异议，并认为这是一种值得肯定的做法。还强调说，求助于技术手段也是为了达到自然目的。另一方面，为获取精液所完成的自慰行为因不是以享乐的意向所做的，而是为了实现婚姻的一个目的，故此，并不是恶的。[31]

但是，对这种同体人工授精不可能有肯定的评断。虽然意向是好的，也无意分开夫妻行为中的结合意义与生育意义，但事实则是，正如《生命的礼物》所教导的，同体人工受孕所追求的生育并不是夫妇结合的自然结果，同时，也将使婚姻的福祉与意义相分离。夫妻行为中两种意义的不可分性不能只停留在意向层面，而且也应该体现在生殖进程中。人的实质性统一也要求这一点。此外，将人类的性只视为是纯生物性事实也是错

---

[31] 从这种意义上来说，持这种观点的有，诸如 P. Vesperien, *L'insémination post-mortem*, en «Études» 361 (1984), 193-196；O. De Dinechin, *Maternité demain*, en CARS 277 (1983) 663-664。

误的。

异体人工授精——就是藉助技术手段将由一个与其丈夫不同的捐精者身上所获得的(或从精子库所取得的)精子植入妻子阴道内——显然也是不道德的。这种做法直接违背婚姻关系的单一性;它打破了夫妻相对将要诞生的生命所拥有的父职与母职的关系;并使子女相对父母的关系非自然化。子女的诞生也并不是夫妻之爱的结果,而夫妻之爱才是人类生育的相应场所。

在接受其丈夫之外第三者所捐献的精子时,便打破了婚姻的单一性和夫妻相互忠贞的许诺。夫妻本有的父职与母职也被非自然化,因为捐精者的涉入改变了原本属于夫妻共有且独有的身份;所诞生或所要诞生的子女也不再是夫妻二人之活生生单一性的体现。这种做法也未尊重子女的尊严,作为子女有权作为其父母之爱的成果在婚姻的怀抱中得以接纳。此外,也不难预见藉由这种方式在子女身上所带来的心理性等方面的负面后果。

总之,从伦理上来说,异体人工授精比同体人工授精更为恶劣。所侵犯的价值也更大,侵犯的强度也猛烈。向一个尚未结婚的女性进行人工授精,也具有同样的伦理严重性和恶劣性。

### 6.3 配子移植

这里所提出的问题是,配子移植这种方式所具有的伦理性是否与人工授精或接下来将要阐述的试管受孕所具有的伦理性一样。配子移植就是将从夫妻行为而获得的配子(精子与卵子),藉着人工技术将其分别植入女性子宫内以完成受孕。

尽管有些人认为这种做法并不是不道德的,但我们认为应将其视为不道德的,不只是在异体配子移植,即使是同体配子移植,在伦理上都是不允许的(即:不道德的)。这是因为这种技术已不再是帮助生殖进程,而是完全取代了自然受孕的过程。与广义的人工授精不同,这种做法已不再是帮助或协助在夫妻行为中所获得的精液继续其自然进程,而是以技术的手段将精子与卵子一起植入女方阴道或子宫内。夫妻行为变成了便于第三者(即技术手段)施以干预的措施或途径,因此,事实上便成了(藉由夫妻行为所提供的材料)"生产"或"出产"子女。在这里显然打破了生殖过程的整体性,如此以来,夫妻最终便不是所诞生之子女的父母了。这种做法并不是一种帮助或辅助,而是对夫妻行为的一种替代。虽然教会训导针对这种做法的伦理性仍未做任何定断,但《生命的礼物》所做的教导对其合法性持有怀疑态度。

## 6.4 试管受孕与胚胎移植

人工受孕或人工生殖是指藉用人工技术,以不同于男女性结合的方式,所完成的人类受孕的过程。而试管受孕则是指将在实验室所完成的受精卵移植到女性体内,这是一种体外受孕。

为了获取女性的卵子,通常藉由适当的医学手段,促进卵细胞的成熟,也就是说,以人为的方式刺激女性生理周期,已达到排卵的目的。这是为了确保第一阶段的结果,由于人为的干预,可能会促使女性排出多个卵细胞,因此便也可能培植多个胚胎。那么在试管受孕时也会移植多个胚胎;如果失败,便可再次移植;而剩余的胚胎会保存起来,以便再次使用,或被用来做研究和试验。为了获取男性配子,通常都会采取自慰的方式(这种方式始终是严重有违伦理的)。

在根据上述所描述的方式获取配子后,再以恰当的方法在实验室培植受精卵。为了提升结果的"安全性",通常的做法是培植多个受精卵和移植多个胚胎(一般不超过四个)。之所以这样做是因为这里是失败最多的地方,因为大多数被移植的胚胎都无法在女性子宫内着床。另一方面,技术的"逻辑"(或效力)就是,若存在着畸形危险的话,实施技术的人,也就是医生团队,便会采取各种措施中断胎儿的妊娠。毫无疑问,在对试管受孕做伦理评断时应考虑到这些细节。不管怎样,这肯定是堕胎。

– **伦理鉴定的基本准则**:试管受孕在伦理上的定断始终是否定的。这是因为它直接违反受孕者的人格尊严和将性的运用非自然化。

试管受孕的技术将人工具化:无论是配子的捐献者,还是被培植的胎儿(胚胎)。整个过程就是一种"操控"：不是由夫妻操控，而是由技术团体操控。将欲诞生的子女视为"私产"，若出现什么畸形等情况，便可以摒弃他和摧毁他。整个过程都是由效力和实用性在主导。这是彻底违反将要来到世上之婴儿的人格尊严的。事实证明为了确保所施以的干预达到最好效果，在进程的不同阶段都在不断地摧毁多余的胚胎。

不乏有学者试图为这些结果进行辩驳，相较即时的堕胎而言：这是些"自然的现象"，不应受到道德上的谴责。

但是这种比较并不恰当。当直接寻求消灭和摧毁胚胎时，显然不是自然现象(通常当发现胚胎出现畸形或异常，为了确保"生命的质量"便会将其摧毁)。同样，在向女性体内移植过多受精卵，最终将多余受精卵消灭时，显然也是故意的堕胎，尽管只是将其作为一种措施，而不是目的，但伦理上仍然的极为恶劣的。如若是只是移植了一个受精卵，第一眼看来貌似可以与即时的堕胎进行对比，但这种对比仍然是错误的。

在试管受孕中，这种堕胎总是故意而为的。若想使其不是这样，不在伦理上有任何否定评断，则需要具备以下条件(即双果原则)：纯正的意向；行为本身是好的或至少是中性的；不能通过恶的手段获取好的结果；对将要产生的恶果应有相称的理由。然而，不容置疑的是在试管受孕的情况中，并不具备这四个条件。事实上，置生命于严重的危险，或一个人的死亡(即消灭或摧毁胚胎)，本身便是极恶的；为了满足成为父母的愿望，从来都不允许将此作为达到目的的措施。

试管受孕同样也将性的运用非自然化。它打破了性行为人学和伦理上的要求：婚姻性结合中结合意义与生育意义的不可分性。传承生命与性结合相分离，且独立地进行，呈现得有如一系列行为中的一环，然而这些行为，作为夫妻相互交托的表达，是绝对必需的，缺一不可，且彼此一环扣一环的。然而试管受孕的进程是人为地连接在一起的(配子的产生与获取；配子的结合与培植；配子的移植，等等)。

有些学者论证说，试管受孕尊重的结合与生育意义的不可分性，分开也只是在生物学层面上的分开，而不是在人身上和伦理上的分开。夫妻和医生团体的意向使整个过程都保持着整体性，因此，尊重了生育与夫妻行为的整体性。

但是这种整体性是站不住脚的。首先,在人身上的生物层面便是位格的生物层面;其次,主观层面(在这方面的确保持着整体性)是一回事,而客观层面则是另一回事,客观层面作为事物的本质与真理的表达,决定着行为的伦理性。

"在试管受孕中,夫妻的意向不具任何内在的作用。夫妻慈爱的意向只停留在外在层面,而对试管受孕的架构并没有任何决定性作用,因为这是一个技术过程,内在地是由实用性和效力驱动着。"[32]

**– 异体人工受孕的伦理判断**:在这种技术中有很多中情况:所孕育的胚胎是由妻子卵子与丈夫之外的另一个男人的精子结合而成;或丈夫的精子与妻子之外的另一个女人的卵子结合的胚胎;或由单身女子或寡妇的卵子与任何一个捐精者的精子结合而成的胚胎等。无论是哪种情况,异体人工受孕的伦理判断始终是否定的:是严重不道德的。其理由主要有两个:1) 违背了婚姻中男女结合的整体性(或单一性)与夫妻忠贞;2) 未尊重子女藉由婚姻而来到世上和在婚姻内被接纳的权利。

"这些原因就是道德上反对异体人工受孕的原因:一位已婚妇女以非丈夫(捐赠人)的精子受孕,以及丈夫的精子与非妻子的卵子结合,均属违反道德。此外,未婚女子或寡妇借助人工受孕,不论捐精者为何人,也是为道德所不容"(生命的礼物,II-2)。

《天主教教理》也不断重申:"这些技术(异体人工受精和受胎)损害了婴儿应由婚姻结合的、其所认识的一父一母所出生的权利。这也违背了「唯有夫妻,经过他们二人,才能成为父母的权利」"(天主教教理,2376)。

**– 同体人工受孕的伦理判断**:这种技术的伦理性同样也是否定的。这种伦理上否定的判断除了基于伴随这种技术的各种行为外(冷藏多余的胚胎;蓄意堕胎或毁灭胚胎等),主要的原因是这种技术将夫妻行为与生育分开了。

《天主教教理》引用《生命的礼物》上的话教导说:"这种技术,实行在配偶身上(同体人工受精或受胎),可能伤害较少,但在道德上仍是不能接受的。这使性行为与生育行为分离。使

---

[32] A. Rodríguez Luño-R. López Mondéjar, *La fecundación «in vitro»*, cit., 87.

婴儿存在的行为,不再是二人互相交付的行为,而是「把生命及胚胎的本身,交托给医生和生物学者权下,对人的开始和去向,建立起技术的操控。这样作成的操控,本身就违反父母和子女共有的尊严与平等」(生命的礼物,II-5)。「如果生育不是当作夫妻行为的果实而要的,即不是夫妻结合的特有行为所要的,生育在道德上失去固有的完美……。只有尊重夫妻行为的意义以及尊重人之内在合一的关系,才有符合人的尊严的生育」(生命的礼物,II-4)"(天主教教理,2377)。

## 6.5　生殖过程中的技术辅助:出生前的诊断

"天主——造物主、天父,赋予人类生命,却期待人类珍惜这恩赐的无穷价值及承担其责任"(生命的礼物,序言,1)。

"天主「决意」创造一个像祂的人类。这个人,每一个人,都是天主「为了人本身」所创造的。天主喜爱每一个人,包括那些天生顽疾或残缺的人。在每一个人的体质内都铭刻着天主的意愿,祂的意愿是:人的本身就是目的。天主把人交给人类自己,要他对家庭和社会负责。父母想生儿育女时,应该充分意识到这人是「天主为了人本身所要的」"(致家庭书,9)。

这种意识——也就是:子女是天主托其照顾的一份恩赐——指出了启发父母在传承生命时应肩负责任的领域。如果说子女是天主之爱的果实,天主藉由父母之爱将子女带到世上来,那么,父母就应该自其子女受孕成人开始,无偿地接纳他,并帮助他成长。从积极的意义上来说,就是子女应该受到保护,并以恰当而相称的方式捍卫其位格身份。事实上,也只有这样才能使子女不断成长。从消极意义上来说,便意味着子女的生命一旦开始,在其整个孕育过程中,不能摒弃他、伤害他或阻止他发育。

只要不干预生殖进程,而只是帮助它完成,那么,这些技术手段便是合法的。在满足伦理上要求的条件下,在这一领域施以医学救助便是正直的做法。

教宗庇约十二世教导说:"只要人工措施是为了便于自然行为的完成,或帮助已完成的自然行为能够以正常的方式达到其目的,伦理上并不必然地禁止采用这些措施。"[33]

在生殖过程中施以辅助的一个重要课题就是产前诊断。这种诊断可以定义为:藉以查证一切形式的先天缺陷所施以的诊断行为。

生命权也意味着在"尊重其生命和完整,避免引起不相称的冒险,而且以治疗和改善胚胎的健康状况或其个体生存为目的"(生命的礼物,I-3)的前提下,对人类胚胎施以医疗干预的可能性。在满足这些条件的前提下,医疗措施便属合法。

"出生前的诊断可获知母体内的胚胎和胎儿的情形,从而及早作出有效的治疗或施行手术"(生命的礼物,I-2)。

"但是,如果有关的诊断目的在于寻求胎儿是否畸形或染有遗传疾病而施行堕胎,则这种诊断属严重违反道德律"(生命的礼物,I-2)。正如教宗若望保禄二世所指:"这些畸形的携带者并不因此便丧失其作为人应该的照顾,应向其表示尊重,这是每个患者应有的权利",[34] 因为"人的尊严超越其生物身份"。[35]

父母应以绝对的尊重接纳和对待其子女:无论他是健康的,还是患病的;无论是自己所渴望的性别与否。应该保护他、照顾他,如果患上什么疾病,要设法治愈他。为此,在了解了大部分技术对母亲或对胎儿可能有的危险后,便不能求助于产前诊断,除非是通过事先咨询后,有明确的指示。不管怎样,为了是产前诊断的完成合法,仍需怀有继续妊娠的愿望,无论其结果如何。

普遍认为产前鉴定胎儿性别并不符合上述要求,因为不用为了这种目的而进行产前诊断。纯粹想知道胎儿性别这种愿望并构成足够的理由。

---

[33] 庇约十二世,1949年9月29日讲话,18;同样的教导也被收录在《生命的礼物》中(II-7)。
[34] 若望保禄二世,1982年12月3日讲话,3。
[35] 同上,1983年10月29日讲话,6。

## 7. 附录：实用指南

《听告解者指南：有关婚姻生活上某些伦理问题》(1997年2月12日)的直接对象是听告解司铎。因此，这部牧灵指南首先是为了他们，也是为了这个缘故，在这一部分文明将这部文件的第三部分抄录在这里。之所以将这些指示陈列在这里，是因为，正如《指南》本身所提醒的："由于和好圣事是委托给司铎施行，故此这文件是特别针对听告解司铎而写的，目的是给予他们一些有关夫妻贞洁方面的实际指引，以协助他们听信友告罪并为他们赦罪。更具体的说，这听告解者指南也是为已婚的悔罪者提供参考，好使他们能由领受和好圣事而获得更大益处，并按照教会当局教授的天主法律，做一个尽职的父母。这文件对准备结婚的信友也有帮助"（听告解者指南，导言）。

接下来就是我们欲抄录的主要内容，所涉及的是这部文件中第三部分的1-19号。

1. 与悔罪者谈论有关负责任的生育时，听告解者必须谨记四件事：甲、要效法天主的榜样，「能够深入任何浪子的心，任何人类的疾苦，尤其是任何形态的道德困境，直透人的罪根」[36]；乙、在询问这些罪过时要有审慎的节制；丙、应协助和鼓励忏悔者，使他们能达到足够的悔改，并完全的承认自己的大罪；丁、劝勉众人逐步走上成圣的道路。

2. 和好圣事的施行者应常谨记，这圣事是为了犯了罪的男女而建立。因此，除非有明确的反证据，否则应接纳一切前来告罪的人，理所当然地视他们怀着诚意，愿与仁慈的天主和好，虽则这诚意以不同程度出自一颗忏悔和谦虚的心（咏50:19）。[37]

---

[36] 若望保禄二世，《富于仁慈的天主》通谕，1980年11月30日，6号。若望保禄二世，《富于仁慈的天主》通谕，1980年11月30日，6号。

[37] 「施行忏悔圣事者，就如他在祭台上举行感恩圣事或在施行其他圣事时一样，都是『以基督的名义』行事。这位藉施行圣事者而临在，并完成赦罪奥迹的基督，是世人的兄弟，仁慈、忠信和充满怜悯的大司祭，悉心寻找亡羊的牧者，医治和安慰世人的医生，教导真理和揭示走向天主途径的老师，并且是生者死者的判官，祂只按真理而非外表来审判」（若望保禄二世，《和好与忏悔》宗座劝谕，29号）。

「司铎在举行忏悔圣事庆典时，所完成的职务，就好比寻找亡羊的善牧，为人包扎伤口的慈善撒玛黎雅人，等待并迎接浪子回头的慈父；也如同一位正义法官，无所偏私，作出公平而仁慈的判决。简言之，司铎是天主怜

3. 遇到久未办告解而偶然前来领受此圣事的悔罪者，一旦发现他们的情况颇为严重时，在直接和具体地问及他们有关生育及一般贞洁的责任前，必须开导他们从信仰的角度去明了这些责任。故此，若他们告罪时太笼统和机械化，就必须协助悔罪者在天主前反省自己的生活，并按他们的个人情况，[38] 用一般有关各德行和本份的问题，以积极的方式提醒他们去追求以爱为本的圣德，以及他们在生育和教养子女方面的责任的重要性。

4. 遇到悔罪者提出问题或要求澄清某个别问题时，即使他们只作含蓄的表示，听告解者要恰当地回答，但常应小心审慎，[39] 切勿认同错误的见解。

5. 听告解者有责任就客观的违反天主法律的重大事项劝告悔罪者，确保他们真心寻求罪赦及天主的宽恕，并决意检讨和改善自己的行为。屡犯避孕的罪行，本身并不构成司铎拒绝赦罪的理由；然而，若他们缺乏足够的悔意或欠缺不再犯罪的决心，便不能为他们赦罪。[40]

6. 常定期向同一司铎告解的悔罪者除寻求罪赦外也另有所求。听告解者应知如何帮助他(她)在基督徒之德行上日益增进，因而得以圣化婚姻生活。[41] 若能建立一个真正的灵修指导关系，即使有实无名，必能事半功倍。

7. 在悔罪者方面而言，和好圣事要求诚心痛悔，正式地完全告明大罪，并依赖天主的助佑决意不再犯罪。一般来说，听告解者不需深究由于不可克服的无知，或因没有过失的错误判

---

[38] 爱罪人的标记和工具」(《天主教教理》，1465 号)。
参：教廷圣部，《听告解者在有关第六诫上的规定》(*Normae quaedam de agenda ratione confessariorum circa sextum Decalogi praeceptum*)，1943 年 5 月 16 日。

[39] 「司铎在提出问题时，应以明智和谨慎进行，且应注意忏悔者的身分和年龄，切勿查询同犯的姓名」(《天主教法典》，979 号)。
「职是之故，教会的教育必须时刻结合教义，决不能与之分开。基于同一的信念，我在此仅重述前任教宗的一句话：『不把基督救赎的道理削减，那才是对人灵的最高的爱德』(若望保禄二世，《家庭团体》宗座劝谕，33 号)。

[40] 参：Denzinger-Schonmetzer(即：邓辛格)，《天主教教义汇编》(Enchiridion Symbolorum)，3187 号。

[41] 「向司铎告明是忏悔圣事的必要部分：『忏悔者必须告明所有用心省察出来的大罪，即使是最隐密的，如违反十诫中最后两诫的罪过，因为有时这些罪过会更严重地伤害灵魂，且比那些公开的罪，更为危险』(《天主教教理》，1456 号)。

断而犯的罪过。虽然这些罪过并不使犯者有罪,但它们本身毕竟是一种恶事和脱序。避孕的客观邪恶也是一样,它导致夫妻的婚姻生活出现一种恶性习惯。因此必须致力以最适宜的方式使悔罪者的道德良心脱离这些错误,[42] 因为它们违反了夫妻生活之全然奉献的本质。

虽然大家都知道培育良心的工作,不论是一般性的还是特殊的,首先应在为已婚夫妻的教理讲授中进行,但我们常需在举行和好圣事当时,协助夫妻们自我检讨在夫妻生活上的特殊义务。听告解者若认为有需要询问悔罪者时,他必须审慎和尊重地这样作。

8. 遇到因主观不可克服的无知所导致的错误,更好是让悔罪者保持善意,这一个原则确实常是合理的,在有关婚姻贞洁的事情上同样有效。若预知悔罪者虽然有意按信德而生活,却未能改变自己的行为,反而走向实际犯罪的可能时,这原则正用得着。然而,在这些情况下,听告解者应设法引导悔罪者,借着祈祷和劝告,使他们逐步接受天主对他们生活的计划和要求,并按教会的训导来培养自己的良心。

9. 牧灵上的「渐进律」不应与「法律的渐进」混为一谈,后者倾向削弱法律对我们的要求,前者却要求与罪恶「断然决裂」,同时「逐步」达到完全吻合天主旨意和祂慈爱要求的境地。[43]

10. 另一方面,若擅自以个人的软弱作为伦理真理的标准,

---

[42] 「反过来说,如果无知是无法克服的,或者错误的判断对道德的主体无责任可言,这人所作的恶便不能归咎于他。但这行为毕竟是一件邪恶、欠缺、错乱的事。因此,应该下功夫努力纠正道德良心的错误」(《天主教教理》,1793 号)。

「可能因为不可克服的无知,或因没有过失的判断错误,而作的恶事,其作恶者并不有罪,但即使如此仍算恶事,就是有关善的真理的一种失序」(若望保禄二世,《真理的光辉》通谕,63 号)。

[43] 「已婚的人同样奉召加强对天主神律所蕴藏和提倡的价值的认识,在道德生活上不断提高自己。他们必须坦诚而慷慨地在具体的决定中,纳入这些价值。他们决不能将法律视为未来有待实现的理想,他们必须视之为主基督的训示,要恒心地克服困难。因此,所谓『渐进的法律』不等于『法律的渐进』,好像天主的神律按不同的人和不同的环境而有所不同似的。在天主的大计中,所有夫妻都奉召婚姻中成圣,这崇高使命的实行的最终目标是:人信赖天主的圣宠及其旨意,回应天主的诫命。这也是教会教育方法的一部分,教会要求夫妇首先清楚承认《人类生命》通谕的训导,是他们履行性生活的原则,他们应尽力创造遵行这些原则的条件」(若望保禄二世,《家庭团体》劝谕,34 号)。

这是无法接纳的。从最初宣讲的耶稣的话中，信友便意识到，伦理律，不论是自然律和福音律与人的能力之间，就存在着一种「不成比例」的现象，但他们也同样明白，承认自己的软弱是获得天主仁慈的必需和稳妥的途径。[44]

11. 对于那些在婚姻贞洁上犯了重罪后，表示有意努力避免重犯，却又再次失足犯罪的人，不应拒绝给他们在圣事中赦罪。按照教会圣师和有圣德的听告司铎所依循的被认可的教义，听告解者对惯性的悔罪者，应避免要求他对日后无可指摘的行为，做出人性上不可能的绝对保证，[45] 而显示出对天主圣宠或悔罪者的意向缺乏信任。

12. 当悔罪者——尤其是惯常领受这圣事，并对所得的灵修辅助表示信任者——表示愿意接纳伦理训导时，宜逐步培养他对天主上智安排的信心，并支持他在天主面前诚实地检讨自己。为了这原故，必须验证导致节育动机的有效性，以及为了延迟或避免新生育所选用方法的许可性。

13. 与故意令交合行为变成不育的配偶串同犯罪的情况，具有特殊困难之处。首先，我们必须区别出真正的串同行为，以及配偶一方施加强迫或不合理的苛求，而另一方根本无法抗拒的情况。[46] 这种串同若同时符合以下三个条件便可以是许可的：

(1) 串同配偶的行动本身并不是不许可的；[47]

(2) 有相当严重的理由存在，迫使他要串同配偶的罪恶行为；

---

44 「就此情形而言，适当地考虑到天主对经历悔改者的罪的仁慈，和对人的软弱的同情。这种同情决不是意味着是妥协或假冒善与恶的标准，为就合特别环境。人犯了罪，承认自己的软弱，也为自己的堕落祈求天主的仁慈，是很合人道的；无法接受的是，人把自己的软弱当作真正善的标准，而至于因此觉得有推辞的理由，并不觉得需要投奔天主和祂的仁慈。这样的态度败坏整个社会的伦理，因为它教人学着在原则上怀疑伦理规范的客观性，并在人的个别行为上，拒绝伦理禁令的绝对性，结果混乱了一切价值的评断」(若望保禄二世，《真理的光辉》，104号)。

45 「听告解人对忏悔者的准备，如没有怀疑，当其请求赦罪时，不可拒绝也不可迟延」(《天主教法典》，980号)。

46 「圣教会声明，屡有配偶一方为了重大的理由，很不愿意地让倒错正常秩序的事情发生，而他(她)在这事上是被得罪而非犯罪。在这情况中，只要谨记爱德之律，不忘设法劝说和阻止配偶犯罪，则是无罪可言的」(庇护十一世，《圣洁婚姻》通谕，《宗座公报》〔AAS〕22〔1930〕561)。

47 参：邓辛格，《天主教教义汇编》，2795号，3634号。

(3) 正设法帮助配偶停止作这种行为（忍耐地，以祈祷，爱德和对话；但不一定要在当时，亦无须在每一次机会上）。

14. 此外，必须小心衡量串同作恶的问题，尤其在涉及采用能有堕胎效果的方法时。[48]

15. 信友夫妻是世上天主慈爱的见证。所以必须说服他们，在信德的协助下，即使他们曾经历人性的软弱，仍可以靠着天主圣宠的帮助，在夫妻生活中遵循天主的旨意。经常和恒心地祈祷，领受感恩圣事及和好圣事，这些为获得自制都是不可或缺的。[49]

16. 司铎在讲授教理和预备男女双方举行婚礼时，不论是在教导时或是在和好圣事的范围内，都必须对避孕行为的邪恶持有一致的标准。完全遵循教会的训导当局。

主教们应特别留意在这方面提高警觉；因为信友们在讲授教理时或在和好圣事中经常被这方面的不一致所困惑。[50]

17. 告解的牧灵实践若要更有效果，就必须与一个持续而

---

[48] 「从道德立场来看，正式与邪恶合作常是不正当的。当一件行为，不论以其性质或在具体情况中所表现的形式来说，若能被界定为直接参与一件反对无辜生命的行为，或是同意主犯者之不道德意向，那就是与邪恶合作」（若望保禄二世，《生命的福音》通谕，74 号）。

[49] 「但这彰显婚姻圣洁的纪律不仅不妨碍他们的爱，而且使之具有更大的人性价值。这固然需要恒久不懈的努力，但夫妻凭了这纪律的良好功用，而得以充分玉成自身并增厚其精神财富。这纪律替家庭生活带来宁静和乐的果实，并有利于解决其它困难。这纪律培养夫妻彼此尊重与关心，帮忙夫妻克服与爱德不能并立的自私，而建立责任意识。最后，这纪律使父母在教育子女方面拥有深入而有效的权威，使日形成长的儿童及青年对人生价值具有相应的重视，并在身心双方获致和谐的发育」（保禄六世，《人类生命》通谕，21 号）。

[50] 司铎「尤其你们为伦理神学教授者，你们的特殊任务是完整而清晰地讲授教会对婚姻所有训示。你们在执行任务时，首先要树立在内心及表面上忠实服从教会训导职权的榜样！你们知道，人们应当服从教会，并非只为了教会援引的理由，而尤其为了教会灵牧在讲授真理时所享有的圣神之光。你们都清楚，在伦理及信理上一致服从教会训导职权和众口一辞，对维持心灵的平安及信友的团结，关系何其重大。所以，我人援引伟大宗徒保禄的诚恳语句，再度全心呼吁你们：『我因我们的主耶稣基督之名，求你们众人要言谈一致，在你们中不要有分裂，但要同心合意全然相合。』「将基督训示一无削减地传授他人，固然构成一种热爱人灵的方式，但这必须时时与容忍及爱德连接一起。这是救主与人交谈和接触时，所树立的芳表。祂来并非为审判而是为拯救世界，祂对罪人是忍耐和仁慈的，即使对罪恶本身严厉非凡」（保禄六世，《人类生命》通谕，28 号-29 号）。

完备的教理讲授相结合,教导基督徒有关婚姻爱情的圣召,以及其喜乐和严格的要求方面,其恩宠和个人的承诺。[51] 如果听告解者能转介绍悔罪者到一些顾问和中心,去学习有关自然节育法的适当知识,就更能事半功倍了。

18. 为了使有关负责任的生育的伦理指示变得实际而能实行,必须以教理讲授来补充听告解者的宝贵工作。[52] 这任务中一个不可或缺的部分,是就有关堕胎的罪恶方面准确地开导信友的良心。

19. 至于赦免堕胎之罪过方面,教会法定的规则应常予以遵守。若悔罪者的忏悔是真诚的,而且不便命他(她)到有权赦免这惩戒罚的法定权威时,所有听告解者在提示悔罪者作出相称的补赎,并指明需要日后向法定权威呈报,而且最好亲自拟稿并面呈后,都可以按法典 1357 条给予赦罪。[53]

\* \* \* \* \* \* \*

---

[51] 「关于合法的节育问题,教会团体应负起责任,说服和协助那些希望循真正负责的途径实践父母之道的人」。

「在这方面,教会对于以寻求妇女排卵周期更准确的知识为目标的科学研究的成果颇感满意,教会同时鼓励扩大这种研究,但教会不会忽略时刻以语重心长的态度,呼吁医生、专家、婚姻问题顾问、教师和已婚的夫妇,负起他们的责任-协助已婚的人实践他们的爱,尊重反映这种爱的夫妇行为的制度和目的。此举意味着采取更广泛、更具决定性、更有系统的措施,使这种自然的节育方法得到更多人的认识、尊重和应用」。

「采用这种定期节制的方法,而在爱情和生活上臻于更成熟的个人责任的夫妇,应可作出珍贵的见证。正如保禄六世说:『主托付给他们在人前显示法律的神圣和甘饴,这一法律结合夫妇彼此的爱,以及他们与人类生命创造者天主之爱的合作』」(若望保禄二世,《家庭》宗座劝谕,35 号)。

[52] 「自第一世纪,教会就对所有人工引发的堕胎,认定其为道德的邪恶。这教导没有改变过,也是不可改变的。直接堕胎,就是不论以此行动为目的或方法,严重地违反道德律」(《天主教教理》,2271 号;参看信理部,有关人工堕胎的声明,1974 年 11 月 18 日)。

「如果我们认清人工堕胎的行为就是谋杀,特别是当我们考虑到所摧毁究竟是什么时,这行为在道德上的严重性就显而易见了。在堕胎行为中所消灭的的是一个正当生存最初期的人。我们再也想不出比这更无辜的人了」(若望保禄二世,《生命的福音》通谕,58 号)。

[53] 必须谨记,在内庭(告解)赦免这类罪过的权力,正如其他未经宣告,不受宗座保留的自科惩戒罚,法定(*ipso iure*)属于任何主教——即使只是领衔主教——并属于主教座堂或副座堂的专赦司铎(penitentiary)(法典 508 条),以及属于医院、监狱和航海的专责司铎(法典 566 条 2 款)。托钵修会和一些现代修会的听告解司铎,享有特权赦免只属有关堕胎的惩戒罚。

**参考书目：**

《天主教教理》，1652-1654；2366-2379。

保禄六世，《人类生命》通谕，1968 年 7 月 25 日。

若望保禄二世，《家庭团体》劝谕，14；28-35。

——，《致家庭书》牧函，9,12。

——，《生命的福音》通谕，1995 年 3 月 25 日。

宗座信理部，《生命的礼物》训令，1987 年 2 月 22 日。

J. AZNAR LUCEA-J. MARTÍNEZ DE MARIGORTA, *La procreación humana y su regulación. 100 preguntas y respuestas*, Valencia 1995.

L. CICCONE, *Humanae vitae. Annalisi e commento*, Roma 1989.

C. CAFFARRA, *Ética general de la sexualidad*, Barcelona 21997, 79-85.

A. MATTHEEUWS, *Les «dons» du mariage*, Bruxelles 1996, 459-559.

A. SARMIENTO, G. RUIZ-PÉREZ, J.C. MARTÍN, *Ética y genética*, Barcelona, 1996.

VV.AA., *Humanae vitae*: 20 *anni dopo* (Atti del II Congresso Internazionale di Teologia Morale, Roma 9-12 novembre 1988), Milano 1989.

M. ZALBA, La regulación de la natalidad, Madrid 1968.

# 第二十三章
# 教养子女作为婚姻的目的

服务生命，作为婚姻的目的和夫妻的责任，既是指传承生命，也是指教养子女。这便是"家庭的基本任务是维护生命"(家庭团体，28)所要表达的意思。在分析了其中的第一项幅度(即传承生命)之后，接下来我们藉着对其中第二项幅度——教养子女——的分析，来完成对婚姻目的之"生育并教养子女"的阐述。

针对上述这个课题的研究，主要就以下几点：1) 父母教养子女之权利-义务的本质；2) 教养的基本方面；3) 家庭在教养子女中的意义；4) 最后，父母教育子女的权利-义务与其它具有同样教育职能之主体或机构的关系。

## 1. 父母教养子女之权利-义务

正如圣多玛斯所强调的："人的本性不单只追求生育子女，而且也追求子女的成长与进步，直到人的成全为止，作为人，成全是指德行的程度。"[1] 因此，人生下来并不是完美的，仍需要生活、成长，直至达到圆满状态为止，而作为有位格的人，蒙召来到世上，从其存在那一刻起便需要得到照顾和关爱。刚诞生者的位格尊严要求他人给予他适当的帮助。[2] 因此，教育就是藉着适当的措施来帮助子女成长和发展，直至达到其本性所要求成全程度为止，这种成全不单是身体的健全，也包括灵魂的康泰。

但是，如果教养子女是生育子女中的一个幅度，那么父母教养子女的使命(其权利-义务)便具有与生育子女同样的根源与本质。因此，父母便是其子女的首要与主要的教育者(参天主

---

[1] 参：多玛斯·阿奎那，《补编》，q.59, a.2；梵二，《天主教教育宣言》，3。
[2] 父母所共有的这项教育子女的责任提出了在家庭之外的工作是否与照顾和教育子女是否兼容的问题。为了解决这个问题，需要综观所有规则藉以来充分评价在家庭中的工作。参若望保禄二世，《论人的工作》通谕，19，1981年9月14日。

教教育宣言，3）。同样，由于教育是对天主创造工程参与的最后一步，父母教育子女的职责也应始终被看作是对人类之建设与培育积极而负责的合作。因此，父母在子女的教育中享有极高的尊严和负有极重大的责任。甚至不同方面的教育与培育——这要求一种真正的教育（人性方面、超性方面……）——也揭示了这在父母身上是一项无可逃避的义务：只有这样，他们才有能力不但不妨碍天主的创造工作，还能有效地帮助这项工作在真理内得以完成。

基督徒父母的教育使命，因着婚姻圣事，更具特别的意义，无论是就其本质、领域、特征等各方面来说，都是如此。所有这些都是由因其基督徒身份所促成的婚姻与圣事之间的关系而来的结果。如此以来，父母教育子女的义务-权利与婚姻圣事紧密里连系在一起，同时，相对那些并非由圣事性婚姻结合在一起的夫妇而言，所享有的虽是同样的义务-权利，但却获得了一种新的含义。之所以说是同样的义务-权利，是因为它基于父母生育子女的事实，是在传承生命中作为天主的合作者而来的义务-权利。而之所以说富有新的含义，是因为藉着婚姻圣事，这种在传承生命中与天主的合作也是在天国的建设与拓展中，在超性上与恩宠上重生工程中，与天主的合作。

> 藉由婚姻圣事，基督徒父母"分享天主父及善牧基督的权威和爱，以及教会慈母般的爱"，同时，"婚姻圣事给予教育任务真正教会「职务」的地位和圣召，为建立教会成员而服务"（家庭团体，38）。

父母应将子女视为有位格的人，尤其是应将其视为天主的儿女。应从人性上培育和教导他们，使他们能够作为有位格的人来行事和得到发展。然而，对子女的关爱也应以正式的方式落实，即：对待他们犹如对待天主的真正儿女，教育他们履行天主的法律（这才是在人性上培育和教导子女的最好方式）。

作为生育的一个幅度，父母的教育职责也应是公共的和共同的，也就是说，父母双方享有同等的义务-权利，正如在生育子女中享有同等的地位一样。至于这种职责的性质，应综合考虑所有能够且应该在子女的教育过程中施以干预的其它主体

（国家、教会等）。为了使子女能够在一种真正人性的背景下得到接纳和发展，还需这背景本身值得肯定和有价值：在其各种幅度与关系中，最为基本的就是子女本身所处的环境。因此，父爱与母爱应始终成为教育子女的灵魂与准则，无论是在家庭内，还是在家庭之外。

## 1.1 爱作为限定教育权利–义务的准则

天主的父性是上天下地所有为人父母者的原始典范和基本楷模(参弗 3:14-15)，而在天主性的父职中，父母可发掘其对子女的爱所应有的性质与特点。促使夫妻走进婚姻和构成夫妻生活之泉源的爱，同样也是子女之教育的灵魂与准则。

> "不得忘记最基本的要素（它检定父母的教育任务），就是父母之爱，此爱在教育任务中完成，在为生命的服务中圆满成功：父母之爱既然是教育的源泉，从它也产生活力和规范，启发并导引一切具体的教育行动，并以亲切、恒心、善良、服务、廉洁和自我牺牲等爱的崇高果实，来加强此教育工作"（家庭团体，36）。

一般来说，父爱或母爱可以概括为：既是富有感情而真实的，又是本性而超性的。

之所以说是**富有感情的**，或者说，内在而真正的，是因为它出自于内心，且旨在使子女获得最大的福祉。正如若望保禄二世在《致家庭书》当中所提醒的，这种福祉就是"天父永生的圣言降生成人，成为天主之子，向人显示其人性的真实及伟大"。这种爱，从子女蒙召来到世上的那一天开始，便涵盖其整个生命。从这个角度来说，只有这样，生育才被定性为负责的生育。

父母若在物质、精神等层面，对子女不予照顾、怨恨、咒骂或愿意子女遭遇重大厄运，便是犯罪，甚至是重罪。

**真实的或有实效的爱**，也就是说，藉着行为毫无限制的，或以浪漫的方式所体现出来的爱，使人更感受到的爱。爱应该是具体表现在对子女在其人格不同方面（人性方面、信仰方面……）的照顾，此外，也对其生命的不同阶段（婴儿期、童年期、青春期……)和各种需求(物质上的、身体健康上的……)所表现出的关爱。

若是父母严重地辱骂子女、惹他们生气(参弗 6:4；哥 3:21)、极残酷地对待他们、毫无理由地将他们逐出家门或使其艰难度日等，也是犯罪，甚至是严重的罪。若父母忽略其纠正子女的义务，或为子女立恶表(如挥霍无度)，未提供适当的教育等，也可能犯严重的罪。但是，如若有理由，父母可以并应该怀着应有的明智，指责子女，以慈爱而坚定地纠正他们，甚至可以以相称的方式惩罚他们，从而引导他们走上向善的道路。

有两种相反这种富有情感而又真实的爱的极端情况需要避免：一是尽其所能地满足子女所有意愿(或其恣意妄为)，而从不拒绝或违反其意愿，也不教其善用个人自由的**溺爱**或无节制地放任；一是剪断子女一切举措和使其生活在恐惧中的绝对严厉主义或无法容忍的态度。

父母如果藉着超性措施的帮助，努力将在家园内的共同生活变成真正的家庭生活，便能克服这两种极端，从而在生活中经常做到舍弃和忘我、无条件的相互理解和彼此尊重、服务精神、包容性的权威等。

**本性而超性的爱**：在基督徒父母身上，这两种幅度应奇妙地形成一体。其子女既是他们的，也是天主的儿女，因此他们也蒙召分享超性的生命。作为造物主及赎世主天主的合作者，基督徒父母的这种爱应体现在子女的人选教育和超性教育上，这一点连同其它因素将使子女本性的情感超性化。

如此以来，日常生活中的万千琐事将获得意想不到的重要性和价值，直至将家庭生活变成"天国的预享"，此外，"以基督为理由的爱是坚定的、百折不挠和不可摧毁的。无论是诽谤、危险、死亡，还是其它类似的事物，都不能从灵魂上褫夺它。这样爱的人，即使遭受多少痛苦，只要注视着他爱的理由，便永不会放弃爱"。[3]

---

[3] 金口圣若望，《论玛窦福音》，60，3。

## 1.2 父母之教育权利–义务的特点

教育子女是父母的权利–义务,其基础在于其父母的身份和对子女的父爱与母爱,这爱应始终贯穿对子女的一切关爱和照顾。这种权利–义务所具有的特点是:基本的、首要的、不可替代的和不可转让的。

**基本的**:因为这是由父母的生育子女的使命而来的权利–义务。父母对这项权利–义务的履行便是使子女受到良好教育的方式,这是基于父母–子女这种关系之绝对特殊性特征与父母在家庭中藉着相互的爱所创造的情感氛围和安全感。另一方面,对这项义务–权利的疏忽会使父母在其相应的父职与父职上不会有太大发展,至少是教育子女的幅度上不会有长进。

**原始的和首要的**:正如由生育子女的事实在父母与子女之间所形成的关系一样。子女的出生就像是父母的延续。可以说,父母之所以是父母,是因为有子女。其他的一切人际关系都是在父–子关系之后出现的,包括自然关系,比如,兄弟关系、邻里关系等。

**不可替代和不可转让的**:父母在教育子女方面可以甚至应该得到辅助。但是,他们并不能将教育子女的任务放弃,而将其委托给他人;与此同时,其他人或机构也不能取而代之。父母在教育子女上有权利得到协助,但是这种辅助始终应以承认父母在教育子女上原始而首要的角色和作用;然后,也应为父母提供必要的措施和途径,使父母切实地肩负起这项义务–权利。

故此,辅助原则应成为一切在父母之外,在教育子女的领域内,施以干预的指导原则。"「**父母在教育中的地位**如此重要,几乎可以说是不能取代的」。父母教育子女的权利和义务是最原始的和不能转让的"(天主教教理,2221)。

## 2. 最基本的方面与内容

教育的最终目的就是使自己在各方面都得到发展,寻获自己的身份，直至抵达藉由圣召蒙召成为的样子。但是，这项任务并非易事。许多次都需要克服各种障碍，无论是内在，还是外在的。陪伴和帮助子女的不可豁免的义务，尤其是在子女生命的前几年和初期（特别是童年和青春期）。

全面而完整的教育子女旨在使子女成为真正的人，这就要求应顾及到所有层面：物质的、精神的、自然的、超性的，等等。其中应将人格培育放在子女教育的中心。因此，虽然无需将教育所包含的所有价值和方面全部列举出来，但仍可将人格培育中最基本的两项幅度在此进行说明，即：人的**位格尊严**和**社会性**；若是基督徒的话，还应补充上**超性幅度**：这是天主的儿女所独有的，是人性最为真实而完整的幅度（参致家庭书，16）。

## 2.1 对子女身体上的照顾与关爱

物质生活虽不是人的主要福祉，但却是首要与基本的福祉，其它一切福祉均建基于此。在人受孕的那一刹那间，天主便赋予了人位格，所以子女的身份——有位格的人——在那时便应得到肯定。没有任何理由将其藉由堕胎而摧毁。除了不应阻止子女出生外，父母还应以爱在家庭中接纳他；如果在极端的情况下，无论是物理性的，还是伦理性的，比如，生活得不到基本保障，那么，照顾子女的任务可以委托给第三方或某个机构。

此外，照顾子女的生活应具体表现在为子女的生存与发展提供必要的供应：饮食、衣着、医疗，等等；同时，也应仅可能为子女提供相称于人性尊严的生活。因此，父母有义务在家庭经济创收上努力奋斗。相反，因疏忽或不关心，甚至故意挥霍无度，便是严重的失责。

> 针对非婚生子女来说，父母拥有同样的责任。在这种情况下诞生的子女没有任何的过错。因此他们有权利得到父母的爱和照顾，而父母也有义务为其提供度一个相称的生活所需要的一切。

## 2.2 在人性–基督信仰之基本价值观上教育子女

**培育自由**：自由是人为天主肖像的杰出标志（参牧职宪章，

17），是在子女的教育中需灌输的基本价值之一。只有通过正确地践行自由，人才能达至其人性及超性的圆满程度。因此，培育真正的自由便是子女教育中不可或缺的一项要素。

作为受造物，子女本身并不是其本性–超性存在的理由与解释。而是藉由父母与天主的合作，他们才从天主获得了存在的根由。因此，子女也是其自身的主人，并有能力真正地决定自己的行为。

如此以来，其结果之一就是应受一些准则的约束，这些准则指导其行事为人，从而达至其圆满。为人父母者应努力使子女接受此种培育，并按照这种方式为人处世，就是"应该在此世以此等方式安身立命，以便达至其受造的终极目的"；[4] 父母应特别留意切勿陷入按照个人意愿培育子女的诱惑中。

另一个结果就是，只有遵守这些准则，人才能达至圆满，当子女以负责的态度践行真正的自由，且愿意按照这些准则行事时，这才能成为真正的教育。总之，应该引导他们，使他们为自己的决定负责。

父母要协调自由与权威，在教育子女时，不应"把一套处理问题的公式强加在他们头上，而是向他们指明处理问题时，应当持有的本性和超性的正确动机。总而言之，父母应尊重子女的自由。因为若没有个人自由，便没有真正的教育；若没有自由，便无从谈到负责"。[5]

对自由的培育并不只是指导子女有能力自行做决定，而且更应该使他们正确地做出决定，并按照此等决定本应落实的方式和领域实施这些决定，也就是说，应尊重正确的伦理秩序所拥有的道德价值。故此，对自由的培育应是对各种德行的培育。

德行的目的就是要帮助人藉着运用自由而与各种受造的善建立关系，也就是说，根据符合这些善的本质和人的本性的方式，运用这些善，并使其为人的福祉服务。这样，神贫的美德——正确取用物质的善的方式——便在子女的初期教育中发挥着重要的作用。"父母应该教导子女使「身体和本能的层面隶属于内心和属灵的层面」"（天主教教理，2223）。

---

[4] 庇约十一世，《那神圣导师的》（*Divini illius Magistri*），5；1929 年 12 月 31 日。

[5] 施礼华，《基督刚经过》，27。

**培育真正的正义感与爱**："家构成一个自然的场合,把连带责任和集体负责的精神传授给人。父母应教导子女提防威胁人类社会的妥协和颓废"（天主教教理,2224）。因此,家庭也是社会的雏形;是人与社会之人性化的第一个学校。

鉴于人的社会性身份,若不与他人交际往来,子女便不能在其人格上获得发展和发挥其各种才华（参牧职宪章,12）。只有那些坦诚和基于真理的人际关系,才能有助于达至上述目的,也就是说"只有真正的正义感才能使人尊重每个人的人性尊严"（家庭团体,37）。

> "个人需要社会生活。此种生活为个人不是附加的,而是他本性的需要。人通过与他人的交往,与兄弟间的互相服务和对话,而发展他的潜能;人就这样回应他的被召"（天主教教理,1879）。

因此,培育真正的正义感则是另一项基本的价值,父母应特别注意对子女正义感的培育。这样家庭才能成为人性的课堂。很明显,与他人的正当关系,说到底,将会化为爱,这才是与他人保持正当交往的正确方式。为此,培育真正的正义感不能与培育真正的爱相分离。

因同样的理由,在这爱的教育中重要的一部分就是针对洁德的培育。不应忘记,对爱的培育是一个全面的工作,而针对洁德的培育与其它德行的培育是分不开的。性就整体而言,是人的一个富藏,并"使人在爱内交出自己"（家庭团体,37）。藉以活出性的方式与实践正义和热爱他人的方式是分不开的。因此,性的培育也是对真爱的培育中的一部分。那么,对性的真正培育也应是对洁德的培育。

洁德作为德行,其"目的在于以理性渗透人的情感和感官的贪求"（天主教教理,2341）,使人能够在与他人的交往中正确地整合个人的性。因此,在对性教育中必不可少的就是对伦理价值和准则的培育。因为按照这些价值与准则为人处世是在人的整体性中整合个人的性所必需的途径。只有这样才能达获自由和对自我的控制,从而,可以藉着交付自我,在与他人的交往中,既保持着自己的身份，也顾及到他人：父母、配偶、子女、兄弟姐妹等。这便突出了对贞洁或独身的教育，因为这是"自我奉献的最高形式，自我奉献也正是人类「性」的真正意义"(家庭团体，37)。

作为应指导父母对其子女进行性教育的原则，值得提醒的有：1) 每个孩子都是唯一而不可复制的人，应受到个人化的教育；2) 伦理幅度始终是其中的一部分；3) 对洁德的培育和有关性的教育应在较为广泛的爱的教育背景下进行(参人类性的真理与意义，65-76)。

**基督信仰的培育与教育**：伴随着子女生命各阶段的基督信仰教育是建立在人性培育之基础上的：恩宠并不摧毁本性，而是提升本性。它主要包括：1) 子女对圣事生活的参与；2) 信仰培育。

"因着婚姻圣事的圣宠，父母接受了**给子女传授福音**的责任和特权。子女自幼年开始，父母就应该给他们传授信仰奥迹，对子女来说，父母是信仰奥迹的「启蒙导师」。他们应使子女自童年即参加教会的生活。一个健康的家庭生活能够培养每人的内在气质，在一生的岁月里，作为活泼信仰的正确前导和有力支持"(天主教教理，2225)。

至于对圣事生活的参与，父母有严重的责任积极地协助子女，使他们准备有成效地接受这些恩宠的泉源。父母不能将此责任委托给学校或第三方。

父母应尽早使其子女接受洗礼，特别是在患有某种疾病或有生命危险的时候。所应持守的准则就是子女属灵的益处。因此，如果父母在其子女领受洗礼前应参加一些准备课程时，他们应满全这些要求，且不能因此而推迟子女领受洗礼。

在适当的时候，"基督徒父母应为其子女要求进入圣事生活的入门圣事……，并准备他们有成效地领受坚振圣事和圣体圣事"。[6] 对于和好圣事，同样也应如此。故此，在帮助他们领受圣事的特别恩宠时，也准备他们善度基督徒的生活。

除了使子女领受圣事并参与圣事生活外，父母也应培育子

---

[6] 宗座圣礼部，*Ordo bastismi parvulorum*, Praenotanda, n.3。

女的信仰。藉着适合子女年龄及条件的各种措施，教育他们认识有关信仰的基本真理。

具体而言，信仰教育的内容包括：1) 信仰的奥迹与真理（对唯一天主的信仰：全能的天父、造物主；天主子，我们的主及救主耶稣基督；天主圣神；圣教会）；2) 信德的圣事；3) 信德的生活（藉着恩宠的助佑，履行天主的诫命）；4) 信仰生活中的祈祷（在基督徒生活中，祈祷的意义与重要性）。

基督信仰教育的客观目的就是要使子女成为真正的基督徒，并有能力依照信仰的方式影响和塑造社会。也就是"按其公正良心评估道德价值、自由，并衷心地坚守这些价值，进一步地认识真神、敬爱真神"（天主教教育宣言，1）。这种教育中不可或缺的特点就是：1) **完整的**，意即：应包括"以基督徒和教会的观点，为他们介绍人格逐步成熟所必需的一切要点"（家庭团体，39）；2) **渐进的**：根据子女的年龄和所接受的教育，对真理日渐有更深入的认识。

## 3. 家庭在教养子女中的意义

在子女的教育中，父母也应注意人的不同幅度和各种官能：理智、意志、激情……。对人的真正教育在于培育人的习惯与态度，当人以正确的方式发挥其所有精力与潜能时，才能炼就良好的习惯与态度。一个人认识所应做的事情时，才能自由地决定行事。除了合宜的教育外，还应培育子女自行决定、自由行事的信念。

总而言之，父母的教育职责应集中在灌输内容与价值，还应注意教育方式。也就是说，"父母们应该有信心地并勇敢地，训练他们的子女有关人生的基本价值"（家庭团体，37）。在教育子女时，父母应将慈爱与勇毅有机地协调起来，切勿陷入放纵主义或权威主义这些相反健康教育的极端当中。为此，家庭的氛围则是不可替代的。

休闲和娱乐的时光、工作、节日庆典、日常生活中良好的交往等等，在子女的人格教育中都具有决定性的作用。"父母是教育子女的最先负责人。为表现出这个责任，他们首先为子女创立一个家。温柔、宽恕、尊敬、忠实和无私的服务便是家规。家是培育德行的适当场所"（天主教教理，2223）。

由于对所有子女的培育应是公共的，但同时也应因人而异，因此，应有专门的时间针对每个孩子进行个别的培育。其效果在很大程度上取决于父母对每个孩子进行教育的时机、兴趣、信任程度等。因此，父母们应懂得采用适合每个子女年龄、具体状况和所涉及主题的语言、方式等对其进行教育。对于这样的教育来说，家庭当中各种礼仪庆典，诸如，圣诞节、复活节等，以及其它，诸如新婴儿的诞生、家人的去世等，较为重要的时刻，都是很好的教育机会。

最好的教育方法就是父母依照各自的圣召所树立的榜样。在家庭当中所活出来的基督信仰的各种价值可激发子女效仿的态度和积极的兴趣。父母应该明白：言教不如身教，言行并进才是最好的教育。家庭生活中的和谐与理解对子女人格的发展来说是极为重要的。然而，夫妻争执不断、关系紧张或分居等，对子女的成长来说，则犹如灾难。

天主永远不会拒绝赐恩宠与那些诚心向祂祈求的人。在子女的教育中，父母应陪伴他们走在这条信德成长的路途中。与其邀请他们参加一些要理讲授和信仰培育的课程，倒不如尽可能在这些课程允许的情况下，多陪伴子女。这样，对子女的教育在家庭生活当中就会成为一个"一起走向天主"的过程。

在子女的教育中，基督徒父母应意识到自己的圣召及其子女之圣召的伟大，因为父母与子女都蒙召最大程度地分享基督的生命。作为基督徒父母，他们是首批向其子女宣讲福音的人，应时刻准备着为他们提供必要的援助，使其登上圣德的巅峰。丰富的经验告诉我们，子女在家庭中最初的经验在其圣德的成长过程中，扮演着决定性的作用。

但是，也勿忘记：子女自己才是其教育的主人公，然而这并不是说他们只是被动地接受教育。教育并不是传承文化、宗教、伦理等遗产，而是使子女准备好，由其自己并从自己出发，有序而渐进地健康成长和发展。因此，这就需要子女有意识且自由而积极地投身于个人的教育中。最好的教育法就是通过是子女参与家庭事务而增强其个人的责任感。此外，作为教育子女应有的态度和方法，对话也是不可替代的。

子女生活中较为重要的时刻就是对个人生活方式的选择。父母应该明白，在家庭中，一切都是为了"依照天主的圣召，圆满达成他或她的任务"(家庭团体，53)。为此，父母应准备好帮助其子女分辨他们的圣召，尤其是当他们处于青春期和青年的时候(参家庭团体，58)。

"子女成年后，便拥有为自己选择职业和生活方式的权利和义务。他们应在对父母的信任关系中，肩负起这新的责任，乐意征求和尊重父母的意见及忠告。父母则应该避免，在选择职业或在物色配偶的事上，强迫自己的子女。然而，这种克制并不妨碍父母向子女提供正确的见解，尤其当子女正在考虑建立一个家的时候"(天主教教理，2230)。

## 4. 父母教育子女的义务—权利与其它教育主体的关系

人是由灵魂和肉身结合而成的，本身拥有不同的感官和机能……，所有这些都在人内性格唯一的统一体，构成了唯一的行事主体，唯一的有位格的人。若是以人性而理性的方式行事，所有这些都需施以干预，至少根据其人性特质。因同样的理由，在某特定方面的行事会要求人格的不同幅度都要参与进来。故此，对人的真正教育不能被限制在人的某些幅度；至少在最基本的价值上，应涵盖各个方面。

人的本性连同其走向成全的圣召要求——除了其父母之外——其它教育主体的参与。人的团体、世俗和教会性等幅度要求一个比父母所提供的更为广泛的教育。因此，当父母所给予子女的教育无法涵盖各个层面时，便应寻求其它教育主体的协助，这也是父母的一项权利。当然，这些辅助性教育主体对子女的教育不能被视为是对父母之义务—权利的干涉或侵犯。如果这些主体所提供的教育范畴与目的超越(但不违背)了父母的基本义务—权利的话，更不应受到指责。

在子女的教育中，其它教育主体（如教会、国家……）的协助和参与是必不可少的。但是这种参与本质上是辅助性的：也就是说，要围绕着父母原始而首要的义务–权利来进行，因为父母是其子女的首要与主要的教育者。这是主导和规范其它教育主体的原则，它有两项主要的结果：

– 国家与教会有义务尽可能地为父母——及家庭——提供援助，以使他们恰当地履行他们教育子女的职责（参家庭团体，40）。这些援助具体体现在：1) 设立必要的机构和活动来补充子女在家庭中所接受的教育；2) 为父母提供必要的措施，使他们能够履行教育子女的职务。

– 父母有不可推卸的责任：1) 为其子女选择合宜的教育中心或机构，和确立其子女教育所应遵循的思想意识；2) 由于教育的义务–权利是永久的，故此父母有义务监督教育中心或机构是否所选择之理由对子女施行教育。

"身为子女教育的首要负责人，父母有权**为子女选择**一间符合他们自己信念的**学校**。这是基本的权利。父母有义务，尽其所能，选择那些更能协助自己克尽基督徒教育职务的学校。政府有义务确保父母的这项权利，并保证真能行使此权利的实际条件"（天主教教理，2229）。

\* \* \* \* \* \* \*

# 参考书目：

《天主教教理》，2221-2230。

若望保禄二世，《家庭团体》劝谕，36-41；《致家庭书》牧函，14-15。

R. BUTIGLIONE, *Il ruolo della famiglia nella trasmissione della fede*, en «Anthropotes» 2 (1986), 43-57.

A. FERNÁNDEZ, *Teología moral*, II, Burgos 1993, 587-591.

A. SARMIENTO ,*El sacramento del matrimonio*, Santafé de Bogotá 1996，442-456.

# 第九部分

# 家庭团体

　　婚姻和家庭是两个不同的事实，不能相互等同。但是，因着天主的计划，二者密切而不可分地连系在一起。二者相互呼应，彼此完善，正如历史所呈现出来的，将二者分开并孤立地考量将会对其产生一种极为贫乏的观念。从这种意义上，梵二大公会议，连同教会训导与先前的神学思想，在以综合的方式阐述婚姻与家庭，并强调二者的密切关联时，也提出了一些新颖的观点。

　　所以，在上述几章直接对婚姻进行了阐述之后，接下来我们就将目光投向家庭。

# 第二十四章
# 家庭、教会与社会

在历史中，家庭虽曾遭受了很多变化与变革，但仍保留了其基本特色：从农村形式的家庭转变成城市型的家庭；从无产阶级的家庭过渡到资产或小康性的家庭；从多子女的家庭过渡到少子女(甚至无子女)的家庭，等等。那么，就其本身而言，家庭的意义是什么？该如何定义家庭？这便是在本章第一部分将要探讨的问题。另一方面，历史也充分的展现了家庭与社会，以及家庭与教会有着密切的关系。那么，家庭以何种方式参与社会的发展呢？又以何种方式参与了教会的使命？这将是在第二部分所要阐述的问题。

## 1. 家庭

"在创造男人和女人的时候，天主就建立了人的家庭，并确定了基本的结构"（天主教教理，2203）。这就意味着家庭包括不同的成员，并形成了一个真正的属人团体。这就是接下来要探讨的内容。

### 1.1 家庭作为人的团体

当启示将天主描述为父，将圣言表达为圣子时，也是以类比的方式指出了家庭的事实。这种语言或表达方式，一方面旨在揭示天主圣三的奥迹，另一方面也有助于发掘家庭的真理。

> "从新约的启迪看来，可以从天主本身，即圣三奥迹中，找到家庭的原型。这个神圣的「我们」是人类的「我们」的永恒模式，尤其是按天主肖像所造的男女而形成的「我们」"（致家庭书，6）。

除了与圣三奥迹的无限差距外，以相似圣三的方式，家庭蒙召成为一个在爱内的属人团体。在这个团体中，每个成员都因其本身而得到认可，并克服了"我"与"你"的这种个人关系，而形成了一个"我们"；在夫妻间彼此完善而达至圆满，且以独有的方式生育儿女。

> "家庭是由人组成的团体，其生存及共同生活的适当方式，就是共融：人与人之间的共融（communio personarum）。虽然我们常承认造物主与神圣的「我们」之间的终极关系。只有「人」能够生活在共融中"（致家庭书，7）。

共融首先应该存在于夫妻之间，并表达他们之间的关系。这也是婚姻单一性的结果，因为"他们不是两个，而是一体了"（玛 19:6）。夫妻之间的亲密结合表达了他们，作为性别不同且相互补充的两个人，在男性与女性上的完全交付，因此，也表达了在单一性即不可拆散性上的忠贞。

> "当男女在婚姻中互相许给和接受对方，而结为「一体」后，「忠诚地献出自己」的原则便成为他们生命的一部分。没有这种互相奉献的精神，婚姻是空的；而双方以这种逻辑建立的共融，则会发展为父母的共融"（致家庭书，11）。

在夫妻团体的基础上建立并延伸出了家庭团体。除了夫妻关系之外，在家庭中也存在着其它的位际关系，若想使家庭生活真正地成为人与人之间的共融，便应忠实地遵守这些关系：父母–子女关系、兄弟姐妹彼此间的关系、亲戚关系等。因为真正的人性之爱不可能毫无差别地指向其对象，就好像所有被爱的人之间都是一样的；相反，爱人的人在将其爱指向对方时，必然会考虑到被爱者的身份，与此同时，也会保持自己的身份，此外，也会以具体的形式来表达这份爱，比如，父亲对子女的爱。

家庭之爱是一种伴有附带关系和活力的友谊之爱，这些附带关系有其各种的特质：诸如夫妻之爱、父爱或母爱、子女对父母的爱、兄弟之爱、等等。这也是由于藉由特殊关系连系在一起的人，这种友谊转化成了夫妻之爱、父爱、母爱……所形成的结果。爱与位际共融最初是建立在血缘关系上的：首先存在就是作为夫妻、父亲、子女……这些事实；而作为人性之爱，真正重要的是自由地决定依照个人的身份行事，无论是爱人的人，还是被爱的人。从这种角度来看，可以说家庭之爱与共融是可以成长和日趋完善的。

"同一家庭内成员之间的爱(……)能给予并维持内在的活力,引领家庭能有更深刻和更强烈的「共融」"(家庭团体,18)。具体来说,夫妻藉由"日复一日地忠于他们彼此互相赠予的婚约,在共融中不断成长",且"经由夫妇自愿分享他们整个生活的计划,即他们之所有及他们之所是而得滋养",同时,也"使他们每一天能进步,达到在各方面彼此更合一的地步——如肉体的、性格的、心的、理念和意愿的、心灵的合一"(家庭团体,19)。这是夫妻共融的直接结果,这种共融的特点就是单一性与不可拆散性。

在基督徒家庭中,其成员蒙召要活出的爱与团体精神,成了揭示教会的合一与共融的标记。家庭成员也应彰显出这种合一与共融,藉由圣洗,基督徒成了基督奥体的肢体,同一天主圣父的子女,彼此间也成了真正的兄弟姐妹,直至成为一个民族,并分享同一天主性的生命,讲论同一的语言,不再"有犹太人与希腊人的区别"(罗 10:12)。另一方面,所有基督徒之间这种密切的合一藉由圣神获得了支持与活力,因为圣神将所有的信者与基督连系在一起,并使他们在天主的教会内成为一体,是由此所形成的超性共融的活泉源和无穷尽的支持。

这种"新而原始的共融"的目的就是"这种共融基于血肉的自然关系,又因更深刻而富有的精神关系的建立和成熟,这种关系达到特殊的人性完美"(家庭团体,21)。因此,信仰的恩宠赋予基督徒家庭成员安全与勇敢,使他们生活在真理中和活出真正的人性关系。事实上,藉着信仰,他们有能力以新的眼光看待彼此,并有能力去发掘他们所融合之奥迹的深意:父性、子的身份、兄弟之谊……每个人都被召天主和基督的模式,活出相应的父性、子的身份和兄弟之谊。因此,纳匝肋之家堪称所有家庭和整个家庭生活的模型与典范:它不仅从外在,而且也从家庭内部,日益藉由圣洗和所参与的圣事,推动和促进家庭生活。

家庭中的每个成员在家庭的建设上,都负有特殊的责任,彼此间应相互帮助和彼此合作,以促进家庭的和谐共进。这种合作的一项不可或缺且具决定性作用的因素就是每个人肩负各自的角色和职责：或配偶、或父亲、或子女、或兄弟……；这是不可替代的。根据各自本有的方式，每天彼此服务，是活出个人圣召的最佳方式，同时也会促进家庭的团结与共融。

> "基督徒家庭是人际的共融，是「父」和「子」在圣神内共融的记号和形象。家庭的生育和教养是天父创造工程的反映。家庭奉召分享基督的祈祷和牺牲。每天的祈祷和天主圣言的诵读使家庭中的爱德坚强。基督徒家庭有福传和传教的责任"（天主教教理，2205）。

## 1.2 孝敬的德行：在家庭中的运用

"在「家庭」这个团体中，人与人之间的关系，即配偶之间、父母与子女之间、两代之间的关系特别紧密"（致家庭书，15），正如上述我们刚刚看到的，只有当作为人的团体发展时，才会以合宜的方式在生活中体现出来。圣经上藉着"应孝敬你的父亲和你的母亲"（出 20:12）这种概念体现出来家庭中的关系，神学上将其具体在"孝敬"的德行中："是一种超性的习惯或德行，它要我们对父母……表示恭敬，为他们效劳。"[1]

前面我们已经阐述过夫妻关系本有的德行，也探讨了父母相对子女而言应有的德行，现在我们着重研究一下子女相对父母而言，应有之德行的特点和要求。

子女孝敬和尊敬父母的基础在于父母分享天主的父性，这是一切父职的泉源与起源（参弗 3:14；天主教教理，2124）。正如恭敬和钦崇天主——我们本性与超性之所是的首要原则与泉源——是宗教之德行本有的行为，同样，恭敬父母属于孝敬的德行所应行的事。

> "「应孝敬你的父亲和你的母亲」，因为对于你，就某种意义来说，你的父母代表了天主；是他们给了你生命，把你带进了一特定的家族。民族和文化中。仅次于天主之后，他们是你的第一个恩人。虽然惟有天主是圣善的，而天主本身就是「善」，但父母也以独一无二的方式分享了这至高的美善。因此，要孝敬你的父母！这与钦崇天主有某种相似之处"（致家庭书，15）。

---

[1] 多玛斯·阿奎那，《神学大全》II-II, q.101 a.3。

因同样的理由，也就是说，以某种方式分享了天主的父性，所以，也应以不同的程度向亲族表示的尊重与孝敬，因为所谓亲族者，是由于他们都来自同一父母的关系。

对基督徒而言，这一点"由连结他们的自然感情所滋养"（天主教教理，2214），所表达的是孝敬这种超性的德行，同时，这也是与义德和爱德相关的德行。

"「孝敬」（或尊敬）和「爱」的关系很深。「尊敬」的中心，是与正义相连的，但若不论及「爱」，则不能充分解释后者。这里所说的「爱」就是爱天主及爱近人"（致家庭书，15）。

但是，孝敬作为德行，既有别于义德，也区别于爱德：义德基于差异性，而孝敬则指向同一血脉或同一家族的前辈；爱德建基于连结天主与众人的关系，而孝敬则基于连结同一家族的关系（因此，也可以说孝敬是一种特殊的德行，而相反这一德行的罪也具特殊性）。

子女对父母的孝敬（孝道）首先应表达感恩，"是由知恩而来，对他们要知恩，因为他们以生命的礼物、以爱情、和工作，把孩子生于此世，并让他们在身量、智慧和恩宠上成长"（天主教教理，2215）。"你要全心孝敬你的父亲，不要忘掉你母亲的痛苦。你要记住：没有他们便没有你；他们对你的恩惠，你如何能照样还报？"（德 7:29-30）。

"为基督徒，对那些带给他们信德的恩典、圣洗的恩宠和在教会中生活的人，欠有一分特殊的恩情。他们可能是父母、家中的其他成员、祖父母、牧人、讲授教理者、其他的导师或朋友。「我记得你那毫无虚伪的信德，这信德首先存在你外祖母罗依和你母亲欧尼刻的心中，我深信也存在你的心中」（弟后 1:5）"（天主教教理，2220）。

子女对父母的尊敬以特殊的方式表现为温顺和服从，子女藉此爽快地落实父母的合法意愿。[2] 这种行事方式最为杰出的就是服从天主，正如圣保禄所指，一切权力都来自天主（参罗 13:1）。然而，很明显的是只有父母合法地命令子女时，子女才能爽快

---

[2] 参：多玛斯·阿奎那，《神学大全》II-II, q.104 a.2。

听命。因此,若在合法的情况下,子女不服从父母,或对他们不表示应有的尊重,便是犯罪。而罪的严重性将取决于所违背的事物、劝告以及违背父母意愿时所怀意向的强弱程度。

"子女只要与父母同住,就应该服从父母为了子女或家庭的好处所下的命令。「作子女的,应该事事听从父母,因为这是上主所喜悦的」(哥 3:20)。子女对教育他们的导师和那些父母所委托的人,凡合理的命令,也应听从。但是子女如果按良心确信,听从某一命令是不道德的,他就不该听从。

"随着年龄的增加,子女应继续尊敬父母。子女应该迎合父母的希望,乐意征求父母的意见,甘心接受父母的合理训诫。对父母的服从止于子女的成年独立,但对父母的尊敬,却是永久应尽的责任。因为,对父母的尊敬,其根源正是对天主的敬畏,是圣神七恩之一"(天主教教理,2217)。

子女相对父母而言所肩负的责任是没有终止的。子女对父母的爱、敬重、尊敬应是永久的,只是随着境遇的不同,表达形式也有所不同而已,诸如年龄的变化、闭门不出、与父母相处的各种机会等。但不管怎样,"子女应尽力之所能,在父母的老年、在患病的时候,在孤苦穷困的日子,提供物质和精神上的援助。耶稣要人尽好这知恩的义务"(天主教教理,2218)。当父母不能自理的时候,对子女来说,这项本分更为严重。

对父母应有的孝敬,也广及于血亲,尤其是"也涉及**兄弟姊妹之间的关系**。对父母尊敬使整个家庭充满温馨的氛围。「孙儿是老人的冠冕」(箴 17:6)。「凡事要谦逊、温和、忍耐,在爱德中彼此担待」(弗 4:2)"(天主教教理,2219)。因此,兄弟姐妹之间也应相亲相爱,彼此扶助。

## 2. 家庭与社会

家庭与社会的关系是如此密切,甚至可以肯定,家庭如何,社会也将如何。因为,从根本而言,什么样的人出自什么样的家庭。社会的根基——人——便是出自于家庭,并在家庭中成长和发展的。接下来我们就着重阐述一下这两个方面。

## 2.1　家庭：社会的原细胞和生命细胞

家庭不是偶发事件，也不是自然力量盲目演变的产物；更不是人的发明物或文化产物。相反，它"是造物主明智地所建立的"(人类生命，8)，为了使人实现藉由坦诚地交付自己而达至位际共融的原始圣召。从这种意义上可以说，家庭是一种自然制度。它反映了男人与女人之人性最深刻的真理，反映了人——作为天主的恩赐与肖像——内在的一种架构。应在这项自然而基本的真理光照下审视家庭在历史不同时期和不同文化中所呈现出的不同形式。

此外，家庭是第一个自然社会，是社会的原细胞。对于个人尊严来说，男性或女性的身份是极为重要的：作为有位格的人，男女是平等的；与此同时，男性与女性的身份在共有的人性当中是首要的区别，也是人蒙召通过位际关系达至相互完整的第一个表现。从这种意义上来说，婚姻是首个自然社会，因为它根植于人的共融结构原始的意义。但是，婚姻使男女结合而"成为一体"(创 2:24)的同时，也形成了一个"人与人的共融"，在生育子女时，又以独特的方式使男女二人自然而圆满的相互补充："夫妻的「共融」产生家庭这个「团体」"(致家庭书，7)。

家庭是社会的原细胞，因为人在家庭中首次，因其本身，而无偿地得到肯定。家庭在社会上发挥着类似细胞在活的组织中所具有的作用。社会的道德品质与家庭密切相关。从道德层面来说，社会的发展取决于充斥着社会生活的各种价值。因此，摧毁家庭之价值的活动或立法，同样也会削弱社会的品质。

## 2.2　家庭：社会生活的学校

家庭是社会生活的第一座基本的学校(参家庭团体，37)。"家庭的日常生活应具有的共融和分享的经验，是它对社会的主要贡献"(家庭团体，43)。家庭的这项任务是如此的重要，以至可以说社会将来如何则取决于家庭如何，因为社会的基础——人——取决于家庭，并出身于家庭。

并不是所有的家庭"形式"都有助于真实而切实地造就人的

社会性。因此,则需要家庭是真正的家庭,也就是说,其存在应以生命与爱的团体的形式发展,在这个团体中的每个成员都应因其本身之不可重复性而得到肯定:即作为丈夫–妻子、父亲–母亲、儿子–女儿、兄弟–姐妹等等。所以,每个人在家庭中所扮演的身份而体现出来的个人尊严是其个人价值的唯一名由,位际关系所应遵守的唯一准则便是无偿性。

这一作用并不是仅由在家庭中生活在一起便能实现的。它要求家庭成为"真心的接受、相遇和交谈,无私的爱、慷慨的服务和深刻的休戚相关"的地方(家庭团体,43)。它还要求家庭成员首先要分享时光;尤其是要使家庭生活,藉着培养真正的自由、正义与爱,而成为一种共融与分享的经验。在自由中,人才能以负责的态度活出其人格尊严;在正义中,才会尊重他人的人格尊严;在爱中,对他人的尊重才会转变成因其本身而爱他们。

但是,家庭对社会发展的参与并不止于此。作为家庭自我实现不可放弃的要求,即使在家庭之外也身负着特别的社会职能,这项职能即在于,作为家庭,并以家庭的身份,在社会生活中行事,并参与社会的发展。这项职能"夫妇一起以一对佳偶,父母和儿女以一个家庭的身份"(家庭团体,50),——作为由血缘关系结合而成的团体的延伸——来完成。

正如在个人身上,既不能以二分法来看待其活动的个人幅度与社会幅度,也不能将其社会职能局限在某一特定领域一样,家庭在社会中的地位也是如此。另一方面,这也是家庭真理的一部分,是家庭所具有的职能之一,只有与其他家庭联合在一起,才能建设一个具有良好秩序的国际社会。然而,仍需再次指出,并非家庭的所有行事"方式"都有助于人及社会的人性化发展:为了促进人的全面发展,则需要家庭以绝对尊重其作为"生命与爱的团体"所拥有的福祉与价值的前提下安身立命。

家庭发挥其社会职能的具体方式之一就是参政。履行这项事务有两种基本方式:家庭生活的见证,以及积极参与社会生活,以便使国家的法律和制度不能伤害,相反应积极地维护和捍卫家庭的权利和义务。因为家庭是,也应成为家庭政治的首要与主要的主人公。

## 2.3 家庭的权利

教会的一贯教导是家庭作为人类社会的原则与基础，应受到社会与国家的保护，这一点也被收录在国际法当中。[3] 家庭享有一系列的权利，其基础与本质来源于造物主铭刻在男人与女人所拥有之人性内的法律，因此，它先于国家与社会。"因为家庭是由人所组成的，这些人因为有深厚的结合力而联结在一起，形成一个单一的共同主体。确实，家庭比其他任何社会机构更是一个主体，不论是国家或民族，是社团和国际组织，都不如家庭的主体性"（致家庭书，15）。"这些社团，尤其是民族，所具有的适当的主体性，是由人及他们的家庭而来的"，因此，"在此重申，民族、国家、国际组织的生命，是透过家庭「传递」，……这样的说法并不过分"（同上）。

同样基于人的本性，教会经常捍卫家庭的这些权利，并特别提醒国家政府有义务保护和捍卫家庭。《家庭团体》宗座劝谕在有圣座所撰写的"家庭权利的大宪章"中，罗列了家庭的这些基本权利。

这"宪章"的新颖之处并不在于其内容，事实上，其内容在教会的训导文献中均可见到。其新颖之处就在于它以有组织而系统的方式陈列了出来；以及在撰写是所采用的文学类型：旨在向我们当代人，无论是基督徒与否，介绍家庭的基本权利。从其风格上来说，与其说是宣布一些法律性的权利，倒不如说"宪章"指出了应启发针对家庭的立法和政策的基本原则。

这些基本权利共被罗列为十二条，其中既考虑到了家庭的"存在"与"行事"，也考虑到了其"对内"与"对外"的职能。我们将其罗列在下面：

– **有权自由地选择自己的生活方式**：每个人有权自由地选择自己的生活方式，因此也有权缔结婚姻，并建立家庭或保持

---

[3] 参：《世界人权宣言》，第十六条。

独身。

— **有权自由地结婚**：配偶双方不能在没有自由和完全，以相称的方式，表达其婚姻合意的情况下缔结婚姻。

— **有权负责地传授生命**：夫妻有不可转嫁的权利建立家庭，并根据客观的伦理秩序和各种价值的等级关系，综合考虑其针对已有子女、家庭和社会的义务后，决定子女出生的间隔和子女数目。

— **尊重与保护人类生命的权利–义务**：人类的生命从受孕开始便应绝对地获得尊重与保护。

— **教育子女的权利–义务**：因给予子女生命的事实，父母有原始、首要而不可转嫁的权利教育子女；因此，父母是其子女的首要与主要的教育者。

— **有权作为家庭存在与发展**：家庭有权以家庭的身份存在和发展。此权应得到法律与国家的承认与保护。

— **宗教自由的权利**：每个家庭有权自由私下地和公开地度其宗教生活。

— **有权践行其社会与政治职能**：家庭有权在社会架构内行使其社会与政治职能。

— **有权拥护正确的家庭政治（政策）**：家庭有权直接或是经由组织，在经济、社会和文化的行政当局和较低的行政机关面前，表达意见并设有代表。

— **有权参与不会破坏家庭的工会**：家庭有权和其他的家庭和机构组织善会，为的能适当而又迅速地达成家庭的任务。

— **有权拥有舒适的住宅**：为了度正当的家庭生活，有获得适当住宅的权利。

— 有权移民，并获得与其他家庭同样的保护：不应歧视其他家庭。

## 3. 家庭与教会

了解家庭与教会关系的关键之一就是将家庭视为"小型教会"（或家庭教会）的这种观念。这也有助于认识基督徒家庭的身份与使命。梵二大公会议，特别是《家庭团体》宗座劝谕，为发掘家庭之"所是"与"存在"的意义发挥着举足轻重的作用。

### 3.1 家庭作为"小型教会"

用来指家庭的"小型教会"这种形象并不是新鲜事物，早在初期教会便有这样的运用。具体来说，金口圣若望与圣奥思定都曾采用过这种表达。金口若望在鼓励基督徒家庭以爱德、服务和好客等德行处事时，便发现在家庭中拥有教会的重要成分：圣言的餐桌、信德的见证、基督的临在等。[4] 圣奥思定以含蓄的方式运用这种形象来表达父亲在家庭中的角色，并将其与主教的形象进行对比，因为这两种形象的作用都是要照顾信仰的团体。[5]

然而，这种表达则是源自于圣经。圣保禄的著作以及《宗徒大事录》明确地呈现出基督徒的家庭犹如传教的团体和敬礼的团体。

> 圣施礼华神父在论到基督徒夫妇时，也从这种意义上阐述的家庭："为此之故，教友夫妇的模范，没有比使徒时代教友家庭更好的了。例如：百夫长科尔乃略，服从天主旨意，让教会利用他的家，同外邦人接触（参宗10:24-48）。再如：普黎史拉与阿桂拉，与圣保禄合作，在格林多和厄弗所两地传播教义（参宗18:1-26）。又如：塔彼达出于爱德，资助约培的教友们的需要（参宗9:36）。此外，许许多多其他教友，无论是犹太人还是外邦人，无论是希腊人还是罗马人，在他们家中，吾主第一批门徒所宣讲的福音，开始广结硕果。那时的教友家庭，凡能结合基督而生活的，必能把基督昭示众人，齐来瞻仰。小小的基督徒团体，成为传播福音及其讯息的核心。如今的教友家庭，跟那时没有两样，而更能以一种崭新的精神生活，并把这新精神传播给一切同他们接触的人们。这就是初期教友的风格，这就是我们要

---

[4] 参：金口若望，《论创世纪讲道集》，6,2；《论玛窦福音讲道集》，17,6 等。
[5] 参：奥思定，《讲道集》，94。

努力做到的目标：做和平与喜乐——只有耶稣才能带给我们和平与喜乐——的播种人。"[6]

梵二大公会议延续了这种传统，并在其中的两部文献中运用了这种形象。从此之后，教会的训导便多次藉用这种形象来强调，"家庭依其本有的方式，成了教会奥迹的活的形象和历史性的肖像"（家庭团体，49）。

"家庭犹如一个小教会，父母应该以言以行做他们子女信仰的启蒙导师，用心培养他们每人的前途，尤其是修道的圣召"（教会宪章，11）。

在阐述家庭与教会的关系的同时，不只是突出教会从某种形式上来说，犹如教会的原始细胞（因为她不断地为教会产生新的成员），家庭也是教会奥迹的肖像与重现。家庭构成并揭示了教会，犹如一个"小型教会"。

家庭作为"小型教会"的基础在于婚姻圣事。家庭与教会的关系是圣事性的；它并不是一种社会性和法律性的关系，就好像家庭成员形成教会如同形成社会意义。

"它是在奥迹、恩宠的层面运作。事实上，它是耶稣基督赐予夫妇的恩宠和恩赐。正如教会隶属于基督一样，因为基督为教会舍弃了自己，且仍不断地交付自己；基督徒家庭也这样藉由恩宠与基督的教会结合在一起。如此以来，基督徒家庭犹如教会的彰显与见证。正如教会是基督的标记与圣事，基督徒家庭也是基督的圣事。它揭示并提醒基督与教会的奥迹。"[7]

家庭与教会的这种关系必然地决定了基督徒家庭对教会使命的参与。就像教会一样，基督徒家庭也是宣讲天主圣言的地方；并形成了一个敬礼和祈祷，及在爱德中彼此服侍的空间；"家庭以分享教会的生活和使命，在历史中负起建立天主之国的工作"（家庭团体，49）。[8]

---

[6] 施礼华，《基督刚经过》，30。
[7] E. Albuquerque Frutos, *Matrimonio y familia*, cit., 193.
[8] 参：J.R. FLECHA, *Reflexión teológica sobre la familia*, en VV.AA., *La familia: una visión plural*, Salamanca 1985; IDEM, *La «iglesia doméstica» en la acción evangelizadora de la Iglesia*, en «Teología y Catequesis» 200 (1986), 523-540。

## 3.2 家庭对教会使命的参与

作为小型教会，基督徒家庭是在为天主的国度服务。因此，基督徒家庭的基本任务之一就是参与教会的生活与使命。家庭蒙召以崭新而特殊的方式参与教会的使命(参家庭团体，50)。因为这是家庭的一项权利-义务，其根源即在于天主藉由圣事为家庭所制定的计划；此外，家庭也应根据其团体形式，即作为生命与爱的团体，"夫妇一起以一对佳偶，父母和儿女以一个家庭的身份，为服务教会和世界而生活"(家庭团体，50)。

藉着婚姻圣事，基督徒家庭分享了基督——作为司祭、先知和君王——对教会之爱的奥迹，并由此而得到塑造。家庭在教会使命中扮演的角色也来自于此：1) 家庭成了一个信者的团体和传播福音的团体(先知职务);2) 与天主对话的团体(司祭职务)；以及 3) 服务人的团体(君王职务)(参家庭团体，50-64)。

**– 信者和传福音的团体**：基督徒家庭藉着聆听与宣讲天主的圣言来实现其先知圣召。这样便日渐变成了信者与传福音的团体。因此，便产生了持续培育新的与基督徒生命的必要性。

根据向福音开放和信德成熟的程度，基督徒家庭将会变成宣扬福音的团体。福传的形式之一就是家庭的要理讲授。除了在家庭当中进行福传外，也应向外和向其它领域开展宣讲天主圣言的职务，甚至"家庭教会也被召成为「远处的人」、不信的家庭、以及不依所领受的信仰而生活的教友家庭，基督和其爱临在的光耀标记"(家庭团体，54)。很多时候，福传工作需要藉着与福音相符的生活见证来完成。但是，也不应忽略了明确地宣讲信德的信息。履行福传使命的方式之一就是全家"移居"到仍未接受福音的地方。

**– 与天主对话的团体**：在家庭将其生活与使命结合在一起的时候，耶稣基督也会使其参与他的司祭职。如此以来，"这是基督徒家庭，藉着他们夫妇和家庭的日常生活，与整个教会密切结合，所能做和应该做的司祭职。这样教友家庭被召圣化自己，并且去圣化教会团体和世界"(家庭团体，55)。

基督徒家庭从婚姻圣事"领受了、在日常生活中圣化的恩宠和责任，同时，这件圣事也赋给他们，将他们整个的生活变为「属神的祭献」的圣宠和伦理责任"（家庭团体，56；参教会宪章，34）。"就是在家中，作父亲、母亲、子女的，以及所有成员，「藉着领受圣事、祈祷与感恩的行动，圣善生活的见证、克己和爱德行动」，以特殊的方式，实行他们源自**洗礼的司祭职**。因此，家庭是培养基督徒生活的第一所学校，也是「培育丰富人生的学校」。人在家庭里学习工作的劳苦和喜乐、兄弟之爱、慷慨宽恕之道，甚至常常宽恕，特别是透过祈祷和生命的奉献，去钦崇天主"（天主教教理，1657）。

现行的教会法典，在 1151-1155 条收录了教会的一贯教导和惯例。

> "由于若不实践虔敬的美德，便不可能获得家庭宗教精神的空间，《家庭团体》宗座劝谕就特别明确了这一点。首先，圣体圣事「是教友婚姻的源泉」（家庭团体，57）。其次，告解圣事在「基督徒家庭的圣化任务中，主要而长期的工作」，且「成了基督徒家庭日常生活中一部分」（家庭团体，58）。最后，家庭祈祷「是丈夫和妻子一起，父母和子女一起'共同'奉献的祈祷」（家庭团体，59），尤其是礼仪性的祈祷（参家庭团体，61）。"[9]

**- 服务人的团体**：基督徒家庭藉着慷慨而无私地为人服务，而参与并行使基督的"君王职"。当家庭作为生命与爱的团体发展时，在其中每个成员都是因其本身而得到肯定与赏识，而不看其为团体带来了多大效益。这样基督徒家庭便转变成了"爱的文明的核心"（致家庭书，13）。

当家庭帮助人在其身上发现天主的肖像时，便是在为人服务；因为家庭始终肩负着这项职能，无论是在其内，还是对于整个社会，都是要帮助每个人发现天主在其身上的肖像。

特别是基督徒家庭藉着慈善工作，和以爱德的精神服务那些有需要的人，来履行这项使命。同样，通过家庭传教工作和参加不同的社团来推动有利于家庭的社会政治与经济事务、人

---

[9] A. Fernández, *Teología moral*, cit., 606.

权以及社会正义与和平等,也是在履行这项使命。

\* \* \* \* \* \* \*

**参考书目:**

《天主教教理》,2196-2233。

若望保禄二世,《家庭团体》劝谕,17-27;42-64。

J.M. AUBERT, *La identidad de la familia cristiana en la sociedad actual*, en A.SARMIENTO (dir.), *Cuestiones fundamentales sobre matrimonio y familia*, Pamplona 1980, 421-442.

C. CAFFARRA, *Famiglia: Chiesa domestica*, en «Seminarium», 34 (1982) 624-632.

A. SARMIENTO, *La familia cristiana*, Burgos 2012.

G. CASTILLO, *La realización personal en el ámbito familiar*, Pamplona 2009.

J.R. FLECHA, *La familia, lugar de evangelización*, Madrid 1983.

E. KACZYNSKI, *El matrimonio y la familia: comunión de personas*, en «Divinitas» 26 (1982), 317-331.

| | |
|---|---|
| 书　　名 | ：基督徒的婚姻 |
| 作　　者 | ：Augusto Sarmiento |
| 译　　者 | ：宋伟光 |
| 译　　自 | ：*El Matrimonio Cristiano*（西班牙文版） |
| 授　　权 | ：EUNSA, Ediciones Universidad de Navarra, 2021 |
| 准　　印 | ：天主教香港教区輔理主教夏志誠<br>2024 年 01 月 17 日 |
| 出　　版 | ：清泉出版社有限公司<br>香港九龙尖沙咀柯士甸道 103 号<br>　网　　址：http://www.spring-books.com<br>　电子邮箱：info@spring-books.com |
| 出版日期 | ：2024 年 03 月 31 日 |

**版权所有　翻印必究**

ISBN 978–988–76787–2–4